Martin Näf

ALTERNATIVE SCHULFORMEN IN DER SCHWEIZ

Informationen
Ideen
Erfahrungen

verlag pro juventute

Zur Person des Herausgebers

Nach der Matura studierte Martin Näf in Basel und in den USA. Während insgesamt zweieinhalb Jahren arbeitete er an der Ecole d'Humanité in Goldern. Nach einem zweiten USA-Aufenthalt und weiteren Studien in Geschichte, politischer Philosophie, Psychologie und Pädagogik schloss er sein Studium im Winter 1983 mit dem Lizenziat der philosophisch-historischen Fakultät der Universität Zürich ab. Ab 1983 war er als Pädagogik- und Psychologielehrer und als Kursleiter in der allgemeinen Erwachsenenbildung tätig.

© Verlag Pro Juventute Zürich 1988

Alle Rechte, auch die des auszugsweisen Nachdrucks und der fotomechanischen Wiedergabe, vorbehalten.

ISBN 3 7152 01738

Herstellung: Fotorotar AG, CH-8132 Egg

Inhalt:

Vorwort des Herausgebers ... V

Erster Teil: ... 1
Hintergründe und Zusammenhänge

1. Die Entstehung des modernen Schulsystems der Schweiz – ... 2
   Einige Hinweise auf 200 Jahre Schul- und Bildungsgeschichte.
      Situation und Entwicklung der Schweizer Volksschule ... 2
      zwischen ca. 1780 und 1830
      Durchstrukturierung und Wachstum des Schulsystems ab ca. 1830 ... 7
      Die Reformpädagogische Bewegung von 1900 bis 1933/40 ... 12
      Die Entwicklung im Bereich der staatlichen und der ... 14
      «freien» Schulen der Schweiz von 1900 bis heute
      Schluss ... 18

2. Die Kritik an der staatlichen Schule und die Idee ... 20
   eines freien Bildungswesens
      Die ersten Vertreter der Idee eines freien Bildungswesens ... 20
      (1790 bis 1850)
      Tolstois «Gedanken über Volksbildung» und Ferrers Idee ... 23
      einer ganz vernunftgemässen Erziehung
      Die Idee eines freien Bildungswesens bei Steiner, Salzmann und Illich ... 28
      Exkurs: Die Staatliche und die Freie Schule – ein Gegensatz? ... 32
      Schluss ... 33

Zweiter Teil: ... 35
Schule kann auch anders sein – zwölf Beispiele
(Selbstdarstellungen)

Die Ecole d'Humanité in Goldern, Hasliberg ... 36
Die Montessori-Grundschule Bern ... 50
Die Rudolf Steiner-Schule in Basel ... 68

Schlössli Ins – ein Ort zukünftiger Menschen- und Gemeinschaftsbildung	84
Die Freie Volksschule Affoltern	102
Die Ecole de la Grande Ourse in La Chaux de Fonds	118
Die Freie Volksschule Nidwalden	134
Die Demokratisch-kreative Schule Schiltwald	151
Die AVO-Schulen im Kanton Zürich	162
Die Weiterbildungsschule Zug – eine Diplommittelschule mit eigenem Gesicht	174
Freies Katholisches Lehrerseminar St. Michael Zug	187
Das Projekt «Märtplatz» – neue Wege im Bereich der Lehrlingsbildung	205

Dritter Teil: 213
Ergänzende Informationen, Hinweise und Adressen

1. Übersicht über die alternativen und freien Schulen der Schweiz – Anschriften und Kurzbeschreibungen	216
Vorbemerkungen	216
Montessorischulen	216
Rudolf Steiner-Schulen und verwandte Initiativen	220
Freie Volksschulen und verwandte Initiativen	225
Verschiedene, weniger leicht zu definierende Schulen	229
Geplante Schulen	234
2. Einige wichtige Verbände, Arbeitsgruppen und Vereinigungen	235
3. Schulgeschichte, Schulreform und Alternativschulen – ein Blick in weiterführende Literatur	242
Vorbemerkung	242
Die Entwicklung des pädagogischen Denkens und die Geschichte der Schule von der Antike bis heute	243
Schulreformbestrebungen und Schulkritik vom 18. Jahrhundert bis ca. 1960	244
a) Im Allgemeinen	244
b) In der Schweiz	247
Alternativschulen und Schulkritik heute	248
a) Im Allgemeinen	248
b) In der Schweiz	251
Grundsätzliche pädagogische Gedanken	252
Das staatliche Schulwesen der Schweiz – gegenwärtige Situation und Reformbestrebungen	255

Anstelle eines Nachwortes – von Jürg Jegge   257

*«Auf einen Baum im Spiegel
kann man nicht hinaufklettern;
darum ist die Welt der Schule
nicht die Welt des Kindes.»
(K. Stieger)*

*«Niemand wird kultiviert,
sondern jeder hat sich selbst zu kultivieren.
Alles bloss leidende Verhalten ist
das gerade Gegenteil der Kultur!
Bildung geschieht durch Selbsttätigkeit
und zweckt auf Selbsttätigkeit ab.»
(J. G. Fichte)*

Vorwort des Herausgebers

Mit dem vorliegenden Buch möchte ich zeigen, dass schulisches Lernen auch auf andere Weise organisiert werden und stattfinden kann, als dies heute allgemein üblich ist. «Schule kann auch anders sein», so habe ich den zweiten, umfangreichsten Teil des Buches genannt. Die in ihm versammelten ausführlichen Schuldarstellungen sollen zeigen, in welcher Richtung sich die heutige Schule entwickeln könnte, wenn sie sich zum Entwickeln entschliessen würde. Die vorgestellten Möglichkeiten der Schulentwicklung ergeben dabei ein durchaus uneinheitliches Bild. Diese Uneinheitlichkeit entspricht meiner Vorstellung einer Schullandschaft, in der Schulen mit ganz verschiedenem Gesicht nebeneinander bestehen: private und staatliche, grosse und kleine, «alternative» und «nichtalternative», ganz so, wie die Menschen, die mit diesen Schulen verbunden sind, sie sich wünschen! Verschiedenheit als Bereicherung, nicht als Quelle der Angst zu begreifen, das wäre der Leitsatz innerhalb und zwischen diesen Schulen. – Trotz der Unterschiede ist es alles in allem aber wohl richtig zu sagen, dass den in diesem Band beschriebenen Schulen und Bildungsprojekten eine gemeinsame Tendenz innewohnt, eine Tendenz hin zu einer *individuelleren Behandlung der Schüler,* hin zu einer *ausgeglicheneren Förderung von intellektuellen und musisch-kreativen Fähigkeiten,* hin zu einer *auf Kooperation beruhenden Lebens- und Lerngemeinschaft von Schülern, Eltern und Lehrern.* Diese Tendenz scheint mir der Ausdruck einer tief in uns Menschen angelegten Vision einer anderen, friedlichen und vernünftigen Welt zu sein, eine Vision, an der viele innerhalb und ausserhalb der Schule festhalten und für die sich viele engagieren, obschon sie deshalb oft als unrealistisch oder naiv belächelt werden.

Natürlich gedeiht Menschlichkeit nicht nur in alternativen Schulen! Es sind auch innerhalb der traditionellen Schule Lehrer und Lehrerinnen am Werk, die sich darum bemühen, diese Welt in ihren Klassen und ihrem Unterricht zu verwirklichen. Ja, es gibt ganze Schulhäuser, die von diesem Geist des Aufbruchs erfüllt sind und beschlossen haben, in ihrer Arbeit im Zweifelsfalle lieber auf das Prinzip Vertrauen als auf das Prinzip Misstrauen zu setzen, auch wenn dies immer wieder schwer und ungewohnt ist. Es sind Schulen, in denen sich die Lehrerschaft bewusst um ein offenes Gespräch miteinander und um Offenheit gegenüber den Schülern, den Eltern und den Schulbehörden bemüht. Es sind Schulen, in denen nicht nur Leistung, Wissen und Sicherheit, sondern auch Müdigkeit, Zweifel, Unsicherheit, Lachen und Zärtlichkeit Platz haben.

Die in diesem Buch vorgestellten «alternativen Schulformen» sind gewissermassen kleine Boote, die sich vom grossen Schiff der herkömmlichen Schule gelöst haben, um sich leichter und schneller in die Richtung bewegen zu können, in die sich auch das grosse, schwerfällige Mutterschiff bewegen könnte. Ähnlich wie in anderen alternativen Projekten hat man die Sicherheit des Üblichen zumindest ein Stück weit aufgegeben, um etwas Neues, den Zipfel eines vielleicht noch viel grösseren Traumes zu verwirklichen. Was auf dem alten Schiff häufig nur mühsam oder gar nicht realisiert werden konnte, das wird an Bord der zahlreichen kleinen Boote oft zum selbstverständlichen Alltag. Dabei wird die allmähliche innere Verwandlung der Schule, die mit einem sich ändernden Verständnis von Bildung einhergeht, auch äusserlich sichtbar: die Loslösung von der herkömmlichen Schule ist verbunden mit einem *strukturellen Wandel* innerhalb der einzelnen Schulen. An die Stelle der gewohnten treten *neue Formen* der *Schulleitung,* der *Unterrichtsorganisation,* der *Schülerbeurteilung* etc.

Um diese neuen oder alternativen Schul*formen* (die z.T. schon Jahrzehnte alt sind!) geht es mir im vorliegenden Band vor allem. Die Betonung des organisatorischen Momentes, die Betonung von «äusseren» Reformen also, hat mit meiner Überzeugung zu tun, dass die strukturellen Bedingungen unseres Lebens einen grossen Einfluss auf unser inneres Wohlergehen und unsere Entwicklung haben: Theoretisch können wir zwar unter allen Umständen zufriedene, aufmerksame und glückliche Menschen oder gute und menschliche Lehrer sein. In der Praxis dürfte dies den meisten von uns jedoch leichter gelingen, wenn die äusseren Bedingungen günstig sind und unsern Absichten entgegenkommen. In diesem Sinn ist das Ernstnehmen jedes einzelnen Schülers, das Ausgehen von dessen Erfahrungen und Interessen, der Einbezug der Aussenwelt in unsere Schulen und all die andern Dinge, die zur Humanisierung unserer Schulen führen würden, auch eine Frage der richtigen Organisation. Solange wir hier zu keinen wesentlichen Veränderungen bereit sind, werden unsere Lehrer mit ihren Bemühungen nie über gewisse Grenzen hinauskommen. Diese Grenzen haben letztlich mit den besonderen Eigenschaften einzelner Lehrer und Lehrerinnen, mit ihren Stärken und Schwächen und mit andern zufälligen Faktoren nichts zu tun. Sie entsprechen vielmehr den Grenzen unserer auf dem Prinzip von Befehl und Gehorsam aufgebauten Schule.

Dieses Buch ist kein Buch *gegen* die traditionelle Schule. Es ist vielmehr ein Beitrag zu der innerhalb und ausserhalb unseres Bildungswesens zu beobachtenden Suche nach einer anderen, insgesamt lebensnaheren und lebensvolleren Schulform. – Um das Problem Schule jedoch nicht zu verharmlosen und die Besorgnis, aus der heraus dieses Buch entstanden ist, nicht zu überspielen, will ich dennoch einiges von dem zur Diskussion stellen, was mich beim Gedanken an unsere Schule beschäftigt; ich möchte einiges darüber sagen, wie ich die Schule sehe und wo ich sie als problematisch erlebe. Auf Grund meiner Erfahrungen als Schüler, Student und Lehrer in ganz verschiedenen Schulen und auf Grund meiner theoretischen Auseinandersetzung mit Schul- und Erziehungsfragen bin ich im Laufe der letzten Jahre nämlich mehr und mehr zur Überzeugung gelangt, dass mit unserem Bildungswesen und mit dem Begriff von Erziehung, auf welchem dieses beruht, etwas Grundlegendes nicht stimmt, etwas, das letztlich uns alle betrifft und für das wir alle, wir als Gesellschaft, verantwortlich sind. Auch wenn es für einzelne unangenehm sein mag, über dieses «Etwas» zu sprechen, scheint es mir wichtig, dass wir es zumindest versuchen.

Obwohl ich ein ziemlich ängstlicher Mensch bin und viel lieber etwas Harmloses sagen würde, etwas, das allen gefällt, trotzdem kann ich nicht anders als sagen: unsere Schule ist zumindest ein grosses Missverständnis. Je schneller wir dies begreifen und die jetzige Form der Schule aufgeben, desto besser ist dies für uns als einzelne und für uns als Kultur! Unsere Schulen erziehen nämlich weder zur Mündigkeit noch zum kritischen und selbständigen Denken oder zu irgendeinem anderen der so oft postulierten Ziele. Sie erziehen zumindest ebenso sehr zur Unmündigkeit, zu schablonenhaftem, unoriginellem und durchaus unkritischem Denken, zu ängstlichem Konformismus etc. Wenn ich dies sage, so bedeutet das nicht, dass ich am guten Willen und an der Aufrichtigkeit all derer zweifle, die sich für die Schule einsetzen und in ihr arbeiten: sie sind gewiss vom positiven Wert ihres Tuns überzeugt. Im Grunde ist es aber doch seltsam – und es müsste uns bedenklich stimmen! –, dass wir so fest an diese Schule glauben und (trotz aller Kritik am Rande) allen Ernstes erwarten, dass diese Institution, die nach wie vor hauptsächlich auf dem *Mitmachen,* dem *Sich anpassen,* dem *Gehorchen* und *Sich fügen* beruht, etwas anderes produziert als brave Mitmacher und Anpasser, deren grösstes Bemühen es ist, ihr Leben lang nicht aufzufallen und ja nichts falsch zu machen.

Seit Jahrzehnten, ja schon seit Jahrhunderten haben Menschen in diesem Sinn über die Schule geklagt: «Abgenützte Hirnkraft, schwache Nerven, gehemmte Originalität, erschlaffte Initiative, abgestumpfter Blick für die umgebenden Wirklichkeiten, erstickte Idealität unter dem fieberhaften Eifer, es zu einem Posten zu bringen», das bezeichnete Ellen Key zu Beginn unseres Jahrhunderts als «die Resultate der jetzigen Schule» (in: Das Jahrhundert des Kindes, S. 293). – Zu nützen scheinen die Klagen nicht.

Ein Hauptgrund dafür, dass unsere Schule trotz aller Reformbestrebungen nach wie vor genau das produziert, was sie eigentlich nicht produzieren will, scheint mir in der Hartnäckigkeit zu liegen, mit der wir die einfache Tatsache ignorieren, dass *Lernen* eine *Aktivität* ist und ein Mensch nur in dem Mass belehrt werden kann, wie er aktiv mitlernt. (Natürlich gibt es auch eine aufgepfropfte Bildung, eine Bildung, die dadurch zustande kommt, dass der Lernende bereit ist, alles, was man ihm vorsetzt, in sich aufzunehmen und zu speichern, ohne nach der Bedeutung zu fragen, die das zu Lernende für sein Leben und das Leben seiner Mitmenschen haben könnte oder den Inhalt des Gelernten mit seinen Vorstellungen der Welt zu vergleichen und es danach allenfalls als leer, falsch oder gar unmenschlich zurückzuweisen. Aber wirkliche Bildung ist das nicht, und ich kann mir nicht vorstellen, dass wir diese Art von seelenloser Gelehrsamkeit erstrebenswert finden.)

Obwohl wir es eigentlich besser wissen sollten, tun wir so, als ob sich Bildung nach ganz bestimmten Programmen an Heranwachsende und andere Menschen vermitteln liesse. Die von den heiligen Lehrplänen gesteuerte Bildungsarbeit der Lehrer ist nach wie vor das Wichtigste in unseren Schulen. Die Kinder sind blosses formloses Material, das es zu bilden und zu kneten gilt. Statt die Schüler innerhalb und ausserhalb der Schule lernen und sich entwickeln zu lassen und sie anteilnehmend zu begleiten, sind wir in der Schule jeden Tag damit beschäftigt, die natürliche Situation umzupolen und die Schüler zu belehren. – Der Lernende kann sich natürlich ein bisschen zum Zuhören zwingen; er kann sich zwingen, seine Aufmerksamkeit auf das zu richten, was jetzt gerade «dran» ist. Aber wenn er dies über längere Zeit hin tun muss oder tut, so kommt er sich selbst immer mehr abhanden. Er verliert den Kontakt zu *seinen* Fragen, zu *seinem* eigenen Denken, zu dem, was in *seinem* Leben wichtig ist, zu *seinen* Werten und Zielen, zu *seinen* Gefühlen und Bedürfnissen. Er mag äusserlich noch ganz lebendig scheinen, innerlich ist er fast tot, er weiss nicht mehr, was er will und kann und spürt nicht mehr, wozu er in der Welt ist. Auf genau diese Weise zerstören wir in unseren Schulen durch tausend meist ganz kleine und unscheinbare Handlungen die Lebendigkeit unserer Kinder.

In unserem Bildungswesen besteht ein andauernder Kampf zwischen den vielfältigen Versuchen der Kinder, in unsere Welt hineinzuwachsen, und dem von oben her eingreifenden Versuch, diese neugierigen, quirligen Geschöpfe für die Dinge zu begeistern, die wir aus irgendwelchen mehr oder weniger triftigen Gründen für wichtig halten. Dieses von oben einwirkende Element macht sich im Laufe der Schulzeit immer breiter und verdrängt die spontane Lebendigkeit der ersten Schuljahre mehr und mehr. Unsere Mittelschulen gleichen vollends einer durchrationalisierten Fabrik, in der hochbezahlte Facharbeiter nach genauen Plänen gebildete Menschen produzieren, so wie man andernorts Schreibmaschinen oder Home-Computer fabriziert. Dass das Wort Schule ursprünglich mit Musse zu tun hat – Musse zu schauen, zu denken, zu fragen, zu spielen, auszuprobieren und zu reden –, das sieht man dieser Einrichtung nicht mehr an. Wir sind so sehr damit beschäftigt, die Heranwachsenden zu bilden, dass ihnen kaum mehr Raum bleibt, sich zu entwickeln.

Aller scheinbaren Offenheit zum Trotz wird in der Schule letztlich nur zugelassen, was dieser gefällt und dient. Alles andere wird so lange als frech, als deplaziert, als dumm oder als unwichtig beiseite geschoben und bestraft, bis die Kinder sich in ihr Schicksal ergeben und – sich nach und nach in «Schüler» verwandelnd – allmählich nur noch die Dinge sagen und für wahr und wichtig halten, die die Schule für wahr und wichtig hält und sich nur noch so benehmen, wie die Schule es will. Wer sich diesem Spiel nicht fügt – und fügen müssen sich auch die scheinbar so mächtigen Lehrer! –, wer das Grundgesetz der Schule, die Macht, nicht anerkennt, der fliegt früher oder später raus. Das Ergebnis dieses im Innern unserer Schule vor sich gehenden Kampfes ist gebrochener Eigen-Wille und weitgehend standardisiertes Denken, Empfinden und Handeln. So vorbereitet schickt man die Ware Mensch hinaus ins Leben.

Sie denken vielleicht, ich übertreibe. Ich glaube, ich übertreibe nicht. Ich glaube, dass ich hier genau das beschrieben habe, was in unseren Schulen eigentlich geschieht. Wir sind allerdings so sehr an diese Schule gewöhnt, man hat uns diese so oft als im Grunde vernünftig und sinnvoll dargestellt, dass wir ihre Gewalttätigkeit und Selbstherrlichkeit in der Regel gar nicht mehr als solche wahrnehmen, oder sie bald wieder vergessen, wenn sie einmal unübersehbar zutage getreten ist. Ebenso schwer ist es für uns, die durch die Schule verursachte innere Entwurzelung und Entmutigung in uns und andern wahrzunehmen. Diese Beschädigung unseres Innern ist uns so vertraut, sie ist so allgemein verbreitet, dass wir sie, sogar wenn wir versuchen, ganz genau hinzusehen, kaum mehr erkennen. Und das eifrige Nicken und Fragenstellen und Herumrennen und Weitermachen ist uns so sehr zur zweiten Natur geworden, dass wir das Aufgesetzte, Andressierte oft für den Rest unseres Lebens nicht mehr vom Ursprünglichen, Eigentlichen unterscheiden können. Aber ist die beschriebene Misere wirklich so schwer zu sehen? Schliessen Sie die Augen und stellen Sie sich einmal eine durchschnittliche erste, eine durchschnittliche vierte, achte, zwölfte Klasse vor. Sehen Sie die leuchtenden Augen der Schulanfänger, ihre strahlenden Gesichter? Und dann schauen Sie, wie ihre Augen mit jedem Schuljahr ausdrucksloser, ihre Gesichter maskenhafter und leerer werden! Sehen Sie, wie sich ihre anfängliche Lebendigkeit, ihre Neugier und Wachheit im Lauf von ein paar Jahren in Apathie, in dumpfe Schläfrigkeit oder in geheucheltes Interesse verwandeln. In der ersten, zweiten und dritten Klasse bemühen wir Lehrer uns – anfänglich mit viel Geduld und Gelassenheit, nach und nach mit mehr Strenge –, die tausend Fragen der Kleinen und den ständig fliessenden Strom ihrer Einfälle und Ideen «in den Griff» zu kriegen, damit ein «ruhiges Arbeiten» möglich wird und wir «mit dem Stoff» durchkommen. Und wenn aus den lebendigen Wesen dann endlich brave, mehr oder weniger angepasste Jugendliche oder junge Erwachsene geworden sind, dann flehen wir sie an, doch bitte, bitte irgendeine Frage zu stellen und zumindest so zu tun, als ob sie sich für unseren Stoff interessieren würden. Wir schleppen sogar Videoanlagen und Compact Disc Players in die Klassenzimmer und strampeln uns auf alle möglichen Weisen ab, um das verlorene Gut, die Neugier, noch einmal zum Leben zu erwecken, oder wir machen innerlich rechtsum-kehrt, beginnen mit Noten und Prüfungen zu drohen, um wenigstens die Illusion zu erzeugen, dass das, was wir tun, ankommt und um an dem Elend, das wir sonst zu deutlich sehen würden, nicht zu verzweifeln. Ja, das ist die Art, wie ich unsere Schule empfinde, sehe und erlebt habe. Das ist die Schule, der wir Tag für Tag unsere Kinder anvertrauen.

Womit hat man uns bestochen oder eingeschüchtert, dass wir dies alles einfach ignorieren oder als unvermeidlichen Gang der Dinge, als unveränderlich und notwendig hinnehmen und entschuldigen? Sind es unsere alten Lehrer, die uns einen solchen Respekt vor der Schule beigebracht haben? Welche Angst macht uns so zaghaft und dumm? Und wenn wir das, was wir sehen könnten, nicht sehen wollen, weshalb überhören wir denn auch so hartnäckig den Protest unserer Kinder, den diese doch oft schon so bald und so deutlich äussern? Weshalb übersehen wir so geflissentlich das Gähnen unserer Schüler und überhören den Jubel, mit dem sie um vier Uhr aus dem Schulhaus stürzen? – Wollen wir all dies nicht sehen und hören, weil es Arbeit bedeuten könnte, Arbeit an uns selbst und an unsern Institutionen, Umstellung und Veränderung? Haben wir Angst vor mehr Freiheit?

Ich bin nicht gegen allen Zwang in der Erziehung. Ich träume nicht von einer Welt ohne Einschränkungen, ohne Rohheiten und Frustrationen. Das Mass an Zwang und Einschränkung, das in unseren Schulen im Namen der Bildung tagtäglich ausgeübt wird, übersteigt jedoch jede Vernunft: es ist weder sinnvoll noch notwendig. Eine freiere, weniger perfekt durchorganisierte Schule wäre nicht nur menschlicher, sie wäre, davon bin ich überzeugt, letztlich auch effizienter. Aus einer solchen Schule würden nicht nur lebensfrohere, sondern auch *lebenstüchtigere* Menschen hervorgehen, Menschen, die noch offene Fragen und Lust am Lernen haben, Menschen, deren Neugier nicht unter einem Berg von totem Wissen begraben liegt.

Ich habe die Schule weiter vorne als ein grosses Missverständnis bezeichnet, als etwas, in das wir gewissermassen hineingeschlittert sind, ohne es richtig zu merken und zu wollen. Dieses Missverständnis hat meines Erachtens mit der Geschichte unseres modernen Bildungswesens – von ihr ist im ersten Teil dieses Buches ausführlicher die Rede – zu tun. Im Verlauf des 19. Jahrhunderts haben wir nämlich die obligatorische Versorgung des Volkes mit gewissen Grundfertigkeiten (insbesondere mit Lesen und Schreiben) auf immer mehr Wissensgebiete ausgedehnt und die Zahl der Schuljahre ständig erhöht, ohne zu bemerken, dass das Erlebnis Schule dadurch von einem im Grunde durchaus zu verdauenden und nützlichen zu einem immer schwerer zu verdauenden, nutzloseren Erlebnis wurde. Dadurch, dass man den Schulbesuch nach und nach von drei bis vier auf neun, zwölf oder gar noch mehr Jahre ausdehnte, *ohne vom ursprünglichen Konzept der Stoffvermittlung abzuweichen,* überstiegen die Kosten dieser Art der Belehrung (Gewöhnung an Passivität etc.) ihren Nutzen (Vermehrung des Wissens) mehr und mehr. Die Sache wäre nie zu einem Problem geworden, wenn diese Schule freiwillig, d.h. *ein Recht, keine Pflicht* gewesen wäre. Dann wären die Schüler einfach ausgeblieben, sobald das Verhältnis von Kosten und Nutzen für sie nicht mehr gestimmt hätte. Durch die wesentliche Verschärfung des Schulzwanges im Verlauf des 19. Jahrhunderts hat man jedoch diese früher noch wirksame Art der Selbstregulierung weitgehend ausgeschaltet. Damals diente das Schulobligatorium (zumindest der offiziellen Lesart zu Folge) vor allem auch dem Schutz vor Kinderarbeit. Aber ist das, was heute in den Schulen von unsern Kindern verlangt wird, nicht wieder Kinderarbeit? Sechs, acht oder zwölf Stunden täglich, häufig nur widerwillig geleistet und ohne Lohn. Und sind es heute nicht wieder *auch* ökonomische Interessen, die viele dazu bringen, am Status quo festzuhalten? Schützt das Schulobligatorium die Kinder heute noch, oder schützt es inzwischen vielleicht eher die zahllosen Erwachsenen, die an den Kindern und ihrer Quälerei verdienen? Wäre es heute nicht an der Zeit, über die Aufhebung des Schulobligatoriums, über seine *Umwandlung in ein Recht auf Bildung* (nicht ein Recht auf Schule!) zu diskutieren, zumal wir nicht mehr, wie zu Beginn des 19. Jahrhunderts, in einer in bezug auf die Verfügbarkeit von Informationen unterentwickelten Gesellschaft leben? Wäre es nicht an der Zeit, der Initiative von «unten» auch im Bereich des Bildungswesens mehr Raum zu geben?

So überraschend diese Fragen für viele klingen mögen, so wichtig scheinen sie mir zu sein: Ich glaube, wir müssen uns auch im Bereich unseres Bildungswesens an derartige Fragen gewöhnen und damit beginnen, uns mit prinzipiellen Alternativen zu seiner heutigen Form auseinanderzusetzen, um uns solche allmählich vorstellen zu können. Einzelne haben dies – auch davon ist im ersten Teil dieses Buches die Rede – schon seit langem immer wieder getan: In grosser Breite hat diese Diskussion bei uns jedoch – auch in politisch an sich aufgeklärten Kreisen – noch nicht begonnen.

Wir sollten allmählich damit aufhören, uns über den Wert und die Reparierbarkeit unserer Schule Illusionen zu machen, und uns nicht immer wieder mit irgendwelchen Floskeln über die tiefe Grausamkeit und das Versagen dieser Einrichtung hinwegtäuschen. Dies ist mir wichtig, weil mir das auf den vorhergehenden Seiten beschriebene innere Elend, das in unsern Schulen herrscht, nicht gleichgültig ist. Es ist mir aber auch wichtig, und davon möchte ich am Schluss noch kurz reden, weil diese Schule auch eine gesellschaftliche Gefahr darstellt: In ihr wird nämlich nicht nur ein ungeheures Mass an menschlichem Potential, an Phantasie und Kreativität zerstört, in ihr werden auch die Verhaltensweisen, die Denkmuster und Wertvorstellungen eingeübt, an denen unsere heutige Gesellschaft zugrunde zu gehen droht. Wenn es uns ernst ist mit der so viel beschworenen gesellschaftlichen Wende – und ich wollte, es wäre uns ernst! –, dann muss diese Wende auch in den Schulen stattfinden. Wenn wir wirklich eine Gesellschaft wollen, die fähig ist zur freiwilligen Selbstbeschränkung und zum Verzicht auf materiellen Konsum, eine Gesellschaft, die sich als grosse Gemeinschaft zu verstehen und zu erleben vermag statt als Masse vereinzelter Individuen, wenn es uns ernst ist mit den schönen Worten über das ganzheitliche Denken, das zu entwickelnde ökologische Bewusstsein, wenn wir wirklich wegkommen wollen von der einseitigen Orientierung an äusserlich messbaren Leistungen, um damit

Raum zu schaffen für andere Werte und Erfahrungen, wenn es uns mit all dem ernst ist, dann müssen wir diese Dinge auch in der Schule zulassen und unterstützen. Wir müssen den Mut aufbringen, auch in diesem Bereich unserer Gesellschaft Altes und Vertrautes fahren zu lassen, damit etwas Neues entstehen kann.

*

Allen, die direkt oder indirekt zum Entstehen des vorliegendes Bandes beigetragen haben, sei an dieser Stelle ganz herzlich gedankt. Ohne euch, Fiorenzo, Hans, Esther – ohne Sie, Frau Meier – und natürlich ohne die bereitwillige Mitarbeit all derer, die mir in langen Gesprächen von ihren Schulen erzählt, meine Fragebögen ausgefüllt oder gar selber über ihre Schulen geschrieben haben – ohne euch alle wäre dieses Buch nicht entstanden.

Für die Auswahl der Schulporträts im zweiten Teil des Buches bin ich verantwortlich. Die 12 Texte wurden von Eltern, Lehrerinnen und Schülerinnen für diesen Band geschrieben. Dabei haben die zum kleineren Teil professionellen Autoren die Aufgabe, ihre Schule einem weiteren Leserkreis vorzustellen, auf ganz verschiedene Weise gelöst. – Die Fotos, durch welche die Texte ergänzt werden, wurden uns ebenfalls von den Schulen zur Verfügung gestellt. Es handelt sich um Aufnahmen aus deren Alltag. Wir haben Bilderklärungen nur dann gegeben, wenn sie uns notwendig erschienen.

Die beiden längeren Texte in Teil eins des Buches (die Entstehung des modernen Schulwesens der Schweiz und die Idee eines freien Bildungswesens betreffend) stammen von mir; dasselbe gilt für die kurzen Texte in den drei letzten Kapiteln des Buches.

Ich wünsche mir und hoffe, dass dieses Buch uns hilft, unsere eigene Vorstellung von der Art, wie wir leben und lernen wollen, ernster zu nehmen – uns selbst, unseren Kindern und der Welt zuliebe!

Martin Näf, im September 1988

Erster Teil:

Hintergründe und Zusammenhänge

Martin Näf

1. Die Entstehung des modernen Schulsystems der Schweiz

Einige Hinweise auf 200 Jahre Schul- und Bildungsgeschichte

«Es ist durchaus möglich..., dass man in späteren Zeiten unsere allgemeine Schule so betrachten wird, wie viele heute die katholische Kirche betrachten: als eine etwas abseitige Einrichtung, die einmal unheimlich bestimmend war, neben der es aber seither auch andere Wege gibt, um zum Heil zu gelangen» (Jürg Jegge).

Situation und Entwicklung der Schweizer Volksschule zwischen ca. 1780 und 1830

Noch bis zum Ende des 18. Jahrhunderts war die Schule für die meisten Menschen hierzulande eine relativ belanglose Einrichtung. Ihr späterer Lebensweg hing kaum von ihrem Schulerfolg oder von ihren Schulzeugnissen ab. Anders als in einigen deutschen Fürstentümern, welche in dieser Sache lange als Vorbilder galten, war das Landschulwesen in grossen Teilen der Schweiz (insbesondere den Bergregionen und den katholischen Landesgegenden) noch kaum entwickelt.
Die Aufgabe der Schulen für das einfache Volk (und dies waren damals, als dieses Volk noch zum grössten Teil auf dem Lande lebte, vor allem die Land- oder Dorfschulen) bestand zur Hauptsache in religiöser Erziehung. Während der drei bis vier Winter, in denen man die Schule besuchte, falls es eine solche in der Nähe überhaupt gab und sie nicht gerade wieder einmal unbesetzt war, wurde vor allem der Katechismus durchgenommen und eingeübt. In ihm stehe alles, so meinte man seit Generationen, was ein anständiger Mensch und Christ zu wissen brauche. Hinzu kam, je nach Geschick des Schulmeisters, noch etwas Schreiben und bei den Söhnen der besser gestellten Bauern ein wenig Rechnen. Andere Schulfächer kannte man damals nicht. Wenn man zu Hause gebraucht wurde oder der Schulweg zu weit war, blieb man der Schule fern. Der Pfarrer oder die Stillstände (Schulpfleger) hielten säumige Eltern zwar hin und wieder dazu an, ihre Kinder doch regelmässiger zur Schule zu schicken; eine Schulpflicht im heutigen Sinne gab es damals jedoch nicht. Da, wo entsprechende Verordnungen von irgendwelchen kirchlichen oder weltlichen Herren bestanden, und es gab solche in einigen Kantonen bereits seit dem 17. Jahrhundert[1], fehlten die Mittel, ihre Einhaltung durchzusetzen und zu kontrollieren.

Die Schulräume waren meist eng und überfüllt. Schulstuben mit 80, 100 oder mehr Kindern waren durchaus keine Ausnahme. Es kam vor, dass ein Schulmeister gezwungen war, in seiner eigenen Wohnung Schule zu halten, weil die Gemeinde den Bau eines besonderen Schullokales als unnötigen Luxus empfand oder in den Wintermonaten an Heizmaterial sparen wollte. – Das Ansehen der Dorfschullehrer war sehr gering. Ihre Besoldung reichte in der Regel selbst bei einfachster Lebensführung nicht aus, so dass sie gezwungen waren, sich mit allerlei Arbeiten neben der Schule etwas Geld zu verdienen. Besondere Ansprüche an die Bildung der Schulmeister stellte man damals noch nicht.

> «Nur zwei schweizerische Kantone», sagte A. Wirz 1825 im Rückblick auf die Situation und die Ausbildung der Volksschullehrer im Ancien Régime, «weisen bereits vor unserer Revolution vor 1798 einige bestimmte Spuren eines regelmässigen Lehrerunterrichtes auf. In allen anderen halfen wohl einzelne Pfarrer den Vorübungen der Schulmeister nach, sonst aber bildete sich jeder zum Schulmann wie er mochte und konnte, froh, die Fertigkeit selbst gewonnen zu haben, um die Methode meistens unbekümmert. Wer als Handwerker nicht genug erwarb, als abgedankter Söldner oder Bedienter sich nicht zu helfen wusste, als Schreiber sein Brot nicht mehr fand, daneben die grossen und kleinen Buchstaben erkennbar zu malen verstand, sich nicht fürchtete, einen Psalm anzustimmen und ohne gar zu grossen Anstand las, der durfte es wagen, sich um einen Schuldienst umzusehen.»[2]

Unter dem Einfluss der von Frankreich herkommenden aufklärerischen Gedanken eines Rousseau oder Voltaire und angesichts der ersten Zeichen des anbrechenden Maschinenzeitalters (die erste mechanische Spinnmaschine der Schweiz wurde 1801 in St. Gallen, in den Räumen des ehemaligen Klosters, aufgestellt) begannen sich die an die Schule gestellten Ansprüche nach und nach zu verändern. Die Schule sollte die Kinder nicht mehr, wie bis anhin, in erster Linie zu gottesfürchtigen Untertanen erziehen. Die neue Zeit brauche, so konnte man gegen Ende des 18. Jahrhunderts immer häufiger hören, Menschen, die, an Disziplin und Pünktlichkeit gewöhnt und des Schreibens, Lesens und Rechnens kundig, ihren Aufgaben als Arbeiter und Staatsbürger gewachsen seien. In dem Mass, in

---

1   Die 1628 im Kanton Bern erschienen erste gedruckte Landschulordnung der Schweiz schrieb bereits vor, dass alle Kinder, sobald sie etwas fassen könnten, in die Schule gehen sollten. Sie sollten erst entlassen werden, wenn sie lesen gelernt hätten, den Katechismus und das Notwendigste aus der Religion wüssten. Schulversäumnisse sollten bestraft werden, wenn Ermahnungen fruchtlos blieben. E. Martig, dem diese Angaben entnommen sind, schreibt dazu: «Gleichwohl war der Schulbesuch höchst unregelmässig. Allgemein wurde nur im Winter Schule gehalten, obschon die Schulordnung auch Sommerschule empfahl...» In Zürich wurde 1637 eine ähnliche Landschulordnung (mit ähnlich geringem Erfolg) erlassen. – Siehe dazu: *Martig, E.:* Geschichte der Erziehung in ihren Grundzügen mit besonderer Berücksichtigung der Volksschule. Bern 1901, S. 311.
2   *Wirz, A.H.:* Versuch einer Beantwortung der zweyten der für 1825 ausgeschriebenen Fragen die Bildung der Schullehrer in der Schweiz betreffend. In: Neue Verhandlungen der Schweizerischen Gemeinnützigen Gesellschaft vom 13./14.9.1825 in Luzern, 15. Bericht. Zürich 1825, S 187.

dem das Interesse an der Volksschule, d. h. der Schule für das einfache Volk, jetzt zu wachsen begann, gewann auch die Meinung an Boden, dass diese im Grunde eine Aufgabe des Staates sei und nicht mehr länger der Kirche oder gelegentlichen Mäzenen überlassen werden dürfe.

«So lange man es in einem Staate für etwas Unwichtiges oder gar Niedriges ansieht», schrieb Konrad Tanner, Abt von Einsiedeln, im Jahre 1787, «für die Erziehung der Jugend zu sorgen, und so lange sich eine oberkeitliche Person scheuet, aus dem Schulwesen ein Staatsgeschäft zu machen, so lange wird keine Reforme statt finden, und die Sonne, die sonst allenthalben scheint, wird noch nicht in unseren Thäler eindringen.» – Das Schulwesen soll, so argumentiert Tanner, deshalb vom Staat übernommen werden, «weil er allein das Ansehen besitzt, das zu fassende Projekt in allgemeinen Kredit zu setzen, und dasselbe dem Volke ehrwürdig zu machen; weil er allein die Macht besitzt, die Hindernisse, die von der Sache selbst oder von den Leuten herrühren, aus dem Wege zu räumen; weil er allein das Vermögen besitzt, für den öffentlichen Nutzen mit öffentlichen Ausgaben zu Hülfe zu eilen.»[3]

Nachdem es 1797/98 mit Unterstützung französischer Truppen auch in der Schweiz zu einer politischen Revolution gekommen war, legte Philipp Albert Stapfer, Minister für Künste und Wissenschaft in der neuen helvetischen Zentralregierung, dieser im Herbst 1798 einen Schulgesetzentwurf vor, welcher der sich ändernden Vorstellung der Volksschule genau entsprach.

Was Stapfer vorschlug, war die Einführung einer von der Kirche unabhängigen, sechs Jahre dauernden, für Knaben und Mädchen gleichermassen obligatorischen Volksschule in der ganzen Schweiz. In ihr sollte neben Rechnen, Schreiben und Lesen auch Geographie, Französisch, Verfassungskunde, Hauswirtschaft, Ackerbau und Ähnliches Platz haben. Wirtschaftliche Lebenstüchtigkeit und politischer Sachverstand, das waren die beiden Ziele der neuen Schule. «Ihr werdet also, Bürger Gesetzgeber», sagte Stapfer zur Begründung seines Vorhabens, «zuerst einen Unterricht veranstalten, der alle Volksklassen umfasse und jeden Bürger des Staates bis auf denjenigen Grad der Einsicht und Fähigkeit fortbilde, auf welchem er einerseits seine Menschenrechte und Bürgerpflichten genau kenne und auszuüben verstehe, andererseits in einem Beruf, der ihn seinen Mitbürgern notwendig macht und ihm eine sichere Unterhaltsquelle eröffnet, mit Lust zur Arbeit ohne Schwierigkeit fortkomme.»[4]

Stapfers Schulgesetzentwurf wurde nie verwirklicht. Schon vor der endgültigen, von Napoleon abgesegneten Rückkehr zum alten Föderalismus im Jahre 1803 war er, nach langen Verhandlungen, seiner politischen Tendenz und seiner zu hohen Kosten wegen abgelehnt worden. Dennoch hat er zusammen mit den ihn

3 *Tanner, Konrad:* Vaterländische Gedanken über die mögliche gute Auferziehung der Jugend in der helvetischen Demokratie. Zürich 1787, S. 10.
4 Zitiert nach: *Gschwend, Hanspeter, und Fischer, Renate:* Das aargauische Schulwesen in der Vergangenheit. Berichte. Quellen. Zeittafeln. Aarau 1976, S. 12.
   Zu Stapfers Gesetzesentwurf und dessen Schicksal siehe auch die gute Zusammenfassung: «Philipp Albert Stapfer und der Kampf um die Volksschule». In: Sektor Erziehung, Nr. 1, 1978, S. 13 ff.

begleitenden Massnahmen und Beratungen die weitere Entwicklung der Schweizer Volksschule nicht unwesentlich beeinflusst. Durch Stapfers Initiative wurde nicht nur die Diskussion um die Fragen der äusseren Form der Schule (Trägerschaft, Finanzierung, Schulobligatorium), sondern auch die Auseinandersetzung mit Fragen der Unterrichtsmethoden und Lehrinhalte intensiviert. Dabei war die Einführung des klassenweisen Unterrichts eines der wichtigsten Themen der damaligen Schulreformer. Bis dahin hatte ein Schulmeister in der Regel mit jedem Kind einzeln gearbeitet, während die anderen um lange Tische sassen und für sich lernten, miteinander schwatzten, vor sich hindösten oder irgendwelchen Unfug trieben. Jetzt sollte der Lehrer alle Schüler, oder besser alle Schüler einer bestimmten «Klasse», gleichzeitig unterrichten.[5]

> Der Schritt von der Arbeit mit Einzelnen hin zum «Zusammenunterrichten» von ganzen Schülergruppen, ein Schritt, der sich in der Schweiz zwischen 1780 und 1830 vollzogen hat, hatte, wie man sich leicht denken kann, enorme Auswirkungen auf die innere und äussere Gestalt und auf den Betrieb der damaligen Schule: An die Stelle der langen Tische traten nun die hörsaalartig angeordneten Bankreihen und das erhöhte Pult des Lehrers, von wo aus dieser für alle gut sichtbar von nun an wirkte. Die neben seinem Pult angebrachte grosse Wandtafel wurde bald zu einem seiner wichtigsten Arbeitsinstrumente. Da ein Lehrer natürlich niemals mit allen 70 oder 100 Kindern eines Dorfes gleichzeitig arbeiten konnte, begann man diese nach und nach in (ursprünglich leistungs-, später altershomogene) Klassen zu unterteilen. Ein Stundenplan hielt nun genau fest, wann der Lehrer mit welcher Klasse lesen, schreiben oder rechnen würde. Da, wo man es sich leisten konnte und wollte, schaffte man sich einheitliche, auf die Bedürfnisse der verschiedenen Schülerklassen zugeschnittene, methodisch durchdachte und systematisch aufgebaute Schulbücher an, welche ein geordnetes Lernen auch dann möglich machten, wenn der Lehrer gerade mit einer anderen Klasse arbeiten musste.

Ganz allmählich hielten nun auch, Hand in Hand mit dieser methodischen Reform, die von Stapfer und anderen empfohlenen neuen Unterrichtsstoffe Einzug in die Schule. Das Rechnen setzte sich als Schulfach mehr und mehr durch. Geschichte, technisches Zeichnen, Geographie und andere, auf diesseitigen Nutzen hin ausgerichtete Künste gewannen an Bedeutung und verdrängten allmählich das Psalmensingen, das Memorieren des Katechismus und das Buchstabieren biblischer Geschichten.
Es versteht sich von selbst, dass das Schulehalten unter diesen Umständen nicht mehr länger von einem invaliden Soldaten oder einem Schuster nebenher betrieben werden konnte. Die ungleich höheren Anforderungen, welche die neue Schulart an das methodische Können und an die allgemeine Bildung des Lehrers stellten, machten eine wenigstens minimale Lehrerbildung auch im Bereich der gewöhnlichen Volksschule unumgänglich. Nach ersten Anfängen in den 1780er

---

5   Siehe dazu und zum folgenden: *Jenzer, C. und S.:* Lehrer werden einst und jetzt. 200 Jahre solothurnische Lehrerbildung, 150 Jahre Lehrerseminar. Solothurn 1984, bes. S. 61 ff.
    Von Felten, Rolf: Lehrer auf dem Weg zur Bildung – Das Verhältnis von Allgemeinbildung und Berufsbildung in den Anfängen der Lehrerbildung in der deutschen Schweiz. (Dissertation.) Bern 1970.

Jahren (zu erwähnen sind vor allem die von Pater Niward Crauer geleiteten Lehrerbildungskurse im Kloster St. Urban sowie die von ihm verfassten Schul- und Methodikbücher) wurden die Bemühungen um die Bildung der Volksschullehrer deshalb nach 1800 an vielen Orten intensiviert. Man richtete 4, 8 und 12wöchige Kurse für angehende oder bereits amtierende Lehrer ein, um sie mit den neuen Methoden vertraut zu machen. Man versuchte durch die Veranstaltung von Lehrerkonventen die Zusammenarbeit und das Zusammengehörigkeitsgefühl unter dem sich formierenden neuen Stand der Volksschullehrer zu fördern, und man setzte erfahrene Kreislehrer oder amtliche Schulinspektoren ein, um weniger gut qualifizierten Lehrern beizustehen oder sie zu beaufsichtigen.

Persönlichkeiten wie E. Fellenberg, J.H. Pestalozzi oder G. Girard haben die Entwicklung der Schweizer Volksschule damals, in den ersten Jahrzehnten des 19. Jahrhunderts, stark beeinflusst. Die von ihnen ausgehenden Impulse waren weit über die Landesgrenzen hinaus wirksam.

> Besonders interessant scheint mir dabei, von heute aus gesehen, die vom Jesuitenpater Girard, dem «katholischen Pestalozzi» weiterentwickelte Methode des «wechselseitigen Unterrichts». In ihm wurden ältere Schüler gezielt als Hilfslehrer oder Tutoren eingesetzt. Der wechselseitige Unterricht sollte es einem Schulmeister ermöglichen, 500, ja 1000 Kinder gleichzeitig zu unterrichten, wie die Engländer A. Bell und J. Lancaster zu Beginn des 19. Jahrhunderts versprachen. Girard humanisierte das militärisch straffe System der beiden Engländer. Ihm ging es nicht in erster Linie um eine grössere Wirtschaftlichkeit oder Effizienz der Schule, sondern um die in dieser Methode angelegte Möglichkeit des «sozialen Lernens», wie wir heute sagen würden. Die von Girard entwickelte und (ab 1816) in den Schulen von Fribourg eingeführte Art des wechselseitigen Unterrichts fand anfänglich grossen Anklang im In- und Ausland. Bald aber nahm der Widerstand gegen diese neue, zu freiheitliche Schulart zu. 1823 musste Girard Fribourg verlassen; ein Jahr später sprach sich Papst Leo XII. gegen den wechselseitigen Unterricht aus. Schon nach 1830 ist er in den Volksschulen der Schweiz kaum mehr anzutreffen.[6]

Auf Grund dieser Bemühungen hatten sich die Schulverhältnisse zu Beginn des 19. Jahrhunderts zwar hie und da beträchtlich verbessert. Im Vergleich mit anderen Ländern und im Vergleich mit den Bedürfnissen der Zeit stand es nach der Meinung vieler jedoch nach wie vor nicht gut um die Schweizer Volksschule. Noch fehlte es an einem eindeutigen und durchsetzbaren Schulobligatorium, noch war die Ausbildung der Lehrer häufig ganz ungenügend und die finanzielle Situation der einzelnen Schulen ungesichert, noch gab es grosse Gebiete, ja ganze Landesteile, in denen es keine oder doch viel zu wenig Schulen gab, und noch immer waren die neuen Unterrichtsmethoden und die modernen Schulfächer an vielen Orten völlig unbekannt oder verpönt.[7] Dies änderte sich erst nach dem Jahr 1830.

6   *Jenzer, C. und S.:* Lehrer werden einst und jetzt. Solothurn 1984, S. 71 ff.
7   Jeremias Gotthelf hat die Schulverhältnisse der 1830er und 1840er Jahre in vielen seiner Romane und Erzählungen sehr anschaulich geschildert.

Durchstrukturierung und Wachstum des Schulsystems ab ca. 1830

Im Anschluss an die Pariser Juli-Revolution war es 1830, nach langen Jahren der politischen Reaktion, auch in der Schweiz zu Unruhen gekommen, und in einigen Kantonen wurden die konservativen Regierungen der Restaurationszeit durch fortschrittliche, demokratisch gesonnene Kräfte, durch Liberale und Freisinnige ersetzt. Der seit Jahrzehnten geforderte Auf- und Ausbau einer zeitgemässen, obligatorischen Volksschule und die endgültige Trennung dieser Schule von der Kirche war eines der obersten Ziele der neuen Regierungen. Schon bald (1831 im Kanton Waadt, 1832 im Kanton Zürich, 1835 im Kanton Aargau usw.) wurden die ersten diesem Ziel entsprechenden Schulgesetze erlassen. Man begann überall mit dem Bau neuer Primar- und Sekundarschulen und gründete zahlreiche Lehrerseminarien, um die seit Beginn des Jahrhunderts praktizierten Formen der Lehreraus- und weiterbildung endlich durch eine mehrjährige Vollzeitausbildung zu ersetzen.[8] – Jetzt wurden auch die Anstellungs- und Arbeitsbedingungen der Lehrer verbindlich geregelt, indem man die Ausübung des Lehrerberufes beispielsweise an den Erwerb eines staatlichen Lehrerpatentes knüpfte, und Bestimmung erliess über die Höhe des einem Lehrer zustehenden Gehaltes oder über die Zahl der von ihm zu erteilenden Lektionen. Man kümmerte sich um die Entwicklung moderner Lehrmittel, um sie als Grundlage eines geordneten Unterrichts bald darauf in die neuen Schulen einzuführen. Im Gegensatz zu den früheren Zeiten wurde die Schulpflicht jetzt mit grosser Konsequenz durchgesetzt. Der moderne, systematisch aufgebaute Unterricht, so wurde unter anderem argumentiert, erfordere einen regelmässigen, ununterbrochenen Schulbesuch. Die Dauer der obligatorischen Schulzeit und die verlangte Mindeststundenzahl pro Schuljahr waren dabei von Kanton zu Kanton verschieden; häufig waren eine sechsjährige «Alltags-» und eine daran anschliessende dreijährige «Repetier-» oder «Ergänzungsschule» mit nur wenigen Stunden pro Woche vorgesehen.

Natürlich ging diese Entwicklung nicht überall in genau derselben Weise und in demselben Tempo vor sich. Während der Schulausbau im Kanton Zürich beispielsweise relativ schnell vorangeschritten zu sein scheint, war die Umsetzung der entsprechenden Pläne im Kanton Bern trotz ähnlicher Ausgangslage offenbar beträchtlich schwieriger, so dass die Entwicklung dort im Vergleich mit anderen Kantonen erst später zum Tragen kam. Noch prekärer war die Situation im Kanton Tessin, wo bis zu Beginn der 1830er Jahre so gut wie keine Schulen bestanden hatten.[9] Die Entwicklung wurde vielerorts auch durch den Widerstand verzögert, auf den die Initianten und Befürworter der modernen Volksschule anfänglich reichlich stiessen.

Die Durchsetzung der neuen Schulgesetze führte überall zu einer verschärften Auseinandersetzung mit der damals allgemein üblichen Kinderarbeit. Jetzt, wo

---

8   Das erste Lehrerseminar war bereits vor dieser Zeit, 1822 in Aarau gegründet worden. Nach 1830 folgten die Seminare von Lausanne (1831), von Küsnacht ZH (1832), Münchenbuchsee, später Hofwil (1833) usw.

die Kinder während sechs Jahren oder noch länger Tag für Tag in die Schule gehen mussten, konnten sie nicht mehr im selben Umfang wie zuvor zu Hause mitarbeiten oder in die Fabrik gehen, um auf diese Weise zum Unterhalt der Familie beizutragen. Die Fabrikherren ihrerseits sahen sich mehr und mehr gezwungen, auf die billige Arbeitskraft der Kinder zu verzichten und diese der Schule zu überlassen.

Der hier angesprochene Konflikt kommt deutlich in den Stellungnahmen zum Ausdruck, welche die Zürcher Regierung 1834, zwei Jahre nach Einführung der allgemeinen Schulpflicht, von ihren Statthaltern erhielt, als sie diese nach der Möglichkeit und Wünschbarkeit einer strengeren Gesetzgebung im Bereich der Kinderarbeit fragte. Damals schrieb der Statthalter von Horgen u. a.: «Die armen Familienväter, welche mit vielen Kindern beladen sind, würden solche schon im neunten Jahr in die Fabrik schicken. Weist man sie auf das Schulgesetz, so ist das allgemeine Raisonnement: wir sind nicht im Stande, demselben nachzukommen. Was nützt es uns und unsern Kindern, dass sie so gelehrt werden. Wissen sie mehr als wir, so werden sie auch hochfahrender, anspruchsvoller. Jedes Jahr, das wir unsere Kinder länger zur Schule schicken, beraubt uns nur schöner Summen Geldes, woraus wir das nötige und Unentbehrliche uns verschaffen können.»[10] – Der Statthalter von Hinwil weist auf einen anderen Aspekt des Problems hin; er schreibt (und seine Ausführungen klingen mir dabei in schon fast peinlicher Weise vertraut), dass man die Sorge der Regierung um die Gesundheit und um die Bildung der jungen Leute grundsätzlich zwar teile, dass jedoch allgemein die Auffassung bestehe, die minderjährigen Kinder seien in den Spinnereien unentbehrlich. Einerseits seien viele arme Familien auf den Verdienst ihrer Kinder angewiesen, andererseits könnten Erwachsene die von den Kindern geleistete Arbeit häufig nicht übernehmen, so dass die Spinnereien in ernsthafte Schwierigkeiten geraten würden, wenn die Kinderarbeit verboten oder eingeschränkt werden sollte. Es sei zu befürchten, dass eine zu grosse Erschwerung des Fabrikbetriebes die Fabrikanten dazu veranlassen könnte, ihre Produktion ins Ausland zu verpflanzen. Im übrigen würde durch die Beschränkung der Fabrikarbeit der Kinder (um eine solche war es der Zürcher Regierung in erster Linie zu tun) eine Rechtsungleichheit entstehen, wenn nicht zugleich die Kinderarbeit im häuslichen Gewerbe und in bäuerlichen Betrieben verboten würde. Der Statthalter macht dann einige Vorschläge, durch welche der Konflikt zwischen Kinderarbeit und Schulpflicht gemildert oder gelöst werden könnte; angesichts der gegebenen Umstände sei, so meint er, eine flexible Anwendung des Schulgesetzes in jedem Fall wünschenswert.[11]

9 Siehe dazu sowie zum Vorhergegangenen: *Humm, B.:* Volksschule und Gesellschaft im Kanton Zürich. Die geschichtliche Entwicklung ihrer Wechselbeziehung von der Regeneration bis zur Gegenwart. Affoltern a. A. 1936.
Kost, F.: Volksschule und Disziplin. Aus der Zürcher Schulgeschichte zwischen 1830 und 1930. Zürich 1985.
Kummer, J.J.: Geschichte des Schulwesens im Kanton Bern. Bern 1874.
Martig, E.: Überblick über die Entwicklung der schweizerischen Volksschule. In: Martig, E.: Geschichte der Erziehung. Bern 1901, S. 304 bis 344.
Scherr, I.Th.: Meine Beobachtungen, Bestrebungen und Schicksale während meines Aufenthaltes im Kanton Zürich von 1825 bis 1839. St. Gallen 1840. (Scherr war zwischen 1832 und 1839 wesentlich am Auf- und Ausbau der Zürcher Volksschule beteiligt und beschreibt diesen hier als Mithandelnder.)
10 «Schulpflicht im Kanton Zürich – Kampf gegen Kinderarbeit». In: Sektor Erziehung, Nr. 6, 1978, S. 15 ff.

Auch viele Geistliche lehnten die neue Volksschule ab. Dabei war diese Ablehnung der direkte Ausdruck eines viel umfassenderen Kampfes, der damals zwischen «Kirche» und «Staat», bzw. zwischen einer eher konservativ religiösen und einer fortschrittlich modernen, d. h. diesseitig wissenschaftlich orientierten Weltanschauung herrschte und in den 1830er und 1840er Jahren zu schweren innenpolitischen Auseinandersetzungen und Krisen (Sonderbundskrieg) führte. – Gerade im Bereich der Erziehung wollte die Kirche ihren Einfluss nicht aufgeben, denn da, wo sie nicht mehr in die Schule hineinwirken dürfe, sei das sittliche Fundament und die innere Einheit der Gesellschaft in Gefahr.

> In diesem Sinn schreibt J. H. Beyel in einem Gutachten über das zürcherische Volksschulwesen im Jahr 1839 u. a.: «Wenn nicht bei uns der öffentliche Geist sich wahrhaft ändert, wenn wir nicht in allen unseren Bestrebungen zu der einigen Quelle der Weisheit, zu Gott geoffenbaret in Christo und zu seinem heiligen Worte zurückkehren, so ist... für unser Schulwesen so wenig Heil zu hoffen als für unsern Staat und für unsere Kirche.»[12]

Bewusst katholisch oder evangelisch geführte Schulen begannen sich damals immer deutlicher vom Hintergrund der neuen, zunehmend weltlicher werdenden Schullandschaft abzuheben.[13]

Der offene Widerstand gegen die Schule verschwand in der zweiten Hälfte des 19. Jahrhunderts nach und nach. Man fand sich mit der neuen Einrichtung ab, fügte sich, weil man musste, ihrem Diktat oder lernte sie zum eigenen Vorteil zu gebrauchen. Die Schule, welche die einen aus Überzeugung, die anderen aus Eigennutz und Profitdenken gewollt oder abgelehnt hatten, war unversehens zu einem selbstverständlichen Bestandteil des persönlichen und gesellschaftlichen Lebens geworden; ein Leben ohne diese Art von Schule erschien auch denen, die sie im Grunde nicht mochten, immer undenkbarer. Die Meinung, dass die Schweiz in dem zunehmend härter werdenden internationalen Wirtschaftskampf ohne ein gut ausgebautes, leistungsfähiges Schulwesen nicht bestehen und ihren Platz auf den rasch wachsenden Weltmärkten nicht behaupten könne, hat dabei wesentlich

---

11 *Stauber, Emil:* Die Fabrikarbeit der schulpflichtigen Kinder und ihr Einfluss auf den Schulbetrieb im Kanton Zürich in der ersten Hälfte des 19. Jahrhunderts. Separatdruck aus dem Jahrbuch der Schweizerischen Gesellschaft für Schulgesundheitspflege, Band 12, 1911. Zürich 1911, besonders S. 25/26.

12 *Beyel, Johann Heinrich:* Über das Volksschulwesen des Kanton Zürich. An einige seiner Freunde in- und ausserhalb der Grossratskommission. Zürich und Frauenfeld 1839, S. 40.

13 Die im vorliegenden Buch enthaltene Darstellung des Freien Katholischen Lehrerseminars St. Michael in Zug zeigt u.a., wie sich eine katholische Schule heute mit dem Anspruch und dem Ziel einer christlichen Pädagogik auseinandersetzt. – Zum heutigen Selbstverständnis der katholischen und evangelischen Schulen der Schweiz und zu ihrer Stellung in unserer Schullandschaft siehe im übrigen: «Bildung», herausgegeben vom Informationsdienst der Arbeitsstelle für Bildungsfragen Luzern. Mai 1984, S. 4 bis 30. Hinweise zur Geschichte der freien evang. und kath. Schulen der Schweiz finden sich u.a. in: Archiv für das schweizerische Unterrichtswesen, 24. Jg. 1938, S. 156ff., S. 292ff. und S. 299ff.

zur Entstehung und zur Anerkennung der neuen Schule beigetragen. Stille stehen, so sagten die Vertreter dieser Schule schon 1830, heisse auch hier rückwärts gehen.[14]

Nachdem die obligatorische Volksschule der Schweiz in den 1830er und 40er Jahren geschaffen und weitgehend durchgesetzt worden war, ging es ab 1850 vor allem darum, die höheren Schulen, die zahlreichen Real- und Mittelschulen, die Gymnasien, die Fort- und Weiterbildungs-, Berufs-, Fach- und Hochschulen – lauter Schulen mit ganz verschiedenen, zum Teil weit in die Zeit des Ancien Régime zurückreichenden Traditionen – mit den neuen Primar- und Sekundarschulen zu verbinden und zu einem umfassenden, in sich stimmenden Schulsystem zusammenzufügen. Dabei musste die gegenseitige Abstimmung der Schulen innerhalb der einzelnen Kantone durch eine wenigstens minimale Koordination zwischen den Kantonen ergänzt werden.

> Die Umwandlung des lockeren Staatenbundes der alten Eidgenossenschaft in den modernen schweizerischen Bundesstaat im Jahre 1848 hat den Prozess der gegenseitigen Angleichung beträchtlich beschleunigt. Wenn die Volksschulen, d.h. die allgemeinbildenden Schulen der obligatorischen Schulzeit auch bis heute grundsätzlich Angelegenheit der Kantone sind, so wirkten bestimmte vom Bund in der zweiten Hälfte des letzten Jahrhunderts erlassene Gesetze und Bestimmungen (etwa die Gesetze und Verordnungen, welche das Medizinstudium oder das Studium an den Eidgenössischen Technischen Hochschulen in Lausanne und Zürich betreffen, aber auch die in der neuen Bundesverfassung enthaltenen Bestimmungen über einen minimalen, von den Kantonen zu garantierenden Primarschulunterricht usw.) direkt oder indirekt auch auf die Ausgestaltung und Weiterentwicklung der kantonalen Volksschulsysteme ein.[15]

Die Vereinigung aller Einzelschulen zu einem zusammenhängenden, genau durchdachten Schulsystem machte eine weitere Standardisierung und Reglementierung des in diesem System möglichen Lernens notwendig. Immer umfangreichere Lehrpläne hielten jetzt fest, was die einzelnen Klassen in den einzelnen Fächern behandeln und wann welches Ziel erreicht werden sollte. Obligatorische Lehrmittel sorgten für Einheitlichkeit im Detail. Die regelmässige Messung der Schülerleistung durch irgendwelche Tests oder Prüfungen wurde immer wichtiger. Um die Leistung verschiedener Schüler miteinander vergleichen zu können, begann man sie überall zu «benoten». Die damals in der zweiten Hälfte des 19. Jahrhunderts schnell wachsenden Schulverwaltungen legten jetzt verbindlich fest, wann ein Aufstieg in eine nächst höhere Klasse oder der Übertritt in diese oder jene weiterführende Schule möglich sei und wann nicht. Schulzeugnisse gewannen zunehmend an Bedeutung. «Schlechte» oder keine Zeugnisse zu haben verunmöglichte oder erschwerte nicht nur die Karriere innerhalb des Schulsystems. Abschlusszeugnisse, Ausbildungsbestätigungen, Diplome und

---

14 *Schinz u.a.*: Drei Reden über technische Bildung und insbesondere über das technische Institut in Zürich. Zürich 1832, besonders die erste Rede.
15 Siehe dazu u.a.: *Vonlanthen, A.* u.a.: Maturität und Gymnasium. Ein Abriss über die Entwicklung der eidgenössischen Maturitätsverordnung und deren Auswirkungen auf das Gymnasium. Bern und Stuttgart 1978, insbesondere Teil A, S. 17ff.

Bescheinigungen aller Art wurden auch auf dem damals rasch wachsenden «Arbeitsmarkt» immer wichtiger. In diesem Sinn war die Verbindung zwischen Schule und Arbeitswelt im Verlauf des 19. Jahrhunderts ständig enger geworden. Die Schule war also, so können wir zusammenfassend sagen, im Laufe von rund hundert Jahren von einer relativ belanglosen Einrichtung am Rande der Gesellschaft zu einer ihrer zentralsten Institutionen geworden. Was von ihr anerkannt wurde, das galt. Was sie nicht anerkannte, galt nicht. Gleichzeitig hatte sich diese Einrichtung jedoch immer mehr zu einem Ghetto, zu einer künstlichen, von der Umgebung systematisch abgeschlossenen, isolierten Welt mit eigenen Gesetzen und eigener Realität entwickelt. Diese Isolation, die in ihr herrschende allzu strenge Trennung zwischen Theorie und Praxis, Schule und Leben, «arbeiten» und «lernen», die zunehmende Reglementierung aller Aktivitäten, aber auch die Überbürdung der Schüler durch die stets wachsende Menge an Schulstoff und anderes waren denn auch Punkte, die damals immer heftiger kritisiert wurden. Auch diejenigen, die der Schule im Grunde positiv gegenüberstanden, mussten immer mehr erkennen, dass diese Institution auch ihre Schattenseiten hatte. Man hatte beim Aufbau des modernen Schulwesens doch von Mündigkeit und von Aufklärung gesprochen. Stapfer hatte damals von «Glück» und von «Freiheit» geredet, und «Volksbildung ist Volksbefreiung» hatte man allenthalben rufen hören, als die alten Kantonsregierungen zum Rücktritt gezwungen und durch demokratisch gewählte Volksvertreter ersetzt worden waren. – Aber die Schulkasernen, die danach entstanden, und die tausend Reglemente und Verordnungen der neuen Behörden, war das wirklich «Volksbefreiung»? Diese bleichen Schülergesichter, diese leeren Blicke und der überall spürbare Widerwille gegen die neuen Schulen – die Bussgelder und Gefängnisstrafen, mit denen man die Eltern an ihre errungene «Freiheit» gewöhnen musste, war das der Weg zum versprochenen Glück? – Und die vielen Prügel, die Strafen, die Ängste der Schüler, war das die Pädagogik, für die sich Pestalozzi, Girard und all die andern eingesetzt hatten? Gewiss: Ohne Prügel lernen sie nichts, so sagte man, und: Zeig ihnen erst einmal, wer Herr im Haus ist, danach – wenn du sie fest in der Hand hast – kannst du die Zügel immer noch etwas lockern! – Aber: Prügel und Zügel und Herr im Hause, klang das nicht viel mehr nach Dressur und Unterwerfung als nach Freiheit und nach Erziehung zur Selbstbestimmung? – War dieses Stillsitzen und Gehorchen, dieses mechanische Hersagen von halb verstandenem, ziemlich willkürlich zusammengestückeltem Wissen tatsächlich die Art der Volksbildung, von der man am Ende des 18. Jahrhunderts so wunderbare Dinge gesagt hatte? War das nun die Sonne, von der sich Tanner gewünscht hatte, dass sie auch in der Schweiz bis ins letzte Tal dringen möge?

Die reformpädagogische Bewegung von 1900 bis 1933/40

Die Unzufriedenheit mit der Schule hatte um 1900 auch in bürgerlich-liberalen, ja sogar in eher konservativen Kreisen ein solches Ausmass angenommen, dass diese Zeit heute allgemein als Beginn einer ganz Westeuropa und die USA erfassenden breiten reformpädagogischen Bewegung bezeichnet wird, einer Bewegung von deren «Erbe» wir noch heute leben.[16] Die meisten der im Hauptteil des vorliegenden Buches dargestellten alternativen Schulformen gehen denn auch direkt oder indirekt auf jene Jahrzehnte des Auf- und Umbruchs zurück.

So stammt Paul Geheeb, der nach seiner Emigration aus Deutschland im Jahre 1934 in der Schweiz die Ecole d'Humanité gründete, aus der deutschen «Landerziehungsheimbewegung», die ab 1898 versuchte, in ihren auf dem Lande gelegenen, meist sehr primitiv eingerichteten Internaten eine auf echter Partnerschaft zwischen Schülern und Lehrern beruhende neue Art von Schule zu verwirklichen, eine Lebens- und Lerngemeinschaft, die sich ganz bewusst von der «dekadenten Zivilisation» der Grossstädte absetzte.

Maria Montessori eröffnete ihr erstes Kinderhaus im Jahr 1907. Durch die von ihr veranstalteten regelmässigen Einführungskurse in ihre ganz auf die Selbsttätigkeit des Kindes bauende Pädagogik war diese schon wenige Jahre später weit über Italien hinaus bekannt.

Die erste Rudolf Steiner-Schule entstand 1919 in der Nähe von Stuttgart, und auch diese Erziehungsbewegung verbreitete sich in den folgenden Jahren sehr rasch.

Die Freinet-Pädagogik, eine vor allem im französischen Sprachraum weit verbreitete, ganz bewusst an der Arbeitssituation des gewöhnlichen Volksschullehrers ansetzende pädagogische Reformbewegung, die auch in den freien und alternativen Schulen der 1970er und 1980er Jahre eine recht wichtige Rolle spielt[17], begann in den 1920er Jahren.[18]

Schliesslich ist auch, um eine letzte Verbindungslinie zwischen damals und heute zu erwähnen, der englische Pädagoge A.S. Neill, der Gründer von «Summerhill», ein Mann jener Zeit. Neill, der durch sein Eintreten für eine «antiautoritäre Erziehung» die in den 1960er Jahren erneut in grösserer Breite einsetzende Schulreformdiskussion besonders in ihrer ersten Phase stark beeinflusst hat, hatte sein berühmt gewordenes Internat Ende der 1920er Jahre gegründet, nachdem er zuvor u. a. auch an deutschen Reformschulen gearbeitet hatte.

Die Reformpädagogik hat hierzulande weniger hohe Wellen geworfen als beispielsweise in Deutschland, wo sie, vor allem während der politischen Kämpfe unmittelbar nach dem ersten Weltkrieg, besonders in einigen grösseren Städten (Hamburg, Berlin, Bremen) recht tief in das offizielle Schulwesen einzudringen

---

16 Siehe dazu als gute Zusammenfassung: *Röhrs, H.* Die Schulen der Reformpädagogik. Glieder einer kontinuierlichen internationalen Bewegung. In: Röhrs, H. Hrsg: Die Schulen der Reformpädagogik heute. Düsseldorf 1986, S. 13ff.
Siehe auch die entsprechenden Titel in der kommentierten Bibliographie am Schluss dieses Buches.

17 Siehe dazu insbesondere die Darstellungen der Freien Volksschule Affoltern, der Freien Volksschule Nidwalden und der Ecole de la Grande Ourse in diesem Band.

18 Mehr über die Geschichte und den Inhalt der Montessori- und der Waldorf-Pädagogik (der Pädagogik Rudolf Steiners) findet sich in den betreffenden Schuldarstellungen im Hauptteil dieses Bandes und in der dort angegebenen weiterführenden Literatur.

vermochte und nicht nur das pädagogische Klima der damaligen Schulen, sondern ansatzweise auch die Schulorganisation selbst beeinflusste und veränderte.[19] – Dennoch gab es auch bei uns, vor allem ausserhalb der staatlichen Schule, einige bemerkenswerte Versuche, Alternativen auszuprobieren.

Schon kurz nach der Jahrhundertwende war es, in direkter Weise durch die deutschen Vorbilder inspiriert, zur Gründung einiger Schweizer Landerziehungsheime gekommen (Glarisegg 1902, Hof Oberkirch 1906, Kefikon 1907, Chailly bei Lausanne 1907)[20]. – 1910 eröffneten einige Eltern in der Nähe von Lausanne eine kleine Schule, in welcher sie die pädagogischen Ideen des spanischen Anarchisten und Pädagogen Ferrer zu verwirklichen versuchten. (Dieser war von der spanischen Regierung ein Jahr zuvor wegen angeblicher «revolutionärer Umtriebe» hingerichtet worden, was weit über Spanien hinaus Aufsehen und Empörung ausgelöst und zu zahlreichen Solidaritätsaktionen geführt hatte).[21] – In jener Zeit fasste auch die Montessori-Pädagogik in einigen Schweizer Kantonen (Tessin, später Waadt, Genf u. a.) Fuss.[22] In den 1920er Jahren kam es zur Gründung der ersten beiden Rudolf Steiner-Schulen in der Schweiz (Basel, Zürich).[23]

Eine der lebendigsten Schweizer Städte in Sachen Pädagogik war damals, zwischen etwa 1910 und 1930 sicher Genf, wo Persönlichkeiten wie Bovet, Claparède, Piaget oder Ferrière zahlreiche, noch heute wirksame Reformimpulse gegeben haben.[24] Adolphe Ferrière war darüber hinaus auch einer jener Pädagogen, die sich besonders intensiv darum bemühten, die verschiedenen Reformansätze jener Zeit zu einer weltweiten Bewegung zur Erneuerung der Erziehung zusammenzufassen.

19 Siehe dazu neben der bereits angegebenen Literatur auch den sehr guten Übersichtsartikel: *Brandecker, Ferdinand:* Die Bunten brauchen das Rad nicht erst neu zu erfinden. In: Päd Extra Nr. 6, 15.6.1980, S. 42ff.
   Brandecker beschreibt darin die Hamburger, Berliner und Bremer Schulversuche jener Zeit. (Das ganze Heft befasst sich mit den heutigen Ansätzen einer «Bunten Bildungspolitik», eines freien Schulwesens in der BRD und ist im Hinblick auf aktuelle Fragen empfehlenswert).
   Siehe ferner auch: *Heine, Gustav:* Die Hamburger Lichtwark-Schule. In: Zeitschrift für Pädagogik Nr. 3, 1986, 32. Jg., S. 323–341,
   Roedler, Karl: Vergessene Alternativschulen. Weinheim und München 1987 (über die Hamburger Gemeinschaftsschulen)
20 Siehe dazu: *Grunder, H.U.:* Das Schweizerische Landerziehungsheim zu Beginn des 20. Jahrhunderts. Frankfurt a.M. 1987.
21 Zur Ecole Ferrer siehe:
   Wintsch, Jean: Un Essaie d'Institution Ouvrière. L'Ecole Ferrer. Genève 1919, sowie die wesentlich auf diesem Bericht beruhende Darstellung von: *Grunder, H.U.:* Theorie und Praxis anarchistischer Erziehung. Trotzdem-Verlag Grafenau-Döffingen 1986, Kap. 4.
22 *Baumann, Harold:* Geschichte der Montessori-Bewegung in der Schweiz. In: Pro Juventute – Zeitschrift für Jugend, Familie und Gesellschaft Nr. 4, 1986, S. 3ff.
23 Weitere Angaben zur Geschichte der Steiner-Schulen in der Schweiz finden sich neben den Hinweisen in diesem Buch in: Rudolf Steiner-Schulen der Schweiz Hrsg: 50 Jahre Pädagogik Rudolf Steiners. Basel 1969.
24 *Grunder, H.U.:* Von der Kritik zu den Konzepten. Aspekte einer Geschichte der Pädagogik der französischsprachigen Schweiz im 20. Jahrhundert. Frankfurt a. M. 1986.

Ferrière war Mitbegründer und wesentlicher Motor der New Education Fellowship, des «Weltbundes zur Erneuerung der Erziehung» (Gründungsjahr 1921). An den grossen Konferenzen des «Weltbundes» trafen sich in den späten 20er und frühen 30er Jahren jeweils Hunderte, ja Tausende von theoretisch und praktisch an der «neuen Erziehung» Interessierte zum Gedanken- und Erfahrungsaustausch.[25]

Ab 1933 zerfiel die reformpädagogische Bewegung, in der von Anfang an sehr unterschiedliche politische Strömungen vertreten gewesen waren.

In Deutschland erklärten einige Reformpädagogen jetzt offen ihre Sympathie für die neuen Machthaber und begrüssten diese und die von ihnen gewollte Erziehung als Vollendung des eigenen Werkes. Andere versuchten sich so gut es ging mit der veränderten Situation abzufinden und ihre Arbeit mit mehr oder weniger schwerwiegenden Kompromissen fortzusetzen. Wieder andere emigrierten, freiwillig oder von den Nationalsozialisten gezwungen und setzten ihre Arbeit im Ausland fort, so weit die Umstände der Emigration dies zuliessen. – In den Ländern, wo das politische Klima eine pädagogische Weiterarbeit im alten Geist noch zuliess, absorbierten die wirtschaftlichen Probleme der 30er Jahre und der kurze Zeit später beginnende zweite Weltkrieg bald alle Kräfte.[26]

Die Entwicklung im Bereich der staatlichen und der «freien» Schulen der Schweiz von 1900 bis heute

Seit dem Ende des letzten Jahrhunderts bis in die 1960er Jahre hinein hatte sich die äussere Form des Schweizer Schulwesens kaum mehr verändert. Zwar war die früher noch allgemein übliche Prügelstrafe im Laufe dieser Zeit allmählich aus unsern Schulen verschwunden und einige der reformpädagogischen Ideen (fächerübergreifender Projektunterricht, Schülermitbestimmung oder Selbsttätigkeit im Unterricht usw.) hatten den inneren Betrieb der Schulen hie und da spürbar verändert; die Organisation des Gesamtsystems der staatlichen Schulen geriet jedoch erst in den 1960er Jahren wieder in Bewegung. Ausgelöst durch den Start der ersten russischen Sputnikrakete im Jahr 1957 wurde damals, vor allem in den USA, in abgeschwächter Weise aber auch in der Schweiz und anderen westeuropäischen Ländern der Ruf nach einer leistungsfähigeren Schule laut.

---

25 Siehe dazu: *Röhrs, H.:* Die Reform des Erziehungswesens als internationale Aufgabe. Entwicklung und Zielstellung des Weltbundes für Erneuerung der Erziehung. Rheinstetten 1977, und *Grunder, H.U.:* Adolphe Ferrière 1869 bis 1960. In: Schweizerische Lehrerzeitung (SLZ) Nr. 22, 27. Okt. 1983.

26 Zu der in letzter Zeit vor allem in der BRD relativ intensiv geführten, wichtigen Diskussion über das Verhältnis von Reformpädagogik und Nationalsozialismus siehe u.a.:
Tenorth, H.E.: Deutsche Erziehungswissenschaft 1930 bis 1945. Aspekte ihres Strukturwandels. In: Zeitschrift für Pädagogik Nr. 3, 32. Jg. 1986, S. 299 bis 317.
Keim, Wolfgang: Verfolgte Pädagogen und verdrängte Reformpädagogik. In: Zeitschrift für Pädagogik Nr. 3, 32. Jg. 1986, S. 345 bis 358.
Feidel-Mertz, H.: Schulen im Exil. Bewahrung und Bewährung der Reformpädagogik. In: Röhrs, H. Hrsg: Die Schulen der Reformpädagogik heute. Düsseldorf 1986, S. 233 ff.
In allen drei hier genannten Artikeln finden sich zahlreiche Hinweise auf weitere Literatur.

Mehr Bildung für mehr Menschen, Ausbau des Mittelschul- und Universitätsbereichs, Begabtenförderung und Ausschöpfung der Reserven durch die Frühförderung besonders Benachteiligter, Lehrplanreformen und effizientere, wissenschaftlich fundierte Unterrichtsmethoden, «programmierter Unterricht» usw., das waren die Anliegen der in dieser Zeit geforderten «Bildungsoffensive».

Gegen Ende der 60er Jahre gewannen Postulate wie Chancengleichheit oder Erziehung zur Mündigkeit mehr und mehr an Bedeutung. Die Schulreformdiskussion wurde zunehmend politischer. Schulfragen stiessen jetzt über Fachkreise hinaus auf Interesse, und Bücher wie A. S. Neills «Theorie und Praxis der Antiautoritären Erziehung» oder, etwas später, E. Reimers «Schafft die Schulen ab» und I. Illichs «Entschulung der Gesellschaft» waren in aller Munde. Nicht nur ein Ausbau, sondern auch ein Umbau der Schule schien jetzt notwendig: In der BRD wurden die ersten integrierten und kooperativen Gesamtschulen gegründet, und in zahlreichen Schweizer Kantonen wurden ähnliche, mehr oder weniger weitreichende Strukturreformen diskutiert und in Angriff genommen. Man wollte durch die Einführung von «Beobachtungs-» oder «Orientierungsstufen» und durch andere Massnahmen die auch hierzulande zunehmend als problematisch empfundene, zu frühe und zu endgültige Aufteilung der Schüler auf die verschiedenen Schultypen der Sekundarstufe I (Real- und Sekundarschulen, Gymnasien usw.) etwas hinausschieben und mildern oder diese Aufteilung durch die Schaffung einer integrierten Gesamtschule für den Bereich der obligatorischen Schulpflicht ganz aufheben.

In einer Reihe von Kantonen kam es im Laufe der letzten 15 bis 20 Jahre zu Abstimmungen über entsprechende Schulreformprojekte, wobei diese zum Teil angenommen (Tessin, Fribourg, Genf u.a.), zum Teil abgelehnt (Basel-Stadt, Solothurn u.a.) wurden.[27] – Einige Kantone haben beschlossen, die ins Auge gefassten neuen Strukturen vorerst im Rahmen von örtlich und zeitlich beschränkten Schulversuchen zu erproben. Wie der in diesem Buch beschriebene AVO-Schulversuch Petermoos zeigt, sind die Reformbestrebungen im Bereich der schulischen Strukturen auch mit Anliegen einer inneren Schulreform im Sinne der weiter vorn genannten reformpädagogischen Postulate verbunden, ja sie werden häufig als blosse Voraussetzung für eine solche betrachtet.

Wenn man die in den letzten Jahren in den einzelnen Kantonen verwirklichten Reformen überblickt, so zeigt sich ein zwar mässiger, aber doch spürbarer Trend hin zu offeneren Schulstrukturen, mit mehr Durchlässigkeit zwischen den einzelnen Schultypen und mehr Möglichkeiten der inneren Differenzierung (Niveau-

---

27 Dabei ging es längst nicht in allen Kantonen um so radikale Forderungen wie 1985 im Kanton Solothurn, wo die Einführung einer die bisherige Bezirks-, Sekundar- und Oberschule umfassenden «Einheitsschule» gefordert wurde, an der es keine Noten und kein Sitzenbleiben, dafür ein vom 7. Schuljahr an ständig zunehmendes Angebot an Frei- und Wahlfächern geben sollte. Im Dezember 1985 stimmten immerhin 26,2 Prozent der Solothurner Stimmbürger und -bürgerinnen für die Initative «Bildung ohne Selektion und Konkurenz», ein erstaunlich gutes Resultat für eine so weitgehende Initiative. – Siehe dazu: «Nicht weinen Pestalozzi – Bildung ohne Selektion und Konkurrenz». In: Sektor Erziehung, Dez. 1985, S.8.

und Wahlfachkurse, Arbeitsgemeinschaften, Projektwochen usw.). Wenn diese Reformen auch nur langsam vorankommen und der Widerstand gegen sie schon bei relativ gemässigten Projekten oft beträchtlich ist, so könnte sich diese Zeit, wie U.K. Hedinger und S. Wyttenbach in ihrer Übersicht über die Entwicklung der Schulstrukturen in der Schweiz 1984 vorsichtig formuliert haben, «aus grösserer historischer Distanz doch als eine Phase wesentlicher Veränderungen in den Schulstrukturen erweisen». Jedenfalls habe es sich in den letzten 10 bis 15 Jahren gezeigt, «dass dort, wo Reformprojekte abgelehnt werden, das Traktandum Schulstrukturen nicht vom Tische ist».[28]

Das wieder erwachte Interesse an pädagogischen Fragen brachte gegen Ende der 60er Jahre auch frische Bewegung in die Landschaft der freien und alternativen Schulen der Schweiz.

> Die Zahl der Steiner-Schulen, die seit den 20er Jahren nur langsam zugenommen hatte, begann jetzt stetig zu wachsen. Ende der 60er Jahre hatte man noch 5 Schulen gezählt, bald waren es 10, dann 15. Heute, knapp 20 Jahre nach Beginn dieses «Booms» gibt es in der ganzen Schweiz rund 25 Rudolf Steiner-Schulen. – Die Montessori-Pädagogik erlebte eine ähnliche Renaissance. Hier wurden zuerst einige neue Kinderhäuser (in der Regel für 3- bis 7jährige) eröffnet. Zwischen 1982 und 1987 kam es dann in Basel, Bern, Nuolen, Zürich und Luzern zur Gründung von 5 Montessori-Primarschulen. Nach einer Anzahl eher zaghafter Versuche in früheren Jahrzehnten scheint damit jetzt auch die Montessori-Pädagogik endgültig im Bereich der Schweizer Primarschulen Fuss gefasst zu haben.

Die bereits lange Tradition und das differenzierte pädagogische Fundament der alten Reformschulen, welches diese für die einen so anziehend machte, wurde von anderen im Gegenteil als Belastung und Einengung empfunden. Ihre Vorstellung von Schule beruhte ganz wesentlich auf dem Wunsch, diese in ganz freier Weise genau so zu gestalten, wie es ihnen auf Grund ihrer Erfahrungen und Überlegungen in der jeweiligen Situation am richtigsten schien. Man wollte weder von staatlichen noch von irgendwelchen anderen Autoritäten, auch nicht von Maria Montessori, Rudolf Steiner oder Paul Geheeb eingeengt und gegängelt werden. Dieser Philosophie entsprechend hatten amerikanische Eltern und Lehrer bereits Mitte der 60er Jahre mit der Gründung kleiner, selbst verwalteter Free Schools begonnen.[29] In Deutschland und der Schweiz entstanden jetzt von Eltern selbst verwaltete und geleitete antiautoritäre Kindergärten, Kinderläden und Spielgruppen. 1972 wurde in Effretikon die (zwei Jahre später von der Zürcher Regierung wegen «ungenügender Leistungen» wieder geschlossene) Alternativschule 1 gegründet; in ihr versuchte man die neue Schul- und Erziehungsidee ein erstes Mal in die Praxis umzusetzen. 1973 folgten die Freien Volksschulen in Zürich-Trichtenhausen, in Oberglatt und in Affoltern am Albis sowie die Ecole Active Barigoule in Genf.

28 *Hedinger, U.K.*, und *Wyttenbach, S.:* Zur Entwicklung der Schulstrukturen; Strukturreformen und Schulversuche in der Schweiz. Bern 1984, S. 11 und 13.
29 Siehe dazu die entsprechenden Titel in der kommentierten Bibliographie am Schluss dieses Buches.

Schule selber machen, auf Grund der eigenen Vorstellungen und Erfahrungen und im ständigen gegenseitigen Gespräch, das war das in Infos, Schulprospekten und Zeitungsartikeln formulierte Anliegen dieser neuartigen, meist nur 20 oder 30 Schüler zählenden Eltern-Lehrer-Schüler-Schulen. Schule als Lernprozess aller Beteiligten, nicht von Anfang an einer bestimmten pädagogischen Theorie verpflichtet, sondern grundsätzlich offen dem sich ständig verändernden Leben und seinen immer neuen Situationen gegenüber, offen auch was die Organisation des Schullebens und die Art des Unterrichts betraf, das war die Idee, die man der traditionellen, als leblos und unflexibel erlebten Schule entgegenstellte. Begriffe wie «menschliches Mass», «Überschaubarkeit», «kleine Netze», «Basisdemokratie», «Dezentralisierung» u. ä. bezeichnen die soziale Bewegung, der man sich zugehörig fühlte und, zum Teil wenigstens, noch heute zugehörig fühlt.[30]

Im Verlauf der letzten 15 Jahre kamen zu den bereits genannten noch rund 10 weitere «Freie Volksschulen» hinzu. Einige weniger leicht zu definierenden Schulen wie das Anna Göldin-Gymnasium in Basel oder die Mutuelle d'Etudes Secondaires, ein selbstverwaltetes Gymnasium in Genf, die Ecole d'Humanité in Goldern oder das Schlössli Ins miteingeschlossen besteht damit in der Schweiz heute eine ziemlich lebendige und vielfältige Landschaft von ganz verschiedenen alternativen und freien Schulen.

Im Hinblick auf ihre Zahl und Grösse spielen diese Schulen im offiziellen Schulwesen unseres Landes eine bescheidene Rolle. Betrachtet man jedoch die in ihnen verwirklichten pädagogischen Ansätze, dann ist ihre Bedeutung beträchtlich. Häufig können diese oftmals ziemlich kleinen, in relativer Unabhängigkeit von der staatlichen Schulverwaltung arbeitenden Schulen eine Art des Unterrichts und des Schullebens verwirklichen, die auch viele Vertreter der traditionellen staatlichen Schule stark beeindruckt.

---

30 Die in diesem Band enthaltenen Darstellungen der Freien Volksschule Affoltern, der Ecole de la Grande Ourse und der Freien Volksschule Nidwalden zeigen, wie man die hier skizzierte Idee in die Praxis umzusetzen versuchte und versucht. – Zur Geschichte der Freien Volksschulen in der Schweiz ab 1972 und zu einigen ihrer inneren Probleme siehe im übrigen auch:
Näf, M.: Freie Volksschulen – Schulen der Zukunft? In: Schweizer Schule Nr. 2, 1988, S. 15 bis 21.

Schluss

Einige besonders radikale Kritiker stellten schon sehr früh die Frage, ob es nicht vielleicht falsch sei oder gewesen sei, die Organisation und die Leitung der Schulen dem Staate anzuvertrauen. War dieser scheinbare Fortschritt tatsächlich ein Fortschritt? War man damit nicht einfach von einer Abhängigkeit in eine andere geraten? Missbraucht der Staat, so fragten sie, die Schulen heute nicht genauso, wie sie früher von der Kirche missbraucht wurden? Erzieht sich jetzt der Staat nicht in eben der Weise brave und gehorsame Untertanen wie sich die Kirche in früheren Jahrhunderten demütige und opferfreudige Gläubige erzog? Streut er dem Volke nicht genau so Sand in die Augen, wie es die Kirche zuvor tat, damit dieses sich weiterhin von den Mächtigen im Lande ausnützen lässt und die überall herrschende Ungerechtigkeit und Unvernünftigkeit, die Ungleichheit zwischen den Menschen als Gerechtigkeit, Vernünftigkeit und Gleichheit verehrt? Kann der Staat wirklich Schulen führen, ohne sie in den Dienst seiner egoistischen Interessen und der Interessen seiner um Macht und Beförderung kämpfenden Beamten zu stellen?
Je weiter die Entwicklung voranschritt, desto stärker wurden diese Zweifel. Der Gedanke, dass die Schule weder von der Kirche noch vom Staat noch von irgendeiner anderen Instanz geleitet und beaufsichtigt werden sollte, gewann mehr und mehr an Boden. Dabei beklagte man nicht nur den immer wieder vorkommenden politischen Missbrauch der Schule, die Entlassung unliebsamer Lehrer, die Beeinflussung der Lehrpläne in dieser oder jener politischen Richtung, die Diskriminierung bestimmter, dem wirtschaftlich-technischen Fortschritt oder dem Ansehen irgendeines besonders reichen Mitbürgers nicht dienliche Denkweise usw., sondern auch die zu schwerfällige, zu unübersichtliche und anonyme staatliche Schulbürokratie, die mit ihren Erlassen und Bestimmungen, Reglementen, Vorschriften und Verordnungen das Leben und das Lernen in den neuen Schulen immer mehr einschränkte und erstickte. So wie früher die Schwerfälligkeit, die Engstirnigkeit und Parteilichkeit der kirchlichen Schulen kritisiert worden war, so wurde jetzt die Schwerfälligkeit, die Unfreiheit und die Enge der staatlichen Schule kritisiert.
Viele der nach 1900 gegründeten reformpädagogischen Schulen bezeichneten sich als «freie Schulen» oder als «freie Schulgemeinden»; und auch viele der heutigen «alternativen» Schulen bezeichnen sich selbst nicht als «alternativ» (diesen Begriff halten sie für nichtssagend und verbraucht), sondern als «frei». Gemeint ist damit die relative Unabhängigkeit von der staatlichen Schulverwaltung und die dadurch gewonnene grössere Freiheit, die eigene Schule so zu organisieren, wie es den Beteiligten unter den gegebenen Umständen am sinnvollsten erscheint. Nicht die Theorien der «Experten» und die Bestimmungen der Verwaltung, sondern die eigenen Überlegungen und Wünsche sollen massgebend sein! – Hinter den konkreten einzelnen Schulen liegt die Idee eines alle Schulen umfassenden «Freien Bildungswesens», eine Idee, die seit dem 19. Jahrhundert immer wieder als Lösung der permanenten Schulkrise verstanden und propagiert wurde. Erziehung zur Mündigkeit, Flexibilität und Lebendigkeit und all die andern Dinge, um

die man sich so sehr bemüht hat und bemüht, entwickeln sich nur in einer Freien Schule, das war das immer klarer ausgesprochene Fazit vieler Schulreformer. – Das Verständnis dieser Idee ist auch für das Verständnis der im vorliegenden Buch beschriebenen Schulen wichtig, verstehen sich die meisten von ihnen doch als Freie Schulen im eben beschriebenen Sinn. Dass unsere Gesellschaft ein aus unabhängig arbeitenden, selbständigen Schulen und Bildungseinrichtungen bestehendes freies Schul- und Erziehungswesen braucht, das ist die gemeinsame Überzeugung der verschiedenen alternativen und freien Schulen unserer Zeit. – Worin die Bedeutung dieser Idee liegt, und wie sie im Lauf der letzten 200 Jahre formuliert und begründet worden ist, das möchte ich deshalb im folgenden Kapitel zu zeigen versuchen. – Bis hierhin ging es um eine allgemeine, «äussere» Schulgeschichte, um Fakten und Daten unserer Schulentwicklung. Auf den nächsten Seiten geht es um die Entwicklung einer ganz bestimmten Idee.

2. Die Kritik an der staatlichen Schule und die Idee eines freien Bildungswesens

«Von der bisherigen Schulart und Erziehungsforme in unserm Vaterlande, will ich aus Ehrfurcht gegen das Alterthum, gar nichts melden; es soll alles gut heissen, was unsre Väter mit uns gepflogen; aber ich möchte doch einstens was Bessers eingeführet sehen» (Conrad Tanner, 1787).

Die ersten Vertreter der Idee eines freien Bildungswesens (1790 bis 1850)

Zu Beginn der 1790er Jahre, nicht ganz 30 Jahre nach Einführung der allgemeinen Schulpflicht in Preussen, setzte sich der junge Wilhelm von Humboldt mit der Frage auseinander, welche Rolle der Staat in der öffentlichen Erziehung spielen solle. In seinen 1792 verfassten «Ideen zu einem Versuch die Grenzen der Wirksamkeit des Staates zu bestimmen» warnte er vor einer zu engen Verbindung von Schule und Staat. Der Staat neige, so schrieb Humboldt damals, stets dazu, eine ganz bestimmte Form, eine bestimmte Charakterhaltung und Denkweise vor allen anderen zu begünstigen. Diese Tendenz behindere nicht nur die individuelle Entwicklung jedes einzelnen Menschen, sie gefährde letztlich auch die Gemeinschaft und den Staat selbst. Das «freie Spiel der Kräfte», die grösstmögliche Vielfalt von Meinungen und Interessen sei nämlich die beste Grundlage für ein stabiles Gemeinwesen. Wenn eine ganze Nation nach einem Schema geformt wird, «so fehlt es an aller entgegenstrebender Kraft und mithin an allem Gleichgewicht».[31]

Obschon Humboldt 1792 zum Schluss gekommen war, dass die öffentliche Erziehung ganz «ausserhalb der Schranken» liege, in welchen der Staat seine Wirksamkeit halten müsse[32], hat er sich als preussischer Kultusminister später selbst für die Reorganisation der öffentlichen (Staats-)Schulen eingesetzt. Die möglichst freie Entfaltung jedes Einzelnen und die Warnung vor einer unüberlegten, über das Notwendige hinausgehenden Normierung der Bildung, die Warnung vor der Produktion einer geistigen «Monokultur» blieben aber auch dann wichtige Elemente seines pädagogischen Denkens.

31 *Humboldt, W.* von: Schriften zur Anthropologie und Bildungslehre. Herausgegeben von A. Flitner. Ullstein-Taschenbuchverlag Stuttgart, 1984, S. 12.
32 Ebenda.

Kurze Zeit später, im Jahre 1799, veröffentlichte der Berner Karl Viktor von Bonstetten einen Band mit «Neuen Schriften», in welchem er das Verhältnis von Schule und Staat thematisiert. Bonstetten beschreibt darin das ihm vorschwebende Ideal einer unteilbaren, alle Stände und Berufe umfassenden «allgemeinen wissenschaftlichen Verbindung», «wo vom Mann von Genie, bis zum Volk hinab, eine Ideenkette wäre, wo alles zusammenhänge, wo jedes grosse Talent seine Bahn finden würde..., wo keine Beobachtung verloren wäre».[33] Diese Verbindung müsste, wie er sagt, «genau» und «frei» sein. Der Staat (Bonstetten spricht vor allem von ihm und kaum von der Kirche) sei als Träger eines wirklich lebendigen Bildungswesens ungeeignet, denn, so erklärt er in einer drei Jahre später veröffentlichten Schrift: «Was die Regierung durch Ämter verwaltet, schläfert den Geist ein, und lässt die öffentlichen Angelegenheiten dem Volke fremd werden.»[34] Freie Interessgruppen oder «Partikularen», wie Bonstetten sie nennt, seien als Träger einer Schule viel geeigneter. Sie seien beweglicher und «fügen sich nach dem Geiste der Zeiten, dieweil die Institute der Regierungen meistens unveränderlich in ihren Formen bleiben und mehr dazu gemacht sind, die Grundsätze zu verewigen, als die Grundsätze zu erweitern.»[35]

Trotz seiner prinzipiellen Einwände gegenüber einer vom Staat betriebenen Schule trat Bonstetten jedoch nicht für die Schaffung eines freien Schulwesens ein: die Mehrzahl der Menschen schien ihm für ein solches Unternehmen noch nicht reif oder «aufgeklärt» genug zu sein. In diesem Zustand nach Freiheit zu rufen, wäre nicht ratsam, denn «Freiheit ohne Aufklärung», so warnte er, «ist Zerstörung der Gegenwart, und Morden der Zukunft.»[36] –

Je aufgeklärter die Menschen allerdings werden, desto freier muss auch ihr Bildungswesen sein. Auf Grund des in den Menschen angelegten, nach Entfaltung drängenden «Urtriebes zur Freiheit» sei eine staatliche Schule mit ihrer Neigung zu Konservatismus und Schwerfälligkeit auf die Dauer nicht aufrecht zu erhalten.

> Dem Gedanken, dass die vom Staat betriebene Schule lediglich eine Zwischenstufe in einer darüber hinausführenden Entwicklung sei, werden wir rund hundert Jahre später erneut und in deutlicherer Form begegnen. Es scheint mir jedoch bemerkenswert, dass hier jemand bereits zu Beginn der in den vorigen Abschnitten geschilderten Entwicklung der modernen Schule auf deren Zeitgebundenheit hingewiesen und das Ideal eines Bildungswesens beschrieben hat, welches sich aus der geschichtlich notwendigen Form der vom Staate eingerichteten Schule herausentwickeln müsse und werde.

Etwa zwei Jahrzehnte nach Bonstetten griff der Luzerner Paul Ignaz Vital Troxler dessen Gedanken wieder auf. Für Troxler ist die staatliche Schulhoheit aller-

---

33 *Bonstetten, K.V. von:* Neue Schriften. Kopenhagen 1799, S. 329.
34 *Bonstetten, K.V. von:* Über Nationalbildung. 1802. Hier zitiert nach: *Aeppli, W.:* Paul Vital Troxler. Aufsätze über den Philosophen und Pädagogen. Basel 1929, S. 6.
35 Ebenda.
36 *Bonstetten, K.V. von:* Neue Schriften. Kopenhagen 1799. S. 330/31.

dings auch dann verfehlt, wenn sie bloss vorübergehend gedacht ist. Das zwischen Staat, Kirche und Familie «flottierende» Schulwesen der damaligen Schweiz erschien ihm als ein «wahres Tohuwabohu». In polemischer Weise klagte er immer wieder über die kirchliche und staatliche «Sonderbündelei» und «Bevogtung», welche in diesem Schulwesen herrschten.[37] Troxler spricht davon, dass «das Schul- und Erziehungswesen bisher in einer sehr unnatürlichen und ungerechten Abhängigkeit und Dienstbarkeit bald von der Kirche, bald von dem Staat gehalten wurde.»[38] Wer diese Abhängigkeit befürworte, verkenne die eigentliche Stellung und die wirkliche Aufgabe des Erziehungs- und Bildungswesens. «Die Schule steht wenigstens in gleicher Dignität mit Kirche und Staat da, und als Erziehungsmacht des Geistes über der weltlichen und geistlichen Regierung».[39] – Ein freies, selbständiges Bildungswesen komme letztlich auch der Kirche und dem Staate zugute, denn ihnen würden auf diese Weise immer neue und erneuernde Kräfte zufliessen.

Entschiedener als Humboldt und Bonstetten forderte Troxler, dass das Bildungswesen von denjenigen, die in ihm arbeiten, auf Grund pädagogischer Gesetzmässigkeiten und Einsichten gestaltet und geleitet werden müsse.

> Troxler hatte in seinem Leben mehrmals erlebt, was geschieht, wenn das Erziehungswesen vor den Eingriffen der Kirche oder des Staates nicht geschützt wird: So war der Arzt, Philosoph und Lehrer Troxler, ein kämpferischer, politisch denkender Mensch 1823 als Lehrer am Luzerner Liceum entlassen worden, weil er seine Schüler zu früh zum selbständigen Denken ermuntert habe. Im «Lehrverein zu Aarau», einer 1819 von Privaten gegründeten, für die damalige Zeit ungewöhlich freien Bildungseinrichtung zur Vorbereitung auf die Universität und aufs Leben, lernte Troxler dann, zwischen 1823 und 1830, die Art von Schule kennen, die seinen Vorstellungen entsprach.[40]

Es gab damals in der ersten Hälfte des 19. Jahrhunderts noch andere, die sich Gedanken über die Vor- und Nachteile der staatlichen Schule machten. Zu erwähnen wären Herbart, Schleiermacher und Mager.[41] Auch sie plädierten, jeder auf seine Weise und mit besonderer Akzentsetzung, für eine grössere Eigenständigkeit und Eigenverantwortung der einzelnen Schulen und für mehr Freiheit im Bildungswesen.

37 *Troxler, I.P.V.:* Fragmente; Erstveröffentlichungen aus seinem Nachlasse. Herausgegeben von W. Aeppli. St.Gallen 1936, S. 344/345.
38 Zitiert nach: *Aeppli, W.:* Paul Vital Troxler. Aufsätze über den Philosophen und Pädagogen. Basel 1929, S. 32.
39 *Troxler, I.P.V.:* Fragmente. Erstveröffentlichungen aus seinem Nachlasse. Herausgegeben von W. Aeppli. St.Gallen 1936, S. 345.
40 Zum Lehrverein in Aarau siehe: *Drack, Markus T.:* Der Lehrverein zu Aarau 1819 bis 1830 (Dissertation). Aarau 1967.
   Zu Troxlers Leben und Werk siehe: *Widmer, M.,* und *Lauer, H.E.:* Ignaz Paul Vital Troxler. Oberwil bei Zug 1980. Dort finden sich auch Hinweise auf neuere Sekundärliteratur sowie auf Troxlers eigene Schriften.
41 Siehe dazu: *Wehnes, F.J.:* Zur Geschichte der freien Schule. In: Behr, M. Hrsg: Schulen ohne Zwang. Wenn Eltern in Deutschland Schulen gründen. DTV-Sachbuch 1984, S. 148ff.

Der damals meist in der Schweiz lebende Lehrer und Journalist Karl Mager polemisierte in den 1840er Jahren in seiner «Pädagogischen Revue» mit besonderer Heftigkeit gegen die Ineffizienz und die pädagogische Geist- und Phantasielosigkeit der von einer grösstenteils inkompetenten Schulbürokratie gegängelten Staatsschule, und er wurde nicht müde, den in Monarchien, Republiken und Demokratien gleichermassen üblichen, so häufig zu beobachtenden politischen Missbrauch dieser Staatsinstitute anzuprangern. Die staatliche Schule, das ist die Quintessenz seiner Kritik, führe zu einer allgemeinen Demoralisierung der Bevölkerung.[42]

Schleiermacher und Herbart haben die Pädagogik ihrer Zeit zwar stark beeinflusst; im Hinblick auf die hier behandelte Frage der Schulträgerschaft und -organisation vermochten jedoch auch sie nur wenig auszurichten gegen den Lauf der Zeit. Der kämpferische Karl Mager seinerseits war schon bald nach seinem relativ frühen Tod fast völlig vergessen.
In der zweiten Hälfte des 19. Jahrhunderts begegnen wir einem pädagogischen Querdenker von ganz besonderer Art. Es ist der als Schriftsteller weltberühmt gewordene russische Graf Leo Tolstoj. Sanfter als viele andere ist er zugleich einer der radikalsten Vertreter der Idee einer frei sich entwickelnden Schule.
Da mir Tolstojs Gedanken nach wie vor aktuell erscheinen, und da sie, ähnlich wie die anderen hier zur Sprache gebrachten Anschauungen, von der offiziellen Pädagogik immer wieder als «zu naiv» oder «zu radikal» beiseite geschoben wurden und werden, möchte ich sie zusammen mit den Ideen von Francisco Ferrer, einem pädagogischen «Aussenseiter» und Utopisten wie Tolstoj, im folgenden Abschnitt etwas ausführlicher darstellen.

Tolstois «Gedanken über Volksbildung» und Ferrers Idee einer ganz vernunftgemässen Erziehung

Tolstoj, der sich neben dem Romaneschreiben sein ganzes Leben lang mit sozialen Fragen befasst und in diesem Zusammenhang auf seinem Gut Jasnaja Poljana bereits 1849 eine «Freie Schule für Bauernkinder» eröffnet hatte, war in den Jahren 1857 und 1860/61 durch Deutschland, Frankreich, die Schweiz und andere westeuropäische Länder gereist, um sich deren so sehr gepriesene Schulen anzusehen und vielleicht etwas für seine eigene pädagogische Arbeit und den Aufbau der russischen Volksschule zu lernen. Was er auf seinen Reisen sah, gefiel ihm jedoch durchaus nicht. In dem 1862 erstmals veröffentlichten Aufsatz

---

42 *Mager, Karl:* Wider die Staatspädagogik, Schulkritische Schriften. Herausgegeben und kommentiert von Peter Vogel, Wetzlar 1985.
Wessler, R.: Karl Mager und seine Strukturtheorie des Bildungswesens. Weinheim und Basel 1969.
Mager wird von Wehnes (Anm. 41) als Vertreter eines freien Bildungswesens beschrieben. Nach Wessler scheint er diesbezüglich jedoch schwankende Ideen gehabt zu haben. Schliesslich hat sich eine Verwaltungsidee durchgesetzt, die mir den Namen «frei» nur noch sehr bedingt zu verdienen scheint (relativ zentralistisch, wenig Basisdemokratie).

«Gedanken über Volksbildung» setzte er sich mit dem Gesehenen auseinander und stellte der traditionellen Auffassung von Schule und Bildung seine eigenen Überlegungen entgegen.

Die für die meisten offenbar selbstverständliche Tatsache, dass man die Eltern «durch strenge Gesetze oder durch List – durch Gewährung von Vorrechten»[43] regelrecht dazu zwingen muss, ihre Kinder in die für sie gebauten Schulen zu schicken, das hatte den russischen Grafen besonders erstaunt und stutzig gemacht. «Woher», so fragte er sich, «... will unsere Zeit den Glauben an die Unfehlbarkeit des Wissens nehmen, die uns das Recht zu einer zwangsmässigen Einführung der Bildung gäbe!»[44] Nein. In einer skeptisch gewordenen, suchenden Zeit wie der seinen, das stand für Tolstoj fest, kann Bildung nicht mehr, wie es früher üblich (und vielleicht auch legitim und richtig) war, von oben nach unten vermittelt werden: Die Schule darf in ihrer Arbeit nicht länger von dem ausgehen, was einigen Erwachsenen als wichtig oder «notwendig» erscheint. Sie muss sich vielmehr auf das einlassen, was die einzelnen Kinder beschäftigt, muss ihre Fragen und das, was ihre Not wendet, ernst nehmen lernen. Davon aber sei die Schule weit entfernt. Sie «antwortet nur immer auf dieselben Fragen, die die Menschheit seit vielen Jahrhunderten aufgeworfen hat, und die das Kind noch wenig angehen, nicht aber auf solche, die man im Kindesalter zu stellen gewohnt ist.»[45] Es sehe heute fast so aus, bemerkt Tolstoj, als ob die Menschen für die Schule und nicht die Schule für die Menschen da sei. Dabei sei diese Art von Schule nicht nur menschenunwürdig, wegen des in all ihren Abteilungen und auf all ihren Stufen ausgeübten Zwanges; sie versage auch, wenn man sie an ihrem eigenen Anspruch messe. Davon habe er sich auf seinen Reisen durch stichprobenartige Befragungen von Schülern immer wieder überzeugen können. Die Bildung der meisten Schüler bestehe aus einer Anzahl ziemlich wirrer und unklarer Begriffe und aus einer so starken «Abneigung gegen die wissenschaftlichen Methoden, die sie in der Schule gelernt haben, ... dass sie später nie mehr ein Buch in die Hand nehmen».[46] – Dies sei im übrigen durchaus begreiflich. Man vergleiche nur einmal das freie, in einer Umgebung spielende und lernende Kind mit den Kindern, denen man in den modernen Schulen begegne: «Hier findet man ein fröhliches, lernbegieriges Wesen, mit einem Lächeln auf Mund und Augen, das überall Belehrung sucht, die eine Lust für es ist, und seine Gedanken klar und häufig kraftvoll in seiner eigenen Sprache ausdrückt; dort sehen wir ein gequältes, bedrücktes Geschöpf, mit dem Ausdruck der Ermüdung, der Furcht und der Langeweile im Gesicht, das nur mit den Lippen fremd klingende Worte in einer ihm fremden Sprache wiederholt – ein Wesen, dessen Seele sich gleich einer Schnecke in ihr Gehäuse zurückgezogen hat.»[47]

---

43 *Tolstoj, L.:* Gedanken über Volksbildung (1862). Hier und im Folgenden zitiert nach: Rutt, Th. Hrsg.: Leo N. Tolstoj. Ausgewählte pädagogische Schriften. Paderborn 1960, S. 6.
44 Ebenda S. 7.
45 Ebenda S. 14.
46 Ebenda S. 12 und 13.
47 Ebenda S. 15.

Tolstoj zieht aus seinen Beobachtungen und Überlegungen einen eindeutigen Schluss: Bildung kann und darf dem Volke nicht länger nach einem bestimmten, von klugen Leuten an Hand irgendeiner «Wahrheit» aufgestellten Schema aufgedrängt werden. Bildung muss in freier Weise von unten nach oben wachsen können: «Wir sollten doch endlich aufhören», schreibt Tolstoj, «den Widerstand des Volkes gegen unsere Bildung als ein Element zu beurteilen, das der Pädagogik feindlich ist, sondern in ihm vielmehr einen Ausdruck des Volkswillens achten, der allein unsere Tätigkeit bestimmen müsste.»[48] Der Widerstand und der Eigensinn der Zöglinge sind nicht die Feinde, sondern die Freunde der Erzieher. Wie sollen die Pädagogen wissen, so fragt Tolstoj, ob sie mit ihren Bemühungen auf dem richtigen Weg sind, wenn ihre Schüler nicht die «volle Freiheit» haben, ihre Unzufriedenheit auszudrücken oder sich der Erziehung zu entziehen, wenn sie «instinktiv fühlen», dass diese sie nicht befriedigt? Die Freiheit (und damit meint er, wie er an anderer Stelle ausführt, auch die Freiheit des Lehrers seinen Schülern und seinen Vorgesetzten gegenüber) sei und bleibe das einzige Kriterium der Erziehung.[49] – Die heute mit so viel Eifer geförderte Volksbildung, so stellt Tolstoj gegen Schluss seiner Abhandlung fest, trägt, entgegen der offiziellen Meinung, anscheinend nichts zur Weiterentwicklung der Menschen bei. «Unser scheinbares Wissen von Gut und Böse und die Einwirkung auf die junge Generation auf Grund dieses Wissens», konstatiert Tolstoj deshalb lakonisch, «ist meist nur der Widerstand, den wir der Geburt eines neuen Bewusstseins entgegensetzen, das unserem Geschlechte noch fehlt und sich in der jungen Generation herausbildet – ist ein Hemmschuh und keine Förderung der Bildung.»[50]

Tolstoj machte sich mit diesen Überlegungen bei der damaligen russischen Obrigkeit nicht gerade beliebt. Als er, trotz Ermahnungen und Gerichtsbeschlüssen, hartnäckig fortfuhr, seine Ideen in eigenen, auf seinem Gut angesiedelten freien Schulen in die Praxis umzusetzen, da nahm sich die Polizei seiner an: Die Zeitung, in der er seine Gedanken publiziert hatte, wurde beschlagnahmt und verboten, und seine «freien Schulen für Bauernkinder» wurden geschlossen. Dass die staatliche Schule nur ein Hemmschuh sei, und dass sich alles viel leichter und viel schöner entwickeln würde, wenn man die Menschen nur machen liesse und sich eher aufs Zuhören und aufs Helfen statt aufs Befehlen und Reglementieren verlegen würde, das wollte man damals offenbar nicht hören.

Tolstojs Schulen bestehen heute nicht mehr, und seine pädagogischen Schriften werden kaum mehr gelesen. Geblieben sind aber die von ihm aufgeworfenen Fragen: die Frage nach der Objektivität unseres Wissens beispielsweise oder die Frage nach der Rechtfertigung einer mit Gewalt durchgesetzten «Volksbildung» und die Frage nach den Auswirkungen dieser Art von Bildung auf den Einzelnen und die Gesellschaft. – Die von Tolstoj gegebenen Antworten waren nicht nur Aus-

---

48 Ebenda S. 25.
49 Ebenda S. 25.
50 Ebenda S. 26.

druck einer bestimmten bildungspolitischen Strategie. Sie waren (und sind dies letztlich noch heute) Ausdruck einer das ganze Leben durchziehenden religiösen Grundhaltung.[51]

Gegen Ende des 19. Jahrhunderts war aus der stark bäuerlich und handwerklich geprägten Gesellschaft der ersten Jahrhunderthälfte in weiten Teilen Westeuropas eine Industriegesellschaft geworden: Ausbeutung, sozialistische Arbeiterbefreiung, Landflucht, «soziale Frage», Grossstadtelend, Klassenkampf, das waren die jetzt aktuellen Themen und Schlagworte. Auf diesem Hintergrund ist der sich verändernde Ton und die Thematik der Schulkritik des Spaniers Francisco Ferrer zu verstehen. Zwar setzt sich Ferrer genau wie es Troxler rund 70 Jahre vor ihm getan hatte, immer noch mit dem Einfluss auseinander, welchen die im katholischen Spanien unvermindert mächtige Kirche auf das damalige Schulwesen ausübte: Was ihn jedoch vor allem beschäftigte, war die gemeinsame Herrschaft des Staates und der Wirtschaft über die Schule. Die moderne staatliche Schule war im Verlauf ihrer Entwicklung, davon war Ferrer überzeugt, nach und nach zu einer der wichtigsten, wenn nicht der wichtigsten Stütze eines zutiefst ungerechten wirtschaftlichen und gesellschaftlichen Systems geworden. Durch sie wurden die Unwahrheiten und Lügen vermittelt, welche die unentbehrliche Grundlage für die Aufrechterhaltung dieses Systems waren.

> Ferrer bestritt nicht, dass zu Beginn des 19. Jahrhunderts viele ernsthaft geglaubt haben mochten, die damals entstehende staatliche Schule könne zu einem Mittel der Befreiung, insbesondere der Befreiung der Armen und Rechtlosen werden. Rückblickend müsse man jedoch einsehen, dass diese Hoffnung von Anfang an verfehlt gewesen sei: «Die Regierungen», so meinte Ferrer, «wollten Schulen nicht, weil sie auf eine Neugestaltung der Gesellschaft durch Erziehung hofften, sondern weil sie Individuen, Arbeiter, perfekte Arbeitsinstrumente brauchten, um ihre Industrieunternehmen und das darin angelegte Geld in Profit zu verwandeln.»[52] Die herrschenden Klassen bemühten sich dabei, die angesichts der wirtschaftlichen Entwicklung der letzten hundert Jahre unverzichtbar gewordene Volksbildung genau zu dosieren und zu kanalisieren: «Es würde ein schwerer Irrtum sein», schrieb Ferrer an anderer Stelle, «zu denken, dass die herrschenden Klassen die Gefahr, die für sie in der intellektuellen Entwicklung des Volkes liegt, nicht vorausgesehen hätten.»[53]

51 Zum Denken und Werk Leo Tolstojs siehe neben dem bereits erwähnten Sammelband und der dort enthaltenen Einleitung von Theodor Rutt u.a. auch:
Tolstoj, L.: Pädagogische Schriften I und II. In: Gesammelte Werke, 2. Serie, Band 12 und 13. Herausgegeben von R. Löwenfeld, Jena 1911.
Tolstoj, L.: Die Schule von Jasnaja Poljana. Herausgegeben und eingeleitet von Stefan Blankertz Wetzlar 1980.
Tolstoj, L.: Die Sklaverei unserer Zeit. Berlin 1901.
52 Zitiert nach:
Spring, J.: Anarchismus und Erziehung. Eine historische und systematische Skizze. In: Baumann, H. u.a. Hrsg: Geschichte und Perspektiven anarchistischer Pädagogik. Trotzdem-Verlag Grafenau-Döffingen 1985, S. 12.
53 *Ferrer, F.:* Die moderne Schule. Nachgelassene Erklärungen und Betrachtungen über die rationalistische Lehrmethode. Berlin 1923, S. 44.

Wenn wir uns vergegenwärtigen, wie beispielsweise Wilhelm II. nur einige Jahre vor diesen Ausführungen auf die Emanzipationsbestrebungen im preussischen Schulwesen reagiert und dieses zur Ordnung gerufen hatte, so wird verständlich, dass Ferrer die Überwindung des staatlichen Schulmonopols als eine der wesentlichsten Voraussetzungen für die Verwirklichung einer gerechteren Welt betrachtete.

> Wilhelm II. hatte, dies sei hier kurz ergänzt, in einer Kabinettsorder vom 1. Mai 1889 erklärt: «Schon längere Zeit hat mich der Gedanke beschäftigt, die Schulen in ihren einzelnen Abstufungen nutzbar zu machen, um der Ausbreitung sozialistischer und kommunistischer Ideen entgegenzutreten.» Diesem Anliegen entsprechend eröffnete er die Schulkonferenz des Jahres 1890 mit dem programmatischen Satz: «Wenn die Schule das getan hätte, was von ihr zu verlangen ist, so hätte sie von vornherein und von selbst das Gefecht gegen die Sozialdemokratie übernehmen müssen.»[54] Wilhelm II. war (und ist) im übrigen nicht der Einzige, der «seine Schulen» gerne auf diese Weise «nutzbar» machte oder macht. Die Geschichte der Schule ist reich an ähnlichen Anekdoten, wobei sie, wie Karl Mager schon festgestellt hatte, nicht nur in Monarchien zu finden sind.

Als praktische Konsequenz seiner Überlegungen gründete Ferrer 1901 die (erste) Escuela Moderna (Moderne Schule) in Barcelona. In dieser von Arbeitern weitgehend selbst organisierten und geleiteten, von Staat und Kirche unabhängigen, ganz «vernunftgemässen» Schule sollte nur «die Wahrheit» gelehrt werden. Um diesem Ziel gerecht zu werden, legte Ferrer besonderen Wert auf (teilweise von ihm selbst verfasste) von allen Unwahrheiten und Verdrehungen gereinigte Schulbücher. – In den folgenden Jahrzehnten kam es in ganz Spanien und im Ausland zur Gründung weiterer, auf den Ideen Ferrers beruhenden Schulen, bis die Bewegung der «rationalistischen Erziehung» schliesslich im Faschismus der 30er Jahre erstickte.[55]

Ferrer bezeichnete sich selbst gerne als positivistischen Idealisten. Von heute aus gesehen erscheinen sein Glaube an die Wahrheit und Gültigkeit der (natur-)wissenschaftlichen Methoden und sein Glaube an die Herstellbarkeit einer gerechten Welt vielleicht etwas naiv. Für ihn aber waren diese beiden Seiten seines Denkens, der wissenschaftliche Positivismus und der ethisch und sozial begründete Idealismus, die zwei notwendigen Hälften einer wahrhaft vernünftigen (weil auch ethisch fundierten) Weltanschauung.

---

54 Zitiert nach:
 Hoffmann, D.: Politische Bildung 1890 bis 1933. Hannover 1970, S. 54/55. Über den Einfluss dieser Äusserungen auf den Lehrplan der Höheren Schulen Preussens vom Jahre 1892 siehe auch S. 73.
55 Siehe dazu: *Grunder, H.U.:* Theorie und Praxis anarchistischer Erziehung. Trotzdem-Verlag Grafenau-Döffingen 1986, besonders Kap. 4 sowie die weiter vorn angegebene Literatur.

Die Idee eines freien Bildungswesens bei Steiner, Salzmann und Illich

Unter den Reformpädagogen des beginnenden 20. Jahrhunderts hat sich vor allem Rudolf Steiner Gedanken über die Notwendigkeit und Möglichkeit eines freien und selbständigen Bildungswesens gemacht. Anders als Ferrer und andere ihm nahe stehende Reformer ging Steiner dabei nicht in erster Linie von einem die ganze Gesellschaft und all ihre Einrichtungen durchziehenden, auf friedlichem Wege vielleicht nie zu überbrückenden Klassengegensatz zwischen Ausbeutern und Ausgebeuteten, Reichen und Armen aus. Der Hintergrund seiner Überlegungen war vielmehr die Überzeugung, dass die westliche Kultur in einer alle in gleicher Weise betreffenden Krise stecke, einer Krise, die ganz direkt mit dem Fehlen eines unabhängigen, echten, geistigen Lebens und eines freien Bildungswesens zu tun habe.

> Durch die hervorragende Bedeutung, welche das Wirtschaftsleben in der bürgerlichen Gesellschaft der letzten Jahrhunderte gehabt habe, sei, so schrieb Steiner 1919, unserer Kultur «das Bewusstsein von einem in sich selbst gegründeten Geistesleben, an dem die Menschenseele Anteil hat», das Bewusstsein einer «geistigen Weltordnung» mehr und mehr verloren gegangen: «Den Menschen für das äussere Leben in Staat und Wirtschaft brauchbar zu machen, wurde die Hauptsache. Dass er in erster Linie als seelisches Wesen erfüllt sein solle mit dem Bewusstsein seines Zusammenhanges mit einer Geistesordnung der Dinge und dass er durch dieses sein Bewusstsein dem Staate und der Wirtschaft, in denen er lebt, einen Sinn gibt, daran wurde immer weniger gedacht.»[56]

Ein freies, weder von der Wirtschaft noch vom Staat bevormundetes Bildungswesen, freie, selbständig arbeitende Schulen und Hochschulen oder auch ganz neue, aus einer bestimmten Situation heraus erwachsende Bildungseinrichtungen sind für Steiner eine wesentliche Voraussetzung, um die kulturelle Krise, in der wir uns befinden, überwinden zu können. Nur aus einem solchen freien Bildungswesen heraus könne das wirtschaftliche und staatliche Leben in seinem Sinne regeneriert werden. Von einer staatlichen Schule sei diesbezüglich nicht viel zu hoffen.

> «Will man ernstlich die bisherige Gesellschaftsordnung in eine solche nach sozialen Gesichtspunkten überleiten», schrieb Steiner in dem bereits zitierten Aufsatz, «so wird man nicht davor zurückschrecken dürfen, das geistige Leben – mit dem Erziehungs- und Schulwesen – in seine eigene Verwaltung zu stellen. Denn aus einem solchen selbständigen Gliede des sozialen Organismus werden Menschen hervorgehen mit Eifer und Lust zum Wirken im sozialen Organismus; aus einer vom Staat oder vom Wirtschaftsleben geregelten Schule können aber doch nur Menschen kommen, denen dieser Eifer und diese Lust fehlen, weil sie die Nachwirkung einer Herrschaft wie etwas Ertötendes empfinden, die nicht hätte über sie ausgeübt werden dürfen, bevor sie vollbewusste Mitbürger und Mitarbeiter dieses Staates und dieser Wirtschaft sind.»[57]

56 *Steiner, Rudolf:* Die pädagogische Grundlage und Zielsetzung der Waldorfschule. Drei Aufsätze. Dornach 1969 (verfasst im Jahre 1919). – Hier zitiert nach: Pro Juventute – Zeitschrift für Jugend, Familie und Gesellschaft Nr. 4, 1983, S. 4.
57 Ebenda.

«Es war für das Heraufkommen der neuzeitlichen Menschheitsverhältnisse notwendig», so fasst Steiner seine Überlegungen an anderer Stelle zusammen, «dass das Erziehungswesen und damit das öffentliche Geistesleben den Kreisen, die es im Mittelalter inne hatten, abgenommen und dem Staat überantwortet wurde. Die weitere Beibehaltung dieses Zustandes ist aber ein schwerer sozialer Irrtum. Das Erziehungs- und Unterrichtswesen, aus dem ja doch alles geistige Leben herauswächst, muss in die Verwaltung derer gestellt werden, die erziehen und unterrichten. In diese Verwaltung soll nicht hineinreden oder hineinregieren, was im Staate oder in der Wirtschaft tätig ist. Staat und Wirtschaft haben abzuwarten, was ihnen aus diesem freien Geistesleben zufliesst. Sie werden befruchtet werden von den lebendigen Ideen, die nur aus einem solchen Geistesleben entstehen können.»[58]

1949 erschien in Bern ein Buch, in welchem die Idee eines freien Bildungswesens wiederum aufgegriffen und in einen ganz neuen, ungewohnten Zusammenhang gestellt wird.[59] Sein Autor Friedrich Salzmann versucht darin nämlich zu zeigen, dass die Aufhebung des staatlichen Schulmonopols und die Einrichtung eines freien Bildungswesens in letzter Konsequenz zur Überwindung der heute üblichen Nationalstaaten führen könnte. Dies ist für ihn kein Unglück, im Gegenteil: Das Gefühl, eine «Nation» zu sein, die heute übliche, weitgehend unkritische und sentimentale Identifikation mit dem Staat und der oft so überhebliche Stolz auf das eigene «Vaterland» sind für Salzmann – die noch ganz nahen Ereignisse des zweiten Weltkrieges haben dies in furchtbarster Weise erneut gezeigt! – höchst gefährliche und unzeitgemässe Gewohnheiten. Die menschliche Entwicklung muss über die Stufe der bewaffneten Nationalstaaten hinausgehen, hin zu einem Gefühl weltweiter gegenseitiger Verbundenheit:

> «An die Stelle geistig isolierter, gegeneinander gerichteter, künstlich gesteigerter Nationalismen», so beschreibt Salzmann die ihm vorschwebende Veränderung, «träte der unmittelbare menschliche Kontakt über alle Grenzen hinweg, der die Gegensätze nicht unterdrückt, sondern toleriert und ausgleicht, indem er in freiwilliger Einigung den jeweils gangbaren, das heisst den der geistigen Reife der Mehrheiten entsprechenden Weg zu friedlicher Weiterentwicklung frei macht – im Kleinen wie im Grossen.»[60]

Da die modernen Staaten ihr Schulmonopol immer wieder missbraucht haben, «um dem menschlichen Denken die nationale Zweckrichtung aufzunötigen»[61], ist eine solche Entwicklung nur möglich, wenn sie ihr Schulmonopol aufgeben. Dabei erwartet Salzmann, dass eine kommende Regierung freiwillig auf das Machtmittel der Schule verzichtet. Eine solche Erwartung sei weder naiv noch illusionär, im Gegenteil: «Es ist nur Folgerichtigkeit einer Entwicklung, die sich

---

58 Zitiert nach: *Widmer, M.* und *Hari, H.*: Zeitgemässe pädagogische Leitideen und ihre Verwurzelung in der Geistesgeschichte der Schweiz. In: Rudolf Steiner-Schulen der Schweiz Hrsg: 50 Jahre Pädagogik Rudolf Steiners. Basel 1969, S. 23.
59 *Salzmann, Friedrich*: Bürger für die Gesetze. Darstel. des erziehenden Staates. Bern 1949.
60 Ebenda S. 245.
61 Ebenda S. 242.

durch Jahrhunderte hindurchzieht, aber bisher nicht zur Reife kam. ... Was wir erstreben, ist ja nur die Vollendung des demokratischen Gedankens.»[62] – Wir müssen begreifen lernen, meint Salzmann, dass das Recht auf eine freie, den eigenen Vorstellungen entsprechende Bildung im Grunde untrennbar mit dem Recht auf freie Meinungsbildung und Meinungsäusserung verbunden ist. Das Recht auf freie Erziehung ist somit eines der elementaren Menschenrechte. Diese Tatsache ernst zu nehmen und den Kampf um ein freies Bildungswesen entsprechend zu führen, sei von grösster Wichtigkeit: Da wo das Geschehen in der Schule über den Staatsapparat gesteuert wird, ist das Recht auf freie Meinungsbildung und äusserung an seiner empfindlichsten Stelle getroffen, seien doch die der Schulpflicht unterworfenen Kinder den Versuchen ihrer geistigen «Uniformierung» und «Verzwergung» noch viel wehrloser ausgeliefert als ältere Menschen.

> Salzmann denkt bei aller Radikalität seiner Überlegungen nicht an einen gewalttätigen Umsturz der bestehenden Verhältnisse oder etwas Derartiges. Freiheit, für Salzmann die Voraussetzung und Grundlage jeder menschlichen Entwicklung, kann und soll nicht per Dekret eingeführt werden. In einer Demokratie darf sie jedoch den Bürgern dort nicht verweigert werden, wo diese danach verlangen. Und weshalb sollte sich ein Staat oder eine Gesellschaft auch gegen die Zulassung von mehr Freiheit, mehr Freiheit im Bildungswesen beispielsweise, zur Wehr setzen? So wie Steiner, Troxler und andere es vor ihm getan haben, betont auch Salzmann: «Die Gemeinschaft kann nur gewinnen, wenn sie die grösstmögliche Entfaltung des Einzelnen zulässt», und er fragt: «Warum nicht annehmen, dass die reife und harmonisch gebildete, in Freiheit und Toleranz aufgewachsene Persönlichkeit zugleich auch der Mensch sein wird, der erkennt, wie sehr sein Gedeihen im Gedeihen des Ganzen verankert ist? Ein solcher Mensch wird zum überzeugten Diener der Gemeinschaft, und das ist mehr als der Gemeinnutz einer durch Polizei, Staatserziehung und Propaganda mühsam zusammengehaltenen und gelenkten Nation.»[63]

Salzmann beschreibt in seinem Buch eine ganze Reihe von Massnahmen, durch welche die ihm vorschwebende freie Erziehung gefördert werden könnte. Ein Schritt in der von ihm gewünschten Richtung wäre, so meint er, die Einführung eines «Bildungsgutscheins». Die Eltern, die ihre Kinder in eine private Schule schicken wollen, sollten, so der Gedanke, den Betrag, den sie via Steuergelder an den Betrieb der staatlichen Schulen bezahlen, als «Bildungsgutschein» zur Deckung der Kosten der von ihnen vorgezogenen «privaten» Erziehung zurückerstattet erhalten, oder der entsprechende Betrag sollte vom Staat direkt an die von den Eltern gewählte, nichtstaatliche Schule überwiesen werden. Damit würde einerseits die «freie Wahl der Erzieher», das «natürlichste Recht der Eltern»,[64] viel besser als heute gewährleistet. Andererseits würde diese Massnahme, verbunden mit einer Lockerung der heutigen Schulgesetze zu einer immer lebendigeren Konkurrenz zwischen einer grossen Vielfalt von staatlichen und nichtstaatlichen Schulen führen. Dies ist für Salzmann der wichtigste Schritt auf dem Weg zu einer den menschlichen Verhältnissen und Bedürfnissen eher entsprechenden

---

62 Ebenda S. 243.
63 Ebenda S. 272 und S. 270.
64 Ebenda S. 267.

Schule: «Das grösste Positivum, das ich von einer Trennung zwischen Machtgedanke und Erziehung erwarte», schreibt er, «besteht dann auch nicht in einer damit unmittelbar verwirklichten neuen Schule, sondern in den tausend Möglichkeiten pädagogischer Versuche und Erfolge, die dann wahrscheinlich werden.»[65]

In jüngster Zeit hat sich Ivan Illich wiederum mit der Idee eines freien Bildungswesens befasst. Mit seinem Aufruf zur «Entschulung der Gesellschaft»[66] hat er in den 70er Jahren eine heftige Debatte über die Wünschbarkeit und Notwendigkeit unseres Schulsystems ausgelöst. Er hat in seiner Kritik an der modernen Schule dabei auf einen bis dahin noch wenig diskutierten wichtigen Punkt hingewiesen, nämlich auf das Problem der Grösse unserer Schulen. Dieses Problem ist für Illich eng mit seiner Vorstellung eines auf freiwilliger Selbstorganisation beruhenden Bildungswesens verbunden.

Unser Bildungswesen hat, wie andere Institutionen unserer Gesellschaft auch, im Laufe seiner Entwicklung eine «Wasserscheide», einen kritischen Punkt überschritten, an welchem es von einer nützlichen, lebensfördernden zu einer schädlichen, lebenshemmenden Einrichtung wurde. Statt weiterhin den Menschen zu dienen, sind diese heute, so meint Illich, immer mehr gezwungen, den von ihnen geschaffenen Institutionen zu dienen. Unser Bildungswesen, aber auch unser Verkehrs- und Gesundheitswesen – zwei weitere Beispiele, mit denen sich Illich ausführlich auseinandergesetzt hat – bestimmen unser Leben heute immer mehr: anstatt uns zu dienen, dienen wir heute viel eher diesen Einrichtungen, versuchen ihren Normen und Bedürfnissen gerecht zu werden und uns ihren Spielregeln anzupassen. – Für Illich hängt dies in erster Linie damit zusammen, dass diese Einrichtungen in den letzten Jahrhunderten fortwährend ausgebaut und erweitert wurden oder sich erweitert haben, und wir dabei nicht deutlich genug gesehen haben, dass die Vergrösserung einer Institution nach und nach auch ihre Qualität und die von ihr erbrachte oder erwartete Dienstleistung verändert. Im blinden Glauben an das Motto «je mehr und je grösser desto besser» haben wir auf jede Stockung und Unzufriedenheit im Betrieb unserer Institutionen mit einem weiteren Ausbau reagiert, so dass diese das, was sie ursprünglich vermitteln, fördern oder schützen sollten (Gesundheit, Mobilität oder Bildung) heute mehr und mehr verunmöglichen.

Die von Illich in zahlreichen Büchern und Aufsätzen geforderte neue «Instrumentierung» unserer Gesellschaft besteht im wesentlichen aus einer Redimensionierung und Umgestaltung unserer übergross gewordenen, schwerfälligen und unübersichtlichen Institutionen. Diese müssen wieder auf ein überschaubares und handhabbares «menschliches Mass» zurückgeführt werden, wenn sie ihrer ursprünglichen Aufgabe wieder gerecht werden sollen. Kleine, weitgehend selbständig arbeitende, nur locker miteinander verbundene Einrichtungen seien, so meint Illich, nicht nur menschlicher, sie seien auch effizienter. Nur in solchen

---

65 Ebenda S. 247.
66 *Illich, Ivan:* Entschulung der Gesellschaft. Entwurf eines demokratischen Bildungssystems. Reinbek bei Hamburg 1973.
Zu Illichs Ideen im allgemeinen: *Illich, Ivan:* Selbstbegrenzung. Eine politische Kritik der Technik. Reinbek bei Hamburg 1980.

Einrichtungen sei wirkliche Mitbestimmung und Mitverantwortung möglich. Kleine Institutionen können weniger Eigendynamik entwickeln; sie werden weniger leicht zum bürokratischen Selbstzweck, zum Opfer von Sachzwängen, und sie können nicht im selben Mass als Macht- und Herrschaftsmittel benutzt werden. Eine auf Freiwilligkeit beruhende, von den Beteiligten selbst gestaltete Schule ist nur möglich, wenn diese Schule klein ist, und ein freies Bildungswesen ist nur möglich, wenn es aus vielen kleinen, überschaubaren Einheiten zusammengefügt und weitgehend dezentral verwaltet und organisiert wird. – Die so häufig kritisierten Mängel der heutigen Schule sind für Illich also weniger das Ergebnis von bewusster Böswilligkeit oder von Unfähigkeit; sie sind die «natürliche Folge» einer nicht menschengemässen Organisationsweise. – Mit diesem Gedanken steht Illich einer gesellschaftlichen Utopie sehr nahe, welche heute häufig als «dritter Weg», als Weg zwischen kapitalistischer Marktwirtschaft und Staatssozialismus bezeichnet wird; es handelt sich dabei um eine gesellschaftspolitische Vision, die in ihrem Kern dem Denken der meisten in diesem Kapitel vorgestellten Schulkritiker entspricht. Dezentralisierung, Selbstverwaltung, menschliches Mass und Basisdemokratie sind wesentliche Stichworte zur Kennzeichnung dieses Weges.

Exkurs: Die staatliche und die «freie» Schule – ein Gegensatz?

Die in diesem Kapitel vorgestellten Pädagogen haben die staatliche Schulverwaltung in vielfältiger und oft scharfer Weise kritisiert: Sie schütze die Schule nicht vor politischem Missbrauch, sie sei träge und schwerfällig, phantasielos und autoritär, sie verunmögliche beinahe jede freie und selbständige Arbeit, sie sei mehr am eigenen Wohlergehen und an der eigenen Weiterentwicklung, als am Wohlergehen und der Weiterentwicklung der ihr unterstellten Schulen interessiert, sie verhindere die Entwicklung einer vielfältigen Schullandschaft mit charaktervollen, pädagogisch interessanten Schulen, sie beschränke durch unnötige Kontrollen und Vorschriften die schöpferischen Kräfte der Lehrer –, solches und ähnliches wurde und wird ihr vorgeworfen. Immer wieder wird das «freie» Bildungswesen dem «staatlichen» Schulsystem gegenübergestellt, als ob es sich dabei um Gegensätze handle, als ob die Staatsschulen ganz selbstverständlich «unfrei» wären. Die Vertreter der staatlichen Schulen hören diese Vorwürfe verständlicherweise nicht gerne. Sie weisen sie meistens als ungerecht, als undifferenziert und verfehlt zurück. Und im Grunde haben sie durchaus recht, wenn sie sich diese Beschuldigungen nicht einfach gefallen lassen: freie, unabhängige Schulen müssten eigentlich auch im Rahmen einer staatlichen Schulverwaltung möglich sein. Auch von ihr könnten Eigenständigkeit und Initiative gefördert werden, auch sie könnte sich über Vielfalt und Originalität freuen, könnte sich von einer kontrollierenden und verordnenden Instanz zu einer beratenden und helfenden Instanz wandeln und ihre Lehrer in ihrer Arbeit unterstützen, so wie es die Trägervereine von Freien Schulen zu tun versuchen. Auch die staatliche Schulverwaltung könnte, wo dies gewünscht wird, Kompetenzen und Befugnisse delegieren, damit mehr Autonomie im Bereich der einzelnen Schulen und Lehrer möglich wird, sie könnte politische Initiativen ergreifen oder unterstützen, durch welche die Schule vor einer zu frühen Vereinnahmung durch den Staat oder die Wirtschaft geschützt würde, und sie könnte sich dafür einsetzen, dass das Schulwesen insgesamt selbständiger und verwaltungsunabhängiger wird. – All dies müsste im Grunde möglich sein. Es setzt allerdings voraus, dass sich Verwaltungsbeamte und Politiker als unsere Helfer und Treuhänder und nicht als unsere Aufseher und Vorgesetzten verstehen und in erster Linie uns, dem «Volk», und nicht dem «Staat» oder sich selbst dienen. Es setzt voraus, um es mit den Worten Martin Bubers zu sagen, dass der Staat bereit ist, sich immer wieder dem Steigen unserer «Fähigkeit zur freiwillig gerechten Ordnung» anzupassen und seinen Bürgern den dieser stets zunehmenden Fähigkeit entsprechenden Raum zur freien Gestaltung ihrer eigenen Angelegenheiten zu überlassen. Damit unser Staat in diesem Sinne flexibel und offen bleibt (oder wird!), wird es allerdings nötig sein, dass wir den Mut haben, auf dem, was wir wollen, auf einer lebendigeren, freieren und menschengemässeren Schule beispielsweise, zu bestehen und entschlossen für unsere Ideen und Träume einzutreten. Schenken wird man uns die Ordnung, die wir wollen, nicht.

Schluss

Ich habe auf den vorhergegangenen Seiten versucht, die Entwicklung einer Idee nachzuzeichnen, die im Verlauf der letzten 200 Jahre immer klarere Gestalt angenommen hat. Natürlich gab es neben den hier dargestellten Schul- und Gesellschaftskritikern noch andere, die sich mit denselben Fragen befasst und ähnliche Gedanken entwickelt haben.
Zu erwähnen wären, insbesondere in der jüngsten Zeit, die von George Dennison, Paul Goodman, John Holt und anderen Vertretern der amerikanischen Free-School-Bewegung der 60er und 70er Jahre entwickelten Vorstellungen einer aus kleinen, von den Beteiligten selbst gestalteten Schulen bestehenden, weitgehend dezentralisierten und entstaatlichten Schullandschaft.
Die Zunahme der freien Schulen und die erfolgte oder versuchte Lancierung von politischen Initiativen zur Einführung des «Bildungsgutscheins» und zur Verwirklichung des «Rechtes auf freie Schulwahl» führten dazu, dass das Problem der staatlichen Schulträgerschaft und die Idee eines freieren Schulwesens in den letzten Jahren auch hierzulande vermehrt diskutiert wurde. Nicht zuletzt diese Vorstösse haben jedoch auch gezeigt, wie selbstverständlich den meisten von uns die heutige Form der obligatorischen Staatserziehung nach wie vor ist. Dabei scheint mit das, was Humboldt, Bonstetten, Troxler, Tolstoj, Ferrer, Steiner, Salzmann und Illich über die Wünschbarkeit und Realisierbarkeit eines freien Bildungswesens gesagt haben, durchaus nicht nur von «historischem Wert» zu sein. Im Gegenteil: In der Sprache ihrer Zeit haben diese Reformer, Träumer und

Rebellen Gedanken formuliert, die heute mindestens so aktuell sind, wie in den Jahren, in denen sie zum ersten Mal zu Papier gebracht oder ausgesprochen wurden.

Humboldts Sorge um die Einseitigkeit und Überzüchtung einer Kultur, Ferrers, Troxlers und Salzmanns Kampf gegen die Korruption der Wahrheit durch die Macht oder Bonstettens Erinnerung daran, dass unsere Institutionen nicht von Ewigkeit zu Ewigkeit geschaffen, sondern vergängliche, vorübergehende Einrichtungen sind, Einrichtungen, hinter denen sich neue Möglichkeiten verbergen, all dies sind Bedenken und Mahnungen, von denen wohl niemand behaupten wird, dass sie mit unserer Zeit und unseren Sorgen nichts zu tun hätten. – Wir brauchen den hier vorgestellten Analysen, den postulierten Lösungen und Entwicklungsrichtungen durchaus nicht zuzustimmen: sie ernst zu nehmen lohnt sich jedoch, wenn wir über die Form und die Ziele unserer heutigen Schule nachdenken!

Zweiter Teil:

Schule kann auch anders sein – zwölf Beispiele

Selbstdarstellungen

Die Ecole d'Humanité in Goldern, Hasliberg

Eine Lebens- und Lerngemeinschaft
von Mitarbeitern, Schülern und Praktikanten der Ecole d'Humanité

Vorbemerkung

Das folgende Schulportrait ist nicht von einem einzelnen verfasst worden, sondern von einer bunt gemischten Gruppe aus Schülern und Mitarbeitern (d.h. Lehrern) und Praktikanten, von Englisch- und Deutschsprechenden, neuen und alten «Ecolianern».* Jeder wählte sich dasjenige Thema aus einer gemeinsam erstellten Liste, das er am liebsten darstellen wollte. So ergab sich eine Art Collage, wobei sich Überschneidungen nicht immer ganz vermeiden liessen. Einem Teil der Beiträge sieht man zudem an, dass Deutsch nicht die Muttersprache der Verfasser ist.
Strukturierendes und Grundsätzliches haben verfasst: Sarah, Judith, Evi, Suse (Mitarbeiterinnen), Sophie (Schülerin), Chlois (Schüler), dazu kamen Einzelbeiträge von Valentin, Luise, Dominik, Joseph, Tina (Schüler) und Tommi (Praktikant).

Die Ecole in Stichworten

Die Ecole d'Humanité liegt in 1000 m Höhe auf dem Hasliberg im Berner Oberland als Teil des Bergdorfes Goldern. Sie ist eine private Internatsschule, in der 150 Jungen und Mädchen von ca. 10 bis 20 Jahren, «Kameraden» genannt, 35 Lehrer und Lehrerinnen, «Mitarbeiter» genannt (teilweise mit eigenen Kindern), und Helfer, die hier ein Praktikum absolvieren, eine Lern- und Lebensgemeinschaft bilden, deren Mitglieder ganz verschiedenen Nationalitäten, sozialen Schichten und Religionen angehören.
Die Schüler haben die Möglichkeit, in einem deutschsprachigen Schulsystem von der 1. Primarklasse an alle Schulabschlüsse für eine Berufsausbildung oder die eidgenössische Maturität vorzubereiten. Im englischsprachigen System können die Schüler bis zum Highschool-Abschluss gelangen.
Die Ecole d'Humanité hat die rechtliche Form einer gemeinnützigen Genossenschaft. Mitglieder sind einige Eltern der Schüler, Ehemalige und Freunde der

---

* Wir haben das Sprachproblem, immer auch die weibliche Seite mitzubezeichnen, auch noch nicht gelöst. Der geneigte Leser ergänze bitte immer -innen oder -in, wo wir es nicht getan haben!

Schule. Die Finanzierung erfolgt durch Schulgelder und Spenden. Die Ecole wird durch keine staatliche oder kirchliche Instanz unterstützt. Dadurch kann sie relativ unabhängig und selbständig handeln. Sie hat jedoch die staatliche Anerkennung und untersteht der Aufsicht des kantonalen Jugendamtes und der Erziehungsdirektion des Kantons Bern.

Die ethischen Grundlagen der Ecole und ihre Einrichtungen

Leben und Lernen nicht zu trennen, war eine Leitidee der Landerziehungsheimbewegung, jener reformpädagogischen Strömung zu Beginn unseres Jahrhunderts, in welcher die Ecole d'Humanité ihre Wurzeln hat. Gemeinsam lebendig sein im Unterricht, gemeinsam lernen im Zusammenleben: wir versuchen, daran festzuhalten. Darum sind die Leitvorstellungen, die unser *Zusammenleben* regeln, auch im Schulzimmer präsent und umgekehrt.
Es gibt an der «Ecole» Besonderheiten, die dem Besucher sofort auffallen – wie z.B. der fehlende Zigarettenrauch oder das Duzen der Mitarbeiter –, die aber eigentlich nur Erscheinungen an der Oberfläche des Schullebens sind. Um sie richtig zu verstehen, muss man die Leitideen oder Prinzipien begreifen, die unserem Zusammenleben zugrundeliegen. Folgende Prinzipien scheinen mir die wichtigsten: auf Konsum verzichten (so weit das möglich ist), gesund leben, Ver-

antwortung übernehmen, persönliches ethisches Wachstum fördern, zum inneren Gleichgewicht des Individuums beitragen.
Diese «Prinzipien» sind Ausdruck des pädagogischen Grundsatzes, den Paul Geheeb (der Schulgründer)* als Forderung an jeden Einzelnen ausgesprochen hat. «Werde, der du bist.» Dieser Satz war für ihn «die höchste pädagogische Weisheit».

Weitgehend auf Konsum verzichten und gesund leben

Dieses Prinzip fordert viele Verzichtleistungen von allen hier Lebenden: zum Beispiel Beschränkung des Fernsehens und Musikhörens. Wir sehen uns nur die Nachrichten und einige ausgewählte Programme an. Private Tonbandgeräte sind nicht erlaubt. Aber es gibt die Möglichkeit, in einem Treffraum Musik zu hören. So schwer die geforderte Selbstbeschränkung manchmal fallen mag, so fruchtbar kann sie andererseits werden.
Ein Praktikant (Tommy, 19 J.) hat dazu etwas geschrieben:

> «Die Erfahrung in einer solchen Gemeinschaft, die weniger beeinflusst ist von der modernen, hektischen Welt, gibt mir eine neue, offenere Sichtweise. Ich fühle mich weniger beeinflusst von alltäglichen Banalitäten und tiefer bewegt von wichtigen Ereignissen. In meiner Heimatstadt Washington D.C. wurde ich ständig von Massenmedien (Fernsehen, Zeitungen, Zeitschriften, Radio usw.) bombardiert. Diese Schule ermöglicht es mir, angemessener über die wichtigen Ereignisse zu reflektieren und meine Gedanken mit anderen auszutauschen. Ich kann die Dinge, die mich in dieser Welt betroffen machen, besser erkennen und verdauen.»

Unsere Vorstellung und Erfahrung ist, dass durch diese Regelungen – zusammen mit Möglichkeiten in Kursen und anderen Angeboten – die eigene kreative Energie der Ecolianer freigesetzt wird, eben im Sinne des: «Werde, der du bist!»
Verzicht auf Konsum heisst auch, andere Menschen nicht auszubeuten: an unserer Schule gibt es keine angestellten Putzfrauen. Wir putzen alles selber. Diese Regelung baut sozial bedingte Arroganz ab und hilft uns, die Räumlichkeiten der Schule uns immer neu anzueignen, sie auch bewusster wahrzunehmen.
Für gesünderes Leben sorgt neben viel Bewegung im Freien die Regel, dass nicht geraucht und kein Alkohol getrunken werden darf. Für Neuankömmlinge ist es sicher erstaunlich, dass die Schülerschaft hinter diesen Regeln steht, wenn es auch immer wieder im Einzelfall Probleme damit gibt. Der ganze Problemkreis wird deshalb immer wieder diskutiert und die pädagogische Absicht immer neu transparent gemacht: «Werde, der du bist» – das heisst auch lebe *mit* deinem Körper, lass ihn nicht zum Instrument von Abhängigkeiten werden.

* Paul Geheeb lebte von 1870–1961. Zusammen mit Edith Geheeb-Cassirer (1885–1982) gründete er 1910 die Odenwaldschule. Als Inbegriff fortschrittlicher Pädagogik wurde diese in den 20er Jahren weltbekannt. 1934 wanderten Paul und Edith Geheeb in die Schweiz aus und gründeten in der Nähe Genfs die Ecole d'Humanité, die bewusst übernationale «Schule der Menschheit». Nach einer sehr schwierigen Zeit mit diversen Umzügen liess die Ecole sich 1946 an ihrem heutigen Standort in Goldern nieder.

Joseph (Schüler) hat Ueberlegungen und Umfrageergebnisse zum Problem der Regeln zusammengefasst:

> «Viele Menschen sagen, dass die Ecole gerade durch ihre Prinzipien und Regeln weit weg sei von der modernen Realität und nicht mehr in unsere heutige Welt passe. Wozu haben wir die Regeln? Michael meinte dazu: ‹Du findest eher heraus, dass du selber die Verantwortung für dich tragen musst.› Das ist nicht leicht zu verstehen. Aber Albrecht (Mitarbeiter) erklärt: ‹Die Prinzipien sind die Ziele der Schule, und Regeln sind verschiedene Wege, zu diesem Ziel zu kommen.› Man muss lernen, dass die Regeln genügend Freiraum lassen, auch Ausnahmen zu machen. Sie fordern zur Auseinandersetzung heraus, da sie keine starren Gesetze sind. Sie werden immer neu diskutiert und verstanden. Dabei hat jeder in der Gemeinschaft das Recht, seine Meinung dazu zu äussern, die auch beachtet wird.
> So sehe ich die Ecole als eine Art Miniwelt, die in einem ganz bestimmten, gut überschaubaren Rahmen existieren kann. Den Rahmen bilden die Traditionen und Regeln. Er ist zwar so beschaffen, dass er der Realität der heutigen Konsumgesellschaft entgegenarbeitet, aber diese Gegenbewegung gehört ja auch zur modernen Welt. Natürlich ist die Ecole nicht ganz frei von Zügen der Konsumgesellschaft. Aber ich meine, dass ich hier lernen kann, selbständig und ziemlich unabhängig davon zu werden.»

Verantwortung übernehmen: Demokratie und Mitarbeit an der Ecole

Dieses Prinzip prägt den Stil des Zusammenlebens ganz deutlich. Es wirkt sich in jeder Alltags- und Unterrichtssituation aus. Es hat natürlich auch zu fest institutionalisierten Mitbestimmungsformen und -einrichtungen geführt:

Konferenz und «Schulgemeinde»

Demokratie in der Ecole bedeutet Mitbestimmung und Mitverantwortung des einzelnen am Ganzen. Die verschiedenen Einrichtungen, in denen Entscheidungen, die alle angehen, gefällt werden, sind dabei nicht in eine Rangfolge zu ordnen, da sie alle ineinandergreifen.
Zuerst einmal nenne ich die Versammlung der Mitarbeiter, die Konferenz, denn die Mitarbeiter und die Schulleitung tragen immer nach aussen die Verantwortung. In der Konferenz werden vorwiegend pädagogische Probleme sowie Organisatorisches (Familieneinteilung, Kursplan, Wohnplan usw.) besprochen. Die Konferenz dient den Mitarbeitern zur gegenseitigen Aussprache, und ihre Beschlüsse sind verbindlich.
Die für die Gemeinschaft wichtigste Institution ist die Schulgemeinde. Sie findet jede Woche einmal statt. Die ganze Schule, jung und alt, Kameraden, Mitarbeiter und Helfer treffen sich im Grossen Saal. Hier werden vor allem Probleme des Zusammenlebens, wie schlechtes Putzen, Umgang mit Esswaren, Verhalten im Essaal und Regeln (Rauchverbot) diskutiert und wichtige Informationen weitergegeben. Jedes Mitglied der Schule hat die Möglichkeit, persönliche Anliegen vorzubringen und zu Anliegen von anderen Stellung zu beziehen. Dabei fällt es manchen leichter, manchen schwerer, vor so einer grossen Menschenmenge aufzustehen und zu sprechen. Die einen sind vielleicht nach einem Trimester mutig

genug, die anderen brauchen Jahre, um ihre Schüchternheit zu überwinden. Die Schulgemeinde ist der Ort, an dem durch Austausch der Meinungen versucht wird, bei wichtigen Fragen auf basisdemokratischem Weg *einen Konsens zu finden,* welcher der Situation und der Gemeinschaft gerecht wird. Das ist oft ein langwieriger Prozess, der von allen viel Langmut und Geduld erfordert. Dabei hängt viel vom Geschick des *Schulgemeindeleiters* ab. Das ist ein Posten, der nur von Kameraden übernommen werden kann.

«Ich war früher längere Zeit Schulgemeindeleiterin», erzählt Evi (jetzt Mitarbeiterin). «Ich hatte die zu besprechenden Punkte anzukündigen, das Wort zu erteilen und das Ende der Schulgemeinde zu bestimmen. Aber viel schwieriger ist es, den *Prozess der Konsensfindung* zu leiten: Da wir, um keine übergangenen Minderheiten zurückzulassen, *nicht abstimmen,* muss der Schulgemeindeleiter versuchen, die allgemeine Stimmung zu erspüren. Ich habe das immer so gemacht, dass ich an einem bestimmten Punkt äusserte, welche Meinung mir in der Luft zu liegen schien. Wer nicht einverstanden war, konnte das sagen, und so wurde weiterdiskutiert, bis wir zu einer für alle mehr oder weniger annehmbaren Lösung kamen. Natürlich kann man es nicht allen aufs Mal recht machen, aber man kann auf diese Weise versuchen, die Meinung aller – auch diejenige der Minderheiten – zu berücksichtigen.»

Kameradenrat und Vertrauensrat

Immer am Anfang des Trimesters werden in der Schulgemeinde Kameradenrats- und Vertrauensratswahlen abgehalten.
Der Kameradenrat besteht aus 16 Kameraden und einem Mitarbeiter, der vor allem Bindeglied zur Konferenz ist und damit die Zusammenarbeit der zwei erleichtert. Der Kameradenrat hat die Aufgabe, die Interessen der Schüler zu vertreten und als Vermittler zwischen Konferenz und Schülerschaft zu fungieren. Kameraden haben das Recht, sich mit ihren Anliegen, welche das Zusammenleben betreffen, an den KR zu wenden. Im wesentlichen befasst sich der KR mit Vorschlägen zur Verbesserung der Regeln des Zusammenlebens. In Situationen, bei denen die Mitarbeit des KRs wichtig ist, wird er zu Konferenzen eingeladen.
Der Vertrauensrat (VR) besteht aus 5 Kameraden, die auch im KR sind. Er hat die wichtige Aufgabe, Schülern mit Problemen zu helfen. Meistens geht es um Probleme wie Stehlen, Nichteinhalten der Regeln, sich unterdrückt fühlen durch andere oder Schwierigkeiten mit Mitarbeitern. Der VR untersteht der absoluten Schweigepflicht, soweit dies verantwortbar ist. Einmal in der Woche trifft sich der VR mit Armin und Natalie, den Leitern der Schule, um über Problemfälle oder Konflikte zu sprechen. Zusammen versuchen sie, Lösungen zu finden, die für beide Seiten vertretbar sind. Bei diesen Besprechungen hat der VR die wichtige Funktion, die Sicht der Mitarbeiter durch die Kameradenseite zu ergänzen.
Einmal im Monat treffen sich alle Kameraden ohne Mitarbeiter. Diese Versammlung wird vom KR vorbereitet und bietet die Möglichkeit für die Schüler, in einem verbindlichen Rahmen ihre Meinung auszutauschen und damit eine grössere Solidarität und ein stärkeres Verantwortungsbewusstsein zu entwickeln.

Beschlossen werden hier nur Dinge, die ausschliesslich die Schülerschaft betreffen. Diese Beschlüsse sind für alle Beteiligten verbindlich. Ansonsten werden Vorschläge für die gesamte Schulgemeinde besprochen und vorbereitet. Dies ist sehr wichtig, weil sich für Kameraden, die sich in der Schulgemeinde nichts zu sagen getrauen, die Möglichkeit bietet, hier mitzuwirken. Die «Kameradenschulgemeinde» ist in gewissem Sinn ein Gegengewicht zur Mitarbeiterkonferenz.
Natürlich ist die Mitarbeit und Mitbestimmung der Kameraden auch noch in andern Bereichen des Zusammenlebens wichtig: Von den zahlreichen kleinen Arbeitsgruppen über die Familie und das gemeinsame Putzen bis hin zum Unterricht ist jeder – auch jeder Mitarbeiter! – immer wieder aufgefordert, seine eigene Meinung zu entwickeln, selbstkritisch zu denken, konstruktive Mitarbeit zu leisten, konkrete Kritik anzubringen und Verantwortung zu übernehmen.
Die beschriebenen Einrichtungen stärken in jedem das Gefühl, ernst genommen zu werden und wichtig zu sein für das Ganze. «Werde, der du bist»: wage, dich einzubringen, und wage es, den anderen sich einbringen zu lassen. Gib dir und anderen Raum.

Freitagsgruppen

Jeder Kamerad, der älter ist als 12 Jahre, muss in mindestens einer «Freitagsgruppe» mitarbeiten. Wieviel Spass damit verbunden sein kann, etwas Gemeinnütziges zu tun, beschreibt Judith (Mitarbeiterin):

«Die Sonne scheint mir auf den Rücken. Nach dem Mittagessen am Freitag sitze ich satt und müde im Ecole-Garten und warte auf Pidi. Sie ist Mitarbeiterin und leitet seit langem die ‹Gartenfreitagsgruppe› . Nach und nach kommen auch andere Kameraden, die sich mit mir bei Trimesterbeginn für diese Gruppe gemeldet haben, um eine Stunde pro Woche etwas für die Gemeinschaft zu tun. Während wir noch Neuigkeiten austauschen, kommt eiligen Schrittes Pidi auf uns zu, geschäftig und mit Hacken, Scheren und Zeitungspapier beladen. Da wir noch müde und unaufmerksam sind, muss sie uns zweimal erklären, dass wir heute Samen sammeln und diese getrennt in Zeitungspapiertüten bis zum nächsten Frühjahr aufbewahren werden. Wir werden beim Arbeiten immer wacher, und Pidi zeigt uns noch eine besondere Pflanze, deren Blüten beim Zusammendrücken ganz unerwartet aufspringen. Alle Vorbeigehenden werden natürlich auch mit dieser Ueberraschung vertraut gemacht. Andere Kameraden treffen sich an diesem Freitag in anderen Freitagsgruppen, um ihre Arbeit während der Woche zu planen und zu organisieren. So bespricht die ‹Eselgruppe› wer, wann und wie die zwei Esel und das Pferd der Schule füttert und betreut; die Krankengruppe, wie die Verpflegung der Kranken mit Essen funktioniert, oder die Elektrogruppe, wo es kaputte Sicherungen zu wechseln gibt oder welche anderen Stromprobleme zu beseitigen sind.»

Zum inneren Gleichgewicht des Individuums beitragen: Ganzheitlichkeit der Förderung

Die *Ganzheitlichkeit der Förderung* ist uns besonders wichtig: Nicht nur der *Kopf* – die intellektuellen Fähigkeiten –, sondern auch *Herz* und *Hand* (oder der ganze Körper) sollen gleichberechtigt wachsen. Darum bemühen wir uns besonders in der Gestaltung des Unterrichts durch die unterschiedlichen Schwerpunkte in den Vormittags- und Nachmittagsstunden. Aber auch ausserhalb des Unterrichts gibt es viele Möglichkeiten, gemeinsam zur Besinnung zu kommen und Freude an *kreativen ganzheitlichen Tätigkeiten* (wie Singen, Tanzen, Theaterspielen, Spielen) zu haben.

Singgemeinde, Tanzabend, Andacht

Gegen Ende der Woche ist das Alltagsleben in der Ecole durch verschiedene, die ganze Schule umfassende *Versammlungen* geprägt. Sie alle finden im «Grossen Saal» statt, der alt und ganz aus Holz ist und durch eine schön gegliederte Terrassentürfront Licht bekommt. Er hat eine starke, zugleich anregende und entspannende Atmosphäre.
Am Freitag gibt es, nachdem alle Häuser in gemeinsamer Arbeit geputzt worden sind, die *«Schulgemeinde»*. Der Samstagmorgen beginnt mit der *«Singgemeinde»*. Nach einem freien Nachmittag findet jeden Samstagabend ein Tanz- oder (abwechslungsweise) Volkstanzabend statt.
Luise (Schülerin, 17 J.) schreibt über die Singgemeinde:

«Am Samstagmorgen nach dem Frühstück versammeln wir uns alle im Grossen Saal. Dort herrscht erst nur Lärm und Unruhe, jedoch sobald alle sich gesetzt haben, steht Armin mit seiner Geige vor uns und verrät, welches Lied wir nun zusammen singen werden. Begleitet von Klavier, Geige und Gitarre fangen wir – fast noch schlafend – an. Armins Aufweckmethoden sind zahlreich und wirksam. Die Lieder sind sehr verschieden, auf Deutsch, Franzö-

sisch, Russisch oder Spanisch. Die meisten sind altmodisch, aber schön. Ob der Text wirklich verstanden wird, ist nicht die Frage, sondern dass wir zusammen singen.
Im Grossen Saal sitzend freue ich mich auf die nächste halbe Stunde Singen. Wenn ein Samstagmorgen ohne Singgemeinde ist, kann man das an der schlechten Stimmung der ganzen Schule merken. Die Singgemeinde bringt uns auf eine sehr spezielle Art zusammen, die ich nicht beschreiben kann.»

Am Sonntagabend treffen wir uns alle wieder im Grossen Saal, um die sogenannte «*Andacht*» zu halten: Besinnung mit ganz verschiedenen, manchmal auch religiösen Themen. Wir suchen mit der Andacht ein Bewusstsein für die ethischen Bedürfnisse in uns allen zu wecken.

Wanderungen, Skitage, Feste

Durch besondere, immer wiederkehrende Feste und Veranstaltungen erhält jedes der 3 Schultrimester seinen ganz eigenen Charakter: Im Herbst-Trimester gibt es nach der ersten Kursperiode die *3-Tage-Wanderung* im September. Dieses Trimester geht am Ende in die Adventszeit über und schliesst mit dem grossen *Weihnachtsspiel* und dem *Chorkonzert* in der alten Kirche in Meiringen. Das Winter-Trimester ist das Skitrimester – *jede Woche* gibt es *einen Skitag* für die ganze Schule mit Lunch in Sonne und Schnee, es gibt die grosse allgemeine *Fackelabfahrt*, das *Fasnachtsfest* mit Umzug und das *Shakespeare-Theater* am Schluss. Im Frühjahrs-Trimester gibt es die *6-Tage-Wanderung* und am Ende das *Sommerfest* mit vielen Abschieden.
Jedes Trimester beginnt und endet mit einer besonderen Schulversammlung im Grossen Saal: Am Anfang zur Einführung und Einstimmung der Neuen, am Ende zur Vorführung von Früchten aus Vor- und Nachmittagskursen.

Die Ecole – eine internationale und intersoziale Schule

Verschiedenheit als Bereicherung

Das *persönliche ethische Wachstum* wird durch die vielseitige Mitverantwortung gefördert, aber mindestens genauso durch das intensive Wahr- und Ernstnehmen von andersartigen Menschen. Die Ecole ist nicht nur international, sie ist auch «intersozial»: Damit wir dennoch immer wieder eine Gemeinschaft werden, muss die Humanität, die Menschenliebe, die durch keine sozialen und kulturellen Vorurteile eingeschränkt ist, in jedem von uns wachsen.
Tommy (Praktikant, 19 J.) schreibt dazu:

> «Die Schule ist international, mit einer Vielfalt von Kulturen, die ausreicht, um mich wach zu halten für die Probleme der Welt. Es gibt hier europäische, südamerikanische, arabische, israelitische und orientalische Herkunft der Schüler. Sie alle haben die Möglichkeit, die Vorurteile, die sie aus ihrer eigenen Kultur mitbringen, in diesem internationalen Schmelz-

punkt zu hinterfragen. Zum Beispiel gab es einen moslemischen Iraner und einen jüdischen Israeli, die Zimmerkameraden waren und lernen mussten, miteinander zu leben. Es gelang ihnen, und sie wurden gute Freunde trotz ihrer extremen kulturellen Unterschiede.»

Sozial bedingte Vorurteile überwinden

Auch in sozialer Hinsicht gibt es in der Schülerschaft grosse *Unterschiede der Herkunft:* Da aber in unserer Gemeinschaft Verantwortungsbewusstsein und Charakterstärke mehr zählen als der Sozialstatus der Eltern, werden alle diese Verschiedenheiten bald vergessen. Es spielt keine Rolle, woher jemand kommt, wieviel seine Eltern verdienen, welchen Rang in der Gesellschaft sie einnehmen oder dergleichen mehr.

Übrigens ist es nicht so, dass alle Eltern das gleiche Schulgeld bezahlen müssen. Vermögende Eltern werden angehalten, mehr zu bezahlen, um denjenigen Kindern den Schulbesuch zu ermöglichen, deren Eltern es sich nicht leisten können. Ausserdem werden von Versicherungen, Sozialdiensten und Patenschaften finanzielle Hilfen geleistet, so dass man nicht sagen kann, wir wären eine Schule, die sich nur reiche Eltern leisten könnten.

Unsere Schule ist in umfassendem Sinne integrierend, die Kurse sind nicht nach Schularten getrennt. Sogenannte «leistungsschwache» Schüler, «Schulversager» und «Schulverweigerer» lernen ihre Fähigkeiten entdecken und einbringen.

Auch einzelne *Behinderte integrieren* wir immer wieder, und es gelingt immer neu, durch das Zusammenleben mit Unbehinderten, hier solche Kinder auf die Lebenswirklichkeit ausserhalb eines Heimes vorzubereiten. Ebenso wichtig ist es für die sogenannten Normalen, dass sie lernen, die Angst vor der Befremdlichkeit der Behinderung zu überwinden und auch die Behinderung als Möglichkeit des Menschseins anzunehmen. Das geht natürlich nicht immer reibungslos ab und fordert von beiden Seiten viel Mut und Menschlichkeit.

Doch nicht nur die Unterschiedlichkeit der Kameraden soll hier betont werden, auch die Mitarbeiter bilden eine recht uneinheitliche Gruppe. Trotz verschiedener Ausbildungswege, Erziehungsprinzipien, Unterrichtsmethoden und Weltanschauungen klappt die Zusammenarbeit jedoch erstaunlich gut. Dies wohl nicht zuletzt deshalb, weil wir in täglichen Konferenzen und bei vielen anderen Gelegenheiten dauernd im Gespräch miteinander sind und Probleme mit viel Ruhe gemeinsam zu bearbeiten versuchen.

Das Kennenlernen von Menschen mit unterschiedlichem sozialem und familiärem Hintergrund, aus anderen Ländern und Kulturen, fördert die Flexibilität des einzelnen und führt dazu, dass sich der Einzelne besser in seinen Nächsten einfühlen lernt, was wiederum zum Abbau von Vorurteilen führt.

Vorurteile überwinden im Hinblick auf die Geschlechterrollen

Der Begriff Emanzipation – so oft als Parole verwendet – wird an der Ecole als eine kritische Auseinandersetzung mit gesellschaftlich fixierten Verhaltensmustern verstanden. Die Forderung «Werde, der du bist» ist ohne eine solche Überwindung von vorgeprägten Mustern gar nicht zu erfüllen.

Die leichtfertige Feststellung, ein Junge/Mädchen macht das nicht oder kann das nicht, kommt in der Ecole kaum vor, und wenn sie doch mal zu hören ist, bleibt sie nicht ohne Widerspruch stehen.

Die Tatsache, dass Mädchen und Jungen gleiche Arbeit verrichten (Zimmerputz, Holz schleppen, Abwasch und Kinderhüten), trägt dazu bei, dass sie sich vorurteilsfreier, gleichwertiger und offener begegnen.

Die künstlich erzeugte Spannung zwischen den Geschlechtern, die auf Grund von Heimlichkeiten, lieblosem Umgang mit Sexualität in den Medien und geringen Erfahrungen miteinander entstehen kann, wird in der Ecole so gut es geht abgebaut. Es gibt oft Verliebtheiten und Flirts unter den Kameraden, die akzeptiert und wenn nötig auch besprochen werden. Das Vorhandensein von Kindern aller Altersstufen trägt zu einer familienähnlichen Atmosphäre der ganzen Schule bei und damit zu einem verantwortungsvolleren Umgang miteinander.

Das Zusammenleben in der «Familien»-Gruppe

Die ganze Vielfalt der Ecole-Bevölkerung prägt natürlich besonders die Internatsgruppen, die sogenannten «Familien»: Eine oder mehrere Gruppen von 6 bis 9 Kindern und Jugendlichen mit (meist) 2 Mitarbeitern leben in einem Haus zusammen.

«Ich bin Valentin. Ich lebe in einer Familie aus zwei Mitarbeitern, drei Mädchen und drei Jungen. Dazu kommen noch zwei Helfer, die nicht bei uns im Haus wohnen und ein externer Kamerad, der nur bei uns zu Mittag isst. Ausser uns lebt noch eine andere Familie im Haus. Ich wohne mit meinem Freund Biba im ersten Stock. Unser Zimmer ist ganz aus Holz und hat einen Balkon. Wir haben unser Zimmer nach unseren Wünschen eingerichtet. Gegenüber von uns wohnt die Mitarbeiterin Judith. Ich habe im allgemeinen ein gutes Verhältnis zu ihr, denn sie ist nicht eine Aufpasserin, sondern eine Art Freundin, die mich etwas erzieht. Sie ist nicht nur für die Familie verantwortlich, sondern auch noch Lehrerin. Wenn ich ein Problem mit ihr besprechen will, kann ich einfach zu ihr kommen. Neben uns wohnt noch ein Mädchen, denn Mädchen und Jungen wohnen in der Ecole häufig nebeneinander...

Es gibt viele Gelegenheiten, bei denen sich die Familien treffen: Wir essen z.B. gemeinsam an einem Tisch im Essaal. Jeden Mittwochabend trifft sich meine Familie zum Familienabend, um etwas zusammen zu unternehmen. Manchmal bereiten wir den Geburtstag eines Familienmitgliedes vor, d.h. wir überlegen uns, welche Dekoration des Esstisches für diese Person geeignet ist. Ab und zu spielen wir etwas und haben Spass dabei. Es kann aber auch sein, dass es eine schlechte Stimmung in der Familie gibt und wir dann darüber sprechen müssen. Im Sommertrimester machen wir bei schönem Wetter Morgensport: Die ganze Familie geht nach draussen, um ein paar Turnübungen zu machen. Es gibt auch noch andere «Familien»-Traditionen in der Ecole, dazu gehört die Familienwanderung: An einem schönen Herbsttag gehen wir auf die «Blaubeerenwanderung» in die uns umgebenden Berghänge und sammeln Blaubeeren, um sie für Kuchen oder Dessert am Familienabend zu gebrauchen. Am 1. Mai, dem Todestag von Paul Geheeb, gehen wir mehr im Tal wandern.»

Unterricht in der Ecole

In der Ecole gibt es Vormittags- und Nachmittagskurse. Der Vormittagsunterricht ist hauptsächlich dazu da, die schulisch-intellektuelle Seite des Menschen zu fördern. Die Nachmittagsangebote dienen mehr der Förderung des Künstlerischen, Sportlichen, Dramatischen, Musikalischen und Handwerklichen im Menschen.

Epochenunterricht in den Morgenkursen

Alle Schüler und Schülerinnen der Ecole haben während mehrerer Wochen immer nur drei verschiedene, selbst gewählte «Morgenkurse». Diese dauern jeweils 60 oder gar 70 Minuten und sind von zwei längeren Pausen unterbrochen. Kurswechsel sind am Ende jedes Trimesters, manchmal auch schon nach einer «Kursperiode» (ca. 5 Wochen) möglich. Durch diese Art der Unterrichtsorganisation werden auch wichtige Schulfächer manchmal über längere Zeit nicht bearbeitet, nachdem sie zuvor während 2, 4 oder 6 Monaten intensiv betrieben worden sind. Die Organisation des Lernens, die es den Lehrern erlaubt, mit derselben Lerngruppe über mehrere Wochen und Monate hin täglich an derselben Sache zu arbeiten, entspricht den reformpädagogischen Einsichten, dass das verstehende Lernen im *Epochenunterricht* die Verwurzelung der Kenntnisse ermöglicht und die Brüchigkeit des Wissens verhindert, das nur angelernt ist.

Kurswahl – nicht nur verordneter Unterricht

Die Schüler wählen ihre 3 Morgenkurse aus einem Kursangebot aus, welches immer wieder neu zusammengestellt wird, wobei bei seiner Entstehung sowohl die Wünsche der Schüler und die Interessen der Mitarbeiter als auch äussere Notwendigkeiten (zum Beispiel schulische Ziele) eine Rolle spielen.
Die Lerngruppen entstehen also durch eine (relativ) freie Kurswahl. Die Kurse sind nie nach Jahrgängen sortiert; das Alter ist nur ein Kriterium unter vielen, die bei der Wahl eines Kurses eine Rolle spielen. Dieses System erlaubt es den Schülern nicht nur, eigene Schwerpunkte in ihrer schulischen Entwicklung zu setzen, es macht auch ein Lernen im je eigenen Tempo möglich.

Keine Noten, sondern Berichte

Es gibt keine Bewertung nach Noten in der Ecole. Alle 4 bis 5 Wochen diskutieren die Schüler und Lehrer jeder Kursgruppe, wie die Arbeit der einzelnen und die Zusammenarbeit innerhalb der Gruppe während der vergangenen Wochen gewesen ist. Anschliessend werden dann von Schülern und Mitarbeitern Berichte geschrieben. Dabei schreiben die Schüler über sich selbst, ihre eigene Lernerfahrung und über den jeweiligen Kurs im allgemeinen in ein speziell dafür eingerichtetes Heft. Dieses olivgrüne Heft begleitet jeden Kameraden durch seine ganze Ecole-Zeit; es ist eine Art privaten Lerntagebuches. Wenn der Übertritt in eine öffentliche Schule es verlangt, übersetzen wir unsere Lehrerberichte in Notenzeugnisse.

«Ich bin gerne in diesem Kurs. Wir reden sehr viel, und man lernt auch schnell, sich zu verständigen. Wenn man irgendwas anderes im Kurs machen möchte und einen Vorschlag macht, nimmt Sarah dies ernst und es wird auch gemacht. Ich finde mich in dem Kurs aktiv, mache viel mit. Die Hausaufgaben habe ich fast immer gemacht und mir dabei Mühe gegeben. Ich finde es manchmal mühsam in der Gruppe, da der Altersunterschied sehr gross ist und ich mich manchmal unterfordert fühle.» (Aus dem olivgrünem Heft einer Kameradin.)

Die Möglichkeit der (relativ) freien Kurswahl und die Aufforderung, ihre Leistungen immer wieder selbst zu beurteilen, führen dazu, dass die Schüler in der Ecole immer mehr Verantwortung für ihren eigenen Lern- und Lebensweg übernehmen und diesen zunehmend bewusst selbst gestalten.

Die Nachmittagskurse

Die Nachmittagskurse spielen in der Entwicklung beider, der Kameraden und der Mitarbeiter, eine wichtige Rolle. Jeder hat die Chance, zu experimentieren und dabei neue Seiten an sich selbst zu entdecken. Jeder Kamerad soll unter 80 angebotenen Kursen mindestens 8 Stunden auswählen, die sich auf die Nachmittage von Montag bis Donnerstag verteilen. Wie die beiden folgenden Nachmittagskurspläne zeigen, sind dabei ganz verschiedene Aktivitäten möglich (die Beispiele stammen von zwei 16jährigen Mädchen):

Montag, 2 Std. English Theatre
Dienstag, 2 Std. Töpfern
Mittwoch, 1 Std. Jazztanz; 1 Std. Klavier
Donnerstag, 1 Std. Musiktheorie; 1 Std. Volkstanz

Montag, 2 Std. Töpfern
Dienstag, 1 Std. Tischtennis; 1 Std. Dauerlauf
Mittwoch, 2 Std. Batik; 1 Std. Stricken
Donnerstag, 1 Std. Volkstanz

Unterricht mit TZI

Seit einigen Jahren spielt die Themenzentrierte Interaktion (TZI), eine von Ruth Cohn auf dem Hintergrund der humanistischen Psychologie entwickelte und gelehrte Methode der Gruppenarbeit, in der Ecole eine ziemlich wichtige Rolle. Ein ganz wichtiger Begriff der Themenzentrierten Interaktion ist derjenige der Balance: Dabei geht es nicht nur um die Balance zwischen Kopf, Herz und Hand oder Geist, Seele und Körper beim einzelnen, sondern vor allem um die Balance zwischen *Ich, Wir, Es,* dem einzelnen Teilnehmer einer Gruppe, der gesamten Gruppe und ihrem jeweiligen Thema oder ihrer Aufgabe. Eine Gruppe (auch eine Schulklasse) funktioniert dann schlecht, wenn dieses Gleichgewicht über längere Zeit gestört ist. Schliesslich findet jede Arbeit in einer ganz bestimmten, ebenfalls zu berücksichtigenden Umwelt, dem «Globe», statt. – Ruth C. Cohn arbeitet seit 1974 als Consultant Psychologist mit der Ecole zusammen; wenn diese deshalb auch nicht zu einer «TZI-Schule» geworden ist, so orientieren sich heute doch viele ihrer Mitarbeiter bei der Gestaltung ihres Unterrichts an den Grundsätzen der Themenzentrierten Interaktion.

«Unterrichten ist für mich fast zu einem anderen Beruf geworden gegenüber damals, als ich vor fünfzehn Jahren als Lehrerin tätig wurde,» berichtet Sarah, eine Mitarbeiterin der Ecole. «Durch meinen Kontakt mit Ruth Cohn und ihrer pädagogischen Philosophie und Praxis habe ich gelernt – und lerne immer noch – auf eine gesündere und effizientere Art zu unterrichten.
Wie TZI in Praxis und in den Unterricht umgesetzt werden kann, möchte ich an folgendem Beispiel veranschaulichen. Ich gebe einen Kurs in Englisch für Anfänger. Wir kennen einander noch kaum, und die Kameraden sprechen erst wenige Wörter Englisch. Wir machen nun folgendes: Ich bringe ein Bild mit von einem Mädchen, das vor seiner Hütte irgendwo in Nepal steht. In einfachen Sätzen beschreibe ich das Bild. Die Klasse versteht und lernt so leicht Wörter und Satzkonstruktionen. Dies können wir als das «Es», das Thema bezeichnen. Danach fordere ich die Kameraden und Kameradinnen auf, ein Bild von ihrem Zuhause zu zeichnen. Dadurch, dass so jeder etwas Persönliches in den Unterricht hineinbringt, wird jeder einzelne in der Gruppe wichtig. Am nächsten Tag zeigen wir einander die Bilder und sprechen darüber. Auf diese Weise stellen wir einen besseren Kontakt zueinander her, was dem «Wir» in der Gesamtbalance entspricht. Die Tatsache, dass unser erstes Beispiel eines Zuhauses die kleine Lehmhütte eines Mädchens aus Nepal ist, bringt den «Globe» hinein, die Welt, die uns umgibt und die wir ernst nehmen müssen.
Diese Art, eine Fremdsprache zu unterrichten, entspricht mir persönlich viel mehr als ein Arbeiten mit einem Lehrmittel. Wir nehmen Themen und entwickeln die Grammatik in der Gruppe. So entsteht Leben, Kreativität und Bedeutsamkeit im Schulzimmer. Und nach einem Jahr Englischunterricht an der Ecole können viele Kameraden angemessen reden, lesen und schreiben und sich auch in einer englischen Umgebung verständigen. Es gibt natürlich viele andere Unterrichtsarten neben TZI. Jeder Lehrer und jede Lehrerin wählt ihren eigenen Weg, und die Kameraden profitieren von der unterschiedlichen Erfahrung in den verschiedenen Kursen.»

Neusein in der Ecole – Erfahrungsbericht

Wir wollen diese Beschreibung unserer Schule mit dem Bericht beenden, den Dominik (14 J.) über seine ersten Ecole-Wochen geschrieben hat:

«Ich stehe schüchtern vor Carlo und gebe ihm die Hand. Alles ist neu für mich, und ich habe das Gefühl, dass ich mit nichts zurechtkomme. 150 Gesichter und keins kommt mir bekannt vor. Carlo, der mich mit der Ecole vertraut machen muss, macht mich zum Glück bereits am ersten Tag mit ein paar Leuten bekannt, und schon ist alles nicht mehr ganz so

schlimm. Ich habe schon die ersten Bekanntschaften gemacht nach einer Woche. Aber es sind nur Leute aus der Familie oder aus dem Kurs. Hier in der Ecole herrscht ein ganz anderer Lebensrhythmus, und an den muss ich mich noch gewöhnen. Zum Beispiel trifft man sich jeden Samstagmorgen zum Singen. Für mich war das beim ersten Mal ein sehr eindrückliches Erlebnis, denn nach dem Singen merkte ich, wie toll das Singen sein kann. Die Kurse gefallen mir gut, denn ich kann viel besser arbeiten ohne den Stress, wie er bei der Staatsschule ist. Eins fällt einem auf: Diese Leute hier machen kein Riesengeschrei, wenn sie einen Neuen sehen, und das gefällt mir.
Nach zwei Wochen lernte ich zum ersten Mal Leute ausserhalb der Familie oder des Kurses kennen. Das hat mich sehr gefreut. Ich weiss jetzt sicher schon einen Viertel aller Namen der Ecolianer. Ich komme aber langsam wieder in einen Tagesrhythmus hinein, was mir nicht so gefällt: Aufstehen, Essen, Putzen, Kurse, Essen, Mittagsruhe, Nachmittagskurse, Essen, Stille Stunde, ins Bett gehen. Ich würde lieber noch ein bisschen unregelmässiger leben. Nach drei Wochen fühle ich mich schon wie daheim. Man kennt recht viele Leute, man kann an jeder Ecke mit einem anderen schwatzen, man ist einfach nicht immer nur bei der gleichen Person. Viele Leute zeigen einem jetzt das wahre Gesicht, und es ist schon vorgekommen, dass Leute, die ich am Anfang Idioten fand, plötzlich nett wurden. Aber auch die Lehrer zeigen sich immer mehr, wie sie sind.
Nach dreieinhalb Wochen erlebte ich zum ersten Mal in der Ecole wirklichen Stress, und es war mir gar nicht mehr wohl hier oben. Ich wollte heim. Aber dann merkte ich, dass ich krank war, und ich war ehrlich gesagt sehr erleichtert darüber.
Die vierte Woche verging wie eine normale Woche. Ich lernte viel in der Schule dafür sonst weniger. Ich war immer mit den gleichen zusammen und merkte gar nicht mehr, dass ich neu war. Ich bin ziemlich stark vom Wetter abhängig. Ist es schön und kühl, bin ich sehr gut gelaunt. Aber kaum wird es föhnig oder bedeckt, werde ich muffig, schlecht gelaunt oder müde.
Sehr viele Leute reden von Pfingsten und wie toll das ist, mit dem Zug heimzufahren. Es ist eine faule Woche, man macht mehr Spiele als Schule, und ich lerne durch diese Spiele viele Leute mehr von der spielerischen Seite kennen.»

Literatur

Cohn, Ruth C.: Von der Psychoanalyse zur themenzentrierten Interaktion. Stuttgart 1975.
Cohn, Ruth C.: Gelebte Geschichte der Psychotherapie: zwei Perspektiven. Alfred Farau – Ruth C. Cohn. Stuttgart 1984. (Zu ihrer Arbeit an der Ecole d'Humanité siehe insbesondere S. 386 ff.)
Geheeb, Paul: Die Odenwaldschule: ihre geistigen Grundlagen. In: Hilker, F. (Hrsg): Deutsche Schulversuche. Berlin 1924, S. 91 bis 101. (Die Odenwaldschule war die erste eigene Schule von P. und E. Geheeb; ihre «geistigen Grundlagen» sind auch die geistigen Grundlagen der heutigen Ecole d'Humanité.)
Lüthi, Armin: Ecole d'Humanité. In: Jost, L. (Hrsg): Alternative Schulen: Beispiele aus Dänemark und der Schweiz. Zürich 1980, S. 30 ff.
Näf, Martin: Die Ecole d'Humanité in Goldern – der Neubeginn Geheebs. In: Röhrs, H. (Hrsg): Die Schulen der Reformpädagogik heute. Düsseldorf 1986, S. 101 ff.

Wagenschein, Martin: Verstehen lehren: genetisch – sokratisch – exemplarisch. Weinheim und Basel 1977. Die Arbeit der Ecole d'Humanité ist wesentlich durch die Gedanken Martin Wagenscheins geprägt. Das neueste Haus der Ecole ist nach ihm, dem ehemaligen Mitarbeiter Paul Geheebs, benannt.

Wolff, Franc: Leben, lehren, lernen: Beispiel Ecole d'Humanité / TZI. In: Gerlicher, K. (Hrsg): Schule, Elternhaus, Beratungsdienste. Göttingen 1982, S. 225 ff.

Die Montessori-Grundschule in Bern

von Robin Hess, Lehrer an der Montessori-Grundschule Bern

Maria Montessori – Die Frau und ihr Werk

Maria Montessori wurde am 31. August 1870 in Chiaravelle, Provinz Ancona, geboren. Ihre Eltern, die aus vornehmen Familien Oberitaliens stammten, wollten ihrer Tochter eine optimale Schulbildung ermöglichen und zogen deshalb mit der fünfjährigen Maria nach Rom.
Maria Montessori wusste schon früh, dass sie studieren wollte, obwohl das zu dieser Zeit für Frauen ungewöhnlich und schwierig war. Den Vorschlag ihrer Eltern, Lehrerin zu werden, lehnte sie rundweg ab, auch wenn das einer der seltenen Berufe war, der Frauen offenstand. Ihrer besonderen Begabung entsprechend wollte sie Mathematik studieren und Ingenieurin werden. Dies war aber nur möglich in einer technischen Schule für Knaben. So entschied sie sich für das Studium der Medizin, obwohl Frauen zu diesem Studium nicht zugelassen waren und ihr Vater damit nicht einverstanden war. Das Studium der Medizin entsprach ihrem tiefen Interesse für Menschen.
Trotz zahlreicher Erschwernisse errang sie sich die Achtung, ja sogar Bewunderung ihrer männlichen Kommilitonen und Dozenten durch ihre auffallende Begabung. Mit fünfundzwanzig Jahren schloss sie ihr Studium ab und wurde Assistenzärztin an der Universitätsklinik. In dieser Funktion kam sie zum ersten Mal mit schwachsinnigen Kindern zusammen, die sie zu betreuen hatte. Bis anhin waren diese Kinder nur physisch gepflegt worden. Seelisch wurden sie dagegen völlig vernachlässigt. Maria Montessori sah neben einer ärztlichen auch eine erzieherische Aufgabe. Bei der Beschäftigung mit der pädagogischen Literatur stiess sie auf die Namen der französischen Ärzte Itard und Séguin, Pioniere in der pädagogischen Beschäftigung mit «Idioten». Nach dem Studium ihrer Arbeiten konnte sie grosse Erfolge als Leiterin einer Schule für Schwachsinnige feiern. Gleichzeitig wurde dadurch ihr Interesse für Pädagogik so stark, dass sie ihre Stellung als Ärztin und Dozentin aufgab und ein Psychologie- und Pädagogikstudium aufnahm.
Nachdem die schwachsinnigen Kinder in ihrer Schule ein ähnliches Leistungsniveau erreicht hatten wie gleichaltrige Normalbegabte in deren Bildungsstätten, stellte sie sich die berechtigte Frage, was diese Kinder denn in ihrer Entwicklung so hemmte. In einem Armenviertel von Rom erhielt sie 1907 die Möglichkeit, mit 3- bis 7jährigen Arbeiterkindern, die von der Strasse geholt wurden, Erfahrungen im Umgang mit normalen Kindern zu sammeln. In diesem ersten Montesso-

ri-Kinderhaus sowie, ein Jahr später, in einem zweiten in Mailand, machte Maria Montessori am Kind alle wichtigen Entdeckungen, die das Fundament ihrer Pädagogik sind.

Bald standen diese Kinderhäuser im Mittelpunkt des öffentlichen Interesses. Besucher aus dem In- und Ausland reisten nach Rom, was Maria Montessori veranlasste, 1909 einen ersten internationalen Kursus zur Einführung in ihre pädagogische Lehre und Praxis abzuhalten. Von nun an leitete sie jahrzehntelang immer wieder Kurse in aller Welt.

Neben Erfolgen erlitt die Montessori-Pädagogik auch starke Rückschläge. So wurde Maria Montessori während des Spanischen Bürgerkrieges aus dem ihr so wohlgesinnten Barcelona vertrieben. Dies wiederholte sich später in den Ländern mit faschistischen Regimes.

In Amerika konnte die anfänglich euphorisch aufgenommene Reformerin auch nicht richtig Fuss fassen, was ihr sehr zusetzte, hatte sie in diese aufstrebende Nation doch die grössten Hoffnungen gesetzt.

Dem folgte 1945 erst ein allmähliches, dann ein immer lebhafteres Interesse in vielen Ländern der Welt. In Holland, dem Land, das Montessori in der Not so gastlich aufgenommen hatte, gibt es heute zahlreiche Montessori-Kinderhäuser, -Schulen und mehrere Montessori-Gymnasien. Auch in Italien sind Montessori-Erziehungsstätten wieder in grosser Zahl erstanden. Besonders infolge des durch die englische Internierung erzwungenermassen verlängerten Aufenthaltes Montessoris in Indien, während des Krieges, hat sich dort und in den Nachbarländern Pakistan und Sri Lanka die Montessori-Pädagogik gut entwickelt, so dass viele Gründungen, insbesondere von Kinderhäusern* gemeldet werden. Eine starke Wiederbelebung der Gedanken Montessoris ergab sich in der Bundesrepublik Deutschland nach dem Kriege, wobei ihre Schülerin Professor Helene Helming, die vorher von den Nationalsozialisten mit Berufsverbot belegt worden war, eine entscheidende Rolle spielte. Der grösste «Montessori-Boom» ist seit den späten fünfziger Jahren aus den USA zu vermelden, wo zahllose Kinderhäuser entstanden sind.

Inzwischen ist auch die internationale Montessori-Gesellschaft AMI wieder aktiv. Ihr Sitz ist Amsterdam. Sie als grösste sowie andere Vereinigungen vertreten die Interessen der Kinder im Sinne Montessoris in fast allen Teilen der Welt. Maria Montessori bemühte sich immer, eine neutrale Kämpferin für die Sache des Kindes zu sein, und wo ihr Angebote gemacht wurden, nahm sie diese an. Trotzdem ist ihre Lehre nicht unpolitisch, denn für eine totalitäre Regierung ist eine Erziehung zur Freiheit Gift.

Vor allem in ihren letzten zwanzig Lebensjahren kämpfte Maria Montessori engagiert für «Frieden und Erziehung», so auch der Titel eines 1949 erstmals

---

* Ein «Kinderhaus» entspricht, was das Alter der Kinder angeht, dem, was wir gemeinhin als Kindergarten bezeichnen. Im Gegensatz zu der sonst üblichen Praxis wird in der Montessori-Pädagogik jedoch nicht so strikt zwischen Kindergarten und Schule unterschieden: Die Beschäftigung mit schulischen Dingen wie Lesen und Schreiben ist im Kinderhaus durchaus möglich und wird nicht unbedingt bis zum Schuleintritt hinausgeschoben.

erschienenen Buches (siehe Literaturverzeichnis am Ende dieses Kapitels). Sie sprach unter anderem vor der Unesco und vielen, auch von ihr selbst initiierten Friedenskongressen. 1949 wurde sie dafür für den Friedensnobelpreis vorgeschlagen.
1952 starb Maria Montessori in Nordwijk an Zee/NL.
Hinsichtlich der räumlichen Weite, der zeitlichen Dauer und des umfassenden Bezugs auf alle Stufen des Jugendalters ist Montessoris pädagogischer Einfluss in diesem Jahrhundert als erstrangig in der Welt zu bezeichnen und beweist, dass diese Lehre ihre eigenen Ansprüche an eine «kosmische Erziehung» erfüllt.
Helene Helming schrieb in ihrem Buch «Montessori-Pädagogik»: «Montessori hat das Verdienst, pädagogisch der Wirklichkeit des Kindes entsprochen zu haben und den Grundriss eines Kinderhauses, einer Schule zu finden, welche die von der neueren Pädagogik geforderte Einbeziehung der Initiative und Selbsttätigkeit des Kindes in einer Weise ermöglicht, wie sie so ganzheitlich auch von einer Aktivitäts- oder Arbeitsschulpädagogik noch nicht erreicht wurde.» (Helming, 1977, S. 15.)

Die Hauptideen der Montessori-Pädagogik

Maria Montessoris Entdeckung des Kindes

Es lag nahe, dass sich Maria Montessori lange Zeit vor allem den Altersstufen widmete, mit denen sie es in ihren Kinderhäusern und Schulen zu tun hatte, also den 3- bis 12jährigen Kindern. Erst in den letzten Jahren ihres Lebens legte sie das Fundament dazu frei, indem sie sich speziell um das Neugeborene kümmerte. Sie war der Meinung, dass ein Erziehungsprinzip für jede Zeit des Lebens gelten müsse und sich nicht auf die Schulzeit beschränken dürfe.
Montessori akzeptierte die Theorie Darwins nicht, wonach der Mensch ein höher entwickelter Affe ist. Tiere werden mit allen artspezifischen Verhaltensweisen geboren. Der Mensch hat diese artspezifischen Verhaltensweisen noch nicht. Seine ganze «Kultur» muss er erlernen, und zwar erst von der Geburt an. Die Tatsache der andersartigen Entwicklung ist auch die Grundlage für die Verschiedenheit der Menschen.
Der physiologische Prozess der Schwangerschaft, in dem das Kind als «Baumeister» seinen Körper aufbaut, ist für Maria Montessori Vorbild für die psychische Entwicklung. Sie spricht deshalb von einer postnatalen Embryonalphase, wie es später erstaunlich ähnlich auch der Biologe A. Portmann formulierte (s. Literaturverzeichnis am Ende dieses Kapitels). In dieser, etwa ein Jahr dauernden Phase werden die «Organe des Geistes» gebildet für Sprechen, Recht schaffen, Kunst gestalten, Religion, Technikentwicklung usw. Das Kind muss in der Folge mit den entsprechenden kulturellen Inhalten konfrontiert werden, nur dann bildet es diese geistigen Organe auch aus. Es wird Kulturmensch.

Diese schöpferische Leistung wird durch eine einzig dem Neugeborenen eigene Geistesform ermöglicht. Maria Montessori nannte sie «den absorbierenden Geist».

Dieser «absorbierende Geist» arbeitet wie ein Fotoapparat, der unbewusst, ganzheitlich und unkritisch erfasst, während das bewusste Lernen des Erwachsenen eher dem Zeichnen vergleichbar ist. «Man könnte sagen, dass wir Erwachsenen Wissen mit Hilfe der Intelligenz aufnehmen, während es das Kind mit seinem psychischen Leben absorbiert.» (M. Montessori nach Oswald/Schulz-Benesch, 1983, S. 71.)

Und zu dem oben angesprochenen, aus der Biologie entlehnten Begriff der «sensitiven Periode» erklärt Montessori: «Es handelt sich um besondere Empfänglichkeiten, die in der Entwicklung, das heisst im Kindesalter der Lebewesen auftreten. Sie sind von vorübergehender Dauer und dienen nur dazu, dem Wesen die Erwerbung einer bestimmten Fähigkeit zu ermöglichen. Sobald dies geschehen ist, klingt die betreffende Empfänglichkeit wieder ab. So entwickelt sich jeder Charakterzug auf Grund eines Impulses und während einer eng begrenzten Zeitspanne. Das Wachstum etwa ist nicht ein unbestimmtes Werden, ererbt und dem Lebewesen eingeboren, sondern das Ergebnis einer inneren Arbeit, die von periodisch auftretenden Instinkten sorgfältig geleitet wird.» (Montessori, 1981, S. 61.)

Auswirkung auf die Didaktik

Drei wichtige Stichworte sind genannt worden:
- das Neugeborene ist ein psychisches Embryo,
- es besitzt einen absorbierenden Geist,
- es durchläuft sensitive Perioden mit einer spezifischen Empfänglichkeit zur Erwerbung einer Fähigkeit.

Wenn man dies als gegeben akzeptiert, kommt man zwangsläufig zu einer Einstellung gegenüber dem Kind, die von der üblichen stark abweicht. Denn versteht man unter Erziehung im allgemeinen das Formen eines Kindes zu einem nützlichen Glied der Gesellschaft, so ist Erziehung bei Montessori «nur» helfender Beistand. Den grössten Teil der Arbeit am Aufbau eines Menschen leistet das Kind selbst, ohne dass wir Erwachsenen ihm etwas abnehmen können.

Trotz der Beobachtung und Beschreibung einer bestimmten Phasenabfolge betont Maria Montessori immer wieder, dass diese Entwicklungsschritte bei allen Kindern individuell in Zeitpunkt und Dauer auftreten, was eine Individualisierung des Unterrichts verlangt.

Daraus ergeben sich drei Punkte:

a) Garantie der spontanen Selbstverwirklichung

Maria Montessori sagt: «Es ist unmöglich, die Folgen davon abzuschätzen, wenn man eine spontane Handlung unterdrückt in einer Lebensperiode, wo das Kind beginnt zu handeln; vielleicht heisst dies, das Leben selbst zu

ersticken. ... Wenn irgendein Eingreifen der Erziehung wirksam sein soll, so nur jenes, welches darauf abzielt, die vollständige Entfaltung dieses Lebens zu fördern. Um dies zu erreichen, müssen wir vor allem streng vermeiden, die spontanen Bewegungen zu unterdrücken und nach unserer Willkür Forderungen zu stellen. Selbstverständlich ist hier nicht die Rede von zwecklosen oder schädlichen Handlungen, denn diese müssen unterdrückt, ausgerottet werden.» (M. Montessori nach Oswald/Schulz-Benesch, 1983, S. 81.)
Dies bedeutet ein Wechselspiel von Freiheit und Bindung, und konkret für Kinder in Kinderhaus und Schule, dass sie
– ihre Tätigkeit frei wählen können (Wahlfreiheit),
– sich frei bewegen dürfen (Bewegungsfreiheit),
– ihre Arbeitspartner ohne Einschränkung finden dürfen (Kooperationsfreiheit),
– frei sind, wann, wie lange und wie oft sie sich mit einer Sache beschäftigen wollen (Zeitfreiheit).
Diese Freiheiten unterliegen jedoch gewissen Einschränkungen, die von der Gruppe und vom Lehrer konsequent verlangt werden:
– Andere Kinder dürfen bei der Arbeit nicht gestört werden. Wo das Interesse der Allgemeinheit anfängt, hört die persönliche Freiheit auf (soziale Gesetze).

- Arbeitsmaterialien dürfen nicht beschädigt oder missbraucht werden. Indem das Kind die Dinge achtet und unterscheidet, erkennt es ihr Wesen (Gesetz der Dinge).
- Die Wahlfreiheit ist insofern eingeschränkt, als das Kind eine echte Wahl treffen soll, d.h. das Kind muss den Zweck der Arbeitsmaterialien kennen, aus denen es auswählt. Nur so kann es beurteilen, ob die Arbeit seinem augenblicklichen Bedürfnis entspricht (Gesetz der inneren Bedürfnisse).

b) Die «vorbereitete Umgebung» und ihre didaktisch-methodische Aufgabe

Schon kleine Kinder sind zu aussergewöhnlicher Konzentration fähig, wenn die Bedingungen stimmen. Diese «Polarisation der Aufmerksamkeit», wie sie Maria Montessori bezeichnete, betrachtete sie selbst als eine ihrer wichtigsten Entdeckungen.

«Und jedesmal, wenn eine solche Polarisation der Aufmerksamkeit stattfindet, begann sich das Kind vollständig zu verändern. Es wurde ruhiger, fast intelligenter und mitteilsamer. Es offenbarte aussergewöhnliche innere Qualitäten, die an die höchsten Bewusstseinsphänomene erinnern, wie eine Bekehrung. Es schien, als hätte sich in einer gesättigten Lösung ein Kristallisationspunkt gebildet, um den sich dann die gesamte chaotische und unbeständige Masse zur Bildung eines wunderbaren Kristalls vereinte. Nachdem dieses Phänomen der Polarisation der Aufmerksamkeit stattgefunden hatte, schien sich in ähnlicher Weise alles Unorganisierte und Unbeständige im Bewusstsein des Kindes zu einer inneren Schöpfung zu organisieren, deren überraschende Merkmale sich bei jedem Kind wiederholten.» (Montessori, 1976, S. 70.)

Dieses Phänomen wurde schon vorher beobachtet. Montessoris grosses Verdienst ist es, das Phänomen wiederholbar gemacht zu haben.

Das Geheimnis liegt in der «vorbereiteten Umgebung». Konkret ist damit der vom Erzieher gestaltete Schulraum und die von ihm bereitgestellten Lernmaterialien und -spiele gemeint. Die uns durch Erfahrung bekannten Interessenfelder des Kindes erscheinen hier in materialisierter Form als Lernangebote in den Gestellen der Schulräume. Dabei ist die «vorbereitete Umgebung» ein abgerundetes Ganzes, und nicht eine mehr oder weniger zufällige Ansammlung von Betätigungsmöglichkeiten. Die Auswahl ist ausgewogen und berücksichtigt die Interessen des sich entwickelnden Kindes in kontinuierlicher Weise. Kopf, Herz und Hand sind durch die «vorbereitete Umgebung» angesprochen. Sie wird von Kulturkreis zu Kulturkreis ganz unterschiedlich aussehen. Sicher findet man in allen Montessori-Klassen Bekanntes, und doch kann man sogar in Nachbarklassen unterschiedliche Interessenschwerpunkte von Schülern und Lehrern anhand der Lernmaterialien erkennen.

Einige weitere Anforderungen an diese Umgebung, die eingehalten werden müssen und letztlich im einzelnen Fall eine Beurteilung ihres pädagogischen Wertes zulassen:
- Die Materialien sind logisch geordnet, so dass das Kind sich zurechtfinden und selbständig wählen kann.

- Die vorbereitete Umgebung muss begrenzt sein, d.h. sie darf nichts enthalten, was das Kind nicht wirklich braucht zum Selbstaufbau (wobei klar ist, dass alles, was dazu nötig ist, vorhanden sein muss).
- Die vorbereitete Umgebung vermittelt Grundlagen, die, wie Montessori es nannte, die «Schlüssel zur Welt» sind, mit deren Hilfe das Kind dann selbständig weitergehen kann. Sie soll keineswegs die reale Welt ersetzen. Sie soll kultur- und gesellschaftsbezogen sein.

Das Material muss «Aufforderungscharakter» zum Handeln besitzen, es muss also das Kind an- und ihm entsprechen (Ästhetik, Grösse, Gewicht usw.).
- Das Lernmaterial muss selbständige Arbeit ermöglichen, sobald das Kind das Material kennt, d.h. es muss eine Schwierigkeit oder Problematik isoliert behandeln. Eine Selbstkontrolle, die vom Lehrerurteil unabhängig macht, muss im Material eingebaut sein.

Wie die vorbereitete Umgebung einer Montessori-Schule konkret aussehen kann, und in welcher Weise Kinder in ihr leben und lernen, das werde ich weiter hinten am Beispiel unserer Schule veranschaulichen.

c) Die besondere Einstellung des Montessori-Pädagogen den Kindern gegenüber

Über die Aufgaben des Lehrers in einer Montessori-Klasse ist schon einiges gesagt worden. Bei alledem geht es Maria Montessori jedoch in erster Linie darum, dass der Erwachsene seine Haltung dem Kind gegenüber von Grund auf neu überdenkt. Tut er dies im Zuge einer Entdeckung des wirklichen Kindes, wie Maria Montessori es vor neunzig Jahren getan hat, so wird er zwangsläufig eine andere Haltung dem Kind gegenüber einnehmen, als wir es, die wir vom «alten» System belastet sind, normalerweise tun würden. Montessori fordert vom Erzieher immer wieder eine dienende, demütige Haltung diesem «Baumeister des Menschen» gegenüber. Das heisst aber keinesfalls, dass der Erzieher dem Kind alles abnehmen soll. Im Gegenteil: der Erzieher ist aufgefordert, sich stark zurückzuhalten, um die Entwicklung des Kindes weder zu hemmen noch zu stören. Es ist von ihm also ein Verhalten gefordert nach dem Prinzip «soviel wie nötig – so wenig wie möglich». Montessori formuliert dies so:

«Immer muss die Haltung des Lehrers die der Liebe bleiben. Dem Kind gehört der erste Platz, und der Lehrer folgt ihm und unterstützt es. Er muss auf seine eigene Aktivität zugunsten des Kindes verzichten. Er muss passiv werden, damit das Kind aktiv werden kann. Er muss dem Kind die Freiheit geben, sich äussern zu können; denn es gibt kein grösseres Hindernis für die Entfaltung der kindlichen Persönlichkeit als einen Erwachsenen, der mit seiner ganzen überlegenen Kraft gegen das Kind steht... Bei allen modernen Pädagogen sehen wir die Absicht, aus dem Kind etwas hervorzuholen. Man will kindliche Eigenschaften wecken durch eine Art Freiheit oder durch Anregung zu spontanen Äusserungen. Glaubt man wirklich, dass ein Erwachsener diese kindlichen Eigenschaften zutage fördern kann? Durch alle Mittel, die man heute anwendet, stellt man dem Kind nur neue Hindernisse entgegen und überwältigt es. Kein Erwachsener kann ein Kind zu den Äusserungen seines tiefsten Wesens bringen. Ein Kind kann sich nur äussern, wenn eine Position der Ruhe, der Freiheit und Ungestörtheit gegeben ist, die nicht durch den Erwachsenen beeinträchtigt wird... Der Lehrer in unserer Arbeit ist nicht der Bildner und Belehrer des Kindes, sondern der Gehilfe.» (Montessori, 1968, S. 21, 22, 23.)

Die Montessori-Pädagogik ist also nicht nur eine Methode, sondern eine neue Denkweise. Um diese zu verinnerlichen, braucht man Zeit. Nur mit der Zeit erreicht man die Sensibilität für das Kind, die erforderlich ist. Deshalb fordert die Ausbildung auch eine recht lange und intensive Zeit, bis man ein von der Dachorganisation AMI anerkanntes Diplom erhält.*

Montessori-Pädagogik in der Schweiz

Die Schweiz ist heute «Montessori-Entwicklungsland». Dennoch hat die Montessori-Pädagogik hierzulande eine lange Tradition. An verschiedenen Stellen in den Schriften Montessoris findet man Hinweise auf frühe Montessori-Institutionen in der Schweiz.

So gab es schon sehr bald nach der Eröffnung der ersten «Casa dei Bambini» in Rom Bestrebungen, im Tessin das kantonale Schulsystem im Sinne Montessoris zu reformieren. In der Folge tauchten erste Montessori-Schulen auf (Muzzano, Agno, Osogna), und 1932 fand sogar ein Lehrerausbildungskurs in Locarno statt. Vom Tessin aus griff das Interesse an dieser Sache zuerst auf Genf über, wo sich Pierre Bovet, Adolph Ferrière und Edouard Claparède** damit beschäftigten. Aus einer Montessori-Demonstrationsklasse entstand die «Maison des Petits», an welcher der junge Jean Piaget seine entwicklungstheoretischen Erkenntnisse gewann. Dieser wurde 1932 zum Präsidenten der neugegründeten Schweizerischen Montessori-Gesellschaft gewählt. In diesen Jahren besuchte Maria Montessori auch häufig die Schweiz und hatte besonders zu A. Ferrière, der sie sehr hochschätzte, guten Kontakt. Mit dem zweiten Weltkrieg und der damit einhergehenden «Blut und Boden»-Mentalität erlosch jedoch auch das Interesse an

---

* Ich möchte hier einige Ausbildungswege aufzählen (ohne Anspruch auf Vollständigkeit):
- *Internationale Kurse* werden in Italien (Perugia, Bergamo), England (London) und Deutschland (München) angeboten. Zu München ist zu ergänzen, dass es sich um eine heilpädagogisch ausgerichtete Ausbildung für die Vorschulstufe handelt.
- *Fernkurs* des Montessori-Ausbildungszentrums St. Nicolas in London.
- *Kurse in der Schweiz* werden sporadisch seit 1987 angeboten.

Auskunft zu diesen Ausbildungsmöglichkeiten gibt die im dritten Teil dieses Buches näher beschriebene Assoziation Montessori in Zürich.

** Diese drei gehören zu den prominentesten Schweizer Reformpädagogen der 1. Hälfte des 20. Jahrhunderts. Als Mitbegründer der New Education Fellowship (NEF) hat vor allem Adolph Ferrière viel für die Verbreitung des Gedankengutes der Reformpädagogik und für eine internationale Zusammenarbeit im Dienste der «Neuen Erziehung» getan.

Montessori. Symptomatisch dafür war das unbemerkte Einschlafen der Montessori-Gesellschaft aus fehlendem Engagement der Mitglieder einerseits und des Publikums andererseits.*

Während langer Zeit bedeutete «Montessori» für die Nachkriegs-Schweiz (wie für andere Länder auch) vor allem Vorschulbildung. So gibt es heute Kinderhäuser mit zum Teil relativ langer Tradition in Genf, Lausanne, Basel, Bern, Brugg, Luzern, Nuolen, Rorbas und Zürich.

Erst seit 1984/85 gibt es zwei Primarschulen, die sich ganz zur Montessori-Pädagogik bekennen. Es sind dies die Montessori-Schule in Basel und die Montessori-Grundschule in Bern.

Weitere Primarschulen in Zürich, Nuolen und Luzern haben ihre Tore 1987 geöffnet. Zudem bemühen sich viele Eltern und Pädagogen um den Aufbau neuer Schulen und Kinderhäuser.**

Die Montessori-Grundschule Bern

Eine Beschreibung

Seit dem Frühjahr 1985 kommen Kinder in die Montessori-Grundschule in Bern. Sie liegt im Lorrainequartier, einem alten, traditionsreichen Arbeiterviertel nahe dem Zentrum Berns. Breite Sandsteinhäuser mit hohen verzierten Fenstern, die von grünen Fensterläden eingerahmt sind, säumen die Quartierhauptverkehrsachse, die Lorrainestrasse. Dank der guten Lage und der das Quartier beherrschenden Gewerbeschule hat hier noch vielseitiges Kleingewerbe überlebt.

Das Haus Nr. 18 fällt durch ein breites Schaufenster auf, in dem keine Waren angeboten werden, sondern ausgestopfte Tiere, Bastelarbeiten, Pflanzen und andere interessante Dinge zu sehen sind. Dahinter verbirgt sich – im doppelten Sinne – die Basis unserer Schule, die hier im 1. Stock lebt, nämlich das Kinderhaus für die 3- bis 6jährigen. Über der Schule hat sich in weiteren Stockwerken eine Wohngemeinschaft eingerichtet. Zu dem Haus gehört auf der Rückseite ein Garten, den sich die Hausbewohner zwar teilen, der während den Kinderhaus- und Schulbetriebszeiten aber von den Kindern beherrscht wird. Neben Spielgelände ist der Garten auch Teil des Lehrangebotes, denn die Kinder pflegen hier ihre eigenen Beete, in denen sie Gemüse und Blumen ziehen. Nur an den Garderobehaken und an verschiedenen Bildern und Schülerarbeiten im Treppenhaus merkt der Besucher, dass er nicht in einem gewöhnlichen Wohnhaus ist. Dies wird anders, wenn er die Eingangstür zur Schule öffnet. Er betritt einen grossen Raum, der durch verschiedene Säulen unterteilt wird und in dem vor allem 4 Tische auf Kinderhöhe auffallen sowie eine breite Küchenkombination an der

---

* Zur Geschichte der Montessori-Pädagogik in der Schweiz s. auch den Aufsatz von Harold Baumann in: Projuventute, Zeitschrift für Jugend, Familie und Gesellschaft, Nr. 4, 1986, S. 3ff.

** Weitere Auskünfte gibt die Assoziation Montessori, Gladbachstrasse 62, 8044 Zürich.

Stirnseite. Es ist dies in erster Linie unser Essraum. Weiter wird er zum Werken benutzt, wenn zweimal in der Woche die Werklehrerin mit der Hälfte der Klasse arbeitet. Er ist aber auch Ausweichmöglichkeit, wenn während der Freiarbeit ein Kind mehr Platz braucht, als es an seinem Pult zur Verfügung hat.
Links führt eine Tür zum eigentlichen Klassenraum. Zwei Dinge fallen Besuchern immer als erstes auf. Der Raum macht einen sehr harmonischen, lebendigen Eindruck. Holz dominiert. Es ist keine Ausrichtung des Raumes auf eine bestimmte Seite erkennbar. Die Kinder haben selbstgezogene Pflanzen auf ihren Pulten stehen. Ein Kind hat eine Raupe gefunden und sie in einem Glas auf das Pult gestellt. Jedes Kind hat also seinen Platz. Es ist aber ganz frei, sich irgendeinen, ihm für seine aktuelle Arbeit passenden Arbeitsplatz, zu wählen. Das kann auch der Platz eines andern Kindes sein, sofern dieses denselben nicht beansprucht. Die Pulte wurden so umgebaut, dass eine relativ grosse, plane Arbeitsfläche vorhanden ist, auf der eine Arbeit auch mal bis zum nächsten Tag liegengelassen werden kann.
Das andere sind die an allen verfügbaren Wänden stehenden Gestelle, die gefüllt sind mit den Lernmaterialien. Betrachtet man diese genauer, kann man erkennen, dass es sich in diesem Raum vor allem um Materialien der Fachrichtung Schreiben, Lesen und Mathematik handelt.
Um sich eine Vorstellung machen zu können vom Aussehen und Wesen dieser Materialien, greife ich ein Beispiel heraus, nämlich das von Maria Montessori selbst entwickelte «goldene Perlenmaterial» zur Einführung in das Dezimalsystem:
Es besteht aus einer Menge goldfarbener Perlen: lose Perlen (Einer), Stäbchen (Zehner), Quadrate (Hunderter), Kuben (Tausender) und Zahlenkarten von 1–9, 10–90, 100–900, 1000–9000, die sich durch Aufeinanderlegen zu Ziffern von 1–9999 kombinieren lassen.
Direkte Ziele, die dieses Material verfolgt, sind das Begreifen der Mächtigkeit und Form von Einern, Zehnern, Hunderten und Tausendern. Das Kind soll die Namen der Kategorien des Dezimalsystems kennenlernen und die Strukturen erfahren. Später kommt die Einsicht in den Zusammenhang Zahl-Menge dazu und das Erkennen der Funktionen der vier Grundoperationen. Indirekte Ziele sind die Schulung der Feinmotorik beim Zählen und Ordnen und die Vorbereitung der Geometrie. In ganz verschiedenen Übungen lässt der Lehrer das Kind oder die Kinder sich gegenseitig mit den Ziffern vorgegebene Mengen in goldenen Perlen aus dem Gestell holen, zählen, kontrollieren, zusammenlegen oder voneinander wegnehmen, vervielfachen oder an andere Kinder verteilen. Immer ist aber Kommunikation, Bewegung und Handlung integriert.
Die Materialien sind so in den Gestellen angeordnet, dass das Kind ohne Mühe erkennen kann, welchem Themenkreis und Schwierigkeitsgrad das Material entstammt. Weiter gibt es Gestelle mit Fächern und Schubladen, in denen das Kind eine ganze Anzahl Arbeitsblätter findet, die als weiterführende Übungen zu ganz bestimmten Lernmaterialien passen, z.B. Aufgabenblätter zu weiterführenden Mathematikmaterialien in verschiedenen Schwierigkeitsgraden. Daneben befindet sich eine grosse Auswahl Büromaterial, von Papieren in verschiedenen For-

Einführung in die Funktion einer Wortart: Das runde Symbol steht für das Verb.

maten und mit unterschiedlichen Lineaturen bis zur Schere, das dem Kind ebenfalls zur Verfügung steht. Alles ist so eingerichtet, dass das Kind ohne Mühe dazukommt und auch in seinem ästhetischen Empfinden angesprochen wird.
Vom Klassenraum aus erreicht man einen dritten kleineren Raum. Wir nennen ihn den kosmischen Raum, weil er die Lernmaterialien enthält, die dem Kind helfen, seine Verantwortung als Teil des Kosmos kennenzulernen und zu übernehmen. Es sind dies alles Materialien, die zum Verständnis unserer Umwelt führen, also (nach hergebrachter Terminologie) dem Fachbereich der Realien zugehören. Dazu kommt noch eine kleine Bibliothek mit einigen bequemen Kindersesseln und einem grossen Aquarium. Die Auswahl der Bücher deckt das Bedürfnis der Kinder nach Lesestoff ab, gleich welcher Lesestufe sie angehören, und soll insbesondere Ergänzung zu den Materialien aus dem kosmischen Bereich sein, konkret Lexika, Bücher zu Naturerscheinungen, Atlanten usw., aber auch eine grosse Sammlung Kinderbücher.
Das Lernmaterial, von dem nun schön öfter die Rede war, ist heute nicht mehr so revolutionär, wie es zu Montessoris Zeiten war. Viele Lehrmittelverlage – auch in der Schweiz – übernahmen die Anforderungen, die Maria Montessori an Lernmaterialien stellte und entwickelten in Anlehnung daran Eigenes zu Themen aus

dem Realienbereich, die zu Montessoris Zeiten nicht aktuell waren, aber auch zu neuen Lehrinhalten in Sprache und Mathematik (z.B. verschiedene Lesemethoden, Mengenlehre usw.). Häufig werden aber einzelne Anforderungen Montessoris an solche Materialien vernachlässigt, so dass sie z.B. aus tastunfreundlichen Kunststoffmaterialien sind, nicht dauerhaft genug, zu leicht, zu klein sind oder durch schreiende Farben vom eigentlichen Wesen des Materials ablenken usw.
Die Wichtigkeit einer Verwirklichung aller von Maria Montessori formulierten Kriterien in einem Material zeigt sich, wenn dieses Material in der Klasse steht. Die Kinder lassen es intuitiv links liegen, wenn etwas daran nicht stimmt.
So bilden denn noch heute die von Montessori selbst entwickelten Lernmaterialien einen grossen Bestandteil einer üblichen «vorbereiteten Umgebung» in Montessori-Klassen, da sie bis heute keine bessere Alternative haben.
Die Firma Nienhuis in Zelhem/Holland stellt die Materialien in hoher Qualität her und vertreibt sie in der ganzen Welt. Diese Firma ging aus einer kleinen Schreinerei hervor, die Maria Montessoris Materialpläne in die Tat umsetzte.
Ein Hindernis, eine grössere Verbreitung solchen Materials in den Schulstuben zu erreichen, liegt aber nicht an demselben, sondern an einer falschen Anwendung in einem ungeeigneten System. Nur schon die Tatsache, dass wir es im Normalfall mit Jahrgangsklassen zu tun haben, wo die Kinder gleichzeitig das gleiche Lernziel erreichen müssen, nimmt dem Lehrer die Möglichkeit, solches Material effizient einzusetzen, müsste er doch für eine Klasse von 20 Kindern einen Satz von 20 Arbeitsmaterialien anschaffen, und welche Schule kann sich das schon leisten?
Natürlich ist nicht alles käuflich, was man an Lernmaterialien für die vielen verschiedenen Sachgebiete benötigt, und es sind der Kreativität bei der eigenen Herstellung keine Grenzen gesetzt. Gerade im Bereich Lesen und kosmische Erziehung ist man auf Eigeninitiative angewiesen. Hier bietet sich eine gute Möglichkeit zur Einbeziehung der Eltern, die bei der Herstellung von Materialien vieles entdecken und in Diskussion mit Lehrer und anderen Eltern kommen. Ohne die Mitarbeit der Eltern wäre auch die vorbereitete Umgebung unserer Schule nie in nützlicher Frist zustande gekommen.

Entstehung, aktuelle Situation und Gedanken zur weiteren Entwicklung der Schule

Entstehung

Im Herbst 1983 fand sich unter der Leitung des Montessori-Kinderhauses in Bern eine Gruppe von Eltern zusammen, die sich für eine Fortsetzung der Montessori-Arbeit auf Grundschulstufe einsetzen wollten.
Ich stiess als Lehrer dazu, da ich als Mann einer Mitarbeiterin und Vater eines Kindes im Kinderhaus gute Kenntnisse von Montessori hatte und sowieso eine berufliche Veränderung suchte. Als Turnlehrer an einem Gymnasium hatte ich in den vorhergehenden Jahren festgestellt, dass schon fast Erwachsene in der Schule nicht gelernt hatten, mit Freiheiten umzugehen und Verantwortung zu über-

nehmen. Ziemlich frustriert habe ich damals konstatiert, dass man, wenn man pädagogisch wirksam sein will, auf einer tieferen Ebene ansetzen muss.
Im Frühjahr 1984 wurde dann folgerichtig ein Trägerverein gegründet, der in Ausschüssen das Organisatorische (Haussuche, Aufnahme der ersten Schüler u.ä.) erledigte, während ich im Ausland meine Ausbildung absolvierte.
Unter der Auflage, dass wir am Ende jedes Schuljahres die im Lehrplan festgehaltenen Ziele erreicht haben werden, wurde uns der Betrieb einer Schule erlaubt.
Da der neue Lehrplan des Kantons Bern doch einigen Spielraum lässt und sich mit den Vorstellungen Montessoris von der Entwicklung des Kindes in etwa deckt, lässt sich mit dieser Konzession leben.

Erste Probleme

Zwei Problemkreise zeichneten sich schon vor der Eröffnung im April 1985 ab: Man strebte zu Beginn eine möglichst breite Beteiligung der Eltern an der Schulleitung an. Das führte zu einem stark aufgeblasenen Gebilde.
Da gab es die für Finanzielles zuständige Gruppe, die eine möglichst soziale, allen Schichten offene Schule wollte, was ein sehr niedriges Schulgeld bedeutete, und die deswegen an einer konsequenten Einhaltung des Budgets festhielt.
Auf der anderen Seite stand eine der pädagogischen Qualität verpflichtete Gruppe, die darunter litt, dass neue Ideen zum Thema Lehrangebotserweiterung mit dem Argument «Budget» schon im Keime erstickt wurden.
Da die Gruppen überdimensioniert waren, wurden Gespräche ineffizient – wenn sie überhaupt zustande kamen. Dies führte zu wachsendem Misstrauen und Spannungen, die sich irgendwann anlässlich verschiedener Probleme entladen mussten. Da wir merkten, dass die ganze Misere ihren Ursprung in den Strukturen des Vereins hatte, wurden diese in der Folge so geändert, dass ein Vorstand aus 3 Elternvertretern und 2 Pädagogen mit klarer Aufgabenverteilung sich monatlich trifft und diese Sitzungen für alle interessierten Eltern offen sind.
Ein zweites Problem war die ungleiche Verteilung von jüngeren und älteren Schülern in der Klasse. Das Ideal einer Montessori-Klasse ist im Grunde eine Gruppe möglichst verschiedenaltriger Kinder (Stichwort: soziales Lernen). Da wir anfänglich aber relativ viel Erst- und nur wenige Zweitklässler aufgenommen haben –, weniger Kinder hätten wir uns nicht leisten können und ältere aufzunehmen wäre pädagogisch unklug gewesen – haben wir nun eine Klasse, die erst jetzt allmählich diesem Ideal zu entsprechen beginnt. Die pädagogischen, finanziellen und strukturellen Folgen dieses Beginns werden aber noch längere Zeit spürbar sein.

Die Montessori-Schule im Rahmen der bernischen Schulpolitik

Hier will ich noch ein Wort zu unserer Zielsetzung als Schule in der Region Bern einflechten. Grundsätzlich möchten wir als Modell demonstrieren, wie Schule auch möglich wäre. Kommerzielle Absichten haben wir keine. Nun kommt aber gerade von den Eltern, die eine völlig offene Schule wünschen, die Forderung nach möglichst raschem Wachstum, um politischer Faktor im Erziehungswesen des Kantons Bern zu werden, verbunden mit dem Wunsch nach Erweiterung der Schule nach oben.

Zu letzterem ist folgendes zu bemerken. Gemäss Maria Montessoris Beobachtungen über die Entwicklung des Menschen folgt nach dem 12. Lebensjahr eine «Zeit des Umbaus», die andere Anforderungen an die Erziehung stellt als vorher. Deshalb hat Maria Montessori zunächst ein Konzept für die Grundstufe bis zur 6. Klasse entwickelt und auch selbst erprobt. Für eine Sekundarstufe hat sie zwar Entwürfe geschaffen, selbst aber – und das betont sie – keine Erfahrung damit gemacht. Es gibt mittlerweile einige Modelle dafür, vor allem in Holland, sie unterscheiden sich aber noch mehr voneinander, als es die etablierten Montessori-Institutionen schon tun. Es braucht sehr viel Erfahrung, Einsatz, Mut und eine breite Basis, um hier zum Erfolg zu kommen. Eine noch stärkere Absetzung von der Normalschule wird nötig, was auch im Hinblick auf eine offizielle Anerkennung zu vermehrten Schwierigkeiten führen dürfte.

Ein interessantes Zwischenziel ist die Weiterführung der Klassenzüge bis zum Abschluss des 6. Schuljahres, was dem Kind entsprechen würde, im bernischen Schulsystem, in welchem die Primarschule nur 4 Jahre dauert, leider aber nicht verwirklicht ist. Wir hoffen, schon den Gründungsmitgliedern und ihren Kindern eine unmittelbare Fortsetzung in diesem Sinne anbieten zu können.

Die Rolle der Eltern

Die Eltern gewähren der Schule während der Zeit, in der ihr Kind die Schule besucht, generell ein verzinstes Darlehen von 5000 Franken und zahlen ein Schulgeld von durchschnittlich 420 Franken monatlich, wobei dieses nach Einkommen der Eltern abgestuft ist.

Die Eltern sind aber nicht nur Geldgeber, sie sind Partner in allen Bereichen. Ohne oder gegen die Eltern geht es nicht. Wir suchen deshalb engen Kontakt zu ihnen, fordern aber auch von ihnen. Sie sollten es nicht nur beim Schulgeld bewenden lassen. Wir sind auf ihre tätige Hilfe im Umfeld der Schule angewiesen, sei es bei der schon erwähnten Materialherstellung, im Garten, beim Kochen usw. Eine weitere Forderung ist die Auseinandersetzung jedes einzelnen mit Maria Montessori und ihren Ideen. Nur so können Enttäuschungen vermieden werden, denn unser pädagogisches Konzept ist klar, und daran wird nicht gerüttelt. Zu diesem Zweck wurde ein Elternforum ins Leben gerufen, das regelmässig stattfindet und wo neben spezifischen Fragen zur Montessori-Pädagogik für alle Eltern allgemein interessante Erziehungsfragen diskutiert werden sollen.

Maria Montessori selbst hat keine verbindliche Art von Schulleitung vorgeschrieben, aber es hat sich doch eine Tradition herausgebildet, auch in etablierten Schulen in Holland und Deutschland, die eine demokratische Zusammenarbeit zwischen allen an einer Schule Beteiligten beinhaltet. In diesem Sinne versuchen auch wir, wie im vorangehenden Abschnitt zu den ersten Problemen unserer Schule beschrieben, Demokratie in der Schulleitung wie auch der Klasse zu pflegen.

Allgemein ist zu sagen, dass es Maria Montessori nie darum ging, uns eine optimale Montessori-Schule in allen Einzelheiten vorzuschreiben. Die Montessori-Pädagogik ist eine Weltanschauung, eine neue Denkweise, die das Kind als möglicher Schöpfer des «neuen Menschen» wie ihn E. Fromm beschreibt in den Mittelpunkt stellt. Da dies eine universelle Forderung ist, gibt es «die Montessori-Schule» nicht, denn in jedem Kulturkreis trifft sie auf andere Formen des Denkens und des Zusammenlebens und auf andere Umweltfaktoren, und je nachdem wird sie anders aussehen, anders geführt und andere Schwerpunkte haben. Montessori gab uns nur wenige konkrete Hilfen, aber eine neue Sicht der Dinge und ein grosses Ziel.

Maria Montessori beklagte sich einmal, dass sie sich oft vorkomme wie jemand, der seinem Hund etwas in der Ferne zeigt, und dieser schaut nur auf ihren Zeigefinger.

Ein Tag in unserer Schule

Es kommt vor, dass, wenn ich um 07.45 Uhr zur Schule komme, schon ein Kind vor der Tür steht und stolz bemerkt, dass es heute vor mir hier gewesen sei. Bevor die Kinder ankommen, prüfe ich die Ordnung in den Materialgestellen, ergänze zur Neige gehendes Verbrauchsmaterial wie Papiere, Stifte usw., kontrolliere meine Notizen zu den einzelnen Kindern («Was biete ich einem Unentschlossenen an? Muss ich bestimmte Dinge bereitstellen?» usw.), setze Teewasser auf usw.

Ab 08.00 Uhr kommen die Kinder. Jedes hat eine andere, persönliche Art, den Morgen zu beginnen, sei es, dass es zuerst ein Ämtlein ausführt (Blumen giessen, Hamster füttern oder anderes), sei es, dass es sich mit einem Buch in der Leseecke entspannt, oder ein Schwätzchen mit einem Kameraden macht oder auch gleich eine Arbeit vom Vortag wieder aufnimmt.

Seit drei Tagen ist eine Gruppe von 4 Kindern an einer Arbeit über Dinosaurier. Es werden Texte zusammengetragen aus Büchern der Schulbibliothek und einem vorhandenen Lehrmaterial zu diesem Thema. Dazu sollen die entsprechenden Dinosaurier abgezeichnet werden. Janos, der Erstklässler, bedauert, dass er die Schreibschrift nicht beherrscht. Der ältere Moritz muntert ihn auf: «Du kannst aber gut zeichnen. Du zeichnest also, und wir schreiben.» Laura fordert sich mit dieser Arbeit besonders, da sie die Schreibschrift bis jetzt eher ablehnte. In diesem Rahmen ist es für sie aber keine Frage, dass sie es versucht. Da sie noch etwas langsam ist und viel radieren muss, ermutigen sie Moritz und Nastasia, indem sie auf sie «warten». Sie nutzen diese Pausen zum Lesen in der Leseecke. Gestern war Moritz krank. Die anderen schlossen die Arbeit ab und waren nun so weit, dass sie das Ganze auf einen grossen Bogen Packpapier hätten kleben können, wie es vorgesehen war. Sie entschieden, dass sie damit noch zuwarten wollten, bis Moritz wieder da ist. Dieser ist heute morgen sehr erleichtert, dass er beim «Plakatmachen» dabei sein kann. Mit grüner Farbe wird ein riesiger Diplodocus in die Mitte gezeichnet. Darum herum werden Texte und Bilder angeordnet. Zufrieden betrachten die vier ihr Werk. Jetzt wollen sie zusammen das von zu Hause mitgebrachte «Znüni» essen. Moritz schlägt vor: «Wir machen eine Einladung! Auf dem Balkon teilt jeder, was er hat, in vier Teile und verteilt an die Kameraden. Nach dieser grossen Arbeit sitzen die vier noch zu gemeinsamer Entspannung bei Papierfaltspielen zusammen. Danach sucht sich jedes wieder eine interessante Aufgabe. Ein neuer Arbeitszyklus beginnt.

Die Zwillinge Ruth und Ursula sind seit Tagen während der Freiarbeit mit Schreiben beschäftigt. Sie holen sich morgens die Textkarten aus dem Gestell und beginnen mit dem Abschreiben. Kaum etwas lenkt sie ab. Sie brauchen mich jetzt nicht mehr. Wenn sie genug geschrieben haben, werden sie sich vielleicht für eine ganze Weile etwas völlig anderem, dem Üben der Grundoperationen am Rechenrahmen oder dem Auslegen von Textkarten, Bildern und Gegenständen zu den Steinzeitkulturen z.B. zuwenden.

Florian schaut heute lange anderen Kindern zu. Bald schlendert er nur noch unschlüssig herum. Als er in meiner Nähe ist, spreche ich ihn an: «Weisst du nicht, was du tun könntest?» Er nickt mit dem Kopf. «Möchtest du, dass ich dir etwas vorschlage?» «Ja!» Weil ich weiss, dass sich Florian in letzter Zeit häufig mit den goldenen Perlen, dem weiter vorne beschriebenen Material zum «Begreifen» des Dezimalsystems, beschäftigt hat, schlage ich ihm ein weiterführendes Material vor. Er lehnt zunächst ab, obwohl oder weil er es nicht kennt. Ich mache ihm das Angebot, dass ich ihm zeigen würde, wie diese Sache funktioniert und dass er danach entscheiden könne, ob er es versuchen will oder sein lässt. Darauf geht er ein. Bald schon greift er in meine Demonstration selber ein, und so lasse ich ihn zunächst selbst versuchen. Als ich nach kurzer Zeit sehe, dass er richtig mit dem Material umgeht, frage ich: «Jetzt kannst du selber weitermachen, nicht?» Ich habe es geahnt: den restlichen Morgen arbeitet Florian konzentriert und unermüdlich mit Zahlen bis 9000. Er ist seit kurzem in der ersten Klasse.

Andrea ist schon ein Jahr länger hier. Drei Viertel Jahre lehnte sie es ab, mit Zahlen zu arbeiten. Immer wieder machte ich ihr Vorschläge in der Richtung. Sobald sie merkte, dass es mit Rechnen zu tun hatte, wusste sie plötzlich ganz genau, was sie tun wollte. Also wartete ich. Bei Andrea fiel es mir leicht, hat sie doch als Erstklässlerin mit einem Material zur Bestimmung der Wortarten mittels Symbolen bewiesen, was in ihr steckt. Innerhalb eines Quartals konnte sie 11 Wortarten auseinanderkennen. Nach Weihnachten war ihre unerklärliche Scheu vor der Mathematik plötzlich weg. Innert einem Quartal holte sie den Rechenstoff eines Jahres in intensiver Arbeit nach.

Um 11.00 Uhr sinkt die Konzentrationsfähigkeit einiger Kinder merklich. Es wird etwas geräuschvoller durch häufigere Arbeitswechsel und Gespräche zwischen den Kindern. Ich entscheide mich, die Freiarbeit zu unterbrechen. Mit einer Tischglocke klingle ich dreimal kurz. Die Kinder horchen auf. Ich künde das Ende der Freiarbeit in 10 Minuten an. Während die Kinder langsam wegzuräumen beginnen, gehe ich von einem zum andern und lasse es diktieren, was es heute alles getan hat. Von den meisten könnte ich dies selbst sagen, andererseits geben sich die Kinder so nochmals Rechenschaft über den abgelaufenen Morgen. Diese Tagesberichte sind die Grundlage für eine individuelle, detaillierte Leistungsstandkontrolle, die dem Lehrer den genauen Standort des Kindes am Ende eines Semesters angeben und so eine wertvolle Hilfe sind bei seiner kurz- oder mittelfristigen Planung für das einzelne Kind. Dieser Bericht enthält auch allgemeine Beobachtungen zu den Bereichen Arbeitshaltung und -ausführung, sozialer Entwicklungsstand, künstlerische Ausdrucksfähigkeit usw. Jedes Halbjahr wird er neu verfasst und den Eltern in einem «offiziellen» Eltern-Lehrer-Gespräch zum Kopieren angeboten. So entsteht über die Jahre ein umfangreiches Nachschlagewerk zu der Entwicklung eines Kindes.

Schräg gegenüber der Schule liegt ein kleiner öffentlicher Park. An Tagen wie dem heutigen freuen sich die Kinder auf das Spiel in der Gruppe. An anderen Tagen fragt keines danach, und die «Freiarbeit» dauert bis halb zwölf.

Spätestens dann breche ich die Arbeit ab, weil es mir wichtig ist, jeden Tag mindestens eine halbe bis dreiviertel Stunden etwas gemeinsam zu machen: im Kreis über Probleme zu reden, zu singen, eine Geschichte zu erzählen oder Sachfragen zu diskutieren. Häufig greife ich etwas Aktuelles auf (z.B. Sonnenfinsternis, Kaulquappen, die ein Kind gebracht hat usw.) oder vertiefe ein Problem, das in der Freiarbeit aufgetaucht ist und das andere Kinder auch interessieren könnte.

Die Schüler sind während dreier Tage durchgehend von 08.00 bis 15.00 Uhr und an zwei weiteren Tagen von 08.00 bis 12.00 Uhr in der Schule. Darum essen die Kinder während einer 5-Tage-Woche dreimal gemeinsam in der Schule. Um 12.00 Uhr ist das Essen bereit. Heute ist um 10.00 Uhr ein Vater in die Schule gekommen, um mit drei vorher bestimmten Kindern zu kochen. Dabei haben die Kinder aus einem selbst zusammengestellten und auf unsere Bedürfnisse zugeschnittenen Kochbuch ein Menü ausgewählt, den Einkaufszettel geschrieben, eingekauft und gekocht. Die Aufgabe des Vaters war es, Tips und Anstösse zu geben und dort zu helfen, wo die Kinder nicht mehr weiter konnten, wobei er auch einiges gelernt hat.

Nachmittags bis 15.00 Uhr ist Unterricht im Klassenverband. Es werden Fächer angeboten, die in der Freiarbeit nicht oder zu wenig zum Zuge kommen oder die nach Gesetz im Stundenplan figurieren müssen: Musik, Flötenunterricht, Kunst und Turnen. Häufig benütze ich die Nachmittagsstunden für Exkursionen (Ausstellung, Wald, Orchesterprobe, Zirkus, Fabrik usw.): Ich geniesse diese relative Unabhängigkeit von einem starren Stundenplan.

Was den Stellenwert musischer Erziehung angeht, so hat in dieser Beziehung seit Maria Montessoris etwas scheuklappenbehafteter Behandlung dieser Materie eine Sensibilisierung stattgefunden und ungeachtet aller individuellen Unterschiede zwischen den Montessori-Schulen ist die Bedeutung der Förderung dieser Seite des Menschen anerkannt und steht auch im offiziellen Bild in nichts dem Verständnis anderer pädagogischer Richtungen nach. So stehen uns an unserer Schule seit kurzem ein Musikpädagoge und ein Instrumentenbauer zur Verfügung, was uns erlaubt, den Kindern ein breites Angebot an musischen Betätigungsmöglichkeiten zu bieten.

Auch ausserhalb der Schulzeiten und Schulräume soll unsere Schule leben. So gibt es jährlich verschiedene Anlässe, wo man sich bei Spiel, Theater, Basar und Essen und Trinken trifft. Schon jahrelange Tradition sind im Kinderhaus ein Frühlingsfest und das «Sense-Picknick» im Spätsommer (das Sensetal ist ein ursprüngliches Flussgebiet in der Nähe Berns). Höhepunkt des letzten Frühlingsfestes war eine Aufführung von «Peter und der Wolf» mit der ersten Berner Montessori-Grundschulklasse.

Literaturverzeichnis

Montessori, Maria: Frieden und Erziehung. Herder, Freiburg i.B. 1973.
Montessori, Maria: Kinder sind anders. Klett, Stuttgart 1981.
Montessori, Maria: Schule des Kindes. Herder, Freiburg i.B. 1976.
Montessori, Maria: Grundlagen meiner Pädagogik. Quelle & Meyer, Heidelberg 1968.
Standing, E.M.: Montessori Maria, Leben und Werk. Finken-Verlag, Oberursel, o. Jahrgang.
Helming, Helene: Montessori-Pädagogik. Herder, Freiburg i.B. 1977.
Oswald, Paul und Schulz-Benesch, Günter: Grundgedanken der Montessori-Pädagogik. Herder, Freiburg i.B. 1983.
Portmann, Adolf: Biologische Fragmente zu einer Lehre vom Menschen. Schwabe, Basel 1969.
Böhm, Winfried: Die Montessori-Philosophie und ihre erziehungspraktische Relevanz in: Röhrs, H. Hrsg.: Die Schulen der Reformpädagogik heute. Düsseldorf, 1986, S. 129 ff.

Die Rudolf Steiner-Schule in Basel

von Marcus Schneider, Lehrer an der Rudolf Steiner-Schule in Basel

Entstehung

In der Folge der Erschütterungen, die Deutschland nach dem ersten Weltkrieg erlebte, trat Rudolf Steiner (1861-1925) mit seinem Konzept für die «Dreigliederung des sozialen Organismus» an die Öffentlichkeit. Die soziale Dreigliederung fusst auf der Anthroposophie, die von ihm in zahlreichen Schriften und Vorträgen in ganz Europa dargestellt worden war, und sieht vor, dass in einem sozialen Organismus das Kulturleben – und dazu gehört die Erziehung –, das Wirtschaftsleben und das Staats- und Rechtsleben nach je eigenen Gesetzen verwaltet werden sollen. Durch den Leiter der Stuttgarter Waldorf-Astoria-Zigarettenfabrik, Emil Molt, erhielt Rudolf Steiner 1919 die Möglichkeit, für die Arbeiterkinder der Fabrik eine Schule einzurichten, deren Lehrplan und Didaktik den aus der Anthroposophie gewonnenen Einsichten in die Entwicklung des Menschen folgen konnten. Noch im selben Jahr hielt Rudolf Steiner, eingeladen durch den damaligen Erziehungsdirektor Dr. Fritz Hauser, einen öffentlichen Vortrag in Basel über «Geisteswissenschaft und Pädagogik», der in Lehrerkreisen auf grosses Interesse stiess. So kam es 1920 zu einem öffentlichen pädagogischen Kurs für Lehrerinnen und Lehrer in Basel. Dieser «Basler Kurs» umfasst 14 Vorträge und gibt eine grundlegende und zusammenfassende Darstellung der anthroposophischen Pädagogik (Rudolf Steiner Verlag 1977). Im Anschluss an einen weiteren Vortragszyklus im Dezember 1921 in Dornach (Rudolf Steiner Verlag 1978a) kam es zu ersten Beratungen einer Gruppe von Eltern und Lehrern über eine Schulgründung in Basel. 1923 wurde ein «Schulverein für Erziehungs- und Unterrichtswesen auf Grund echter Menschenkenntnis» ins Leben gerufen, in dessen Namen 1924 Rudolf Steiner und der Schweizer Dichter Albert Steffen bei Regierungsrat Dr. Fritz Hauser um die Bewilligung einer Schule mit neuen Richtlinien nachsuchten.

Vor sechzig Jahren, 1926 – ein Jahr nach Rudolf Steiners Tod – wurde die Schule an der Lindenhofstrasse mit drei Klassen und dreissig Kindern eröffnet. Als erste aller späteren Gründungen im In- und Ausland erhielt sie den Namen Rudolf Steiner-Schule. Stetes Wachstum und Raumnot machten bald einen Umzug und Anbauten notwendig, bis schliesslich die Schule 1967 in das neue Schulhaus auf dem Jakobsberg einziehen konnte, zu dem Friedrich Widmer, der letzte damals noch lebende Mitbegründer der Schule, den Grundstein hatte legen können. Seit 1973 wird die Basler Schule von der ersten bis zwölften Klasse doppelt geführt und umfasst heute, einschliesslich der 5 Kindergärten, an die 800 Schüler und 70 Lehrkräfte.

Die Notwendigkeit eines freien Schulwesens

Die Schule ist ein Raum, in dem sich das Kind individuell nach seinen Anlagen entwickeln können soll. Die freie Entfaltung der Persönlichkeit bedarf zunächst eines Schutzes, um in sich schrittweise zu erstarken. Davon hängt es ab, ob der Schüler später in gesunder, positiver Weise den Anschluss an die Anforderungen, die unsere hochtechnisierte Zivilisation an ihn stellt, findet. Heute wird vielfach versucht, das Kind möglichst früh anzupassen an die Gegebenheiten unseres hektischen Maschinenzeitalters, an die Ausbildung einseitiger Intellektualität und einen Egoismus im «Kampf uns Dasein», der seinen Ausdruck in Selektion und Leistung findet: allzuoft reagiert der Jugendliche mit Ängsten vor dem Berufsleben, mit Resignation und Verweigerung gegenüber den Ansprüchen der Gesellschaft, mit verzweifelter Flucht in Scheinwelten und Drogen oder schlimmstenfalls – und dies in steigendem Masse – in Gewalt. Zerstörung, sei sie nach aussen oder gegen sich selber gerichtet, ist das Anzeichen dafür, dass das Menschenwesen in seinem innersten Kern den Zugang zur Umwelt nicht mehr zu finden vermag.
So lautete schon 1919 eine grundlegende Forderung Rudolf Steiners: «Was die Praxis des Gegenwartslebens von dem Menschen verlangt, es muss in den Einrichtungen dieser Schule sich widerspiegeln. Was als beherrschender Geist in diesem Leben wirken soll, es muss durch Erziehung und Unterricht in den Kindern angeregt werden» (Rudolf Steiner Verlag 1978b). Solche Gedanken lagen schon den Bestrebungen Pestalozzis zugrunde, wenn er eine harmonische Ausbildung von Kopf, Herz und Hand für die Schulzeit verlangte. Lebensbejahung und wahrer Menschheitsfortschritt verwirklichen sich nur mit Hilfe von Menschen, deren Entwicklungsjahre geprägt waren durch gleichmässige Förderung der leiblichen, seelischen und geistigen Entwicklung. Dazu braucht es den Freiraum, der noch nicht von den Sachzwängen ökonomischer, einseitig beruflicher oder industrieller Diktate bestimmt ist. «Eine Gesellschaftsordnung, die nur Sachen verwaltet und Produktionsprozesse leitet, müsste nach und nach auf ganz schiefe Wege kommen, wenn ihr nicht Menschen mit gesund entwickelten Seelen zugeführt würden. Ein Neuaufbau unseres gesellschaftlichen Lebens muss daher die Kraft gewinnen, das selbständige Unterrichtswesen einzurichten. Wenn nicht mehr Menschen über Menschen in der alten Art ‹regieren› sollen, so muss die Möglichkeit geschaffen werden, dass der freie Geist in jeder Menschenseele so kraftvoll, als es in den menschlichen Individualitäten jeweilig möglich ist, zum Lenker des Lebens wird. Dieser Geist lässt sich aber nicht unterdrücken. Einrichtungen, die aus den blossen Gesichtspunkten einer wirtschaftlichen Ordnung das Schulwesen regeln wollen, wären der Versuch einer solchen Unterdrückung. Sie würde dazu führen, dass der freie Geist aus seinen Naturgrundlagen heraus fortdauernd revoltieren würde. Die kontinuierliche Erschütterung des Gesellschaftsbaues wäre die notwendige Folge einer Ordnung, die aus der Leitung der Produktions-

prozesse zugleich das Schulwesen organisieren wollte.» (Rudolf Steiner Verlag 1978b.)

Von Anfang an war die Rudolf Steiner-Schule so angelegt, dass sie sich als ein Ferment innerhalb des «Gesellschaftsbaus» verstand: ihr Anliegen geht über den Schulrahmen hinaus und zielt im tiefsten auf eine schrittweise sich erneuernde, freie Gesellschaft. Steht die Schulbewegung nun auch im siebten Jahrzehnt ihres Bestehens, so hat anderseits gerade die Dringlichkeit des Rufs nach einem selbständigen Schulwesen an Aktualität wohl eher noch zugenommen.

Die pädagogische Praxis

Es ist eine selbstverständliche Voraussetzung der Rudolf Steiner-Schule, dass sie ihre Schüler im Verlauf der Schulzeit dahin bringt, den Anforderungen gerecht werden zu können, die das moderne Leben an sie stellen wird: dies ist der Rahmen für die Arbeit der Schüler, der Lehrer, der Eltern. Aber innerhalb dieses Rahmens gestaltet der Lehrplan den Unterricht so, dass er der jeweiligen Stufe des Kindes entspricht, die differenziert ist von Altersstufe zu Altersstufe, entsprechend den Einsichten, die Rudolf Steiner für die Entwicklung des Kindes und des Jugendlichen erschlossen hat. Das gilt auch für die Sonderschulen mit Kleinklassen, Internate und heilpädagogischen Heime: es ist die unablässige Vertiefung der Menschenkunde, die den Lehrern zur dauernden Aufgabe gestellt ist. Es gibt nicht eine fertige, programmatische Methode, die fortgesetzt übernommen werden kann: darum kann auch nicht die Rede sein von einem fixierten Unterrichtsprogramm, bei dem es etwa auf die Vermittlung vorgegebener Inhalte und Stoffe hauptsächlich ankäme. Vielmehr muss der Stoff immer wieder vom Lehrer belebt werden, gleichsam stets von neuem entstehen. Richtschnur dazu gibt ihm die innere Beschäftigung und Ausgestaltung der Menschenerkenntnis; sie ist es, die den Stoff formt, befruchtet, wachsen lässt in Abstimmung auf die Natur des Kindes. Es handelt sich also um einen künstlerisch-organischen Prozess, der immer wieder neu zwischen Lehrer und Schülern entsteht: «Der Lehrer ist sozusagen die lebendige Methode» (Schaub 1969).

Der Lehrplan, wie er von Rudolf Steiner angelegt und in den ersten Jahren der Waldorfschule weiter ausgebaut wurde, ist von Anfang an auf eine zwölfklassige Schule veranlagt, die keine Trennung in verschiedene Schultypen, etwa Real- oder Gymnasialstufen, vorsieht. Die Schule ist ein organisches Ganzes. So bietet sich die fruchtbare Möglichkeit, dass der Lehrer bei jedem Stoff Rückgriffe, Beziehungen, Vorblicke miteinbeziehen kann, die er für die Gesamtheit der Klasse voraussetzen darf. Der Schüler empfindet dies unbewusst oder bewusst, je nach Alter und Schulstufe, als wohltuende Geschlossenheit, als Bestätigung und Anregung: das ist eine wichtige Bedingung, um sich im Stoff nicht zu verlieren, um Vertrauen zu gewinnen gegenüber dem, was ihm entgegengetragen wird.

Dabei spielt es eine grosse Rolle, dass zur rechten Zeit und Lebensstufe bestimmte Inhalte und Anschauungen im Schüler angeregt werden: der Neunjährige verlangt andere Erlebnisse am Stoff als der Zehn- oder Elfjährige. Aus diesem Grunde werden alle Schüler einer Klasse miteinander in die nächste Klasse aufrücken, es gibt kein Sitzenbleiben. Natürlich wird der eine in dem einen Fach mehr aufnehmen können als der andere: es lässt sich das «abfragbare» Wissen nicht in der ganzen Klasse über einen Kamm scheren. Somit ist eine Notenzeugnisgebung sinnlos, und die Rudolf Steiner-Schulen verzichten bis zur letzten Klasse hinauf darauf, Schülerleistungen mit Noten zu bewerten. Dafür gibt der Lehrer in bestimmten – und von Schule zu Schule durchaus verschiedenen – Intervallen schriftliche Beurteilungen an die Schüler ab. Damit ist ihm das Mittel in die Hand gegeben, den Stand eines jeden individuell zu schildern, Charakteristisches hervorzuheben, Wegweisungen zu geben. Ein Schüler mit vielleicht wenig äusserem Erfolg hat sich dennoch sehr engagiert, hat sich ehrlich bemüht und somit unter Umständen die grössere Anstrengung erbracht, als ein guter Schüler, der mit wenig Mühe noch rechte Leistungen erbringt und eher angehalten werden soll, sich übers Mittelmass hinaus einzusetzen, ja vielleicht sogar einem Schwächeren zu helfen. Solche feinen Differenzierungen, nicht nur im schulischen, sondern auch im kameradschaftlichen Verhalten, sind nur im schriftlichen Zeugnis möglich. Der Lehrer wird dadurch aufgefordert, sich innerlich ein genaues Bild vom Stand jedes einzelnen zu machen, sich mit dem Schüler zu beschäftigen: durch diese Vergegenwärtigung des Kindes in der Seele des Lehrers entsteht ein intimeres Kennenlernen des Schülers und seiner Lernschritte, was sich seinerseits wiederum belebend auf den Unterricht auswirkt. Von Zeit zu Zeit charakterisiert der Lehrer jeden Schüler mit einem Zeugnisspruch, den er sorgfältig auswählt oder selber schreibt. Das Kind wird angehalten, diesen Spruch immer wieder zu lesen, ihn aufzusagen, mit ihm zu leben. Auf bildhafte Art erlebt es so in den ersten Schuljahren, was der Lehrer von ihm erwartet, ihm mitgeben möchte. Hier ein Beispiel aus einer dritten Klasse:

Schnaubender Stier,
Zähme die Wut,
Jetzt folgst du mir,
Diene mir gut.
Tüchtig und fleissig bestelle das Feld,
Schenk uns deine Kraft, bring Segen der Welt!

Entwicklungsschritte des Kindes

Wenn das Kind in die Schule kommt, steht seine seelische Verfassung in einem Prozess der Veränderung. In seinen ersten Lebensjahren, von der Geburt an bis zum Kindergarten, eignet es sich alles durch seinen nachahmenden Instinkt an. Nie wieder lernt der Mensch so leicht wie in seinen ersten Jahren, in denen er die Sprache, das Gehen, das Denken ergreift; bis hinein in den Tonfall, in einzelne Bewegungen und Gebärden, ja bis hinein in seelische Regungen und Gewohnheiten ist er nachahmend an seine unmittelbare menschliche Umgebung hingegeben. Der Zahnwechsel markiert den Abschluss dieser ersten Lebensphase.

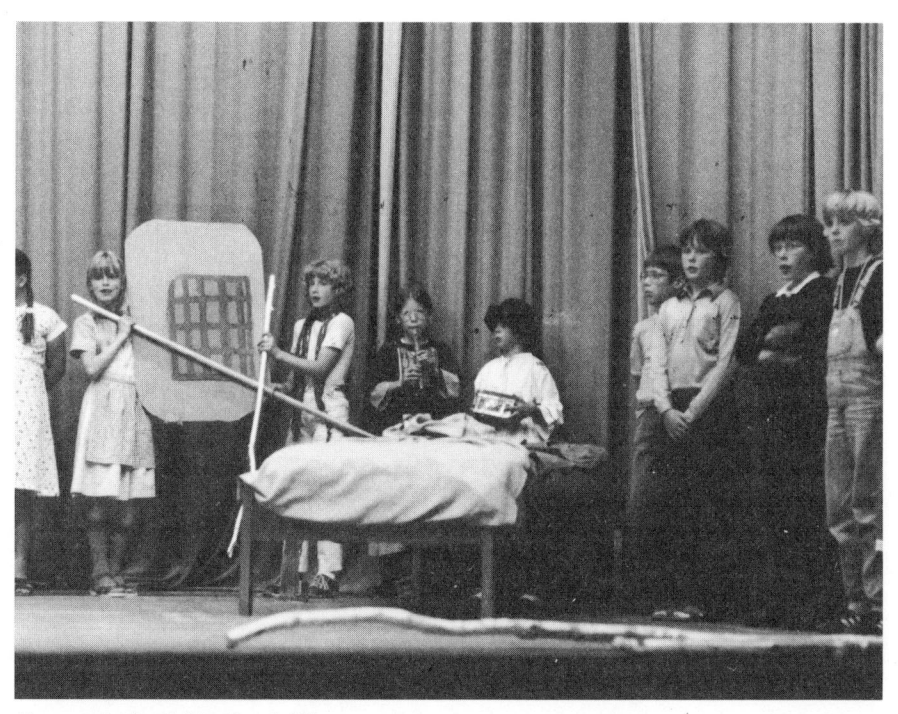

Französischspiel in der 4. Klasse

Von nun an öffnet sich die Seele für ein bewusstes Aufnehmen all dessen, was über Erzieher und Lehrer auf der Grundlage einer selbstverständlich wirkenden Autorität an das Kind weitergegeben wird. In ihm lebt ein dunkler Drang, der ihm sagt, dass das, was im Vorbild lebt, nun auch in ihm leben soll. «Man kann nicht Erzieher oder Lehrer sein, ohne mit voller Einsicht sich so zu dem Kinde zu stellen, dass dieser Umwandlung des Nachahmungstriebes in die Aneignungsfähigkeit auf Grund selbstverständlicher Autoritätsverhältnisse im umfänglichsten Sinne Rechnung getragen wird» (Rudolf Steiner Verlag 1978b). Durch diese Einsicht in das Wesen des zweiten Lebensjahrsiebtes, welches im Aufschauen zu einer selbstverständlichen, liebevollen Autorität die Voraussetzung zu vertrauensvollem Lernen erkennt, ist es e i n e Lehrerpersönlichkeit, die von der ersten bis zur achten Klasse den Unterricht zur Hauptsache gestaltet. Der Lehrer führt den Schüler langsam und in steter Verbindung zu dessen inneren Entwicklung durch eine anwachsende Welt bis hin zu dem Augenblick, wo mit eintretender Erdenreife – um das vierzehnte Lebensjahr – ihm die Mannigfaltigkeit der Erscheinungen und des Gelernten vor Augen tritt und ihm auch bewusst wird.
Hier wird der Schüler aus der umhüllenden Einheit der Unterstufe in die Oberstufe entlassen, wo er nun einer Vielheit von Fachlehrern gegenübertritt. Ihre Aufgabe ist es, die Gesetzmässigkeiten und Zusammenhänge des bereits Gelern-

ten aufzuzeigen und weiterzuführen. Erst jetzt wird auch die nunmehr erwachte logische Urteilsfähigkeit des Jugendlichen in vollem Masse beansprucht und geschult, während in der Unterstufe mehr Wert auf vertieftes innerliches Durchleben des Stoffes in zahlreichen Einzelbildern gelegt wurde.

Es ist von nicht zu unterschätzender Bedeutung, dass der Schüler in den ersten acht Schuljahren in der engen Obhut eines und desselben Klassenlehrers ist. Er bildet einen konstanten Ruhepunkt in den wechselvollen und entwicklungsreichen Jahren vom Schulanfang bis zur Erdenreife; für das Schulkind ist er das Tor zur Welt, durch das diese schrittweise und behutsam ins Klassenzimmer geholt wird. Dieser Aspekt ist umso wichtiger, als gegenwärtig die Kontinuität der Bezugspersonen innerhalb der Familie für viele Kinder nicht mehr selbstverständlich ist. Wenn das Kind in die Schule eintritt, darf es die Gewissheit haben, dass nun eine Persönlichkeit da ist, die über Jahre täglich mit ihm den Gang in die Welt hinaus gehen wird.

Der erste Schultag

In einer grossen Feier begrüsst die versammelte Schule ihre Erstklässler, die einzeln aufgerufen werden und mit ihrem riesigen Schulsack von ihren Eltern weg zum Lehrer auf die Bühne treten, der anschliessend seine Schar ins Klassenzimmer führt. Mächtig ist die Spannung: was lerne ich nun in dieser ersten Schulstunde? Der Lehrer beginnt, indem er zu den Kindern etwa von dem Weg spricht, der vor ihnen liegt: «Seht auf eure Hände! Die werden künftig immer mehr lernen, was sie brauchen, um einmal tüchtig in der Welt mitschaffen zu können – so, wie eure Eltern, wie alle erwachsenen Menschen es tun. Dazu seid ihr in der Schule, um diese Welt immer besser zu verstehen. Dazu werdet ihr Zeichnen, Rechnen, Malen, Schreiben, Werken und vieles andere mehr lernen.» Stark ist der Drang im Kind, bald selber damit anfangen zu dürfen. Und somit wird nun jeder Erstklässler an die Wandtafel geführt, wo er sich auf die Zehenspitzen streckt und malt – einen aufrechten, geraden und einen gebogenen, krummen Strich. Hier zeigt sich schon die Wesensart der Schüler: der eine hebt schwungvoll an und überzieht mit breitem Strich die ganze Tafel, der andere kritzelt noch verzagt ein zittriges Würmchen daneben, ein dritter setzt leicht und frech an, ein vierter wagt noch kaum, mit der Kreide die Tafel zu berühren. So schwer ist der Anfang!

Damit ist der Keim gelegt, der während der folgenden Wochen zur weiteren Ausbildung kommt im Formenmalen auf grossen Blättern. Das Kind lernt dabei, seine Hand zu farbigen Linien und Schwüngen immer sicherer zu führen, diese mit den Armen in die Luft zu zeichnen, mit den Füssen auf der Erde abzuschreiten, mit den Augen nachzuvollziehen. Es erwirbt sich damit die Fähigkeit, später Geschichten, die sein Lehrer erzählt, in Bildern nachzumalen und schliesslich aus diesen Bildern jene Zeichen zu gewinnen, die ihm zunächst noch so fern stehen: die Buchstaben.

Die Unterstufe (1.–8. Klasse)

Es entspricht dem Wesen des Kindes, die Welt in Bildern erleben zu wollen. Der Lehrer ist daher bemüht, im Unterrichtsstoff auszugehen von farbig-einprägsamen Schilderungen, mit denen die Phantasie angesprochen wird. Aus diesem Grund verzichtet er darauf, in den ersten Schuljahren Bücher oder Arbeitsblätter zu verwenden. Nicht darum geht es ihm, fertigen Wissensstoff auf die Kinder zu übertragen, sondern im lebendigen, erzählenden Verwobensein mit seiner Klasse in den Kindern Bilder entstehen zu lassen, in denen die Schüler ungleich stärker leben können. Das erlaubt einerseits, in jeder Stunde eingehen zu können auf die Stimmung der Schüler, auf die Temperamentslage des einzelnen wie der Klasse, andererseits verlangt es vom Lehrer die Fähigkeit, für die entsprechenden Unterrichtsgebiete die Bilder zu schaffen, die «den Nagel auf den Kopf treffen». Eine grosse Bedeutung kommt daher in der Lehrerbildung der inneren Beweglichkeit zu. In der Schulstube ist im Lehrer der Künstler gefordert, durch dessen Person sich immer wieder Welt in Bild verwandeln sollte. Das hauptsächliche Instrument der Vermittlung ist dabei die Sprache: wie Erzählungen ausgestaltet, wie die Sätze geformt werden, welche Nuancen der Wortwahl, der Stimmgebung in den Bildern mitschwingen: das alles prägt ganz entscheidend die Schüler. Die Verantwortung hier wiegt schwer: an der Sprache entwickelt sich die Persönlichkeit des Schülers. Immer wieder muss darum der Lehrer sich üben und prüfen, ob seine Sprache konventionell, schemenhaft und trocken werden will, ob sie unverwandelte Reste mitschleppt.

Aber auch die Schüler werden immer wieder durch Rezitationen, Theaterspiel und anfänglich mündliche, später schriftliche Wiedergabe in der Sprache geübt. Rhythmus, Atembogen, Schönheit wirken über das Sprechen bis tief in den Organismus der Kinder hinein. Auch hier kommt es weniger auf den abstrakten Inhalt an als auf das Aufgehenkönnen im Erleben. So bildet sich aus der Fülle von freudigen, ernsten, ausgelassenen und besinnlichen Erlebnissen die Persönlichkeit des Kindes schrittweise heran.

Ein erster Einschnitt auf diesem Weg liegt um das neunte Lebensjahr. Das Kind erfährt sich – manchmal von einer Woche auf die andere – plötzlich als Einzelnes gegenüber Lehrer und Klasse. «Ist das, was du erzählst, eine Geschichte – oder ist das wahr?» kann es vielleicht fragen. Es fühlt sich verunsichert, ausgestossen, sogar nicht mehr geliebt. Hier zeigt sich die Weisheit des Lehrplanes: der Erzählstoff geht von Märchen, Legenden und Fabeln über zur Schöpfungsgeschichte des Alten Testaments. Nun erfährt der Drittklässler, woher Himmel und Erde, Steine, Pflanzen und Tiere, woher die Menschen stammen. In dem Ausgestossensein aus dem Paradiese erlebt er das Adam- und Eva-Schicksal nach und findet sich, unausgesprochen, darin wieder. Dafür erobert er sich nun die Erde – er lernt den Bauernhof kennen, Säen, Ernten, Backen; befasst sich mit den Urberufen, etwa des Schmiedes, des Hausbauens, des Kleidernähens. Von grosser Bedeutung ist es in diesem Lebensabschnitt, dass nicht etwa hier ein Lehrerwechsel stattfindet! In begleitenden Gesprächen, bei Elternbesuchen, an Elternabenden erläutert der Lehrer den Zusammenhang zwischen der Lebenssituation der Drittklässler und dem Lehrplan und versucht, in Zusammenarbeit mit dem Elternhaus, die Kinder über diese Klippe zu begleiten.

Hier setzt auch der Turnunterricht ein, wo das Kind lernt, in Spiel und Geschicklichkeit ein neues Verhältnis zu seinem eigenen Körper zu finden. Schrittweise von der vierten Klasse an beginnt die Naturkunde: Menschenkunde zunächst; der Viertklässler erfährt den Menschen als handelndes, fühlendes und denkendes Wesen, das die Naturreiche in sich einschliesst. Dann Tier- und Pflanzenkunde bis – in der sechsten Klasse – hin zur Gesteinskunde, die sich verbindet mit dem Kennenlernen verschiedener Landschaftsformen und den ihnen entsprechenden Lebensweisen: ein umfassender Geographieunterricht mit Bezügen zu Berufen, Industrien, Wirtschaftsformen, Sprachen. Ebenfalls in der vierten Klasse ist es, wo der Rechenunterricht übergeht in das Bruchrechnen, wiederum ausgehend vom Bild der zerfallenden Einheit, die dem Kind nun auch auf der Ebene der Zahlen entgegentritt.

Die Fremdsprachen sind von der ersten Klasse an spielend-spielerisch gepflegt worden. In Fingerspielen, Sprüchen, kleinen Theaterstückchen – etwa über «Little Red Ridinghood» oder «Le loup et les sept chevreaux» sind den Kindern die fremdartigen Laute vertraut geworden. Das ist möglich, weil die sieben- und achtjährigen Schüler noch über einen Rest der Nachahmungsfähigkeit verfügen, womit sie sich ihre eigene Muttersprache haben aneignen können. Langsam beginnen sie nun, die ungewohnte Schreibweise dieser Sprachen kennenzulernen. Mit der fünften Klasse tritt die griechische Mythologie und mit ihr das Erlebnis der griechischen Sprache an die Schüler heran: die Kinder «werden Griechen», rezitieren aus Homer in der Originalsprache, lernen das Alphabet und Worte kennen, die heute noch in unserer Sprache fortleben. Es ist für Lehrer und Klasse wohl die harmonischste Zeit; noch bewegen sich die Schüler mit gleichsam griechischer Grazie, haben Selbstvertrauen gewonnen und arbeiten freudig mit.

Aus dem Blockflötenunterricht der unteren Klassen hat sich das Orchesterspiel entwickelt. Früh wird mit Eltern und Musiklehrer darauf hingearbeitet, dass jedes Kind sich ein Instrument auswählen kann – etwa nach dem Besuch einer Orchesterstunde bei einer oberen Klasse. Dieses Fach bringt, neben der Freude am Musizieren, ein weites Übungsfeld für das soziale Aneinanderlernen; einmal muss man geduldig warten, bis eine feine Flötenstimme ihren Part und Einsatz meistern kann, ein anderes Mal seine Trompete oder Pauke dämpfen lernen, damit auch die Geigen noch hörbar bleiben, muss aufeinander hören und sich in den Dienst des Ganzen stellen. Manch einer zeigt sich unerwartet von einer gänzlich neuen Seite, indem er ein Stück, das er beim Instrumentallehrer gelernt hat, der Klasse vorträgt.

Ein Einschnitt, in seiner Bedeutung vergleichbar demjenigen des neunten Lebensjahres, findet statt nach dem zwölften Lebensjahr und kündigt sich im Verlauf der sechsten Klasse an. Der Lehrer bemerkt, wie die Schüler sich strecken, wie die Hände knochiger, die Gesichter prägnanter werden. Individuelle Züge treten mehr und mehr hervor, so wie sich auch die Freundschaften innerhalb der Klasse zu individualisieren, sich abzugrenzen beginnen. Hobbys und private Interessen werden vermehrt gepflegt, aber nicht gerne preisgegeben;

Schüler, die noch vor kurzem aufgeschlossen und mitteilsam waren, beginnen sich abzuschliessen, werden empfindlich und in sich gekehrt: verlangen zu Hause, dass die Eltern anklopfen, bevor sie ins Zimmer treten, sind in der Schule verletzlich und leicht beleidigt, wenn auch nicht nachtragend. Der Lehrer jedenfalls ist froh, sie schon lange genug zu kennen, um die innere Verbindung mit ihnen nicht zu verlieren. In dieser Zeit der herankommenden Erdenreife beginnt mehr und mehr auch im Unterricht das verstandesmässig folgerichtige Denken langsam die Bildhaftigkeit abzulösen. Formelrechnen, Algebra, Physik, Chemie, Sternkunde kommen dem Bedürfnis entgegen, auch selber nachdenkend, beobachtend und erkennend in die Erscheinungen der Welt einzudringen. Mit der eigenen Urteilskraft erwacht auch die Kritiklust, was in Schule und Elternhaus nicht selten zu kritischen Situationen führt. Es gilt nun immer wieder, gemeinsam nach Lösungen zu suchen, die nicht nur mehr auf Grund der erzieherischen Autorität realisiert werden können. Ein Klassenlager, eine Theateraufführung in der achten Klasse sind dabei grosse Hilfen. Nach dem vierzehnten Lebensjahr tritt so die Klasse in die Oberstufe über, die ganz anders angelegt ist.

Die Oberstufe (9.–12. Klasse)

Zwar wird der Unterricht in den Hauptfächern weiterhin in drei- bis vierwöchigen morgendlichen «Epochen» erteilt, so wie die Schüler das von Anfang an gewohnt gewesen waren. Aber an die Stelle des Klassenlehrers treten nunmehr Fachlehrer für die Gebiete Biologie, Physik, Chemie, Deutsch, Geschichte, Geographie, Mathematik, Kunstgeschichte – weiterhin unterstützt von ihren Kollegen in Gartenbau, Malen, Plastizieren, Weben, Sprachen, Kupfertreiben, Spinnen, Schnitzen, Chor und Orchester. Das Interesse des Neunt-, des Zehntklässlers tritt heraus aus dem geborgenen Kreis, der ihn bis dahin bestimmt hatte: Weltluft, Weite, Begeisterung für die Welt, ihre Aufgaben und Reichtümer sind es, was er vom Unterricht und von den Lehrern erwartet.
Es fällt auf, dass der Lehrplan für die neunte Klasse nicht so sehr Gewicht legt auf neue Unterrichtsstoffe, sondern vielmehr bereits in der Unterstufe Behandeltes neu aufgreift, um es gedanklich zu durchdringen, in Beziehungen sehen zu lernen, es zu beurteilen. Jetzt, wo die Urteilsgrundlagen da sind, muss der Schüler lernen, selbständige Gedankengänge zu vollziehen, die Urteilskraft zu schulen. Der Zehntklässler erweitert dies, indem er das Erreichte dadurch steigert, «dass in einigen Fächern das zu Behandelnde als eine Ganzheit dargestellt wird, etwa in der Biologie mit der Darstellung der menschlichen Organfunktionen im Hinblick auf die Ganzheit des Menschen» (Schaub 1969). Zur Oberstufe gehören Praktika in Feldmessen, auf einem Bauernhof, in Industriebetrieben; eine Reise nach Florenz mit dem Kunstgeschichte- und dem Zeichnungslehrer; ein Theaterstück in der 12. Klasse; die Aufführung grösserer Chorwerke der Musikliteratur, Musikgeschichte.
In den Schülern brodeln Fragen über Fragen, die Seelenstimmungen wogen in dieser körperlichen Reifungszeit hin und her zwischen euphorischem Zukunfts-

willen und der Erfahrung von Niedergeschlagenheit. Von ihren Lehrern erwarten sie Antworten gerade auf unausgesprochene Fragen, erwarten Autorität aus der Sache heraus und eine moralisch-ethische Haltung auch gegenüber ungelösten, ungerechten oder menschenunwürdigen Seiten des Lebens. Schnell ist ein kritisches Urteil gesprochen, alles in Frage gestellt, was noch nicht auf dem Boden der Erfahrung stehen kann. Daher ist von besonderem Gewicht die Ausbildung der exakten Wahrnehmungsfähigkeit, die eine vorurteilsfreie Zurücknahme des eigenen Denkens verlangt. Im Experimentieren in Physik, Chemie, im exakten Wahrnehmen einer Pflanze, im Betrachten eines Kunstwerks geht es darum, jeden voreiligen Schluss zu vermeiden und dafür genaue Rechenschaft über das tatsächlich Wahrgenommene geben zu lernen – und erst hieraus die eigenen Schlussfolgerungen zu ziehen, Stellung zu nehmen. Es geht hier um die Erübung einer Fähigkeit, die im allgemeinen menschlichen Umgang von Bedeutung ist: kann ich den anderen überhaupt so wahrnehmen, wie er ist – oder nur so, wie ich ihn sehen will? Dabei pflegen die Schüler weiterhin das selbständige Aufarbeiten des Unterrichtsstoffes in eigenhändig gestalteten Heften, bis hin zur Abschlussarbeit der zwölften Klasse, die ein spezielles, individuell gewähltes Thema aus Kunst, Wissenschaft oder Handwerk zum Inhalt hat. Nur noch beratend steht hier der Lehrer zur Seite, den sich der Schüler als Mentor gewählt hat. Der junge Mensch hat nun erfahren, dass er fähig ist, sich selbständig in ein Gebiet hineinzuarbeiten und es darin zu einer anerkannten, aus Freiheit erbrachten Leistung zu bringen. Es ist das Ziel der Schule, ihn mit dieser Sicherheit ins Leben zu entlassen. Das Referat über die Abschlussarbeit – vor den Lehrern, Eltern und Schülern der Oberstufe – ist eine aufregende Erfahrung und ein Prüfstein, der mit zu den Höhepunkten im Leben der Zwölftklässler gehört.

Die Maturität erlangen die Schüler, die dies möchten und dazu befähigt sind, in Basel in einem zusätzlichen Schuljahr am Gymnasium. Für die Gymnasien im Kanton Basel-Land ist für den Übertritt eine Aufnahmeprüfung erforderlich.

Eurythmie

Die Bewegungskunst der Eurythmie durchzieht vom Kindergarten an die ganze Schulzeit. Als «sichtbar gemachte Sprache» und «sichtbar gemachte Musik» lässt sie die Kinder sich in Gruppen und immer weiter entfalteten Figuren bewegen. Es gilt dabei, seine eigene Bewegungsform konzentriert zu verfolgen und dazu doch stets den ganzen Ablauf, den sichtbaren «Chor», im Bewusstsein zu haben. Auf künstlerische Weise ist die Eurythmie eine unschätzbare Erzieherin zum Sozialen und dient der Harmonisierung von Seele und Bewegung der Kinder und Jugendlichen auf allen Altersstufen. Eine therapeutische Form der Eurythmie ist die Heileurythmie, die in Absprache mit den Schulärzten denjenigen Kindern zugute kommt, die in irgendeiner Weise der zusätzlichen Unterstützung bedürfen: sei es, um Orientierungssinn im Raum auszubilden, sei es, um mangelnde Konzentration oder Koordination der Bewegungen zu heilen, Haltung, Atmung oder Sprachfluss therapeutisch zu behandeln.

Selbstverwaltung der Schule durch die Lehrerkonferenz

Die Führung und Verwaltung der Schule liegt in Händen des Lehrerkollegiums. Hier gibt es keine Hierarchie, keinen Rektor oder Schuldirektor, so wie auch die Gehaltsregelung keine Stufung zwischen Kindergärtnerinnen, Unterstufenlehrern, Abwart und Oberstufenlehrern kennt. Jeder unterrichtende Lehrer hat sich auseinanderzusetzen mit allen Belangen, die die Führung und Verwaltung einer Schule mit sich bringen. Dahinter steht das Bestreben, jede Bürokratisierung zu vermeiden, die an der Praxis des Schulalltags vorbeigeht. Das bedeutet aber auch, dass der Lehrer sich nicht auf seine Klasse, seinen Fachunterricht beschränken kann, sondern gleichzeitig in voller Verantwortung an der Administration der Schule mitbeteiligt ist. Zu diesem Zweck trifft sich das Kollegium allwöchentlich zur gemeinsamen Lehrerkonferenz, die das eigentliche Herz der Schule ist.
Es geht hier nicht etwa nur um Fragen technischer oder organisatorischer Art. Vielmehr liegt ein Schwerpunkt auf der kontinuierlichen Erarbeitung pädagogischer Themen, der Vertiefung der anthroposophischen Menschenkunde in Referaten und Gesprächen. Angenommen, ein Schüler tritt in eine schwierige Phase, er lernt schlecht, ist verunsichert. Nun wird der Klassenlehrer eine Schilderung dieses Kindes geben, sein Verhalten darlegen, Hefte und Arbeiten vorlegen, auch die Situation zu Hause miteinbeziehen. Das so entstehende Bild wird ergänzt durch Erfahrungen der Fachlehrer, Beobachtungen des Abwarts vielleicht sogar;

nach Möglichkeit ist einer der Schulärzte, sind Heileurythmist und Sprachgestalter zugezogen. Ratschläge werden erteilt, man kümmert sich gemeinsam um diesen Schüler. Oft ist allein die Tatsache einer solchen Kinder- oder auch Klassenbesprechung Ausgangspunkt zu einer Besserung der Lage.
Die Konferenz ist das Wahrnehmungsorgan für all die Aktivitäten, die zur Schule gehören. Regelmässig finden Monatsfeiern im grossen Saal statt, wo einzelne Klassen vor der versammelten Schule etwas aus ihrer Arbeit zeigen: Orchester, Rezitationen, Fremdsprachstücke, Eurythmie, Singen. Solche Feiern werden in der Konferenz wieder aufgegriffen, besprochen – was täglich in den Klassenräumen zwischen Lehrern und Schülern entsteht, wird so durch die Gemeinschaft wahrgenommen. Rückblicke auf Theateraufführungen, Konzerte, Elterneinführungsabende, Praktika, Lager und Schulreisen gehören ebenso dazu wie das Begehen eines runden Geburtstages oder die Besinnung auf die christlichen Jahresfeste.
Neben diesen zentralen Anliegen gibt es nun an einer grossen Schule eine Unmenge von sachlichen und formalen Aufgaben, die meist von einzelnen Lehrergruppen bearbeitet, vorbereitet und anschliessend vor die Konferenz gebracht werden. Natürlich kann nicht ein jeder alles tun und alles mitentscheiden; es ist aber wertvoll, wenn die Arbeit des einzelnen und einer Arbeitsgruppe im Bewusstsein des Kollegiums lebt. Die Ämterliste für die laufenden Aktivitäten umfasst beispielsweise die Aufstellung des Jahresbudgets, Einführung und Gehaltsabsprache mit neueintretenden Kollegen, Aufnahme von Schülern, Druck und Versand von Schulpost und Anzeigen, Verwaltung der Bibliothek, des Schulmaterials, Kontakte zu Behörden und anderen Schulen, Baufragen und Bauverwaltung, Anschaffung von Mobiliar und Lehrmitteln, Elternarbeit, Versicherungsfragen, Führung eines Terminplanes, Redaktion des Mitteilungsblatts der Schule, Stundenplan und Raumzuteilung, Schulordnung für Vertretungen und Aufsichten, Vorbereitung von Schulfeiern und Veranstaltungen, Aufsicht über den Fundus von Kulissen, Kostümen und Requisiten, Instandhaltung des Schulgartens, um einiges vom wichtigsten zu nennen.
Eine besondere Anforderung an die kollegiale Verwaltung ist der Sektor Personalfragen; hier geht es um Neueinstellungen, Zuteilung der Pensen, vielleicht auch sogar um Wahrnehmung einer schwierig gewordenen Klassensituation oder um eine Entlassung. Das verlangt eine Offenheit und Ehrlichkeit, die nicht leicht zu erlangen ist, und oft muss über Wochen um die Lösung eines Problems gerungen werden. Denn es ist durchaus nicht so, wie es vielleicht nach aussen hin scheinen mag, dass das Kollegium immer einer Meinung ist: wenn aber auch Mehrheitsentscheide bewusst nicht herbeigeführt werden, so geht es doch darum, einen Konsens zu finden, der als verbindliche Konferenzmeinung von allen vertreten werden kann und soll. Immer ist die Lehrerkonferenz ein weites pädagogisches, soziales und organisatorisches Übungsfeld für die Lehrerschaft. Die Freiheit, die die Schule nach aussen für Lehrerwahl und Lehrplangestaltung beansprucht, muss nach innen durch ein gesteigertes Verantwortungsgefühl und Engagement der unterrichtenden und verwaltenden Lehrer immer neu erworben werden.

Die Eltern

So wie der Lehrer in seiner pädagogischen Arbeit auf die gute Zusammenarbeit mit dem Elternhaus angewiesen ist, so sehr bedarf die Schule als Institution der Mitarbeit der ganzen Elternschaft. Zunächst handelt es sich darum, die Finanzierung der Schule zu sichern; die Schulen in der Schweiz existieren völlig frei von staatlichen Zuschüssen. Die Schulgeldregelung ist, wie die juristische Form, die sich eine Schule gibt, von Schule zu Schule eine andere und kennt mannigfaltige Spielarten zwischen ganz freiem Schulgeld und festem Betrag pro Kind. An der Rudolf Steiner-Schule in Basel wird zur Zeit in Elterngesprächen der jährliche Schulbeitrag pro Familie anhand von abgestuften Einkommenstabellen festgelegt. Dahinter steht der Gedanke, dass keinem Kind der Eintritt aus finanziellen Gründen verwehrt sein soll, dass aber anderseits einkommensstarke Familien die schwächeren mittragen helfen.

Darüber hinaus gibt es aber viel zu tun, wo Rat und Tat der Elternschaft unabdingbar sind: sei es in der Beratung des Kollegiums in Fragen, die die Möglichkeiten der unerfahrenen Lehrer übersteigen – etwa der Aufstellung eines neuen Pensionskassenstatuts, der Prüfung von Offerten für Schulprojekte oder Kontakte zur Presse; sei es, dass Arbeiten vorgenommen werden müssen, die durch Elternfreizeitarbeit geleistet werden können – etwa eine elektrische Installation an der Bühne, das Streichen von Schulräumen, Umgebungsarbeiten im Garten oder eine Reparatur der Ölheizung. Elterngruppen sind es, die Weihnachtsbasare, Herbstmärkte, Kleiderverkäufe oder Sommerfeste organisieren und damit der Schule zu notwendigen zusätzlichen Einnahmen verhelfen. Zudem braucht es immer wieder tatkräftige Eltern, die sich für ihre Schule Gehör verschaffen, wo es gilt, bei Behörden, Institutionen oder potentiellen Helfern ein Wort einzulegen. Auf diese Weise entstehen auch innerhalb der Elternschaft Verbindungen, Kontakte und Freundschaften, die über den Klassenrahmen hinausgehen und den ganzen Schulorganismus belebend durchziehen.

Arbeitsgemeinschaft und Gesamtkonferenz

Durch das stete Anwachsen der Zahl der Rudolf Steiner-Schulen in der Schweiz ist es in zunehmendem Masse erforderlich geworden, dass die Schulen untereinander Kontakte und Gespräche pflegen. Zwar wurde bisher auf einen offiziellen Zusammenschluss in einem Dachverband verzichtet, um jeder Schule ihren eigenen Freiraum möglichst zu wahren. Anderseits ist es eine Tatsache, dass viele Fragen der Schul- und Bildungspolitik, der Lehrerbildung, des Ausbaus jüngerer oder der Gründung neuer Schulen nach der Erörterung und Abstimmung auf einem gemeinsamen Podium verlangen. Dieses Podium ist die Arbeitsgemeinschaft der Schweizer Rudolf Steiner-Schulen. Hier treffen sich die Vertreter aller Schulen in regelmässigen Abständen, um von Nöten und Projekten, von Erfahrungen und Problemstellungen zu berichten, die die einzelnen Schulen betreffen. Die Berichte fliessen über die Vertreter wieder zurück in die Lehrerkollegien, die auf diese Weise erfahren, was sich in andern Städten tut. Die Arbeitsgemeinschaft hat keine rechtlichen Mittel oder irgendwelche übergeordnete Kompetenzen; sie ist aber von grosser Bedeutung für die Wahrnehmung und Kommunikation der Schulen untereinander.

Zweimal jährlich treffen sich alle unterrichtenden Lehrer der Schweiz zu einer Gesamtkonferenz in jeweils einer der Schulen. Nach einem pädagogischen Referat werden Gesprächsgruppen gebildet, wo sich Fachlehrer, Klassenlehrer, Schulvereinsvorstände begegnen, sich kennenlernen, Erfahrungen austauschen; man erhält hier einen Einblick in das Leben anderer Schulen, erfährt Anregungen und knüpft gegenseitige Kontakte. Die gemeinsame Diskussion von Fragen, die alle bewegen, gibt dem einzelnen Lehrer immer wieder Impulse für seine Arbeit in der Klasse. Auf diese Weise wird die Verbindung der Schulen untereinander sowie die Bildung des Bewusstseins für die gemeinsamen Aufgaben immer neu angeregt.

Die Lehrerbildung

Entscheidend für den Bestand und Weiterausbau der Rudolf Steiner-Schulen ist die Ausbildung der Lehrkräfte. Diese erfolgt nach anderen als den üblichen Kriterien. Gut ist es, wenn ein künftiger Lehrer Erfahrungen in einer praktischen Tätigkeit mitbringt. Im Grunde ist es ein unhaltbarer Zustand, wenn er von der Schule auf die Universität und von da wieder an eine Schule geht. In bezug auf seinen Einsatz im Sozialen, bei Festen, in der Verwaltung, bei Theateraufführungen, im Gespräch mit Eltern, in der Bemühung um das Wesen des Kindes ist er sehr gefordert. Es ist wichtig für die Ausbildung des Lehrers, dass er Gelegenheit findet, seine eigenen Fähigkeiten produktiv zu entfalten, Weltinteresse zu entwickeln, Kinderschicksale zu verfolgen unter Berücksichtigung des sozialen und medizinischen Aspekts.

Sein eigenstes Ausdrucksmittel ist die Sprache: es gilt, Sicherheit zu gewinnen in Erzählung, Schilderung, dramatischer Gestaltung, zu erkennen, wie Stil und Ausdruck auf die Kinder wirken. Weiter gehören dazu Malen, Zeichnen, Plastizieren, Eurythmie und Musik. «Das Schwierigste für den Studenten, der von der Hochschule kommt, ist die künstlerische Übung, wenn er nicht für die eine oder andere Kunst gewisses Talent hat. (...) Er kann sich bestenfalls denken, dass Malen und Eurythmie ihn lockern, dass er seine seelischen Probleme herausmalen und dadurch loswerden soll. Gewiss, das geschieht auch. Aber das ist nicht die Hauptsache. (...) Durch die künstlerische Übung ergreift man seinen eigenen, bis dahin in mancher Hinsicht unbewussten Willen.» (Lindenberg 1978.) Die Betätigung in der Kunst ist ein wichtiges Erziehungsmittel; zum einen verhilft sie dem Übenden zu schrittweiser Selbsterfahrung, zum andern gibt sie ihm die innere Beweglichkeit, schöpferisch in die Menschenkunde einzudringen.

Die Ausbildung erfolgt in einem zweijährigen Seminarkurs, wo der künftige Lehrer mit den Grundlagen der Anthroposophie vertraut gemacht wird und sich in Methodik und Didaktik auf den Umgang mit dem Lehrplan der Rudolf Steiner-Schule vorbereiten kann. 1986 hat sich das Lehrerseminar in Dornach um ein drittes Proseminarjahr erweitert. Es will ein Vorbereitungsjahr für den Zweijahreskurs sein für denjenigen, der schon auf den Lehrerberuf zugeht, aber noch eine Erweiterung seiner Allgemeinausbildung sucht, und es will zum andern denjenigen, die ihrer Berufsrichtung noch nicht sicher sind, helfen, durch die Begegnung mit der Anthroposophie und durch Praktika in verschiedenen Lebensbereichen den Weg zum späteren Beruf zu finden. Den Aufbau des Studienjahres bestimmen die Schwerpunkte: 1. Goetheanistische Naturerkenntnis mit besonderer Betonung von Pflanzenkunde und Farbenlehre; 2. Erleben des Kunstwerks anhand der Betrachtung und Besprechung ausgewählter Meisterwerke; 3. Menschenkunde und Geschichte als Bewusstseinsentwicklung der Menschheit; 4. Die Dreigliederung des sozialen Organismus.

Der Methodikunterricht soll dem künftigen Lehrer ermöglichen, sein Wissen so aufzuschliessen, dass es alters- und kindgemäss lebendig wird, unter Öffnung für grosse gesellschaftliche, geschichtliche und menschenkundliche Perspektiven: «Wissen vom Menschen als Grundlage der Pädagogik muss anfangen zu leben, indem man es aufnimmt. Man muss jeden Gedanken über den Menschen als das eigene Wesen sogleich erleben, wie man die richtige Atmung, den richtigen Blutumlauf als die eigene Gesundheit erlebt.» (Rudolf Steiner Verlag 1976.)

Es sind gegenwärtig über 20 Schulen und Heime in der Schweiz, die nach Rudolf Steiners Pädagogik arbeiten, weltweit an die 400. Die vordringlichste Aufgabe der Schulbewegung liegt in der Ausbildung und Sicherung des notwendigen und stetig steigenden Bedarfs an Lehrkräften. Davon wird die Gesundheit und das Bestehen der Schulen abhängen, die grösstenteils in den letzten zwei Jahrzehnten entstanden sind.

Literatur

Carlgren, Frans: Erziehung zur Freiheit
Verlag Freies Geistesleben; Stuttgart 1977.
Fintelmann, Klaus J. und Schneider P.: Die Rudolf-Steiner-Schulen – Menschenbildung auf der Grundlage der Anthroposophie, in: Röhrs, H. (Hrsg): Die Schulen der Reformpädagogik heute Schwann-Bagel, Düsseldorf 1986, S. 159 ff.
Fucke, Erhard: Die Bedeutung der Phantasie für Emanzipation und Autonomie des Menschen
Verlag Freies Geistesleben; Stuttgart 1981.
Gabert, Erich: Autorität und Freiheit in den Entwicklungsjahren
Verlag Freies Geistesleben; Stuttgart 1981.
Grosse, Rudolf: Erlebte Pädagogik
Philosophisch-Anthroposophischer Verlag am Goetheanum; Dornach 1975.
König, Karl: Die ersten drei Jahre des Kindes
Verlag Freies Geistesleben; Stuttgart 1975.
Lindenberg, Christoph: Waldorfschulen: angstfrei lernen, selbstbewusst handeln
rororo Sachbuch; Hamburg 1978.
Schaub, Felix: Zum Lehrplan der Rudolf-Steiner-Schule
in: 50 Jahre Pädagogik Rudolf Steiners, Jubiläumsschrift der Schweizer Schulen; Basel 1969.
Steiner, Rudolf: Die Erneuerung der pädagogisch-didaktischen Kunst durch Geisteswissenschaft, 14 Vorträge vom 20.4. bis 11.5.1920 Rudolf-Steiner-Verlag, Dornach 1977.
Steiner, Rudolf: Die gesunde Entwicklung des Leiblich-Physischen als Grundlage der freien Entfaltung des Seelisch-Geistigen
Weihnachtskurs für Lehrer vom 23.12.1921 bis 7.1.1922
Rudolf Steiner-Verlag, Dornach 1978a.
Steiner, Rudolf: Die pädagogische Grundlage und Zielsetzung der Waldorfschule
Drei Aufsätze
Rudolf Steiner-Verlag Dornach, 1978b.
Steiner, Rudolf: Die Erziehung des Kindes vom Gesichtspunkt der Geisteswissenschaft
Rudolf Steiner-Verlag; Dornach 1978c.
Steiner, Rudolf: Aspekte der Waldorfpädagogik
Neun grundlegende Aufsätze. Kindler Taschenbücher 1975.
Steiner, Rudolf: Skizze eines Vortrags für die künstlerisch-pädagogische Tagung der Waldorfschule,
Stuttgart, 25. März 1923,
in: Festschrift der Rudolf Steiner-Schule Basel 1926–1976
Selbstverlag, Basel 1976.

Einen guten Überblick mit weiteren Hinweisen auf die Situation der Waldorf-Pädagogik in der Schweiz geben auch die Beiträge zur «Waldorf-Pädagogik» in: Pro Juventute, Zeitschrift für Jugend, Familie und Gesellschaft, Nr. 4, 1983

Schlössli Ins

Ein Ort zukünftiger Menschen- und Gemeinschaftsbildung
von Martin Hasler und Erich Jakob, Mitarbeiter des Schlössli Ins

Prolog im Himmel

Da trat ein kleiner, pfiffiger Engel vor den himmlischen Ältestenrat und sagte: «Auch ich habe etwas zu berichten, was mir Sorge macht und wofür ich Eures weisen Rates bedarf.
Ihr habt mir ja eine besonders schöne und anspruchsvolle Aufgabe übergeben, als Ihr mich zum Engel einer Gemeinschaft ernanntet, die sich so toll für Kinder, Jugendliche und Erwachsene einsetzt.
Seither begebe ich mich also täglich ins bernische Seeländerdorf Ins, um die da spriessende und manchmal wuchernde Schlössligemeinschaft mit meinen seelischen Wassern zu begiessen und meinen geistigen Flammen zu erwärmen, mit dem einen Ziel: sie in gesundem Wachstum zu halten. Nun hat kürzlich ein gewisser Martin Näf den Schlössliebewohnern den Floh ins Ohr gesetzt, sie sollten auf einigen Schreibmaschinenseiten *festhalten,* wer sie sind und was sie wollen. Dieses Ansinnen schaudert mich; meine lebendige Gemeinschaft soll in diese abgestorbenen schwarzen Schriftzeichen hineingepresst werden! Da kann doch nichts als Lüge herauskommen, und dann soll das Ganze noch tausendfach gedruckt werden, so als könnte dadurch die Lüge zur Wahrheit werden. Ihr Ältesten, sagt mir, wie kann ich das Schlössli vor dem Zugriff der schwarzen Todeszeichen bewahren?»
Die Ältesten machten nachdenkliche Gesichter. Nachdem sie sich zur Beratung zurückgezogen hatten, taten sie ihren weisen Ratschluss kund:
«Es ist nun mal so, dass die Menschen Schriftzeichen verwenden, weil sie ihre Häuser und Herzen so weit auseinander haben, dass sie sich durch schwarze Zeichen Mitteilungen machen müssen. Aber in diesem Fall beunruhigt auch uns das Ansinnen. Versuche du, kleiner Engel, deshalb, nicht mehr nur sporadisch, sondern ununterbrochen neue Ideen durch irgendeinen Schlösslerkopf in die Gemeinschaft hineinzubringen. Dadurch wird der Schreibende immer wieder das durchstreichen müssen, was er schon in Todeszeichen gesetzt hat, weil er ja das aufschreiben muss, was sie sind und wollen, und das wird sich dann täglich ändern. Wir hoffen, dass er so beim Termin nur durchgestrichene Notizen vor sich haben wird.»
Der Engel verneigte sich und flog davon.

Das Schlössli als Lern- und Lebensgemeinschaft für Kinder

«Jedes Kind lernt freiwillig und mit Begeisterung, bis es in die Schule kommt, dann ist es aus. Dann braucht es von einem Tag auf den anderen Selektionsdruck, Notenzwang, Hausaufgabenzwang... Nach einem Jahr hat es 50% seiner kreativen Fähigkeiten verloren, und nach 10 Jahren Schule hat es nach neuesten Ergebnissen noch 10% seiner kreativen Gestaltungs- und Ausdrucksfähigkeiten von früher.» (Hans A. Pestalozzi, «Die sanfte Verblödung», 1985, S. 42.)
«Oh, wie viele Kinder verlieren heute das Gefühl der Geborgenheit, wenn sie ständig kämpfen müssen, damit sie nicht durch das Selektionssieb ins Leere fallen. Durch Selektionsdruck entsteht Heimatlosigkeit. Schaffen wir darum die Selektionsschulen ab, und lassen wir Menschenschulen entstehen, in denen jedes Kind nur mit sich selber verglichen wird.» (Aus einem öffentlichen Vortrag von Ueli Seiler, Sohn des Schlössli-Gründerehepaares, abgedruckt im VSA-Bulletin, Dezember 1985.)
Wir leben in einer Zeit, die kinderseelenfeindlich ist. Wohnhäuser und ihre Umgebung, Schulen und ihre Lehrpläne, Medien, die als Glotzkasten bis ins Wohn- und Kinderzimmer eindringen, sie alle sind entstanden aus einem rationalen, zweckorientierten Denken, das wie Gift wirkt für die Seele des Kindes; denn sie sehnt sich nach Geborgenheit, Wärme und Heimat.
In solcher Weise heimatlos gewordene Kinder brauchen einen Ort, der ihnen noch umfassende Hülle geben kann. Die unterschiedlichsten Gründe können Anlass sein, dass Eltern oder Betreuer ein Kind ins Schlössli geben. Es entsteht eine vielfältige Durchmischung, von der Herkunft wie auch von der schulischen Begabung her. Da bei uns Wohnen und Schule nicht zwei voneinander getrennte Bereiche sind, werden Essen, Ämtlein, Freizeit, Schule, Festen und Schlafen zu einer überschaubaren Ganzheit. Im folgenden sei dargestellt, wie wir den Kindern Heimat zu geben versuchen.

Der Wohn- und Familienbereich

Das *Wohnen* in kleinen familiären Gruppen (3 bis 6 Kinder) gibt die Möglichkeit, auf das Kind als Individuum einzugehen. Gerade in den letzten Jahren spüren wir ein ständig steigendes Bedürfnis des einzelnen Kindes nach Zuwendung, es will *wahr*-genommen werden. Es ist uns eine Selbstverständlichkeit, dass das nur möglich sein kann, wenn sich die Gruppenbetreuer rund um die Uhr mit ihren Kindern verbunden fühlen, Wachen und Schlafen, Leiden und Freuden miteinander teilen. So entsteht seelische Heimat.
Das *Haus* ist Urbild von Geborgenheit, wie es uns auf so vielen Kinderzeichnungen entgegenkommt. Wir wohnen in alten stilgerecht renovierten Bauern- und Herrschaftshäusern, die den alten Dorfteil von Ins prägen. Ständig ist eine Gruppe von Schlösslihandwerkern daran, die Häuser mit natürlichen Materialien wie Naturstein, Backstein und Holz kindsgerecht auszubauen. Dabei können auch die Kinder eigene Erfahrungen im Hausbau machen und in der Einrichtung der

Kinderzimmer ihrer Phantasie freien Lauf lassen und sich so ein Stück Heimat schaffen.

Zu dieser Heimat gehört die *Umgebung*. Im Park werden Hütten gebaut, die nähere Umgebung wird erwandert, im Garten und in der *biodynamischen Landwirtschaft* helfen die Kinder mit und bekommen so einen direkten Bezug zu der Nahrung, die bei den Mahlzeiten auf dem Tisch steht, – und bei all dem merken die meisten Kinder nicht mehr, dass sie im Schlössli ohne Fernseher leben.

Rhythmus im täglichen Geschehen gibt dem Kind – und nicht nur dem Kind – Sicherheit. Jeden Morgen treffen sich Kinder, Jugendliche und Erwachsene auf allen Höfen bei der Morgenfeier. Ein Geburtstagskind wird beklatscht, Mitteilungen werden weitergegeben, Lieder gesungen, eine Geschichte wird erzählt. Dann gehen alle an ihre Arbeit. Es ist wie ein tägliches Ein- und Ausatmen, das über alle Unregelmässigkeiten des Alltages pulsiert. Aber auch die Woche hat ihren Rhythmus mit dem Donnerstag als kleinem Sonntag, an dem gross und klein in verschiedensten kunsthandwerklichen Gruppen arbeiten. Jahresrhythmen sind uns gegeben durch die *Jahreszeiten*, die durch Feste ins Zentrum gerückt werden, wie z.B. Adventsgärtli und Weihnachten um die Wintersonnenwende, wo wir gemeinsam das Licht in der Finsternis entzünden; Frühlingsfest und Ostern um die Tag- und Nachtgleiche, wo wir die Auferstehung der neuen Frühlingskräfte feiern; Johannifest bei der Sommersonnenwende, an der wir über das Sommerfeuer springen; Michaelifest bei der Tag- und Nachtgleiche im Herbst, an der wir sportlich den Kampf zwischen Licht und Finsternis begehen und zugleich den Schlössligeburtstag feiern, der ja auch ein kämpferisches Ereignis war...

Rhythmen wirken heilend auf den Menschen und schaffen Heimat- und Gemeinschaftsgefühl, was besonders wichtig ist in einer Zeit, die das Arhythmische, Sichüberstürzende so sehr in sich trägt.

Die Schlösslischule mit Externat (Kindergarten bis 9. Klasse)

In unserer schulischen Arbeit orientieren wir uns in unabhängiger Weise an den pädagogischen Ideen und Anregungen Rudolf Steiners. Im *Schulunterricht* erlebt das Kind, dass echtes Interesse möglich ist. Neben dem Fachunterricht im Formalen und Künstlerischen beschäftigt sich die Klasse in den ersten Morgenstunden wochenlang mit *einem* Gebiet. Das gibt sowohl den Kindern wie auch dem Lehrer die Möglichkeit, ganz einzutauchen, sich zu verbinden. Begeisterung im wörtlichen Sinn tritt ein, die Kinder im Schlössli gehen gerne zur Schule. Nur unter solchen Voraussetzungen entsteht im Kind der Wille, sein ganzes Leben als Lernprozess anzuschauen und mutig voranzuschreiten. Vielleicht gelingt es uns gar, dem Kind auf diesen Lebensweg die Ahnung einer anderen Heimat mitzugeben, die nicht im Äusseren, Sichtbaren liegt.*

---

* Ausführlicheres über die Lehrplananregungen Rudolf Steiners ist im vorangehenden Beitrag von Marcus Schneider enthalten.

Was hier beschrieben wurde, sind unsere Ideale, unsere Hoffnungen. Es ist klar, dass wir im Alltag mit grossen Schwierigkeiten zu kämpfen haben. Die Kinder kommen ja oft zu uns, weil sie gerade diese seelischen Hüllen jahrelang vermissten und nun unsicher, gelangweilt oder ablehnend sind. Dadurch sind wir unmittelbar konfrontiert mit all den Zeitströmungen. Hilflos müssen wir manchmal zuschauen, wie auch unsere belebenden Möglichkeiten die Probleme nicht einfach lösen können, – und doch springt immer wieder eine Schale auf, und es zeigt sich ein kleines Keimblatt. Das ist unsere Hoffnung, denn Pädagogik ist nie etwas hineingeben und gleich ein Resultat erwarten, so wie auch nicht nach dem Säen gleich geerntet werden kann. Es ist ein weiter Weg mit kleinen Schritten, eine Gratwanderung oft, die wir mit dem Kind zusammen machen.

Der einmalige Charakter unserer Lern- und Lebensgemeinschaft, die Schule innerhalb eines ganzheitlichen Lebensraumes anbieten zu können, soll beibehalten werden und durch Projekte (Kletterlager, Kanulager, Werkwochen, usw.) noch verstärkt werden, um die Kinder in der Tiefe ihres Wesens zu treffen. Für die Wohnsituation sind Bestrebungen im Gang, einige Grossfamilien zu bilden, in denen Schlösslimitarbeiter Kinder in ihre eigene Familie aufnehmen, um eine noch individuellere Betreuung zu ermöglichen. Wir möchten soviele verschiedene Wohnformen wie möglich anbieten, weil es Kinder gibt, für die der Rahmen einer Familie schon zu eng ist. Auch die therapeutischen Möglichkeiten sollen noch erweitert werden, vor allem für Kinder, die Einzelbetreuung brauchen.

Schon immer gingen auch die Kinder der Mitarbeiter im Schlössli zur Schule. Vor einigen Jahren haben wir nun die Schule auch für Kinder aus der Umgebung geöffnet. Die steigende Anzahl von *externen Schülern* ist eine Bereicherung und ermöglicht es uns, weiterhin jede Klasse einzeln zu führen mit einer überschaubaren Zahl von 8 bis 16 Schülern pro Klasse. Nur so können wir auf die breitgefächerten Begabungen eingehen.

Das freie sozialpädagogische Seminar (10. bis 12. Schuljahr)

Trotz oder gerade wegen der Überflutung durch Medien, Konsumgüter und wegen einseitig intellektueller Schulbildung tritt bei Jugendlichen oft eine Leere ein, die zu Langeweile führen kann. Novalis schrieb über die Langeweile, sie sei «Hunger» der Seele. Wo sich ein Ausgehungerter Seelennahrung erhofft, greift er zu. Die Sehnsucht nach echten Erlebnissen führt bei Jugendlichen oft zur Sucht, die bekanntlich nur Scheinnahrung ist.

«Als ich in die 10. Klasse ins Schlössli kam, wusste ich überhaupt nicht, was ich wollte, ich wollte gar nichts mehr. Ich war verhangen in der Vergangenheit und sah die Zukunft nicht.» Jenny (Wie alle folgenden Zitate aus der Selbstbeurteilung von Zwölftklässlern.)

«Frühzeitig brach ich die Verkehrsschule ab; diese Schule erschien mir tot; ich wollte aber Leben und Menschlichkeit. So kam ich ins Schlössli.» Lukas

Jugendpädagogik verlangt von Lehrern und Begleitern ein ständiges Suchen nach Echtheit, da die Jugendlichen veraltete Vorstellungen und Verhaltensmuster der Erwachsenen radikal aufdecken. Immer deutlicher ist dabei in den letzten Jahren spürbar geworden, dass der vorbelastete Rahmen des Schulzimmers gesprengt werden muss.

> «Auf den wochenlangen Wanderungen und beim fröhlichen Zusammensein lernte ich meinen Lehrer tief lieben, eine stille Liebe zu einem Menschen, nicht zu einem Lehrer, ‹der ja alles weiss und kann› . Darin bestand ja meine ganze Beschäftigung mit ihm: ihn von dem typischen Vater- und Lehrerbild zu befreien, damit er als Mensch darunter sichtbar wird.»
> Lukas

Im weiteren soll nun dargestellt werden, wie wir im Schlössli diese anspruchsvolle und erlebnisreiche Aufgabe angehen:
Unsere pädagogische Grundhaltung ist geprägt vom Willen, die Jugendlichen ernst zu nehmen. Lebenserfahrung und Wissen geben zwar uns Erwachsenen in einigen Bereichen Sachkompetenz und Reife, können aber dem Jugendlichen die selbst gemachte Erfahrung nicht ersetzen. Wir gehen davon aus, dass die Jugendlichen ihre Erdenreife erlangen wollen, dass sie reif werden wollen, ihren Himmel auf die Erde zu tragen, das heisst von ihren Idealen zur Selbstverwirklichung im konkreten Alltag fortzuschreiten. Wir wollen sie auf diesem Weg begleiten, der drei «Stationen» hat:

Erfahren   Wir bieten Erfahrungsräume an und helfen, Erfahrungen bewusst zu machen.

Erkennen   Wir möchten helfen, wiederholte Erfahrungen zur Erkenntnis der zugrundeliegenden Gesetzmässigkeiten zu verdichten, Einsichten zu gewinnen.

Ergreifen   Wir können mit dem Jugendlichen gemeinsam nach Möglichkeiten suchen, Einsichten in den Lebensalltag umzusetzen und diesen so besser zu ergreifen.

Das Freie Sozialpädagogische Seminar besteht aus:
- einem in sich geschlossenen Erfahrungs- und Berufswahljahr,
- der 3jährigen Diplommittelschule, bestehend aus dem Erfahrungs- und Berufswahljahr und zwei weiteren Seminarjahren.

Die Jugendlichen, die aus den unterschiedlichsten sozialen Schichten kommen, leben als Klassengemeinschaft mit den Erwachsenen in einem Haus zusammen. Wichtig ist der persönliche Entscheid des Jugendlichen, sich beim Eintritt in die Schule auf die Herausforderungen dieser Ausbildung einzulassen.

Das Erfahrungs- und Berufswahljahr

Im Erfahrungs- und Berufswahljahr versuchen wir Lebenssituationen zu schaffen, die den Schülern elementare, ganzheitliche Erfahrungen und Erlebnisse ermöglichen. Sie ermöglichen den Jugendlichen, für sich selbst und die Umwelt wach zu werden. Diese neu geweckte Aufmerksamkeit kann ihnen Werkzeug und Grundlage sein auf der Suche nach dem eigenen Weg in die Zukunft.

Sommerhalbjahr

Das Erlebnis steht als Lernform im Vordergrund. Mit einer Auswahl aus den angegebenen Projektbeispielen wollen wir
- ein tieferes Verhältnis zur *praktischen Arbeit*, zum eigenen *Körper* und zur *Natur* finden in Projekten wir Hausbau, Urbarmachung von Land, Wegbau, Pionierarbeit, usw.
- Interesse wecken für den Mitmenschen und für die *Gemeinschaft* in mehrwöchigen Wanderungen, beim Bergsteigen, Kanufahren, usw. Die dadurch ausgelösten Prozesse führen zu tieferlebten sozialen Erkenntnissen.

> «Wenn man sonst so im Schlössli zusammen ist, ist es viel einfacher vor einem Problem zu flüchten, als wenn man auf einer Wanderung zusammenlebt. Ich habe es oft kaum ausgehalten.» Are

- die oft verschütteten kreativen, künstlerischen Kräfte wecken in künstlerischen Projekten wie Theater, Steinhauen usw.

«Künstlerisches Schaffen ist im Grunde ein Arbeiten an mir selbst, meinem Durchhaltevermögen, meiner Geschicklichkeit, Phantasie und Ausdrucksmöglichkeit.» Angelika

Der unmittelbar mit den Erlebnissen zusammenhängende Schulstoff wird in begleitenden Kursen vertieft.

Winterhalbjahr

Seminaristischer Unterricht und Selbststudium gewinnen als Lernform an Bedeutung. Die Erfahrungen des bisherigen Lebens werden nun auf zwei Brennpunktfragen hin ausgerichtet:
- Wer bin ich? Was will ich?
Beschäftigung mit Biographischem, Berufsberatung, Berufspraktika, Menschenkunde, usw., ergänzt durch Erfahrungen im Künstlerischen und Praktischen.
- Wie ist die Welt heute? Wohin geht sie?
Aktuelle Fragen der Politik, Ökologie, Kunst, Drogen, Religion, usw.
Am Ende des Schuljahres erhalten die Schüler einen ausführlichen Jahresbericht. Das Erfahrungs- und Berufswahljahr bildet gleichzeitig das 1. Seminarjahr der Diplommittelschule, die im folgenden beschrieben wird. Der Übertritt erfolgt im Einverständnis zwischen Schülern, Lehrern und Begleitern.

Die Diplommittelschule

Aufbauend auf dem Erfahrungs- und Berufswahljahr wird hier nun vertieft auf verschiedene *Wissensgebiete* eingegangen, wobei das ganzheitliche Unterrichten weiterhin wichtig ist (Naturwissenschaft, Kulturgeschichte, Menschenkunde, Philosophie, Psychologie usw.). Daneben werden *künstlerische* sowie *formale Fächer* angeboten (Mathematik, Deutsch, Fremdsprachen, usw.). Durch ein *Wahlfachsystem* wird auf zwei verschiedene Berufsrichtungen vorbereitet:

- künstlerisch-handwerkliche Richtung
- sozial-pädagogisch-pflegerische Richtung

Das tägliche Geschehen in Haus und Schule (Kochen, Putzen, Einhalten von gemeinsamen Abmachungen, Ausbildungsziele usw.) wird von den Jugendlichen weitgehend *selbstverwaltet* und ist so ein wichtiges Übungsfeld.
In der 12. Klasse ist der gemeinsame Höhepunkt eine Theateraufführung. Die umfangreiche, von jedem selbständig zu erbringende Diplomarbeit bildet den Abschluss der drei Jahre und ist zugleich ein wichtiger Schritt in das Leben als Erwachsener.

«Das Diplom war für mich die Einleitung ins zukünftige Leben und der Abschluss vom Schlössli. Es war eine grosse Hilfe zum Selbständigwerden. Es waren drei sehr intensive Jahre, von denen ich noch lang werde zehren können.» Tom

Es bestehen mit den Nachfolgeschulen der obgenannten Berufsrichtungen Vereinbarungen, dass unsere Diplomanden zu den Prüfungen zugelassen werden (Heimerzieher- und Sozialschulen, Kindergarten- und Lehrerseminare, Pflege- und Therapieberufe, Kunstgewerbe- und Werklehrerausbildungen, usw.).
Die Arbeit mit Jugendlichen ist ihrem Wesen nach immer Öffnung für Neues, Zukünftiges; lebendige, kritisch fragende Jugendliche unter uns zu haben ist eine ständige Herausforderung für die ganze Gemeinschaft.

Das freie heimpädagogische Seminar

Wir alle sind auf der Suche nach unseren ureigenen schöpferischen Kräften, die uns Impulse für unser Leben geben, die uns helfen, die Sachzwänge des Alltags immer wieder zu überwinden und unseren eigenen, individuellen Weg in der Welt zu finden. Die Suche nach sich selbst führt über den anderen, über das Du. Nur so lerne ich selbständig *und* verantwortungsvoll in der Welt zu stehen.
Das Seminar umfasst:
- das Orientierungsjahr für Erwachsene,
- die Ausbildung zum Heimpädagogen, die aus dem Orientierungjahr und einem 3jährigen berufsbegleitenden Erzieherseminar besteht.

Das Orientierungsjahr

An verschiedenen Stationen des Lebensweges tauchen existentielle Fragen auf, und damit verbunden muss oft beruflich, aber auch von den Idealen her, eine Neuorientierung gesucht werden:
- Die Berufslehre habe ich mit viel Überwindung durchgestanden, aber ich kann mir nicht vorstellen, weiterhin in dieser Arbeit Befriedigung zu finden.
- Technik, Naturwissenschaft, überhaupt das materielle Denken zerstören Umwelt und Inwelt; wie kann ich ein neues, zukünftiges Denken entwickeln?
- Ich fühle mich blockiert, unkreativ und möchte durch künstlerisches Schaffen wieder innerlich aufleben.
- Ich möchte in eine soziale oder pädagogische Arbeit einsteigen, fühle mich aber noch unsicher, ob ich überhaupt etwas weitergeben kann.

Im Orientierungsjahr wollen wir, 12 bis 16 Erwachsene zwischen 20 und ca. 35 Jahren, gemeinsam nach neuen Werten suchen, die unter anderem eine klarere Berufsfindung ermöglichen sollen.
Im *Schulischen* legen wir das Hauptgewicht auf das Erarbeiten eines neuen Menschenbildes. Damit im Zusammenhang steht das Erfassen der Menschheitsgeschichte als Werdeprozess im grossen Weltgeschehen, aber auch eine Betrachtung von Pflanzen- und Tierwelt, die uns ein neues, nicht nur materielles Verhältnis zur Natur ermöglicht und uns etwas vom Geist hinter den Dingen erahnen lässt.
Im *künstlerischen Schaffen* sollen Bereiche angesprochen werden, die bei den heute üblichen Schulen und Ausbildungen meistens zu kurz gekommen sind. Das

Kreativwerden in der Kunst wirkt heilend auf unser ganzes Menschsein und befreit vieles, was in uns blockiert ist.

Das *Zusammenleben* in der Gruppe ist für alle ein weiteres Übungsfeld für *soziale Fähigkeiten.*

Das wird besonders intensiv erlebt in Projektwochen, Kulturreisen, usw. Durch Einsätze in Küche, Kindergruppe, Bau oder biologisch-dynamischer Landwirtschaft soll *handwerklich-praktisches Tun* zum Zuge kommen und der Bezug zur ganzen Schlössligemeinschaft geschaffen werden.

Auch sonst wird am rhythmischen Schlössligeschehen teilgenommen: bei der täglichen Morgenfeier, an den vielen besinnlichen und ausgelassenen Festen, bei Theateraufführungen, aber auch am «kleinen Sonntag» (Donnerstag), an dem mit den Kindern zusammen verschiedene *Kunsthandwerke* erlernt werden können (Buchbinden, Spinnen, Weben, Töpfern, Schmieden, Steinhauen, Brotbacken, Schuhmachern usw.).

Ausbildung zum Heimpädagogen

4jährige Ausbildung bestehend aus dem
– Orientierungsjahr und dem
– 3jährigen berufsbegleitenden Erzieherseminar.

Elementar wichtig für die pädagogische Aufgabe ist die innere Motivation des Erziehers, die Frage nach dem geistigen Hintergrund nicht nur seiner «Arbeit», sondern seines ganzen Menschseins.

Dieser Frage versuchen Lehrer und Seminaristen gemeinsam nachzugehen. Jeder wird, wenn überhaupt, eine eigene Antwort finden oder einen andern Weg einschlagen, die Suche fortzusetzen. Dabei behilflich zu sein, ist die eigentliche Aufgabe einer «Erzieherschule».

> «Im Christentum liegt die Aufforderung, sich nicht zu verlassen auf das, was man mit der Geburt ins Erdenleben hineinträgt, sondern innerhalb dieses Erdendaseins eine Umwandlung durchzumachen, die Seele sich entwickeln zu lassen, wiedergeboren zu werden in dem Christus, das, was man nicht durch die Geburt empfangen hat, durch die Erziehung zu empfangen, durch das Leben selbst.» Rudolf Steiner

Das Leben selbst ist Erziehung, nicht die künstlich geschaffene pädagogische Situation. Dies heisst aber, dass der Erzieher selbst *lebendig* sein muss, dass er als *ganzer Mensch* in seiner Aufgabe leben kann.

Nur wer selber ein Individuum ist, kann Kindern und Jugendlichen bei ihrer individuellen Entwicklung behilflich sein. Der Seminarist soll also während seiner Ausbildung vor allem darin unterstützt werden, seine ihm selbst innewohnenden Kräfte und Fähigkeiten zu entdecken, zu entwickeln und so zu einer ganzen, individuellen Persönlichkeit zu werden. Das kann natürlich nicht in der Schulstube vermittelt werden, sondern, wie könnte es anders sein, nur durch das Leben selbst. Hier in der Schlössligemeinschaft soll dieses Leben in ganzheitlicher Art möglich sein.

Die Seminaristen übernehmen eine verantwortungsvolle Aufgabe, die während Jahren eine unaufhörliche Herausforderung an sie darstellt und die durch den Unterricht mit immer wieder neuen Impulsen durchsetzt ist. Der Rahmen der Schlössligemeinschaft, – die Seminaristen sind ein tragender Teil davon –, ist dazu eine Voraussetzung. Denn nur durch das existentielle Sich-hinein-Begeben in einen ständig sich wandelnden sozialen Zusammenhang kann überhaupt ein Bewusstsein dafür entstehen, dass Erziehung nur in der Gemeinschaft möglich ist. Dadurch, dass Erzieher und Kinder im gleichen sozialen Zusammenhang leben, haben sie ganz andere Möglichkeiten, aber auch Notwendigkeiten, einander wahr-zunehmen.

Ausbildungsweg: Jeder Seminarist wird nach Möglichkeit eine ihm gemässe, verantwortungsvolle Aufgabe innerhalb der Heimgemeinschaft übernehmen, worin er sich selbst in *der Tat* bewähren kann; in der Regel selbständige Verantwortung für Kindergruppe, Haushalt und Küche.

Der *Seminarunterricht* wird für alle Seminaristen in wöchentlich 6 bis 8 Unterrichtsstunden und in jährlich 4 Studienwochen gemeinsam erteilt:
- Es wird *gedanklich* in die Idee und Praxis unserer Pädagogik eingeführt. Allgemeinbildende Stoffe werden nach Möglichkeiten und Interesse aus folgenden Gebieten zusammengestellt: Menschenkunde, Pädagogik, Sozialkunde, Biografik, Christologie, Jugendliteratur, Kinderspiele, usw.
- Auch der *künstlerisch-handwerkliche Unterricht* wird fortgesetzt. Zudem legen die Seminaristen jedes Quartal eine selbständig verfertigte, kunsthandwerkliche Arbeit vor.
- Die Diplomarbeit beinhaltet eine schriftliche Arbeit mit Vortrag im letzten Seminarjahr. Die Diplomierung erfolgt auf Grund der pädagogischen Arbeit, des Seminarbesuches und der Diplomarbeit.

Das Schlössli in Stichworten

Gründung
1953 durch Robert und Ruth Seiler. Mit privater Hilfe wurde im alten Bauerndorf Ins, zwischen Neuenburger- und Bielersee, ein ehemaliges Patrizierhaus, der Rosenhof, gekauft.

Wachstum
Die Kinderschar vergrösserte sich rasch von 15 auf 40 im Jahr 1960, bis maximal 120 anfangs der 70er Jahre. Weitere Häuser konnten erworben werden in Ins, im Emmental und auch in Südfrankreich.

Erweiterungen
1963 entsteht das Freie Heimpädagogische Seminar für Erwachsene, und die ersten Seminaristen beginnen die Ausbildung.
1973 wird das Freie Sozialpädagogische Seminar für Jugendliche gegründet.
1980 öffnet sich die Heimschule auch für externe Schüler aus der Umgebung.
1985 kommt das Orientierungsjahr für Erwachsene dazu.

Übergänge
Nachdem das Schlössli lange als Familienbetrieb geführt wurde, wird 1979 der Verein Schlössli Ins gegründet. Die Mitglieder des Vereins führen heute gemeinschaftlich den Betrieb der Bildungsstätte Schlössli. 1982 übergibt die Familie Seiler die Liegenschaften der Stiftung Seiler.

Heutige Grösse
Freie Lern- und Lebensgemeinschaft für Kinder:
- Wohnbereich: 50 Kinder aus der ganzen Schweiz und vom Ausland.
- Schule: zusätzlich 30 externe Schüler aus der Umgebung und 15 Mitarbeiterkinder.

Freies Sozialpädagogisches Seminar: 40 Jugendliche.
Freies Heimpädagogisches Seminar:
- Orientierungsjahr: 15 Erwachsene.
- Erzieherseminar: 20 Seminaristen.

Im weiteren ca. 60 *Mitarbeiter* in Haus, Schule, Landwirtschaft, Bauhütte und Verwaltung.

Finanzielles
Grundsätzlich richten wir uns bei den Aufnahmen von Schülern auf allen Stufen nach pädagogischen und menschlichen Kriterien, unabhängig von den finanziellen Möglichkeiten der Eltern. Die Summe aller Schulgelder muss deshalb kostendeckend sein, weil dies unsere einzigen Einnahmen sind (mit Ausnahme der Spenden, die ca. 5% des Budgets decken). Nach unseren Erfahrungen liegen unsere Betriebskosten, inklusive Liegenschaftskosten, bei etwa einem Drittel von vergleichbaren staatlichen Einrichtungen.

Schlössligeschichte als Gemeinschaftsentwicklung

«Die Universitäten müssen mit Kopf, Herz und Hand neu gegründet werden. Und zwar heute! Da alles Wachstum klein beginnt, sind diese Universitätsgründungen unscheinbar. Eine kenne ich: das Schlössli Ins, gegründet durch die persönliche Initiative von Robert und Ruth Seiler-Schwab. Das Werk der Eltern wird heute von Herzenskindern weitergeführt. Wer an der Wirksamkeit einer persönlichen Initiative zweifelt, gehe hin und schaue sich an, wie weit er es mit Zivilcourage und Mut zur Demut bringen kann. Wenn es mehr Zivilcourage gäbe, bräuchte es bald keine Militärcourage mehr.»

Max Thürkauf, Biomagazin 1979

«Was half uns vor 30 Jahren, das Schlössli zu gründen? Wir hatten *Vertrauen* und *Mut* zu einem Impuls. Wir setzten uns ein, ohne Rücksicht auf unsere materielle Existenz. Wir wissen es heute: Der Impuls kam aus der geistigen Welt. Dass er lebendig bleibt, weiter gedeiht, dazu braucht es auch nach 30 Jahren volles Engagement. Es fordert Verzichte, aber auch grösstes Vertrauen in die geistige Welt und in die menschlichen Möglichkeiten. Es freut Ätti und mich immer wieder, feststellen zu dürfen, dass in diesem Sinne im Schlössli weitergearbeitet wird.»

Müeti (Ruth Seiler), Festschrift 1983

Ja, dieser starke Gründungsimpuls hat die ersten Jahre überstrahlt, trotz materieller Sorgen und bürokratischer Widerstände. Es war *eine* grosse Familie, auch als weitere Häuser dazukamen und die Gemeinschaft sich vergrösserte. Ätti Seiler gab den Rahmen, über pädagogische Grundlagen bis hin zum Menüplan, während Müeti Seiler die seelische Hülle gab für Kinder und Mitarbeiter. Auf diesem starken, unabhängigen Fundament bauen wir noch heute auf. Die Art unseres Zusammenlebens und -arbeitens jedoch hat sich in vielem verändert oder musste gänzlich umgekrempelt werden, um den Erfordernissen der Zeit gerecht zu werden.

> «Wieso ich all diese Veränderungen mitgemacht habe? Ja, manchmal tat es schon weh, wenn Bewährtes weggeworfen wurde. Aber etwas hat immer gelebt, wenn auch in stürmischen Zeiten nur noch im Verborgenen: unser Menschenbild, das das Kind und seine Entwicklungsmöglichkeiten in den Mittelpunkt stellt. Das hat mich bis heute getragen.»
> Ruth Buchmann, seit 28 Jahren Schlösslimitarbeiterin

Die Übergabe des Betriebes an die beiden Söhne (1972) leitete eine Phase ein, die vom Zentralistischen zum Autonomen, vom Vorgegebenen zur Selbstbestimmung führte. Bedingt durch die Grösse und Vielfalt trat immer mehr eine *Arbeitsteilung* ein, Kompetenzen wurden verteilt. So wurde nach und nach jedes Haus, jede Klasse, die Bauhütte, die Landwirtschaft, aber auch die Administration *ein autonomer Bereich,* wo viel individueller gearbeitet werden konnte. Damit erwuchs aber die Gefahr einer zu starken Aufsplitterung, bei der man vom andern nichts mehr wusste; die Idee des Schlössli als Ganzes drohte zu verblassen. Für die *Leitungskonferenz* entstand nun die zentrale Aufgabe, die *verschiedenen Glieder des Körpers miteinander zu verbinden.* Aus jedem Gebiet treffen sich die Mitarbeiter, die länger als 1 bis 2 Jahre im Schlössli sind (ca. 25 Personen) in dieser Konferenz. Hier ist in letzter Zeit das *Zwischenmenschliche* viel mehr in den Vordergrund getreten: Statt zu organisieren, erzählen wir einander unsere Biographien oder berichten, wie es uns in unseren Arbeitsbereichen geht. Wir versuchen, jedem auf seinem Gebiet volles Vertrauen und Entscheidungsfreiheit zu gewähren und wollen dadurch doch nicht in eine Isolation kommen, einander nicht im Stich lassen, sondern uns gegenseitig mittragen.

Was von allen mitentschieden wird, muss auch von allen mitgetragen werden: Schulgeld- und Lohnfragen, langfristige Planungen usw. Dabei gilt nicht das Mehrheitsprinzip, sondern die *Einstimmigkeit:* Nur wenn jeder einverstanden ist, kommt ein Entscheid zustande. Damit werden Minderheiten nicht übergangen und in die Opposition gedrängt, sondern wirken als Herausforderung, sich noch tiefer mit der Frage zu beschäftigen, bis man sich eins fühlt. Das braucht manchmal viel Zeit, dafür bekämpfen wir uns nicht gegenseitig, sondern ziehen dann auch am gleichen Strick. Wir glauben, dass in dieser Art der gemeinsamen Beschlussfassung eine Möglichkeit liegt, menschengerechter miteinander umzugehen.

Jede Woche leitet ein anderer die Konferenz, damit nicht einer in die Führungsrolle gedrängt wird.

Hier wird der unmittelbare Zusammenhang mit den Grundlagen unserer Pädagogik deutlich. Weil wir uns als Mitarbeiter gegenseitig ernst nehmen und weil wir uns als Teil der Gemeinschaft erleben, können wir auch die Kinder, Jugendlichen und Erwachsenen ernst nehmen und ihnen ein Gefühl von Sicherheit und Geborgenheit geben. So sind die Sozialstrukturen einer Bildungsstätte nicht Nebenfragen der Pädagogik, sondern ihr Zentrum. Hier können und wollen gerade Jugendliche und Seminaristen die Echtheit unserer Anliegen und Ideen erleben und prüfen.

Die beschriebene Entwicklung hatte rechtliche Umwandlungen zur Folge: Der Betrieb wurde von Seilers an den Verein übergeben, der aus den Mitgliedern der Leitungskonferenz besteht, währenddem die Liegenschaften aus dem Familienbesitz einer Stiftung übertragen wurden, die in der Verantwortung der am meisten mit den Häusern verbundenen Menschen liegt. Beides war nur möglich dank der Offenheit und Anpassungsfähigkeit der Familie Seiler und dank Mitarbeitern, die ohne falsche Machtgelüste Verantwortung übernehmen wollten. Durch diese Veränderung haben wir *Selbstverwaltung* rechtlich und praktisch verwirklicht. Wenn jetzt Führungsstrukturen entstehen, dann von unten her, aus dem Vertrauen, das die einen den andern geben. So sind z.B. die drei übergeordneten Gruppen «geistige Ideen», «Finanzen» und «Mitarbeiter» aus einem intensiven persönlichen Prozess in der grossen Leitungskonferenz herausgebildet worden und tragen ihre Impulse immer wieder in die grosse Gruppe hinein.

Eine harmonisierende Wirkung auf die Führungsstruktur hat der *Einheits- oder Soziallohn*, d.h. dass jeder in der gleichen familiären Situation gleichviel verdient. Das Gehalt soll zur Deckung der Bedürfnisse dienen und hat keinen Zusammenhang mit der Stellung im Schlössli. Verantwortung wird aus Freude und Interesse übernommen. Die Bedürfnisse verändern sich dadurch nicht, im Gegenteil, durch grössere Zufriedenheit in der Arbeit werden vielleicht sogar die materiellen Bedürfnisse kleiner; also wäre ein höherer Lohn auch deshalb widersinnig. Wir glauben, dass durch ein solches Verständnis des Lohnes der Teufelskreis durchbrochen werden könnte, der heute zu Unrecht den Arbeitnehmer dem Leistungsprinzip aussetzt und ihn käuflich macht wie eine Ware.

Das Bilden solcher Verantwortungsgemeinschaften hat auch einen menschheitlichen Aspekt: Wir möchten, auch wenn es uns oft noch schlecht gelingt, einüben, was von uns aus gesehen in der Zukunft dringend nötig sein wird, um die gesellschaftlichen und zwischenmenschlichen Krisen zu überwinden. Um das zu verwirklichen, müssen wir ständig auf dem Weg sein, immer neu nach der Form suchen, nicht um sie dann endgültig zu haben, sondern um sie wieder neu umzugestalten im Sinne einer sozialen Plastik. In der Gestaltung des zwischenmenschlichen Alltags wird die Kunst, die so zentral in unserer Pädagogik ist, auf neue Weise wirksam.

> Nach einem längeren Aufenthalt im Schlössli schreibt der Kunsthistoriker Dr. Diether Rudloff an den Künstler Joseph Beuys: «Dieses Schlössli Ins ist eine echte Alternative nicht nur zu den üblichen staatlichen Bildungsstätten, sondern auch zu den meisten Steiner-Schulen. Es geht keinerlei Kompromisse ein, weder mit Staat noch mit Wirtschaft. Es existiert ganz aus sich selbst heraus und kann es sich deshalb ‹leisten›, ein wirklich unabhängiges, freies Geistesleben zu entwickeln, das erstaunlicherweise die Quadratur des Zirkels zu lösen beginnt: freie Individuen heranzubilden, die sozial zu handeln in der Lage sind. Und das ganze lebt hier echt einen ‹erweiterten Kunstbegriff›, so wie sie ihn formulieren, dar. Kommen Sie her, und schauen Sie sich diese Gemeinschaft freier Geister einmal an!»

Nachtrag

Die im Prolog noch spasshaft gemeinte Überhäufung von Ideen, die schriftliches Festhalten verunmöglichen würde, ist nun doch wahr geworden: Ich sitze für letzte Korrekturen vor dem Manuskript und stelle gerade in diesem Kapitel fest, dass sich ganz Grundlegendes verändert hat.

- Die Leitungskonferenz ist aufgelöst und die Aufgaben an die Gesamtmitarbeiterkonferenz (ca. 70 Personen) übertragen worden, um so die Anerkennungshierarchie ganz von der Basis her aufzubauen.
- Die einzelnen pädagogischen Bereiche wurden noch selbständiger, was Selbstverwaltung (z.B. durch die Jugendlichen oder Seminaristen) erst richtig möglich macht.
- Die bis ins Finanzielle hinein autonomen Bereiche machen übergeordnete Entscheide fast überflüssig: Die von allen Mitarbeitern gebildeten Gruppen «Finanzen», «Geistige Ideen» und «Mitarbeiter» bekommen Wahrnehmungs- und Beratungsfunktion.

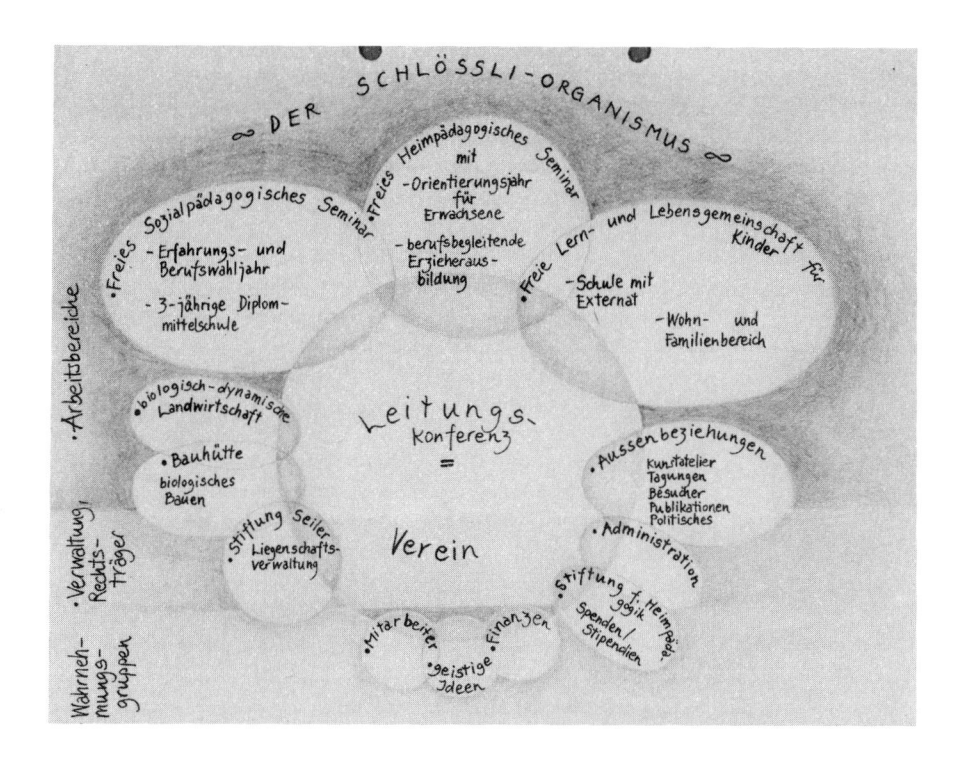

Lieber Engel, gönne uns nun ein paar Minuten Ruhe, damit ich das Manuskript beenden und abschicken kann, bevor es wieder...

Geistige Quellen

Aus dem bisher Beschriebenen ist vielleicht deutlich geworden, dass da, wo es um die geistigen Quellen geht, die Freiheit jedes einzelnen höchstes Anliegen ist: Jeder kann selber am besten entscheiden, was er für seine momentane Lebensphase als Anregung braucht. Natürlich findet viel gegenseitiger Austausch statt, aber jeder ist frei, was er damit machen will. Erstaunlicherweise ergibt sich aus dem Zusammenspiel der vielen individuellen Ansätze trotzdem ein Ganzes, wenn auch nicht ein einheitlich-gleichgeschaltetes, sondern eines voller Spannungen. Um näher an die Gemeinsamkeiten zu kommen, die hinter jeder äusseren Gegensätzlichkeit verborgen liegen, suchen wir in letzter Zeit vermehrt die Form des gemeinsamen Schweigens, der Stille. Überhaupt wird uns der Pendelschlag zwischen äusserer Aktivität und beschaulicher Ruhe immer wichtiger.
Natürlich hilft uns die Tatsache, dass meistens nur Menschen ihren Weg ins Schlössli finden, die an die positiven Kräfte im Menschen und insbesondere in den Kindern und Jugendlichen glauben. Dass die Anthroposophie Rudolf Stei-

ners eine bedeutende Rolle spielt, lässt sich mit ihrer Universalität erklären, die Anregungen für die Landwirtschaft, für den Bau, für die Pädagogik wie für die Sozialgestalt enthält. Für viele von uns hat sich die intensive Beschäftigung mit anderen Persönlichkeiten als ebenso wichtig erwiesen, so dass in Gesprächen Namen wie Jean Gebser, Mahatma Gandhi, C.G. Jung, Erich Fromm, Heinrich Pestalozzi, Karl Jaspers, usw. auftauchen. So wichtig die Beschäftigung mit diesen Autoritäten ist – gerade sie fordern uns im Grunde genommen zum *eigenen Suchen* auf.

Eine Quelle verändert sich äusserlich gesehen kaum, und doch quillt immer neues, lebendiges Wasser aus ihr hervor. Eine klar ansprechbare Institution zu sein und doch geistig lebendig zu bleiben, ist eine Herausforderung, die an jeden von uns und an die ganze Gemeinschaft täglich neu gestellt ist. Dabei wird jeder konfrontiert mit seiner eigenen Engstirnigkeit und dem «Missionar», der in uns steckt.

Innenwelt – Aussenwelt

Jeder Organismus braucht eine Haut, die ihn von der Aussenwelt abschirmt, und doch muss diese Haut durchlässig sein, muss durch Atmung und Wahrnehmung ein Austausch stattfinden.

- Eine Abgrenzung, die seit der Gründung des Schlössli zu den Grundimpulsen gehörte, ist die *Unabhängigkeit von Staat und Wirtschaft.* Denn wieso sollen gewisse Dinge gemacht werden müssen, nur weil Geldgeber, Gesetze, Machtstrukturen es fordern, obwohl die direkt Betroffenen (Kinder, Jugendliche, Eltern und Lehrer) darin keinen Weg zur Menschwerdung sehen?
- Die wesentlichsten Partner für uns sind die einzelnen Eltern bzw. ihre Stellvertreter (Behörden), die unsere Arbeit schätzen und uns ihre Kinder und Jugendlichen anvertrauen. Dabei leisten sie das ihnen Mögliche an finanziellen Mitteln, um unsere Schule auch wirtschaftlich zu tragen.
- Wir sind aber auch dankbar für all die *Freunde,* die uns in verschiedener Hinsicht beistehen. Wir sind eben nur soweit frei, als uns durch die Unterstützung anderer diese Freiheit ermöglicht wird.
- In Beziehung zur Aussenwelt stehen wir auch durch die vielen *Besucher,* die ins Schlössli kommen. Wir führen in letzter Zeit vermehrt *Ausbildungstage im Schlössli* durch für Lehrergruppen, Berufsberater, Studentengruppen, Eltern, Berufsschulen, Behörden usw. Auf diese Weise kann intensiver eingegangen werden auf die Hintergründe unserer Arbeit und die Impulse, die daraus entstehen können für die jeweilige Besuchergruppe und für uns.
- Die pädagogische Sommertagung, Theateraufführungen der 8. und 12. Klasse, Ausstellungstage mit Darbietungen, öffentliche Feste usw. tragen ebenfalls zu einem reichhaltigen Austausch bei.
- Daneben gibt es bereits über 2000 *ehemalige Schüler und Mitarbeiter* in unzähligen Ländern der Welt. Von Ehemaligen sind neben vielen anderen Initiativen

auch 15 pädagogische Gemeinschaften für Kinder, Behinderte, Straffällige, Drogensüchtige usw. entstanden.
- Mit Klassen werden viel Unternehmungen nach aussen gemacht: Wanderungen, Aufenthalte in anderen Gemeinschaften (z.T. Aussenorte vom Schlössli), Kunst- und Kulturreisen usw.
- Wir machen mit in den verschiedensten *Arbeitsgruppen,* von den Steiner-Schulen über Alternativschulen bis zu den Selbstverwaltern, wobei uns leider oft die nötige Zeit fehlt. Kontakte bestehen zu verschiedenen Gemeinschaften wie z.B. Findhorn in Schottland usw.
- Im *Politischen* sind Schlössler immer wieder sehr aktiv, ganz abgesehen davon, dass schon die Existenz des Schlössli auch ein Politikum ist. Neben lokaleren Aktionen (Kantonales Referendum unter dem Präsidium eines Schlösslers, wodurch ein überdimensioniertes Strassenbauprojekt verhindert werden konnte; Kampf gegen das nitratverschmutzte Trinkwasser) sind wir vor allem im direkt Bildungspolitischen tätig. Hier ist speziell die von uns 1981 lancierte «Kantonale Initiative für freie Schulwahl» zu erwähnen.* Leider waren ausser den Grünen keine Parteien dafür zu gewinnen: bei den einen hört die freie Marktwirtschaft bei der Schule auf, die andern wollen nicht noch eine verstaatlichte Domäne aus den Händen verlieren.
- Grössere Hoffnungen gibt uns der politische Erfolg der von uns mitbegründeten *«Freien Liste».* Sie hat seit 1986 auf einen Schlag 11 Grossräte (darunter ein Schlössler) und zwei Regierungsräte (darunter die Erziehungsdirektorin) im Kantonsparlament. Das gab ein Freudenfest (wir sind immer froh, einen Grund zum Festen zu haben!), und natürlich nahmen Regierungsvertreter an diesem öffentlichen Schlösslianlass teil...

Epilog im Himmel

Verschwitzt und abgemagert trat der pfiffige Engel vor den Ältestenrat: «Ihr Ältesten, ich habe unter Einsatz all meiner Kräfte getan, was mir möglich war. Die Schlössler wissen vor lauter Ideen nicht mehr, wo ihnen der Kopf steht, die Baupläne z.B. sind jeweils schon überholt, bevor sie fertig aufgezeichnet sind. Doch ach, der Schreiber hat zwar gestrichen und gestrichen, und doch ist etwas übriggeblieben, ich konnte es nicht verhindern, ich habe versagt und gehöre in die Hölle, denn die Gemeinschaft, die mir so sehr am Herzen liegt, wird nun doch in den Sarg, den sie Buch nennen, gesteckt.»

---

* Diese Initiative wollte folgenden Artikel ins Gesetz aufnehmen: «Eltern oder andere Erziehungsberechtigte, die ihre Kinder in einer Privatschule unterrichten lassen, haben Anspruch auf Rückerstattung der ausgewiesenen Kosten für Schulgelder und Lehrmittel bis zu demjenigen Betrag, den Staat und Gemeinden im Durchschnitt für gleichaltrige Schüler im gleichen oder vergleichbaren Schultypus der öffentlichen Schulen aufwenden.

Schluchzend fiel der Engel vor dem Rat zu Boden. Doch einer der Ältesten sprach mit tröstenden Worten: «Lieber kleiner Engel, mach Dir keine Sorgen. Das Schlössli lebt wie eh und je, dagegen ist nicht so schnell ein Kraut gewachsen. Und was an Geschriebenem übriggeblieben ist: schau es an, gar so schlimm ist es nicht! – Vor allem können wir jetzt dafür sorgen, dass es von Menschen gelesen wird, welche die Kunst der Auferweckung von Todeszeichen beherrschen und daraus farbige, lebendige Vorstellungen machen können. Wer weiss, vielleicht wird dadurch sogar der eine oder andere Schüler und Erwachsene auf das Schlössli aufmerksam und geht hin, um zur Lebendigkeit dieser Gemeinschaft beizutragen: Durch den Tod zum Leben, halleluja!»
Beruhigt machte sich der Engel davon. Vor Erschöpfung und Freude fiel er in einen wochenlangen Schlaf, und wir hoffen, dass dadurch auch im Schlössli wieder etwas ruhigere Zeiten einkehren können.

Die Freie Volksschule Affoltern

von Rainer Hasler, Lehrer an der Freien Volksschule Affoltern

Kurzgeschichte der FVA

1970 Eine Gruppe besorgter Eltern trifft sich regelmässig zu Gesprächen über Erziehung und Schule.

1972 Diese Elterngruppe tritt unter dem Namen «Elternforum für offene Schule» mit Artikeln im regionalen Anzeiger an die Öffentlichkeit. Zeitweise nehmen über 40 Personen daran teil, darunter auch viele Lehrer der staatlichen Schule. Ziele des Elternforums waren: Die Diskussion über Schulfragen ankurbeln, die Eltern am Schulgeschehen aktiv beteiligen, die individualisierenden Lehrer an der öffentlichen Schule unterstützen. Forum zu sein für die Eltern, die ihren Kindern jene Bildung zukommen lassen möchten, die sie für richtig halten, auch wenn sie der gegenwärtigen Interpretation des Lehrplanes nicht entspricht. Die Bildung von Alternativklassen mit neuen Bildungsinhalten (innerhalb der öffentlichen Schule).

Oktober 72 Das Elternforum besucht die Freie Volksschule Effretikon.* Damit war der Gedanke «zum Selbermachen» geboren.

1973 Frühling: Eröffnung der Freien Volksschule Affoltern mit zwölf Kindern und zwei Lehrerinnen.

1976 Der 3½-Zimmer-Hausteil, indem die FVA untergebracht ist, platzt mit 19 Schülern fast aus den Nähten. Zwischen Gründereltern und neu eingetretenen Eltern entstehen Zielkonflikte. Der Anteil an schwierigeren Kindern nimmt zu.

1977 Die Gründereltern treten geschlossen aus, als mit dem Austritt einer bewährten Lehrerin wieder vieles unsicher wird. Dieser geschlossene Austritt führt zu einer Panikreaktion: Auch die restlichen Eltern, mit Ausnahme einer Familie, treten aus.

Frühling 77 Arnold Scheidegger, Gründungsmitglied, und Rainer Hasler, seit Sommer 75 Lehrer an der FVA, führen die Schule mit einer (!) Schülerin weiter. Günther Latzel von der FVT (Freie Volksschule Trichtenhausen) und Andres Studer von der FVO (Freie Volksschule

---

* Die im Frühjahr 1972 eröffnete Freie Volksschule Effretikon, auch A1 (Alternativschule 1) genannt, wurde nach längeren Auseinandersetzungen 1974 vom Kanton Zürich geschlossen; ihr letzteres Jahr hatte sie in Winterthur zugebracht.

	Oberglatt) sowie Sylvia Hasler-Meier, übernehmen für ein halbes Jahr eine Defizitgarantie für den Fall, dass der neue Versuch scheitern sollte.
Herbst 77	Die Schule kann mit 5 Schülern weitergeführt werden.
1978	11 Schüler und zwei Lehrkräfte, wovon zweite Lehrkraft mit Teilpensum.
1980	Die Verhandlungen über die neue Liegenschaft an der Ottenbacherstrasse beginnen.
Frühling 83	Bezug der neuen Räumlichkeiten, die zu einem grossen Teil von Eltern und Lehrern renoviert und eingerichtet wurden.
Frühling 87	Gründung einer Spielgruppe durch Sylvia Hasler-Meier. Leiterin: Rosmarie Jenny-Giger.
1986 – 87	21 Schüler, zwei Lehrkräfte, eine Rhythmik- und eine Handarbeitslehrerin sowie eine Flötenlehrerin für fakultativen Flötenunterricht.

Wie erleben Eltern und Lehrer die FVA?

Ausschnitte aus einem auf Band aufgezeichneten Elternabend

Als Einstieg wurde vorgeschlagen zu erzählen, was uns spontan in den Sinn kommt, wenn wir an unsere FVA denken.
Margrit I.: Im Moment kommt mir das Auto fahren in den Sinn. Dass ich jeden Tag Auto fahren muss, und zwar zu ganz bestimmten Zeiten, das stresst mich am meisten. Dann gibt es aber auch viele schöne und tolle Sachen, die kommen mir aber erst an zweiter Stelle in den Sinn.
Rainer: Bei dir stünde das A von FVA für «Autofahren».
Sibylle: Das hat seine Berechtigung. Auch solche Sachen gehören zur FVA. Der Schulweg ist ein Teil der Schule und zum Teil auch ein Problem, also hat dieser Gedanke durchaus seine Berechtigung hier.
Margaret H.: Als mein Kind an die FVA kam, erlebte ich besonders stark die Entwicklung einer tieferen Beziehung zu anderen Eltern. Durch den schulfreien Samstag geniessen wir die Familie länger und intensiver. Auch fällt mir auf, dass unser Bub jeweils viel weniger «angestaut» von der Schule nach Hause kommt.
Robert: Meinst Du damit, dass sich hier an der Schule mehr Aggressionen, die sich naturgemäss aufbauen, ausleben lassen als zu Hause?
Margrit I.: Ja, davon bin ich überzeugt! Ich erlebe dies täglich. Ich weiss, dass Gregor in der Schule oft sehr lebhaft ist. Trotzdem geht er zu Hause zuerst in aller Ruhe eine Stunde auf sein Zimmer. Er hat überhaupt kein Bedürfnis, sich auszutoben. Er hat sich auf eure Kosten schon ausgetobt. Dies dünkt mich ganz anders als in der Staatsschule vorher.
Margaret H.: Was mir am Anfang sehr imponierte, war die freundschaftliche Basis, die Schüler-Lehrer-Beziehung, und dass die Kinder die Lehrer mit «Du» anreden dürfen. Das bewirkt auch, dass sie ihre Meinung freier äussern können.

Sie werden frecher und dies auch zu mir. Das ist wohl auch eine gute Entwicklung. Trotzdem finde ich manchmal, ein bisschen mehr Respekt wäre besser. Ein bisschen mehr Grenzen setzen, damit ich es nicht so schwer habe.

Katrin: Ja, vielleicht sind sie frecher, aber andererseits erlebe ich auch wieder, wie sie ganz fein reagieren, sogar etwas zugeben, wovor Kinder sonst Hemmungen haben. Das habe ich in der kurzen Zeit bis jetzt stark erlebt.

Zum Thema Noten...

Theres: Ich möchte meinen Kindern Noten, Prüfungen und Schulstress ersparen. Das sind Gründe, weshalb ich meine Kinder in die FVA schicken wollte.

Angelina: Ich finde, nicht nur lernbehinderte, sondern auch normalbegabte Kinder sollten von einer Gesamtschule ohne Noten profitieren können. Am wichtigsten ist mir, dass die Fantasie nicht mit Rechnen und sonstigem trockenem Schulstoff gebodigt wird, sondern durch die ganze Schulzeit hindurch lebendig erhalten bleibt.

Sibylle: Dass die Kinder an dieser Schule nicht benotet werden, war für mich eine wichtige Voraussetzung. Ob hingegen mündlich oder schriftlich Bericht erstattet werden soll, darüber kann man streiten. Ich glaube, ein schriftlicher Bericht kann von Vorteil sein. Der Lehrer muss sich intensiver damit auseinandersetzen. Das Gespräch verläuft auf einer ganz anderen Ebene: Da spielt der Tonfall und schwingt die Beziehung zwischen Eltern und Lehrer mit, und man kann auf das geschriebene Wort zurückgreifen.

Rainer: Zum Gespräch mit den Eltern am Ende des Schuljahres, an dem ich über den schulischen Stand des Kindes berichte, mache ich mir zuvor ausführliche Notizen zu allen Disziplinen, aber auch zum Verhalten des Kindes im Unterricht, in der Gruppe, mir gegenüber. Die Vorbereitung zum Gespräch mache ich also auch schriftlich. Allerdings bleiben diese Notizen bei mir, ich berichte davon nur mündlich. Die Eltern können sich während des Gesprächs ebenfalls Notizen machen.

Anne-Do: Ich merke, dass eine exakte, umfassende Beurteilung gar nicht möglich ist. Auch mit einem schriftlichen Bericht erfasse ich das Kind noch nicht vollständig. Wenn ich aber öfters mit den Eltern Gespräche über ihr Kind führe, so kristallisiert sich doch mit der Zeit der Weg des Kindes heraus.

Pädagogisches Leitbild der FVA

Die Pädagogik der FVA ist keiner Weltanschauung oder Ideologie verpflichtet. Aus der Überzeugung heraus, dass jeder Mensch unendlich viel mehr ist und werden kann, als wir uns vorzustellen vermögen, lehnt es die FVA ab, ihre Schüler auf irgendein Ideal hin zu erziehen. Das Kind will und soll das entfalten, was in ihm selber steckt, und unsere Aufgabe ist es, ihm dabei zu helfen.

Um sich entfalten zu können, braucht jedes Kind Liebe und Anerkennung. Weder Eltern noch Lehrer haben ein Recht, ein Kind zu manipulieren oder in irgendeine Laufbahn zu drängen. Denn damit unterdrücken sie das, was im Kinde selbst angelegt ist. Dadurch verliert das Kind auch seinen natürlichen Antrieb zur Leistung. Ein Kind leistet nur dann sein Bestes, wenn wir uns bemühen, auf seine eigenen Beweggründe einzugehen; wenn wir also bereit sind, die Eigenart des Kindes kennenzulernen und zu achten.

Der Unterricht der FVA ist darauf ausgerichtet, das Selbstvertrauen, den Tatendrang, die Fähigkeit zur Zusammenarbeit und zur Eingliederung in die Gemeinschaft, die angeborene Freude am Lernen, die Toleranz und das Verantwortungsbewusstsein zu stärken oder, wenn nötig, zu wecken. Dies verbietet der FVA, Schüler unter Druck zu setzen, fordert aber von den Lehrkräften, jeden Schüler geduldig und genau zu beobachten, um auf seine Motive eingehen zu können.

Die FVA verzichtet auf Noten und auf schülervergleichende Prüfungen. Sie werden der immer einmaligen, persönlichkeitsbedingten Leistung des Schülers nie gerecht.

Strafen im üblichen Sinn erachten wir als überflüssig. Sie treffen immer einen Menschen, der im Grunde nicht das Böse wollte, sondern einfach in Not war oder ist. Viele Unarten der Kinder sind Notsignale, die uns zur Anteilnahme und Hilfeleistung auffordern. Wir finden es wichtig, Grenzen zu setzen und dem Kind die Möglichkeit zu geben, die sinnvollen und logischen Konsequenzen aus seinem Handeln und Verhalten zu tragen und daraus zu lernen. Konflikten begegnen wir im ernsten Bemühen, die Ursachen zu finden und zu beseitigen.

Aus meinem Schulalltag mit den Erst- bis Drittklässlern

Anne-Do Arnold-Geilinger

Die ersten Schulstunden am Morgen gefallen mir besonders. Die Kinder sind frisch und unternehmungslustig. Bevor der Unterricht begonnen hat, haben die Erstklässler bereits mit dem Ausmalen eines Rechnungsarbeitsblattes begonnen. Andere erfinden auf einem Zeichenblatt eine Rennstrecke, die sie nun unermüdlich nachfahren. Auf die Matratze in der Leseecke hat sich ein Kind mit einem Meerschweinchen zurückgezogen und führt ein zärtliches Zwiegespräch. Wieder ein Kind sitzt mit offenen Augen an seinem Pult und träumt. Daneben am Boden spielt eine kleine Gruppe Kinder «Snuff» (ein beliebtes Rechenspiel). Durchpausen und «Bücher schreiben» sind ebenfalls sehr beliebt.

Meinen Unterricht beginne ich damit, dass ich die Kinder im Kreis versammle. Dieser gemeinsame Start ist mir wichtig, weil ein Teil der Kinder nachher individuell verschiedene Arbeiten verrichtet. Im Kreis berichten die Kinder von dem, was sie gerade bewegt, und stellen der Gruppe ihr Lieblingsspielzeug vor. Dann erläutere ich den Kindern, wie ich mir das Arbeiten an diesem Morgen vorstelle. Während ich z.B. mit den Zweitklässlern einen Lesetext einübe, arbeiten die Drittklässler als Freiarbeit im Textheft, und die Erstklässler zeichnen an ihrem

Wunschhaus oder ziehen sich in die Leseecke zurück. Das Üben mit den Zweitklässlern geht natürlich nicht ungestört von statten: Ein Erstklässler braucht ein neues Blatt, weil ihm seine Zeichnung nicht gefällt, und ein Drittklässler möchte wissen, ob er noch mehr schreiben solle. Ein Erstklässler hat vielleicht einem Drittklässler, ohne zu fragen, einen Farbstift weggenommen, und nun hat sich ein lauter Disput daraus ergeben.

Nach der grossen Pause sitzen die einen Kinder bereits wieder an der begonnenen Arbeit, und zwei Knaben müssen noch eine Auseinandersetzung austragen. Ich arbeite abwechselnd mit den verschiedenen Alters- (oder Lern-)gruppen, so dass alle innerhalb eines Morgens von mir Anregungen erhalten haben. Wenn nach 11 Uhr die ersten feinen Düfte ins Schulzimmer ziehen und die Kinder zunehmend abzulenken beginnen, lese ich gerne aus einem Buch vor. Dazu malen die Schüler frei oder hören einfach zu.

Nach dem Mittagessen gemeinsam mit den Viert- bis Sechstklässlern steht der Mehrzweckraum zum Lesen, Kassettenhören und Ausruhen zur Verfügung, und ich versuche dort etwas zu entspannen, bin aber rasch in Plaudereien mit den Kindern verwickelt.

Am Nachmittag wird meine Gruppe aufgeteilt. Die einen Kinder besuchen die Rhythmik, die andern den Handarbeitsunterricht bei unseren beiden Fachlehrerinnen. Deshalb endet mein Schultag heute schon am frühen Nachmittag.

Das selbständige Arbeiten, die verschiedensten gleichzeitigen Tätigkeiten im selben Raum und – vor allem – das Zurückstellen der eigenen Zuwendungsbedürfnisse stellen hohe Anforderungen an die Kinder. Obwohl auch mich diese Unterrichtsform stark fordert, liebe ich die anregende Atmosphäre, die Betriebsamkeit und Echtheit der Kinder.

Steckbrief der Freien Volksschule Affoltern a. A.

Trägerschaft

Die Trägerschaft der Schule besteht aus den Eltern der Schüler, den Lehrern und einigen wenigen Aktivmitgliedern. Ein Trägerverein, in dem die ehemaligen Schulmitglieder, Spender und Gönner organisiert werden sollen, ist in Vorbereitung.

Lehrkräfte

Eine Lehrerin für die 1.–3. Klasse 21 Std./Woche.
Ein Lehrer für die 4.–6. Klasse 22 Std./Woche.
Weitere Mitarbeiterinnen für Rhythmik 6 Std./Woche, Handarbeit 8 Std./Woche, Stützunterricht, Spielgruppe, fakultativen Flötenunterricht.

Schulleitung (SL)

Die SL besteht aus mindestens einem Elternvertreter, mindestens einer Hauptlehrkraft und dem Präsidenten. Die SL ist gleichzeitig Vereinsvorstand.

Eine ehemalige Metallschlosserei dient als Schulraum

Finanzen

Die finanziellen Mittel bestehen zum grössten Teil aus den Schulgeldbeiträgen der Eltern und den Spenden von Gönnern. Der Kassier verwaltet die Schulkasse und führt Buch. Zusammen mit dem Präsidenten führt er mit den Eltern das Beitragsregelungsgespräch, in dem der Schulgeldbeitrag festgelegt wird.

Elternmitarbeit

Um die Kosten für die Schule in Grenzen halten zu können, wird das Kochen, Putzen und der Mittagsdienst von den Eltern übernommen. Der Besuch der Elternabende, die etwa monatlich stattfinden, ist obligatorisch. Die Eltern sind auch aufgerufen, sich bei administrativen und handwerklichen Arbeiten in den Schulräumen und am Mobiliar zu beteiligen.

Räumlichkeiten

Die schönen ebenerdigen Räumlichkeiten befinden sich in einer ehemaligen Fabrikationswerkstatt. Die neu renovierte Liegenschaft grenzt direkt an den Jonenbach und hat freien Blick auf Wiesen, Weiden und einen Hügel. Der Schule stehen drei Schulräume, eine Werkstatt und ein Essraum, Küche, WC und Garderobe zur Verfügung. Als Gegenleistung dafür, dass der jetzige Besitzer die Liegenschaft durch Vermittlung der FVA kaufen konnte, erliess er der Schule den Mietzins auf 10 Jahre! Eine Arbeitsgruppe von Eltern und Lehrern befasst sich mit der Möglichkeit, eine zur Liegenschaft gehörende Lagerhalle für Schulzwecke auszubauen.

Schultyp

Die FVA entspricht nicht dem Typ der Tagesschulen, obwohl Kinder an vier Tagen der Woche verpflegt werden. Es essen nur die Kinder in der Schule, die am Nachmittag den Unterricht besuchen. Je nach Alter essen die Kinder also zwei- bis viermal in der Schule. Es besteht kein Hütedienst oder keine Aufgabenhilfe nach dem Unterricht.

Lehrerteam

Eine gute Zusammenarbeit in einer freundschaftlichen Atmosphäre ist Voraussetzung für ein Gedeihen der Schule. Deshalb arbeiten die Lehrer etwa 2-3 mal pro Quartal mit einem fachlich ausgewiesenen Praxisbegleiter an den gemeinsamen Schwierigkeiten. Einmal pro Quartal nehmen auch die Spielgruppenleiterin und die Flötenlehrerin daran teil.

Schülerzahlen

Schuljahr 86/87: 21 Schüler der 1.-6. Klasse.

Die Schule damals – die Schule heute: ein Blick auf die Entwicklung der pädagogischen Ziele der FVA

Am 27.2.1973 veröffentlichte das «Elternforum für offene Schule» einen Artikel mit 10 Thesen bzw. Konzeptpunkten für die zu eröffnende Freie Volksschule Affoltern. Das Elternforum schrieb damals:

1. Wir wollen eine *allgemeinbildende* Schule, die jedem Kinde die ihm gemässen Entfaltungsmöglichkeiten bietet, ohne Diskriminierung von Hand- und Kopfarbeit.
2. Individuelle Betreuung und Führung der Schüler setzt eine intensive individuelle Beobachtung und Erfassung voraus.
3. Pestalozzi: Vergleiche nie ein Kind mit dem andern, sondern ein jedes nur mit sich selbst. Deshalb keine Noten. Mündliche oder schriftliche Berichte nur dann abgeben, wenn sie dem betreffenden Kind weiterhelfen.
4. Kein Sitzenbleiben mehr. Bildung von Leistungs- und Neigungsgruppen.
5. Wir wollen eine *persönlichkeitsbildende* Schule, die keine Spezialisten heranzüchtet, sondern Menschen bildet, die dem Leben mit seinen vielen Problemen und Aufgaben auf eine reife Art beggnen.

6. Der Erfolg des Lehrers soll nicht mehr über den Schulstoffstand der Schüler ermittelt werden, sondern am *Wohlbefinden* und an der *Entfaltung* der ihm anvertrauten Kinder gemessen werden.
7. Der individualisierende Unterricht erfordert ein neues Arbeitsklima, das im wesentlichen geprägt wird durch eine positive Zusammenarbeit aller beteiligten Erzieherpersonen.
8. Wir müssen von den tatsächlichen Bedürfnissen und Interessen des Kindes ausgehen. Wenn das Kind am Lernstoff nicht interessiert ist, dann ist der Stoff auf jeden Fall falsch. Sollten unsere Vorstellungen mit der Wirklichkeit des Kindes nicht übereinstimmen, müssen wir unsere Ansichten und das daraus abgeleitete Lernprogramm revidieren.
9. Wir wollen eine *menschenbildende* Schule, die den Jugendlichen ein lebendiges Gefühl dafür vermittelt, was gut, schön und wahr ist.
10. Wir Eltern und Lehrer müssen beweisen, dass Erziehung zur Menschlichkeit und persönlichen Entfaltung zu verwirklichen ist. Um für unsere Kinder schon jetzt eine solche Schule zu ermöglichen und um für die staatliche Schule Pionierdienste zu leisten, müssen Alternativschulen gegründet werden.

In den folgenden Jahren ging es nun darum, dieses wohlklingende, in vielem jedoch noch sehr vage und allgemein gefasste Programm in die Tat umzusetzen. Als ich 1975 an der FVA zu arbeiten begann, wurde die Frage nach dem, was ein Kind im Unterricht aus eigenem Impuls tun oder nicht tun dürfe, ganz eindeutig und kategorisch beantwortet. Zwar heisst es auch heute noch in unserem pädagogischen Leitbild: «Weder Eltern noch Lehrer haben das Recht, ein Kind zu manipulieren oder in irgendeine Laufbahn zu drängen.» – Damals ging man aber noch wesentlich weiter: Wenn ein Lehrer, trotz ablehnender Haltung des Schülers, die Ausführung einer Arbeit durchsetzt, so wende er Macht an, war damals die Meinung. Neill* war in aller Munde und wurde oft und gerne als leibhaftiges Beispiel für die Machbarkeit dieser Pädagogik zitiert. Ein Entscheid gegen die Bedürfnisse und Unlustgefühle des Kindes wurde als abträglich für die kindliche Entwicklung bewertet.

Die Kraft zur Überwindung der vielen Widerstände, Ängste und Unsicherheiten schöpften die Gründereltern aus dem unbedingten Vertrauen in den im Kinde angelegten «Lebensplan». Dieses starke, positive Menschenbild prägte das Klima in der Schule.

In meinem Unterricht beschäftigte ich mich anfänglich weniger mit dem Gedanken, wie bringe ich den Unterrichtsstoff in der verfügbaren Zeit unter, als mit den Fragen: Wende ich in irgendeiner Form Macht an? Zwinge ich die Kinder zu ihrem Tun? Was ist das echte Motiv ihres Handelns?

* A.S. Neill, der als Gründer und Leiter der Internatsschule Summerhill bekannt gewordene englische Pädagoge, hat in seinen Büchern immer wieder gegen die Unterdrückung und Deformation der Kinder durch die Erwachsenen Stellung genommen. Neill wurde im Gefolge der 68er Bewegung einer der wichtigsten Vertreter der «antiautoritären» Erziehung. Er hat die Alternativschulbewegung der 70er Jahre stark beeinflusst.

Trotz wöchentlicher Elternabende und mehrerer pädagogisch erfahrener Eltern wusste letztlich niemand genau, wie denn ein Unterricht ohne Zwang, unter Berücksichtigung der Bedürfnisse der Kinder und der gesellschaftlichen Forderungen (z.B. Lehrplan) aussehen könnte. Wie nun der Zeitpunkt für den Übertritt an die Oberstufe für die älteren Kinder näher rückte, wuchsen die Ängste der Eltern verständlicherweise enorm an. Die Ängste der Eltern kamen bei uns Lehrern als Forderungen an. Jetzt stand der Schulstoff ganz im Vordergrund; die Diskrepanz zwischen dem Ideal «kein Zwang ausüben» und dem Schulstoffdruck versetzte mich in ein grosses Spannungsfeld. Jene Zeit des Ringens um eine repressionsfreie Unterrichtsform war für mich überaus wertvoll. Jedes an den Schüler Herantreten, alle meine Fragen, jede Idee oder jeder Vorschlag, den ich an die Kinder herantrug, jede Reaktion auf ein Schülerverhalten betrachtete und überdachte ich. So wurde mir immer klarer, wie gerne und wie unbemerkt wir doch unsere Kinder (die eigenen und fremde) an feinen Fäden führen; wie wir locken und drängen, belohnen und zurückweisen. Und wie selten bemühen wir uns echt, das Kind zu entdecken, von ihm zu erfahren und zu lernen!
In den Anfangsjahren wurde also der Unterricht weitgehend von den Kindern bestimmt. Die Kinder hatten das volle Recht, zu einem Vorschlag nein zu sagen. So verblieb uns Lehrern nur die Animation und Überzeugung. Liess sich ein Kind weder begeistern noch von der Notwendigkeit einer Sache überzeugen, so waren unsere Mittel ausgeschöpft.
Damals verbrachten die Kinder einen grossen Teil der Schulzeit beim Spiel drinnen und draussen. Häufig traf man sie in einer kleinen Kiesgrube in der Nähe. Mich überraschte, dass trotz der absolut freien Wahl zwischen drinnen und draussen, Schulischem und Nichtschulischem, Kopf- oder Handarbeit, immer jeweils drei bis fünf Kinder mit einer Lehrerin intensiv rechneten, schrieben, übten. Es gab allerdings auch Kinder, die sich einen Deut um schulische Disziplinen kümmerten, zumal der Schulstoff und gewisse Lehrmittel von den Eltern kritisch bis ablehnend beurteilt wurden. Diese Haltung übertrug sich natürlich auch auf die Kinder. Eltern, die vom anwachsenden Schulstoffrückstand verunsichert waren, wurden an den Elternabenden immer wieder damit beruhigt, dass man sich auf den zentralen Glaubenssatz zurückbesann: Das Kind holt sich das Notwendige für seine Entwicklung, wenn der Zeitpunkt dafür gekommen ist. Zitat aus einem Artikel im Anzeiger des Bezirks Affoltern vom 11. März 1975: «Wir verstehen, dass jedes Individuum seinen eigenen Rhythmus hat, dass es zur Kindheit gehört, verschiedene Phasen zu durchleben, und dass wir – ohne Furcht vor Schaden – *warten dürfen bis das Interesse des Kindes für bestimmte Wissensgebiete erwacht ist.*»
Was dabei zuwenig bedacht wurde, war meines Erachtens, dass die Kinder an unserer Schule nicht ein isoliertes Leben wie z.B. in Summerhill führen können. So verglichen sich die Kinder auch mit den Leistungen anderer an der staatlichen Schule und stellten teilweise grosse Rückstände selber fest. Ich erinnere mich daran, wie einige meiner Schüler entmutigt waren und sich selber keinen Erfolg mehr zutrauten. Dies führte zu noch grösseren Widerständen gegen den Schulstoff. Solche und andere Blockaden im Lernprozess verunmöglichen aber den norma-

len Ablauf der Selbstregulation. Das Überwinden von Widerständen erfolgt dann nicht ohne eigenen oder fremden energetischen bzw. willentlichen Input. Der Irrtum bestand also vor allem darin, dass man annahm, jedes Ausweichen oder Verweigern sei berechtigt, das Kind finde zu einem späteren Zeitpunkt den Zugang zu dem verweigerten Inhalt.

Viele formale, aber auch viele inhaltliche Anforderungen, die heute von den Lehrplänen an das Kind gestellt werden, sind ihm derart wesensfremd, dass es von sich aus nie darauf käme, sich diese Inhalte anzueignen. So gehört es wohl zur Aufgabe von uns Lehrern, gerade auch derartigen unliebsamen, wesensfremden Schulstoff den Kindern bekannt zu machen. Im allgemeinen haben die Kinder gar keine Mühe zu akzeptieren, dass dieser oder jener Lerninhalt eben später gebraucht wird. Was Kinder aber sofort übernehmen, sind Widerstände von uns Erwachsenen. Eltern, welche selber Mühe mit dem Rechnen hatten, können mit ihrer offenen oder versteckten Abneigung diesem Fach gegenüber das Lernverhalten ihres Kindes belasten.

Nachdem die vielen Widerstände der Schüler gegen den Schulstoff abgebaut waren, erlebte ich eine grosse Überraschung. Die Kinder wurden lernbegierig, richtig wissensdurstig! Aber sie wollten, dass ich das Wissen an sie herantrage, sie einführe in neue Welten. Sie hatten es so satt, sich selber entscheiden zu müssen! In kurzer Zeit hatten sie, mit Ausnahme eines eher leistungsschwachen Kindes, die grossen Rückstände aufgeholt!

Gerade diese Erfahrung gab aber den Gründereltern in ihrer Meinung auch wieder recht, das Lernen erfolge nicht in regelmässigen kleinen Schritten, sondern im Gegenteil in unterschiedlich starken Schüben. Die enormen Fortschritte, die unsere Kinder damals machten, lassen sich damit erklären, dass in dieser unbelasteten lustbetonten Schulzeit vieles ausgelebt und damit abgelegt werden konnte, was die Bereitschaft zum Aufnehmen vergrösserte. Stimmt die innere Bereitschaft, so ist der Mensch auch fähig, seine potentiellen Fähigkeiten sichtbar werden zu lassen.

Ein wichtiges Instrument, den Kindern Raum für ihre Interessen zu geben und den Schulstoff nicht zu vernachlässigen, war der persönliche Wochenplan. In ihm habe ich für jedes Kind den erforderlichen Schulstoff festgehalten: das Kind, seine Interessen oder konkreten Arbeitswünsche. Während der Arbeit am Wochenplan konnte es wählen, welche Arbeit es anpacken wollte. Erledigte Arbeiten durften von ihm selber abgehakt werden. Gleichzeitig wurden also die unterschiedlichsten Arbeiten erledigt: vom Rechnen, Lesen, Schreiben, Zeichnen, Experimentieren bis zu Naturbeobachtungen.

Mit der Zeit hatte ich das Gefühl, dass das Arbeitsverhalten der Kinder und die Anwendung des Wochenplans abflachte. Den Kindern, dünkte mich, fehle der Anreiz und die Möglichkeit zur Zusammenarbeit und zur gegenseitigen Hilfeleistung. Zu diesem Zeitpunkt stiess ich auf die Freinet-Pädagogik. Die Idee des «kollektiven» Wochenplans gab mir den nächsten Impuls und die Hoffnung, so die Zusammenarbeit fördern zu können. Auf einem Blatt trage ich horizontal die zu erledigenden Arbeiten ein und senkrecht die Namen der Kinder. Gilt eine Arbeit nicht für alle Kinder, so streiche ich das betreffende Feld durch. Dieser Wochenplan hat sich bis jetzt sehr gut bewährt. Was ich mir erhofft habe, ist eingetreten: Die Kinder verbünden sich immer häufiger, um eine Arbeit besser oder rationeller lösen zu können. Auch hier hängt es sehr von der sinnvollen Aufgabenstellung ab, ob der Wochenplan eine Bereicherung oder nur Ballast ist. Dadurch, dass alle Kinder auf dem gleichen Blatt ihre erledigten Arbeiten abhaken, werden sie stärker gewahr, was die andern Kinder bereits geleistet haben oder wo ihre Kameraden eben auch Mühe haben. Jedes Kind ist über jeden Mitschüler bestens informiert und kennt dessen Stärken und Schwächen. Mehrmals konnte ich beobachten, wie ein Kind ein anderes aufforderte, sich sofort an eine Arbeit zu machen und sie nicht wieder bis an das Ende der Woche zu verschieben.

Der kollektive Wochenplan bietet Gelegenheit, die Kinder in allen Sozialformen (Einzel-, Paar- und Gruppenarbeit) arbeiten zu lassen. Er führt zu hoher Aktivität der Schüler. Individualisierung, im Sinne von ganzheitlicher Menschenbildung wie sie z.B. Marcel Müller-Wieland vertritt, ist damit aber noch nicht erreicht, lässt sich aber meines Erachtens am ehesten in einer derartigen Unterrichtsform verwirklichen.

Deshalb stelle ich als Ergänzung zum «kollektiven» Wochenplan für einzelne Kinder einen Zielplan zusammen. Das kann ein Zettel mit der Notiz sein, wieviel das bestimmte Kind in dieser Woche in dem im «kollektiven» Wochenplan aufgeführten Stoffgebiet mindestens erreichen sollte, oder ein Hinweis darauf, dass

dem Kind wichtige Vorkenntnisse für die Bewältigung einer Aufgabe fehlen, weshalb diese oder jene Übung zu machen oder zu wiederholen sei.
In meinem Unterricht unterscheide ich heute drei Stufen mit zunehmendem Selbstbestimmungsgrad.
1. Direktiver Unterricht:
 Ich erzähle, frage, leite Schritt für Schritt an. (Der Unterricht ist Lehrer-Schüler orientiert.)
2. Wochenplan-Arbeit:
 Die Schüler wählen eine von mehreren Aufgaben aus. Sie entscheiden, mit wem und wo sie die Arbeit erledigen wollen, und sie bestimmen das Arbeitstempo. Bei Schwierigkeiten wenden sich die Kinder an mich. Der Unterricht ist vielfältig und bewegt (Lehrer hilft, berät, setzt Grenzen; die Schüler arbeiten einzeln, mit Partner, in Gruppen).
3. Freiarbeit unter einem Thema:
 Ein Thema ist gegeben, z.B. Vorbereitung der nächsten Schulreise. Die Kinder haben dieses Thema selber gewählt. Sie organisieren sich selber, beschaffen sich die nötigen Unterlagen und verteilen die Arbeit unter sich. Sie stellen ihre Arbeit vor.

Die Schüler haben eine bestimmte Zeit für *Freiarbeit* zur Verfügung. Zur Zeit habe ich eine Stunde Freiarbeit am Dienstag von 11 bis 12 Uhr fest im Stundenplan eingesetzt. Wenn möglich räume ich den Kindern weitere Zeit für Freiarbeit ein. Was ich unter dem Begriff «Arbeit» verstehe, muss ich immer wieder umschreiben und mit Beispielen erläutern. Natürlich hängt der Selbstbestimmungsgrad stark von der Zusammensetzung der Schülergruppe und der Autonomie der einzelnen Schüler ab. Erzieherisch wichtig für eine freie Schule dünkt mich aber, dass auch bei einer Schülergruppe, die viel Leitung und Führung braucht, sich die Lehrer immer das Ziel vor Augen halten, dem Kind diejenigen Mittel in die Hände zu geben, die es ihm ermöglichen, schrittweise mehr Verantwortung für sein Tun und Lernen übernehmen zu können. Das Kind soll ja zu gegebener Zeit von seinen Eltern und Lehrern unabhängig und für das Leben reif sein.

Die Organisation der FVA:
Ideologie sucht passende Strukturen

Die 10 weiter vorne aufgeführten Konzeptpunkte sagen sehr wenig über die praktische Organisation, die Kompetenzen und Verantwortlichkeiten sowie über die Arbeitsverteilung aus. Überhaupt habe ich in den damaligen Texten, die mir zugänglich waren, keine Angaben zur inneren Struktur der Schule gefunden. Die erzieherischen Ziele scheinen alles Organisatorische in den Schatten gestellt zu haben. Gleichwohl bestanden klare Vorstellungen, was die Schulorganisation betraf, aber die Gründergeneration erachtete diese offensichtlich nicht als so gewichtig, um der Öffentlichkeit vorgestellt zu werden. Es sind mir folgende Äusserungen zur inneren Ordnung der Schule in Erinnerung geblieben:

a) Die Schulorganisation der FVA darf nicht hierarchisch sein.
b) Direkte Demokratie statt Bürokratie. Administration nur auf das absolut Nötigste beschränken.
c) Pädagogische Fragen haben Priorität vor administrativen Belangen.
d) Die Elternversammlung ist das oberste Organ und tritt wöchentlich zusammen.
e) Die Schulgeldbeiträge sind nicht festgelegt, um auch Kindern von einkommensschwächeren Eltern die Schule zu ermöglichen.
f) Damit keine Vormachtstellungen durch die Ausübung eines Amtes (Präsident, Kassier, Aktuar, Protokollführer usw.) entstehen können, lässt man diese Ämter rotieren (auch mehrmals in einem Jahr!).

Der Wunsch nach direkter Demokratie und Selbstverwaltung entsprach sicher nicht nur dem Zeitgeist der 68er Bewegung, sondern entsprang auch den Ohnmachtserfahrungen mit Schulbehörden und Beamten. Eine eigenartige Diskrepanz zwischen dem Urvertrauen in die menschliche Natur, wenn es um das Wesen «Kind» ging, und einem starken Misstrauen in den erwachsenen Menschen, wenn man ihm ein Amt zu übergeben hatte, prägte die innere Haltung der Gründergeneration.

Zuwenig beachtet wurde, dass sich auch in einer Gruppe grundsätzlich Gleichgesinnter sofort Strukturen entwickeln, die aber viel schwieriger zu durchschauen sind: So nahm Eliser Koss sicher eine starke Führungsrolle ein, weil er am ehesten über die Fähigkeit verfügte, pädagogische, entwicklungspsychologische und nicht zuletzt philosophische Aspekte in überzeugender Weise zu verknüpfen. Hans-Ulrich Peer kämpfte sich für die Schule durch die Instanzen bei der Erziehungsdirektion und den Schulbehörden, erledigte viel Administration und bot als erfahrener Staatsschullehrer praktische Unterrichtshilfe.

Solange die fachliche Kompetenz überzeugen konnte, blieben die Vorrangstellung von Koss und Peer unangetastet. Zunehmend Spannungen entstanden durch das Heranrücken des Übertrittszeitpunktes der ersten Sechstklässler an die Oberstufe der Staatsschule und durch den Beitritt «neuer» Eltern, die die lange Vorbereitung auf die Schule nicht mitgemacht hatten. Das war der Moment, wo die gemeinsam erarbeiteten Schulziele nicht mehr grundsätzlich neu diskutiert werden wollten, sondern erstmals hätten «tradiert» werden sollen.

Da aber die Elternschaft unverändert daran festhielt, dass die Elternversammlungen oberstes Organ und Ort der Meinungsbildung seien, konnten als selbstverständlich geltende Grundsätze von den «Neuen» in Frage gestellt werden, was wieder zu Grundsatzdiskussionen führte. Mittlerweile waren aber auch von den «Alten» einige durch den Übertrittsdruck verunsichert. Dieser brisanten Situation war die Gründergeneration nicht mehr gewachsen. Erschöpft durch den enormen Arbeitsaufwand und die grosse psychische Belastung, die es bedeutet, wenn ein provokant neuer Weg sich gesellschaftlich bewähren will, gaben sie «ihr» Projekt auf und nahmen ihre Kinder aus der Schule. Als erste strukturelle Änderung führten darauf Arnold Scheidegger, der Präsident des Schulvereins, und ich eine Trennung von Legislative und Exekutive ein, damit z.B. nicht mehr untraktandiert an einer Elternversammlung Statuten geändert oder pädagogische Grundsätze ins Gegenteil verkehrt werden konnten. Die pädagogischen Grundsätze formulierten wir im «Pädagogischen Leitbild» aus, wobei wir uns bemühten, ein positives Leitbild zu verfassen, das auf Negativformulierungen verzichtet. Vielleicht hat dadurch das Leitbild etwas an Profil verloren. Heute dünkt mich folgender Satz unter Punkt 8 der anfänglichen Konzeptpunkte fast ein wenig ketzerisch, obwohl im Kern treffend: «Wenn das Kind am Lernstoff nicht interessiert ist, dann ist der Stoff auf jeden Fall falsch.»

In der Wiederaufbauphase, Ende der 70er Jahre, galt es vielfältige Probleme zu überwinden. Einerseits fehlten die «geschulten» Eltern, andererseits fanden sich während längerer Zeit nur Eltern mit «Problemkindern» ein, was viele pädagogische Ziele von vornherein auf die lange Bank verwies.

Neu war für Arnold Scheidegger und mich, dass die Schule und ihre Pädagogik alleine durch uns in die Zukunft «tradiert» werden konnten. Nun waren wir zwei die Exponenten der Schule und gerieten so immer wieder in die Rolle der Bewahrer der FVA-Pädagogik. Gegenüber standen uns Eltern, die unvorbereitet mit ihrem Kind, das sich oft in einer schulischen Notsituation befand, auf die Erfüllung ihrer hohen Erwartungen hofften. Eltern, die zudem meist grosse Mühe hatten, zu anerkennen, dass ihr Kind Schwierigkeiten mit anderen Kindern oder mit dem Lernen hatte. Dazu kam, dass nun die ganze Administration auf unseren Schultern lastete und nur schwer an die Eltern abgegeben werden konnte, weil niemand mit dieser Art Schule vertraut war und weil die Erledigung durch Eltern oft sehr unzuverlässig war. Der überdurchschnittliche Einsatz einzelner Eltern, sei es als Kassier, Schulleitungsmitglied oder sonstwie als Helfer half, die ärgsten Klippen zu umschiffen.

Langsam durchmischte sich die Elternschaft wieder, sodass die «Problemkinder» nicht mehr überwogen. Heute haben wir wieder ein gesundes Verhältnis, das sich in einem guten Arbeitsklima und gesunden Sozialverhalten ausdrückt.

Indem wieder vermehrt Eltern mit ideeleren Beweggründen ihre Kinder in die FVA schickten, wuchs das Bedürfnis, die Schule mitzugestalten, durchzublicken und mitzutragen. In letzter Zeit hat sich aber deutlich gemacht, dass die bisherigen einfachen Strukturen den neuen Bedürfnissen nicht mehr gewachsen sind.

Wenn die Verwaltungs- und Unterhaltsarbeiten auf möglichst viele Schultern verteilt werden sollen und mehr Transparenz gewünscht wird, dann müssen sich zu den Arbeiten und Pflichten auch Kompetenzen gesellen. Oder anders herum ausgedrückt: Mitbestimmung sollte dort garantiert sein, wo entweder Arbeit oder echte Verantwortung übernommen wird. Deshalb wird es auch in nächster Zeit notwendig sein, alle Bereiche der Schule dahingehend zu analysieren, wer wo zuständig, verantwortlich und fachlich kompetent ist.

Wir müssen wissen (und uns immer wieder darüber einigen), wieviel Mitbestimmung und Mitarbeit wir von wem in welchem Bereich wünschen oder erwarten, um nicht immer wieder enttäuscht oder verärgert zu sein und uns im Stich gelassen oder überrollt vorzukommen. Wenn es uns in naher Zukunft gelingen sollte, in unserer Schule klarere und effizientere Strukturen zu schaffen, so bin ich überzeugt, dass alle Beteiligten an der Schule viel befriedigter sein werden.

Wozu das alles?

Eine Schule selbst zu machen ist – das haben die vorhergegangenen Seiten vielleicht gezeigt, eine Sache, die nicht nur schön, lustvoll und belebend ist. Alle, die sich für eine freie Schule einsetzen, fragen sich wohl hin und wieder: Wozu eigentlich? Wozu all dieser Aufwand, die Investition an Kraft, Zeit und Geld bei oft so durschnittlichen, so wenig brillanten oder ausserordentlichen Ergebnissen? – Ich jedenfalls frage mich dies ab und zu, denn, wenn ich auch weiss, dass wir etwas Wichtiges tun und dass die häufig so bescheiden aussehende FVA-Wirklichkeit im Grunde eine grosse Idee verkörpert, eine Idee die weit über den Rahmen unserer kleinen und einzelnen Schule hinaus von Bedeutung ist, so verliere ich diese Idee, dieses bestimmte Etwas, um dessentwillen sich der ganze Aufwand halt eben doch lohnt, auch immer wieder aus dem Blick. – Wozu das alles? Als Lehrer an einer freien Schule fühle ich mich als voll integrierter Teil in einem «ungeheuer» dynamischen Prozess. Es ist spannend, auf dem Weg dieser Schule mitzugehen; ein Weg, der mich oft an meine eigenen Grenzen führt und mich mit mir selber ständig konfrontiert. – Die Vorstellung, dass in der Schweiz keine Privatschulen erlaubt wären, lässt mir unheilvolle Bilder der Staatsschule entstehen. Der Staat und seine Organe, der ja «res publica», Sache des Volkes sein sollte, braucht Konkurrenz durch andersdenkende Minderheiten, sonst vergisst er, dass er nur den Auftrag einer *vergangenen* Mehrheit ausführt. – Die Pädagogik der freien Schulen stellt das Kind in den Mittelpunkt, was mir erlaubt, den Unterricht schülerzentriert zu gestalten. Freinet und Montessori sind da selbstverständlich integrierbar (unumgehbar!), was meiner persönlichen Überzeugung von Schule sehr nahe kommt.

Eine andere Antwort auf diese Frage fand ich vor kurzem in einem alten Informationsblatt des «Vereins Freie Volksschule im Kanton Zürich», dem im September 1972 gegründeten Dachverband aller Freien (Alternativ-)Schulen des Kantons Zürich, welchem auch die FVA angehört.* A. Seiler und A. Studer – beide mit den Freien Volksschulen im Kanton Zürich der 1970er Jahre eng verbunden – äussern sich dort auch zu dieser Frage. Wie *sie* das Besondere unserer Schulen, das, was unsere Arbeit trotz allem immer wieder so spannend macht, beschreiben, möchte ich abschliessend ausführlich zitieren:

> «Gewiss: kein Elternteil und kein Lehrer, der im Alltag einer unserer Schulen steht, wird sich nicht zuweilen schon gefragt haben, ob sich das alles denn eigentlich lohne. Die langwierige Suche nach halbwegs geeigneten Schulräumlichkeiten, während ringsum aufwendige, mit allen Schikanen moderner Unterrichtstechnologie versehene Schulhäuser stehen und laufend erstellt werden. Die kostspielige Beschaffung von Lehrmitteln und Unterrichtsmaterialien, die im Musterschulhaus nebenan «gratis» zur Verfügung stehen. Die vielen zeit- und kräfteraubenden und nicht immer fruchtbaren Sitzungen und Versammlun-

---

* Der erwähnte Dachverband besteht zwar offiziell noch immer, ist jedoch seit einigen Jahren nicht mehr in Erscheinung getreten. Die freien Volksschulen der Schweiz versuchen heute, so weit dies möglich ist, auf andere Weise zusammenzuarbeiten und sich da auszuhelfen, wo eine gegenseitige Hilfe notwendig und sinnvoll ist.

gen, an denen man sich mit Dingen auseinandersetzen muss, die an der staatlichen Schule frag- und diskussionslos funktionieren. Und das alles für eine Schule, die nach einem halben Jahr oder anderthalb Jahren noch längst nicht den Idealvorstellungen entspricht, die man zu verwirklichen hoffte – in der fast täglich neue Schwierigkeiten zu überwinden sind, neue Konflikte auftauchen, neue Probleme zu lösen sind! Lohnt sich das wirklich, ist es nicht bloss ein neuartiges Hobby, ein sehr fragwürdiges Privatvergnügen mit einem versteckten masochistischen Einschlag?

Wir meinen: das besondere und lohnende unserer Arbeit besteht zunächst einmal darin, dass wir «die Schule» nicht als etwas Gegebenes entgegennehmen, sondern eine, d.h. unsere Schule selber machen. Dem geschlossenen, auf Perfektion ausgerichteten System der Staatsschule, das von einer professionellen Bürokratie verwaltet und dem Bürger als etwas Fertiges angeboten wird, stellen wir Schule als einen offenen Prozess gegenüber, den es ohne die unmittelbar Beteiligten gar nicht gäbe. Unsere Schulen existieren, insoweit sie von Eltern, Lehrern und Schülern getragen werden – nicht als ein «Ding an sich». *An die Stelle der Schule als eines Konsumartikels setzen wir die Schule als Gemeinwerk.* Wir alle, unsere Kinder inbegriffen, lernen, indem wir die Schule *machen*, nicht indem wir sie *absolvieren*.

Wenn wir also unsere Schulen mühselig und mit der Unzulänglichkeit jedes Anfangs selber machen, Eltern, Lehrer und Schüler gemeinsam, dann geschieht damit etwas sehr Wesentliches, das in der Staatsschule auch der beste Lehrer nicht leisten kann, solange er bloss angestellter Vermittler eines vorgegebenen Lernprogrammes ist. Eine Entfremdung ist durchbrochen, die fast allen brennenden Problemen unserer Gesellschaft zugrundeliegt: jene zwischen Theorie und Praxis, zwischen Lernen und Handeln, zwischen Erkennen und Tun. Auch unsere Staatsschule wird sie überwinden müssen, wenn sie überleben will – wird, wie die «Community Schools» in anderen Ländern, Strukturen entwickeln müssen, in welchen die Schule von allen Beteiligten gemacht und getragen und nicht einfach entgegengenommen wird. Insofern unsere Alternativschulen solche Strukturen in noch so bescheidenem Mass vorwegnehmen und erproben, sind sie kein Privatvergnügen.»

Die Ecole de la Grande Ourse in La Chaux-de-Fonds

von Vera Zaslawski, Lehrerin an der Ecole de la Grande Ourse

Geschichte

Mai 1982   Einige Eltern kommen zusammen, um über die Errichtung einer «école active» in La Chaux-de-Fonds zu diskutieren. An alle möglicherweise an einem solchen Projekt interessierten Personen wird ein Rundschreiben verschickt. An den monatlich stattfindenden Zusammenkünften wird die wesentliche Frage besprochen: «Weshalb interessiert sich der eine oder andere für ein solches Projekt?»

Januar 1983   Es bleibt nur noch ein kleiner Kreis Interessierter. Nachdem die tiefere Motivation klargeworden ist, macht man sich an den Aufbau eines konkreten Projekts. Das Unterfangen mit sieben Schülern, vier davon gehören der Unterstufe an, scheint nicht einfach zu sein, an Entschlossenheit mangelt es jedoch nicht.

August 1983   Die Schule wird eröffnet. Eine Lehrerin mit halbem Pensum wird angestellt; die andere Hälfte soll von den Eltern übernommen werden. Ein achter Schüler kommt dazu. Das erste Jahr bringt viel Arbeit: Räumlichkeiten einrichten, pädagogische Hilfsmittel beschaffen, beim Unterricht mithelfen.

August 1984   Eröffnung der Oberstufe mit drei ehemaligen und einem neuen Schüler. Zwei neue Schüler in der Unterstufe und ein Austritt. Nachdem wir gemerkt haben, dass es schwierig ist, von einer fremden Person zu verlangen, unsere Träume zu verwirklichen, zeigen sich zwei Mitglieder aus dem Gründerkreis bereit, den Unterricht für die Unterstufe zu übernehmen. 6 Teilzeit-Lehrkräfte für die Oberstufe.

Juni 1985   Prospekte werden in der Stadt verteilt und ein Tag der Offenen Türe durchgeführt. Unsere Schüler legen – wie auch schon im Jahr zuvor – die Prüfungen vor den Verantwortlichen des Kantonalen Erziehungsdepartements ab.

August 1985	Schulbeginn mit 11 Schülern. Das pädagogische Team besteht nur noch aus fünf Lehrkräften für die Ober- und einer für die Unterstufe. Der Unterricht wird durchgehend erteilt, alle Schüler essen in der Schule.
Oktober 1985	Erste Kontakte mit dem Verband Schweizerischer Privatschulen bezüglich der vom Erziehungsdepartement vorgeschriebenen Semester- und Jahresprüfungen. Unterredungen mit den Schuldirektionen und der Schulkommission. Zusammenarbeit der drei Alternativschulen im Kanton.
Januar 1986	Die offiziellen Einzelprüfungen für Schüler aus Privatschulen werden aufgehoben. Die Elterngruppe hat Schwierigkeiten mit dem Schulbetrieb und verlangt die Einsetzung eines neutralen Supervisors.
März 1986	Die erste Spezialnummer der Schulzeitung erscheint. Das Thema wurde von den Schülern erarbeitet. Eintritt von drei neuen Schülern.
Mai 1986	Die ganze Schule befasst sich mit dem Mittelalter.
Juni 1986	Lager unter dem Motto «Mittelalter». Verschiedene Aufnahmegesuche für den Schulbeginn im August treffen ein.
Juli 1986	Mittelalterliches Schauspiel im Rahmen des Jugendfestes.
August 1986	Schulbeginn mit 20 Schülern (15 davon sind zwischen 10 und 13 Jahre alt) und 16 Familien. 8 Lehrkräfte, eine davon mit vollem und zwei mit halbem Pensum. Die Einteilung nach Klassen und Schuljahren wird aufgehoben. Wir entscheiden uns für eine Gesamtschule. Die Arbeit wird soweit wie möglich individualisiert. Die Arbeit mit Kindern jeden Alters teilen die Lehrkräfte unter sich. Neuorganisation der Schulvereinigung. Schaffung eines gestaffelten Verrechnungsschlüssels für die Schulgelder. Das Budget für das Schuljahr 1986/87 überschreitet zum ersten Mal 100000 Franken. Gemeinsames Thema in der ganzen Schule: Der Kanton Neuenburg. Den Schlusspunkt setzt ein grosses Neuenburgerfest im November.
Januar 1987	Annahme von neuen Statuten. Aufbau einer Kampagne zum Auftreiben von finanziellen Mitteln und eines Unterstützungsnetzes. Gemeinsames Thema: Renaissance in den Wissenschaften und der Kunst.
Juli 1987	Renaissance-Schauspiel im Rahmen des Jugendfestes.

August 1987   Schulbeginn mit 20 Schülern zwischen 8 und 15 Jahren. 9 Lehrkräfte, davon eine für einen Theaterkurs.

Das «Schulhaus»

Wenn Sie uns besuchen möchten, dann wenden Sie sich in Richtung der alten Arbeiterquartiere. Die Häuser sind dort drei bis vier Stockwerke hoch und stehen so nahe beieinander, dass während der Wintermonate kein Sonnenstrahl in die Wohnungen im Erdgeschoss dringen kann. Die Fassade unseres Hauses wurde renoviert, und wir haben dort ein Namensschild angebracht. Vor dem Haus liegt ein kleiner Garten mit Rasen und einem selbstangelegten Teich. Vom Frühling bis im Herbst blühen Geranien vor unseren Fenstern.
Wir haben das Erdgeschoss und den ersten Stock gemietet: insgesamt vier sehr grosse Zimmer, drei kleinere und zwei Küchen. Sie wurden von den Eltern der Schüler komplett instandgestellt; eine Arbeit, die um so wichtiger war, als das Gebäude während mehrerer Jahre vernachlässigt worden war. Die WCs befinden sich immer noch im Treppenhaus. Geheizt werden die Wohnungen mit Einzelfeuerungen (ein Ölofen, zwei Holzöfen). Das Haus wurde um die siebziger Jahre des letzten Jahrhunderts von einem italienischen Unternehmer erbaut. Davon zeugen auch die Wandmalereien im Treppenhaus und an einer Zimmerdecke im Erdgeschoss. Die Fresken verleihen den Räumen einen ziemlich ungewöhnlichen mediterranen Anstrich in einem Gebiet, das während mehrerer Monate mit Schnee bedeckt ist. Im Eingang haben unsere Kinder ihre eigenen Bilder gemalt: Man erkennt ein mit Efeu umranktes und von Elefanten bewohntes Schloss sowie eine Juralandschaft mit Weiden, Wasserfällen und Tannen, worunter einige schon ziemlich krank zu sein scheinen...
Wenn man zur Türe im Erdgeschoss hereinkommt, findet man links einen Raum, der als Chemielabor dient, gleichzeitig aber auch als Projektionsraum (ein Videogerät ist an der Decke aufgehängt) und manchmal als Radiostudio für die schulinternen Sendungen, die einige Schüler zur Unterhaltung der andern produzieren. Auf der rechten Seite, in der ehemaligen Küche, wird jetzt gemalt und modelliert. Man gelangt dann in zwei grosse Zimmer, deren Mittelwand teilweise ausgebrochen wurde. Die Böden sind mit Teppichen belegt. Im linken Zimmer befinden sich die individuellen Arbeitsplätze der älteren Schüler. Die Möbel, kunstharzbeschichtete Pulte und Imitations-Bistrot-Stühle, sind weiss. Auf den Fenstersimsen werden die für die einzelnen aktuellen Arbeiten notwendigen Unterlagen abgelegt. Es sind dies vor allem aus Bibliotheken der Stadt geliehene Bücher. Auf den Pulten, den Tischen und den Fenstersimsen wachsen zahlreiche Topfpflanzen; drei bis vier Töpfe pro Schüler sind nicht unüblich.
Im Zimmer auf der rechten Seite befinden sich ein grosser Tisch, weisse Stühle und ein anregendes Bücherangebot in einer Leseecke, die mit Schaffellen und Kissen ausgestattet ist. Eine Holztreppe an der hinteren Wand des Zimmers führt in den oberen Stock, in zwei grosse Zimmer mit einer nur noch durch Stützpfosten angedeuteten Zwischenwand. Hier stehen etwa zwölf Pulte und gleiche Stüh-

le wie im unteren Stock. Pflanzen, zwei Wandtafeln, ein Computer auf dem Fenstersims, ein sehr langes, niedriges Büchergestell mit der zur Schule gehörenden Dokumentation vervollständigen die Einrichtung.

Die Wände der Zimmer beider Geschosse sind mit hellfarbigem Weichpavatex zum Anschlagen von Informationen bedeckt. Wir brauchen diese Wände vor allem, um eine dem jeweiligen Thema entsprechende Atmosphäre zu schaffen. Als wir uns zum Beispiel mit der Renaissance befassten, waren die unteren Wände mit Posters und verschiedenen Abbildungen über die Anatomie, das Sonnensystem, mit Zeichnungen von Leonardo da Vinci, Architekturtafeln von Vitruv und Palladio bedeckt; im ersten Stock hingen unzählige Zeichnungen von Karavellen und anderen Schiffen der grossen Entdecker, Weltkarten, wie man diese sich im Mittelalter und später zur Zeit der Renaissance vorstellte, und Seekarten der damaligen Zeit.

Nach diesen beiden grossen Räumen im ersten Stock gelangt man in ein drittes, kleineres Zimmer, das als Ess- und Arbeitszimmer für kleinere Gruppen dient. Im vierten Raum haben wir ein Sitzungszimmer eingerichtet. Zur Zeit des Renaissance-Projektes hat eine «Architektur»-Schülerin auf unsere Fenster des 19. Jahrhunderts kleine Vierecke nach einem Modell des 16. Jahrhunderts aufgemalt. Ausser zwei Büchergestellen hat es in diesem Zimmer keine anderen Möbel. Jedes der Kinder hat für sich ein Kissen im reichen und schillernden Stil des italienischen Quattrocento geschmückt. Ein dekorativer Vorhang bei der Türe, zwei Lagen Teppiche, eine Marmorplatte als Unterlage für Blumen und Kerzen, die die dunklen Wintermorgen erhellen, verschönern diesen Raum. Pro Tag finden hier im Durchschnitt zwei Sitzungen statt: am Morgen zu Beginn für die Lagebesprechung und den Austausch von Neuigkeiten und gegen Mittag zur gemeinsamen Lektüre, die sich im allgemeinen auf das Schulthema bezieht.

Hier werden für grössere Gruppen Vorträge gehalten und die Besucher empfangen, die uns von ihren Erfahrungen oder Erkenntnissen erzählen.

Neben dem Esszimmer liegt die Küche. Dreimal pro Woche kochen hier die Väter und Mütter der Reihe nach für die Schüler und Lehrkräfte, die nicht in der Stadt wohnen.

Die Freiheit, etwas anderes zu tun

Andere Arbeitsbedingungen

Bei der Errichtung einer alternativen Schule mitwirken, heisst für Lehrer und Eltern, es sich leisten können, etwas anderes zu tun, als in der offiziellen Schule möglich ist. Man anerkennt dabei gleichzeitig, dass das öffentliche System Zwänge auferlegt, die gewisse kreative Kräfte behindern.

In der Schweiz wird das Schulwesen durch die kantonale Politik bestimmt: Wichtige pädagogische Reformen – «Neue Mathematik» und «Reform des Muttersprachunterrichts (Französisch)», um berühmte Beispiele der vergangenen 20 Jahre in der Schweiz zu zitieren – wurden in den Grossen Räten verhandelt, und die Verantwortlichen der Erziehungsdepartemente mussten solche Reformen verteidigen, bevor sie überhaupt beschlossen waren. Obwohl es in der französischen Schweiz Stellen gibt, die unter dem allgemeinen Begriff «Koordination in der französischen Schweiz» die grossen Reformen vorbereiten, liegt die Macht immer noch bei den Kantonsbehörden. Der Förderalismus gibt seine Rechte nicht preis, so dass sich die berühmte Koordination nur schwerlich wird durchsetzen können.

Allgemein nimmt man an, dass die Schule bei uns vom Volk getragen wird. Als Direktbetroffener – Lehrer, Elternteil, Schüler – hat man aber sehr stark den Eindruck, dass man sich der von der Hierarchie der Erziehungsdepartemente vertretenen «offiziellen» Meinung unterordnen muss, und man vergisst auf diese Weise sehr leicht deren demokratische Herkunft. Es ist ein Wunsch von vielen «Schul-Betroffenen», den eingefahrenen Arbeitsbedingungen, die jede echte Kursänderung verunmöglichen, zu entfliehen.

Die Lehrkräfte an unserer Schule haben, wie viele andere auch, die Arbeitsbedingungen der offiziellen Schule erlebt. Sie beschlossen, daraus auszubrechen, um so in ihrem Suchen nach neuen Unterrichtsformen mehr Freiheit zu erhalten. Die alternative Schule bietet denjenigen, die sich aktiv damit befassen, bessere Bedingungen, nämlich:

– Zuerst einmal die äussere Freiheit, die durch das Fehlen jeglichen Behördendrucks begünstigt wird: Sie ist unerlässlich für das freie Entfalten der Gedanken und die für die Kreativität notwendige innere Freiheit. Wenn Schwierigkeiten und die entsprechenden Lösungen in einer Atmosphäre des gegenseitigen Vertrauens überdacht werden können, ist die Hälfte des Weges bereits zurückgelegt.
– Eltern und Lehrkräfte zusammen bestimmen die Schulziele.

Wichtige Veränderungen

Die ersten praktischen Vorteile die wir erkannt, und die wichtigsten Veränderungen, die wir vorgenommen haben, sind die folgenden:

– Abschaffung der Einheit «Schuljahr», was die Möglichkeit bringt, die Arbeit bis ins äusserste zu individualisieren: jedes Kind arbeitet in jedem Schulfach auf seiner realen Stufe.
– Ausarbeitung eigener Lehrpläne.
– Suche nach den für die betreffenden Kinder besten Methoden und deren Anpassung so oft wie notwendig.
– Wahl der geeigneten Unterrichtshilfen, die den gesetzten Zielen, den Schülern und Lehrern gerecht werden.
– Pädagogische Kontinuität für die Schüler, die unsere Schule während der ganzen obligatorischen Schulzeit besuchen können, Kontinuität der Lehrmethoden.
– Möglichkeit einer Gesamtschule ohne Selektion und ohne feste Aufteilung in bestimmte schulische Niveaus und Richtungen.

- Gleichheit der Entwicklungsmöglichkeiten für alle Kinder.
- Grosse Mitbestimmungsmöglichkeit der Eltern. Für sie ist die Schule auch ein Ort der Weiterbildung und der Information.

Mögliche Schwierigkeiten

Wenn nicht aufgepasst wird, können alternativen Schulen ernsthafte Schwierigkeiten erwachsen, so zum Beispiel:
- Marginalisierung der Kinder. Die Schule kann allmählich zu einem kulturellen Getto, abgesondert von der sozialen Gemeinschaft, werden. Man könnte zum Beispiel Problemen der Gesellschaft aus dem Wege gehen, den Kindern ein ideales Bild der Welt und der zwischenmenschlichen Beziehungen vormachen, oder ganz im Gegenteil, sich von der Mehrheit der Mitbürger abwenden, indem man sie kritisiert (Ablehnung von neuen Moderichtungen), statt die gemeinschaftliche Solidarität zu fördern.
- Verlust von Anhaltspunkten in bezug auf die durchschnittlichen Anforderungen für Kinder eines gewissen Alters. Alternativschulen sind meistens klein, und das Risiko besteht sehr wohl, dass man bei nur einem halben Dutzend gleichaltriger Kinder den durchschnittlich zu erwartenden Entwicklungsstand aus den Augen verliert. Dies ist bei der Festlegung der einzelnen Anforderun-

gen von Bedeutung. Nicht alle Kinder sind immer bestrebt, ihren eigenen Rekord zu schlagen, und die Lehrkräfte stehen oft einer Trägheit gegenüber, die sie bei fehlenden Vergleichsmöglichkeiten falsch beurteilen könnten.

Die Einmischung der Eltern in die soziale Umwelt der Kinder: Bei der Einfügung des Kindes in eine neue soziale Gruppe muss es sich von der Familie lösen, um gewisse, einer guten sozialen Integration entgegenwirkende Verhaltensweisen ablegen zu können. Oft bewirkt die Anwesenheit der Mutter oder des Vaters, dass das Kind zurückfällt, oder sie hindert es daran, gewisse Schwierigkeiten zu bewältigen. Die Schule muss zuerst dem Kind gehören, es hat Anrecht auf einen eigenen Wirkungskreis, weg von den Eltern; es handelt sich hier um ein Grundbedürfnis, das unbedingt gewährleistet werden muss. Ebenso muss sein Bedürfnis, zu spüren, wie sich die Eltern für seine Arbeit interessieren und es loben, beachtet werden. Dies ist eine heikle Frage des richtigen Masses, die in der selbstverwalteten Schule geregelt werden muss und über die wir viel nachgedacht haben. Zum Beispiel haben wir begriffen, nachdem wir problematischen Verhaltensweisen gewisser Kinder auf den Grund gegangen sind, dass das Kind nie das Gefühl bekommen darf, Lehrer und Eltern steckten unter einer Decke. Wir haben deshalb die Gelegenheiten, wo Lehrer mit Eltern über ihre Kinder sprechen, stark eingeschränkt, und wir geben uns Mühe, das Kind entweder miteinzubeziehen oder es über das in seiner Abwesenheit Besprochene zu unterrichten.

– Das Abgleiten der Schule in eine therapeutische Rolle. Die Versuchung für Eltern ist gross, familiäre oder psychologische Probleme nicht zu lösen, sondern ihr Kind in eine alternative Schule zu stecken. Die Schule muss sich dagegen wehren, um nicht ihr erstes Ziel, alternativen Unterricht zu erteilen, zu gefährden. Alternativer Unterricht verlangt enorm viel Energie, die anderweitig aufgefressen wird, falls in der Schülergruppe zu viele Kinder mit Entwicklungsschwierigkeiten dieser Art sind.

Ist diese Lösung gesellschaftlich gesehen gerecht?

Alternative Schulen – Schulen für eine Elite?

Alternative Schulen stehen nur einer kleinen Minderheit der Bevölkerung offen. Eltern, die ihre Kinder an eine Alternativschule schicken, haben normalerweise die folgenden Eigenschaften gemeinsam:

– Selbstvertrauen und Vertrauen in ihr Kind,
– Sorge um die Erziehung ihres Kindes,
– besonderes Verantwortungsbewusstsein,
– Anpassungsfähigkeit,
– Fähigkeit auf gewissen Komfort zu verzichten: Geld und Freizeit,
– Fähigkeit, die eigene Erziehung und die von der Mehrheit gutgeheissene Institution «Schule» in Frage zu stellen,

- die Kraft, am Rande der Gesellschaft zu stehen,
- Bereitschaft zur Zusammenarbeit in einer Gruppe.

Alternativschulen sind demnach nicht jedermann zugänglich. Es geht hier nicht um finanzielle Möglichkeiten. Fast alle Schulen verrechnen ein Schulgeld, das im Verhältnis zum Einkommen steht. (In unserem Fall wurde der Minimalbeitrag auf 100 Franken pro Monat festgelegt, und falls notwendig gehen wir sogar noch tiefer.) Die Alternativschule ist auch nicht einem bestimmten sozial-kulturellen Milieu vorbehalten, denn die dafür notwendigen Eigenschaften gehören nicht unbedingt zur Kategorie «linksintellektuell» oder «liberal-progressiv».

Eines aber haben alle Schüler, die in den zwei letzten Jahren zu uns gekommen sind, gemeinsam: Sie waren in der offiziellen Schule unglücklich. Und vielfach treffen wir Eltern an, die verzweifelt sind und die sich nicht für eine Alternative interessieren würden, wenn in der öffentlichen Schule alles rund gelaufen wäre.

Familien, die einer Alternativschule beitreten (und dabei bleiben), sind also gegenüber andern privilegiert, die diesen entscheidenden Schritt nicht wagen. Ihre Kinder werden von einer Gruppe von motivierten Erwachsenen «umsorgt», die ihnen ein Maximum an Entfaltung ermöglichen und für sie die bestmögliche Zukunft vorbereiten. Ähnliche Bedingungen sollten allen Kindern in der Schweiz zustatten kommen, leider ist das nicht der Fall. In einem gewissen Sinn ist Alternativschule also gleichbedeutend mit Ungerechtigkeit. Aber sollte deshalb darauf verzichtet werden?

Soll der Kampf an der Front des pädagogischen Fortschritts innerhalb des öffentlichen Systems oder ausserhalb davon geführt werden? Würden Lehrkräfte alternativer Schulen in den offiziellen Klassen nicht mehr bringen? Haben sie überhaupt das Recht, ausserhalb davon zu unterrichten?

Wir beantworten diese letzte Frage mit Ja, da die gegenwärtige Struktur der offiziellen Schule nicht genügend Raum zum Experimentieren bietet. Wie die experimentellen Schulen (Decroly, Freinet, Montessori) in der Vergangenheit nämlich zur Genüge zeigten, werden neue Erkenntnisse früher oder später auch in der öffentlichen Schule Einzug halten. Wir sind der Meinung, der Gesamtheit mehr zu nützen, wenn wir unsere Kräfte in einem günstigen Umfeld einsetzen, als diese mit politisch-administrativen Anstrengungen in einer öffentlichen Funktion zu verpuffen.

Deshalb gilt für uns die folgende Grundregel: Alles, was wir auf die Beine stellen, muss möglichst vielen Leuten zugute kommen. Die Schule muss nach aussen offen sein, der Zutritt muss frei sein. Wir empfangen alle, die sich für unsere Arbeit interessieren. Wir sind jederzeit bereit, über das, was wir tun, zu diskutieren, und es liegt uns speziell daran, positive Kontakte zur «offiziellen» Schule weiter zu pflegen.

Alternative Schulen – überbehütende Schulen?

Oft wird gesagt, dass wir die Kinder vor den Ansprüchen und den Schwierigkeiten des Lebens schützten. Vielfach heisst es: «Wie können diese Kinder später den Anforderungen einer Berufsausbildung und der Arbeitswelt gerecht werden?»

Sobald man das vom Staat errichtete System verlässt, wird alles möglich, sogar die Eröffnung einer alternativen Schule, die den Sprösslingen als Treibhaus dient und sie vor dem Durchzug schützt. Zweifelsohne kann die Alternative die Verweigerung der Zwänge, der Strukturen, der Autorität und schliesslich der eigentlichen Arbeit bedeuten. Es kann sich aber auch um ganz etwas anderes handeln, und hier haben wir oft Mühe, uns verständlich zu machen: *Die Alternative bedeutet, andere Zwänge, andere Strukturen, eine andere Form von Autorität und eine andere Arbeit zu wählen,* immer aber in Zusammenhang mit der aktuellen Wirklichkeit, mit einer neuen Vorstellung des Kindes und seiner zukünftigen Rolle als Mensch und Bürger, das heisst in Zusammenhang mit einer bestimmten Vorstellung der Zukunft. Unsererseits haben wir beschlossen, unsere Kinder voll in den Durchzug zu stellen. Die Anforderungen unserer Schule sind unserer Meinung nach höher, doch mehr wirklichkeitsbezogen und deshalb besser verstehbar als die Anforderungen der «offiziellen» Schule.

Unsere Erfahrung: drei Jahre, bis es rund lief

Die Zusammenarbeit zwischen Eltern und Lehrern:

Um die Entwicklung der Arbeit mit den Kindern zu begreifen, ist es unserer Meinung nach notwendig, die Entwicklung der Arbeit der Gruppe Eltern/Lehrer zu beschreiben.
Für die Gruppe von Eltern, die eine alternative Schule gründen wollte, waren die Motivationen vielfältig. Ein Konsens wurde eigentlich schnell gefunden, als es darum ging, in groben Zügen die zukünftige Schule zu umreissen. Niemand von uns war Lehrer, und anfänglich galt es, die vom gesunden Menschenverstand diktierten Prinzipien zu definieren. Teilweise wurde auf die Erfahrungen der «école active» und insbesondere auf Célestin Freinet zurückgegriffen. Im ersten die Schule vorstellenden Dokument wurde die pädagogische Praxis absichtlich nur vage angeschnitten. Man plante, diese in Zusammenarbeit mit dem Lehrer, der zu gegebener Zeit eingestellt würde, direkt zu erarbeiten.
Vordringlich ging es darum, die Schule materiell zu ermöglichen. Dies gelang unter grossen Mühen, um so mehr als die Gruppe klein und die finanziellen Mittel sehr bescheiden waren. Es war schwierig, eine Lehrkraft zu finden; im letzten Moment fand sich eine Lehrerin mit einigen Jahren praktischer Erfahrung. Sie wurde halbzeitlich angestellt, die Eltern übernahmen die andere Hälfte.
Durch das Fehlen eines Konzepts und den Mangel an organisierter Selbstkritik herrschte während Monaten eine Art Halbanarchie. Im Rückblick bedauern wir diese Periode allerdings keineswegs. Wir beurteilen diese Zeitspanne als sehr nützlich, denn wir haben unter anderem folgendes begriffen:
– Es ist schwierig, unsere Entwicklungsarbeit durch eine Mittelsperson ausführen zu lassen und von der Lehrerin etwas zu verlangen, für das sie nicht im selben Masse motiviert ist wie wir.

- In der Anfangsphase können wir demzufolge auf niemand anders als auf uns selbst zählen.
- Die passende Arbeitsform kann nicht in einem Jahr gefunden werden. Wir müssen uns somit auf einen längeren Prozess einstellen.
- Wir müssen lernen, unsere Ziele besser festzulegen und die Situation besser zu analysieren.

Nach einem Jahr wurde die Verantwortung des Unterrichts den beiden Elternteilen anvertraut, die – obschon sie eigentlich nicht vom Fach waren – diese am besten übernehmen konnten.

Der Umfang der zu leistenden Aufgaben für das materielle Überleben der Schule und für die Errichtung einer Oberstufe war so gross, dass die Eltern während der beiden darauffolgenden Jahre nicht mehr über die Einhaltung der anfänglich vereinbarten Grundsätze diskutieren konnten. Sie verliessen sich auf die beiden Verantwortlichen der Unterstufe; dies wurde durch die häufigen Kontakte zwischen Eltern und Lehrkräften (eine Zusammenkunft pro Woche) erleichtert.

Die Eltern und Lehrkräfte der Oberstufe trafen sich seltener, und nach einem Jahr Unterricht mussten wir ein weiteres Mal erkennen, wie schwierig die wirksame Mitarbeit von Aussenstehenden bei der Verwirklichung eigener Ziele ist. Wir haben dann die Anzahl der in dieser Stufe Unterrichtenden verkleinert, in der Hoffnung bessere Übereinstimmung zu erzielen.

Zu Beginn des dritten Jahres machten sich bei den Eltern, einer Gruppe von acht Leuten, ein Nachlassen und Mutlosigkeit bemerkbar. Die Aufgaben wurden zu gross und waren zu einseitig verteilt. Jede Woche löste ein dringendes Problem das vorhergehende ab (zu jener Zeit beschäftigten uns die Beziehungen zum Erziehungsdepartement sehr). Beim Einstellen neuer Lehrkräfte scheiterten wir in fünf von acht Fällen: Sie entsprachen nicht dem, was wir von ihnen erhofften. In den zwei Jahren hatten sich ausserdem nicht mehr als drei neue Schüler gemeldet.

Wir hatten das Bedürfnis, uns über unsere «Gangart» klarzuwerden. Wir liessen uns auf eine Gruppenanalyse mit einem neutralen Supervisor ein. Er half uns sehr, unsere eigenen Schwächen zu erkennen und die notwendigen Zusammenhänge für ein gutes Funktionieren einer selbstverwalteten Schule zu verstehen. Nach vier Monaten Arbeit hatten wir unsere Unabhängigkeit wieder erlangt, und zu diesem Zeitpunkt kam die Schule richtig in Schwung: Zustrom von Schülern, von Lehrerkandidaten, Interesse der Presse und des Radios, bessere Beziehungen zum Erziehungsdepartement und sogar eine finanzielle Unterstützung...

Wir sind jetzt im fünften Jahr unseres Bestehens. Mit zwanzig Schülern und fünfzehn Familien hat sich der Bestand verdoppelt. Wir stellen fest, dass es in einer grösseren Gruppe schwierig ist, gleichzeitig Selbstverwaltung und ein klares pädagogisches Konzept durch das Lehrerteam einzuhalten. Wir sind aber bereit, für ein gutes Gelingen weiterzuarbeiten. Die Gruppe der Lehrkräfte hat bereits viel Zeit darauf verwendet, eine Vertrauensbasis zu schaffen und eine gute Übereinstimmung zu erreichen, dank der es ihr möglich ist, den eingeschlagenen Weg immer wieder zu überdenken. In aller Ruhe kann sie ihre Einstellung hinterfragen, was sehr wichtig erscheint, um überhaupt weiterzukommen. Es ist dabei unerlässlich, die Eltern so viel wie möglich über alle Unternehmungen zu informieren und sie an den Ueberlegungen teilhaben zu lassen, damit sie in Kenntnis der Sache den Lösungen zustimmen können. Eine selbstverwaltete Schule muss unserer Ansicht nach ein Ort der Besinnung und der Bildung sowohl für die Eltern als auch für die Kinder und Lehrkräfte werden.

Die Entwicklung unserer Pädagogik

Das Entstehungsjahr der Ecole de la Grande Ourse war ein Jahr des Suchens und Probierens: Vom vollkommen unfruchtbaren Gewährenlassen sind wir zu einem Arbeitsaufbau gelangt, wie man ihn in unzähligen Freinet-Klassen der offiziellen Schule antrifft: individuelle Arbeitspläne, abwechselnd mit Drillunterricht in Französisch und Mathematik, frei geleitet innerhalb eines vom Erziehungsdepartement bestimmten Programms und ergänzt mit einigen Recherchier- und Kreativarbeiten.

Während der ersten beiden Jahre konnten wir uns betreffend Pädagogik allerdings nur recht oberflächlich mit Fragen der Unterrichtsmethode befassen; wir waren nämlich gezwungen, genau dem offiziellen Weg zu folgen. Der Kanton schrieb uns jährliche, ja sogar halbjährliche Prüfungen für die Oberstufe vor. Schüler, die die Prüfungen nicht bestanden, mussten wieder in die staatliche Schule eintreten. Erst nachdem wir uns mit unseren Kollegen der Neuenburger Rudolf Steiner-Schule und dem Espace du Loup zusammengetan hatten und nachdem wir auf die Unterstützung des Verbandes Schweizerischer Privatschulen zählen konnten, wurden die staatlichen Prüfungen aufgehoben. Einzig Schüler, die in die offizielle Schule übertreten wollen, müssen sich heute noch einer Prüfung unterziehen.

Als im April 1986 unsere Eigenständigkeit anerkannt wurde, konnten wir den Kurswechsel wagen und den Weg einschlagen, der uns zusagte.

Im Laufe des Jahres 1986 haben wir uns einem der wichtigen Ziele genähert: in der Einstellung zur Arbeit authentisch sein. Damit ein Lernprozess wirksam wird, muss der Schüler dem Vorhaben zustimmen. Die Motivation entsteht aus dem Bedürfnis heraus, vorwärtszukommen, mehr zu wissen, einen Stoff zu beherrschen, Wissensdurst zu stillen. Wir haben beschlossen, so weit wie möglich individuelle Bedürfnisse und persönliches Tempo zu berücksichtigen und gleichzeitig die sogenannten Hauptfächer des offiziellen Unterrichts beizubehalten: Die Jüngeren beschäftigen sich mit Französisch, Rechnen (dazu kommt bei uns Esperanto), die Mittleren machen Deutsch, Französisch und Mathematik und die Grösseren Deutsch, Englisch, als Wahlfach Latein, Französisch und Mathematik. Wir haben die wirksamsten Lernmethoden, die wir gefunden haben, übernommen, unser Lehrmaterial sorgfältig ausgewählt und sogar selbst erarbeitet, immer mit dem Ziel, so wenig Zeit wie möglich für das Üben aufwenden zu müssen (Konjugation, Multiplikationstabellen, Deklinationen usw.). Wir haben Schreibmaschinenkurse für die Mittleren und Grösseren eingeführt.

Jedes Kind ist für sein eigenes Arbeitstempo verantwortlich und gibt uns bekannt, wenn es sich für eine Prüfung bereit fühlt. Wenn es sie besteht, erhält es

im betreffenden Fach ein Diplom ohne Benotung oder Bewertung. Wenn es sie nicht besteht, beginnt es nochmals, ohne weitere Beurteilung des Lehrers. Die Lehrkräfte geben auf die von den Schülern jeweils ausgewählten persönlichen Arbeitsmethoden speziell acht. Jeder Schüler sollte schliesslich die für ihn nützlichste Methode gefunden haben. Dieses Vorgehen erlaubt ihm, sich der eigenen Fortschritte bewusst zu werden und selbst beurteilen zu lernen, wann er den Stoff beherrscht.
Darauf aufbauend war es uns möglich, die ganze restliche Zeit (ungefähr 60% bei den Kleinen und 50% bei den andern) für die wichtigen Fragen der Wissenschaft, Geschichte, Geographie, das Theater, den Sport, die Musik und die handwerklichen Arbeiten freizuhalten. Wir haben uns dabei für das Studium durch persönliches Bearbeiten von Themen entschieden, entweder in individuell ausgewählten Wissensgebieten oder im Rahmen eines gemeinsamen Schulthemas.

Die Arbeit an gemeinsamen und individuellen Projekten

Die ersten gemeinsam angepackten Themen waren die Naturerscheinungen im Winter, das tägliche Leben im Mittelalter, der Kanton Neuenburg, die Renaissance (anhand von wissenschaftlichen Experimenten und der Kunst). Jedes der Kin-

der wählt ein oder zwei ihm besonders beachtenswert erscheinende Themen aus. Die Kinder erforschen das Thema nach ihrem eigenen Wissensstand mit Hilfe aller möglichen Informationsmittel, z.B. Experimentieren, direktes Beobachten, Abbildungen, Filme, Museen, Bücher usw. Über jede einzelne Studie wird in der Schulzeitung berichtet. Des weiteren muss eine Zusammenfassung der Arbeit an Schulfesten in einer vom Schüler ausgewählten Form vorgestellt werden (historische Sketches, Videofilme, Ausstellungen, Vorträge, Fotomontagen usw.).
Diese Studien und persönlichen Projekte sind zum richtigen Motor für den Fortschritt der Schüler geworden. Zum einen weil das Interesse daran gross ist und andererseits weil es sich um eine authentische Tätigkeit handelt, ganz im Gegensatz zu einer künstlichen Lernübung. Dieses Bemühen um Authentizität wurde zum vorrangigen Anliegen in unserer Schule. Es kommt auf verschiedenen Ebenen zum Ausdruck: So weit wie möglich leiten die Lehrkräfte Projekte und Studien, die sie persönlich interessieren. (Wir haben festgestellt, dass die Vorkenntnisse eines Lehrers weniger wichtig sind als sein wirkliches Interesse an einer Sache.) Auch die Schüler wählen nur die Themen, die sie herausfordern. Sie haben den Auftrag, in ihrer Arbeit so weit wie möglich zu gehen und die Zusammenfassung so genau und für den Leser oder Hörer so attraktiv wie möglich zu gestalten. Durch dieses Vorgehen eignet sich das Kind gewisse wichtige Fähigkeiten an: es beherrscht somit die Mittel, sich für seine Umwelt und das Leben darin zu interessieren und sich auf wirksame Art zu informieren und zu dokumentieren. Es fühlt sich befähigt, innerhalb einer sozialen Gruppe mit Wort und Schrift, Bild, Typographie oder aktuellen Medien mitzuteilen, was es denkt und weiss. Das ist ein langer und schwieriger, für uns aber wichtiger Prozess. Es braucht Selbständigkeit und Unabhängigkeit bei der Arbeit, intellektuelle Ehrlichkeit und wissenschaftliche Strenge, kritischen Geist, Anpassungsfähigkeit für Arbeit in der Gruppe und für die Anforderungen des gemeinsamen Zusammenlebens und der Kommunikation. Wir stellen sowohl bei Eltern und Lehrern wie bei Schülern einen vermehrten Wissensdrang fest, und deshalb glauben wir, dass wir auf einem vielversprechenden Weg sind.

Beispiele

Um das Ganze zu veranschaulichen, nachfolgend einige Beispiele unserer Tätigkeit:
Thema Winter: Zwei der Kleinen studieren bei der Bearbeitung des Themas «Winter» den Schnee unter den Gesichtspunkten: Gewicht, Temperatur, Schmelzen, spezifisches Gewicht; einer der Grösseren befasst sich mit den Kristallen und ihren Formen. Ein anderer erforscht die Herstellung des Thermometers und die Ausdehnung der Materialien, er lehrt dann die andern, wie man Temperaturen genau messen kann, und das führt dann zu einer Aufzeichnung der Temperaturen in der Schule (der Plan wurde durch die Schüler selbst erarbeitet). Sie stellen zum Beispiel fest, dass die Temperatur zwischen 5 Grad unmittelbar über dem Boden und 30 Grad an einigen Orten unter der Decke schwankt. Mit etwa einem Dutzend solcher Studien, Gedichten und Zeichnungen zum Thema Winter konn-

ten wir eine richtig interessante Winter-Spezialausgabe der Schulzeitung herausbringen.

Für das Thema Mittelalter hatten wir einen Aufenthalt in einem alten Kloster vorbereitet. Wir lebten dort wie im Jahre 1000. Um dem wirklichen Leben der damaligen Zeit möglichst nahe zu kommen, hatten wir uns zuvor mit der Kleidung, der Nahrung, deren Zubereitung, den Arbeitszeiten, den Medien usw. befasst. Ausserdem bereiteten wir ein von den Kindern erfundenes mittelalterliches Schauspiel vor, und wir gaben eine Spezialnummer zum täglichen Leben im Mittelalter heraus.

Das Thema «Kanton Neuenburg» veranlasste uns, neben den Studien und Projekten acht Ausflüge im Kanton zu machen. Ein Rundflug ermöglichte uns die Sicht von oben.

Das Thema Renaissance sollte uns mit der Erforschung des Weltalls erlauben, die Anforderungen des wissenschaftlichen Experimentierens zu ermessen. Zu diesem Thema kamen wir, weil wir historisch gesehen dort angelangt waren und weil wir es als dringend erachteten, dass sich unsere älteren Schüler mit dem Experimentieren in Chemie und Physik befassten. Und was gibt es Schöneres als ein alchimistisches Labor?

Aufnahme der Schüler, persönliche Begleitung und Leistungsbeurteilung

Zu Beginn des vierten Jahres unseres Bestehens entwickelten wir eine psychologisch-pädagogische Struktur, die uns einerseits bei der Aufnahme neuer Schüler die notwendigen Ermittlungen ermöglichen und uns andererseits helfen soll, die individuelle Arbeit der Schüler in unserer Schule zu beurteilen.

Im ersten Fall besuchen die Mutter eines Schülers und eine Lehrerin (beide sind ausgebildete Psychologinnen) sich bewerbende Familien zu Hause. Man möchte so gut wie möglich die Integrationsfähigkeit des Kindes und seiner Familie in der Schule voraussehen. Dieser Teil der Aufnahmeprozedur soll uns vor einer therapeutischen Rolle schützen, die man uns oft zuspricht und die wir ablehnen.

Was die individuelle Beurteilung betrifft, so geschieht sie in mehreren Phasen: unsere «Mutter-Psychologin» unterhält sich mit dem Kind, wie es sich selbst in der Schule und in bezug auf seine Arbeit einordnet. Sie hört ihm zu und schlägt ihm vor, dass sie das, was das Kind für notwendig erachtet, den Eltern oder den Lehrern übermitteln werde. Da diese «Mutter-Psychologin» mit dem Schulbetrieb überhaupt nichts zu tun hat, wird sie vom Kind als eine neutrale Person in bezug auf die Lehrergruppe und seine Eltern betrachtet. Falls nötig, unterhält sie sich auch mit den Eltern allein und übermittelt den Lehrern nach Absprache mit dem Kind gewisse Informationen. Schliesslich treffen sich Kind, Eltern, die «Psychologin» und ein oder zwei Lehrer, um die schulische Bilanz zu ziehen und mit dem Kind zusammen seine persönlichen Ziele für die kommenden Monate abzustecken. Solche Bilanzbeurteilungen erfolgen ein- oder zweimal pro Jahr auf Wunsch der Eltern, des Kindes oder auch der Lehrer. Wir haben neben den Diplomen auf jegliche schriftliche Beurteilung verzichtet, denn das Kind arbeitet im wesentlichen für sich selbst, und somit sind schriftliche Beurteilungen der einzelnen Lernstufen nicht gerechtfertigt.

Die Schule neu erfinden

Eine Schule, die Kinder im Alter zwischen sechs und fünfzehn Jahren umfasst, bietet unter anderem die Möglichkeit, Begeisterungsfähigkeit über die von der traditionellen Schule künstlich geschaffenen Altersgrenzen hinaus zu wecken und zu erhalten. Wir stellen fest, dass das Interesse am Entdecken das Kind wie den Erwachsenen gleichermassen beschäftigt, so lange die angepackten Themen glaubwürdig, anregend oder fordernd sind.
Aus einer Institution ausbrechen, deren Hauptprinzipien seit mehr als anderthalb Jahrhunderten erstarrt sind, heisst mit der Tradition brechen und in allen Bereichen von den aktuellen Gegebenheiten ausgehen, um damit die Schule neu zu erfinden. Auf seine persönlichen Ziele hinzuarbeiten, bedeutet sicher nicht,

«Und darüber hinaus legt man den Grundstein eines neuen Humanismus. Bevölkerungszunahme, technischer Fortschritt, Freizeitboom können entweder eine grosse Hoffnung entstehen lassen oder die Drohung einer nahenden Katastrophe verstärken. In der Welt von morgen ist der Mensch immer mehr für sein eigenes Schicksal verantwortlich. Wenn «sein Schicksal entwerfen» abhängt von Phantasie, Wissen und Voraussicht, hängt dessen Verwirklichung von schöpferischem Ausdruck ab. Phantasie und schöpferischer Ausdruck sind also fundamentale Fähigkeiten, die es bei den Jungen auszubilden gilt, um zu versuchen, etwas Ordnung in die Welt zu bringen und damit sie gewappnet sind gegen die vielfältigsten und hinterhältigsten, die Menschheit bedrohenden Kräfte wie Entfremdung, Auswüchse der Technokratie, Roboterisierung und Gleichmacherei.»

«Das Überleben der Menschheit verlangt von der Ausbildung eine gewisse Anzahl kurzfristiger Zielsetzungen, wie A. de Peretti sie formuliert: ‹Damit die Menschen in einer sich entwickelnden Gesellschaft sich selbst entwickeln und an einer gemeinsamen Lebenskraft teilhaben können, darf man nicht Individuen für bestimmte Rollen vorbereiten. Man muss freie und selbständige Menschen, mit Initiative, Kreativität und Verantwortungsbewusstsein bilden und jeden einzelnen lehren, sich selbst zu werden, sich selbst wie auch die Veränderung und den Fortschritt der andern und die Ereignisse um sich herum in die Hand zu nehmen. Unsere Aufgabe ist es, Begabungen zu fördern und somit die Kraft, die sich von Freundschaft und eigenständigem Denken nährt, zu entwickeln sowie die Freude am Experimentieren, Forschen und konkret Hinterfragen zur Entfaltung zu bringen.› »

R. Gloton et C. Clero, L'activité créatrice chez l'enfant, pages 10-11 (Verlag Castermann, 1971)

Anstrengungen auszuweichen, es bedeutet vielmehr, sich selbst Ziele zu stecken und sie auch zu erreichen. Nach vier Jahren des Bestehens können wir bestätigen, dass unsere Unabhängigkeitsbestrebungen uns erlaubt haben, von den geerbten Modellen loszukommen und die Schule neu zu überdenken, wie sie die Kinder von heute wirklich brauchen. Dieses Bemühen um Neuerfindung ist wesentlich. Auf Grund unserer Erfahrung und derjenigen anderer Alternativschulen haben wir jedoch auch erkannt, dass eine solche Schule, ohne pädagogische Ziele und strenge Methodik, grosse Risiken eingeht...

Die Freie Volksschule Nidwalden

von Lolo Schriber und Edwin Achermann

Übersicht

Die folgenden Texte sind Erlebnisberichte, Ausschnitte aus Vereinsnachrichten und Zeitungsartikeln. Sie wurden von Eltern und Lehrpersonen z.T. in Gruppen verfasst. Signiert sind deshalb nur die persönlichen Berichte.

- Erlebnisberichte:
  einer Lehrerin
  einer Mutter
- Steckbrief
- Geschichte der Freien Volksschule Nidwalden
- Unterrichtselemente:
  Individuelle Planarbeit
  Freie Tätigkeit
  Gemeinsames Tun
- An einem Dienstag: ein Tagesablauf
- Der Schulbericht
- Grundsätze
- Die Eltern an der FVN
- Die Kinder an der FVN
- Das Verhältnis zur Staatsschule
- 5 Jahre Freie Volksschule Nidwalden

Erlebnisbericht einer Lehrerin

Vor drei Jahren, im August 83, startete ich mit der ersten Schulgruppe der FVN: 7 Erst-, 1 Zweit- und 2 Drittklässler/innen. Nach 7 Jahren Arbeit an der öffentlichen Schule freute ich mich riesig auf meine neue Stelle.
Die kleine Kindergruppe, der grosse Spielraum im Gestalten des Schulalltages, der Verzicht auf Noten und die engagierten Eltern liessen mein Herz höher schlagen.
Heute begreife ich die vielen ängstlichen Stimmen, die Unsicherheiten und auch die Skepsis gegenüber einer solchen Schule. Das Unterrichten innerhalb dieses

grossen Freiraumes empfinde ich als eine riesige Herausforderung, die mich sehr befriedigt und gleichzeitig auch sehr verunsichert. Immer wieder stelle ich mir neue Fragen:

- Wann unterdrücke ich das Kind und wann ist meine Grenze eine echte Unterstützung und Herausforderung?
- Kann und will ich jedem Kind gerecht werden? Und was heisst eigentlich gerecht werden?
- Wo stehe ich innerhalb der Schulgruppe? In welchem Mass bringe ich meine Bedürfnisse ein?
- Wie gehe ich mit meiner Erwartungshaltung oder mit ablehnenden Gefühlen einem Kind gegenüber um?
- Woher nehme ich das Verständnis und die Liebe für ein Kind, das mir so oft die schönsten und intensivsten Momente zerstört?
- Wie reagiere ich auf die Lernwiderstände der Kinder?

Ich spüre, dass es für mich kein Rezept gibt. Ich muss lernen, mit meinen Fragen zu leben. Die Arbeit an der Schule ist für mich zusammen mit den Kindern und den Eltern ein dauernder Lernprozess. Das Wichtigste daran ist, dass wir alle Fehler machen dürfen. Wir lernen, sie als Chance zu erkennen, um neue Einsichten daraus zu gewinnen.

So bleibt die Schule in dauernder Veränderung. Wir sind gemeinsam auf dem Weg und noch lange nicht angekommen. Lolo Schriber

Erlebnisbericht einer Mutter

Seit Eröffnung der Spielgruppen im August 1981 besucht Philipp den Unterricht der FVN. Wir gehören somit zu der Elterngruppe, die von Anfang an dabei war. Von den Grundideen und vom Konzept waren wir bald einmal überzeugt. Die Argumente für gewisse Änderungen im Schulsystem schienen uns logisch und nachvollziehbar. Obwohl unsere zwei älteren Kinder problemlos die Staatsschule besuchten und wir in keiner Weise vorbelastet oder frustriert waren, interessierten uns die neuen Möglichkeiten sehr. Wir begannen uns erstmals mit der Schule auseinanderzusetzen. Es wurde uns bewusst, dass uns hier eine Chance geboten wurde, aktiv am Schulgeschehen teilzunehmen. Zuvor hatten wir uns, ehrlich gesagt, nie viel Gedanken über die Schule gemacht; wir hatten das gegebene System einfach akzeptiert. Die Eltern- und Informationsabende und die Gesprächsrunden liessen uns immer mehr erkennen, dass es wichtig ist, sich zu engagieren, über die Möglichkeiten der Schule, des Kindes, der Elternmitarbeit nachzudenken, sich nicht einfach passiv zu verhalten und bedienen zu lassen. Langsam wuchsen wir in diese neue Art Schule hinein. Wir haben alle Stadien von Hoffen und Bangen, von Zweifel und Zuversicht miterlebt. Alles war so neu für uns, es lagen keine Erfahrungszahlen und Berichte vor. Man wusste nicht, wie lange die beteiligten Eltern den Mut und die Energie aufbringen würden, am Projekt weiterzuarbeiten. Probleme aller Art kamen auf die Elterngruppe zu: finanzielle, räumliche, personelle, Misstrauen und Unverständnis von aussen («Warum schickt ihr euer Kind in die FVN, es ist doch normal begabt?»). All das änderte aber nichts an unserer Überzeugung, dass die neuen Schulideen grundsätzlich gut, kindgerecht und förderungswürdig sind. Durchhaltewille und eine Portion Risikofreude wurden uns abverlangt. Eine Weile schien das Projekt zum Scheitern verurteilt: Ohne eine zugesicherte Anzahl von Kindern als Startgruppe konnte nicht daran gedacht werden, Räumlichkeiten zu suchen, evtl. sogar ein eigenes Schulhaus zu bauen, Lehrpersonen zu engagieren usw. Aber glücklicherweise ging's immer einen Schritt vorwärts, sodass heute die FVN auf einer breiteren, fundierten Basis bestehen kann. Zwar sind wir noch nicht alle Sorgen los, und alle Beteiligten werden nach wie vor gefordert. Nebst dem Schulgeld stellt jedes Elternpaar nach seinen Möglichkeiten Zeit und Arbeitskraft zur Verfügung. Auch kommt es immer mal wieder vor, dass Eltern den eingeschlagenen Weg in Frage stellen oder dass ihr Kind mit dem Schulstoff oder in der Gruppe Mühe hat. An Elternabenden und im persönlichen Gespräch mit den Lehrpersonen und dem betreffenden Kind wird offen über Ängste, Bedenken, Schwächen und Schwierigkeiten geredet und gemeinsam nach einer Lösung gesucht.

Rückblickend auf die vergangenen fünf Jahre stellen wir fest, dass wir unseren Entscheid, Philipp in die FVN zu schicken, keinen Tag bereut haben. Nicht nur für ihn war der Schritt richtig, auch uns brachte er eine echte Bereicherung. Wir haben von der Zusammenarbeit mit den andern Eltern sehr viel gelernt und profitiert. Die gemeinsame Aufgabe schweisste uns zusammen, persönliche Kontakte entstanden über den Schulalltag hinaus. So ist die FVN nicht nur eine Schule für unsere Kinder geworden, sondern für alle ein Ort der Begegnung, wo Grosse und Kleine miteinander lernen und leben. Die FVN ist heute Bestandteil unseres täglichen Lebens, und wir möchten sie auf keinen Fall missen! Heidi Schrödel

Steckbrief (Stand: Herbst 1987)

Name: Freie Volksschule Nidwalden (FVN).
Trägerschaft: Verein Freie Volksschule Nidwalden.
Lokalitäten: Vereinseigener Pavillon an der Büntistrasse 5a in Stans für die Primarschule. – (Neues FVN-Haus für Spielgruppen, Kindergarten und Schule in Stans in Planung.) Mietlokal an der Stansstaderstrasse 12 in Stans für Spielgruppen und Kindergarten.
Kindergruppen: Vier Spielgruppen mit je acht Kindern. Eine Kindergartengruppe mit sieben Kindern. 3 Primarschulgruppen (1.–6. Klasse) mit insgesamt 35 Kindern.
Arbeitsstellen: Eine Kindergärtnerin, eine Spielgruppenleiterin, drei Primarschullehrer/innen. Teilpensen: Eine Werklehrerin, eine Lehrerin für Küche und Garten.
Finanzierung: Elternbeiträge (für Spielgruppen feste Beiträge, ab Kindergarten und Schule nach Selbsteinschätzung der Eltern, mindestens 100 Franken im

Monat. Beiträge der Vereinsmitglieder, 40 Franken pro Jahr). Gewinn der Genossenschaft Eltere-Lehrer-Chind-Lädili (Buchhandlung, Holzspielsachen, Spiele). Gönnerbeiträge und Erlös aus Festen und Aktionen.
Kontaktadresse: Eltere-Lehrer-Chind-Lädili, Alter Postplatz 6, 6370 Stans, Telefon 041 61 62 60.

Geschichte der FVN

Oktober 1980
Lisbeth und Edwin Achermann, ein Eltern- und Lehrerpaar, verteilen in ihrem Bekanntenkreis «Projektblätter für eine Freie Volksschule Nidwalden».

Mai 1981
Eine sechsköpfige Arbeitsgruppe gibt die erste Broschüre «Freie Volksschule Nidwalden» heraus. Damit beginnt auch die Öffentlichkeitsarbeit, u.a. mit verschiedenen Veranstaltungen.

27. Mai 1981
Gründung des Vereins Freie Volksschule Nidwalden.

24. August 1981
Beginn der Spielgruppenarbeit in der Schmiedgasse in Stans. Vreni Niederberger-Freuler und Gisela Fuchs-Krieger betreuen in vier Gruppen 32 Kinder.

1. September 1981
Der Verein Freie Volksschule Nidwalden reicht an die Erziehungskommission Nidwalden ein Gesuch um Anerkennung als Privatschule ein.

1. April 1982
Die Erziehungskommission erteilt dem Verein Freie Volksschule Nidwalden die Bewilligung zur Eröffnung der Schule auf Beginn des Schuljahres 1982/83.

23. August 1982
Vreni Felber und sieben Kinder starten unter schwierigen Umständen in einem Provisorium in Hergiswil den FVN-Kindergarten.

25. September 1982
Spatenstich für den FVN-Pavillon an der Büntistrasse in Stans. Eltern und Vereinsmitglieder leisteten während des Baus über 1600 Fronarbeitsstunden.

Oktober 1982
Der Kindergarten zieht von Hergiswil nach Stans in ein zweites Provisorium.

Dezember 1982
Der Nidwaldner Lehrerverein beschliesst an der GV nach heftiger Diskussion als Kollektivmitglied dem Verein Freie Volksschule Nidwalden beizutreten.

2. und 3. Juli 1983
Pavillon-Fest mit Einweihungsfeier der Freien Volksschule Nidwalden. An der festlichen Einweihungsfeier im Kollegium nehmen auch Vertreter/innen der kantonalen und kommunalen Schulbehörden teil.

22. August 1983
Lolo Schriber startet mit 10 Kindern im neuen Pavillon die erste FVN-Schulgruppe. Gleichzeitig ziehen auch die Spielgruppen und der Kindergarten in den Pavillon.

20. August 1984
Nach einer kurzen, aber intensiven Umbauzeit stehen an der Stansstaderstrasse in Stans für Kindergarten und Spielgruppen neue Räumlichkeiten zur Verfügung. Im Pavillon beginnt die zweite Schulgruppe zu arbeiten.

18. August 1986
Eröffnung der dritten Schulgruppe im Pavillon.

7. Januar 1987
Nach langen Grundsatzdiskussionen beschliesst eine ausserordentliche GV innerhalb einer in Planung begriffenen Genossenschaftssiedlung ein FVN-Haus für Spielgruppen, Kindergarten und Schule zu bauen.

Unterrichtselemente

Individuelle Planarbeit

Jedes Kind hat in den Fächern Deutsch und Rechnen einen Arbeitsplan. Darauf sind die vom Lehrplan vorgegebenen Stoffziele in einzelne Lernschritte unterteilt.
Anfangs Woche legt jedes Kind zusammen mit der Lehrperson fest, welche und wieviele Lernschritte es an seinem Plan erarbeitet.
Diese individuelle Planarbeit ermöglicht jedem Kind, sein eigenes Lerntempo zu entwickeln. Durch die sorgfältige Überprüfung der einzelnen Lernschritte werden Lücken sofort entdeckt und Unklarheiten behoben.
Der Freiraum, sich sein eigenes Wochenziel zu setzen, sich selber für eine Arbeit zu entscheiden und den geeigneten Arbeitsplatz selbst zu wählen, unterstützt das Kind in seiner Eigeninitiative und Lernfreude.
Dank des Freiraumes werden Lernblockaden sichtbar. An Widerständen müssen die Kinder allein und mit Hilfe der Lehrperson arbeiten.

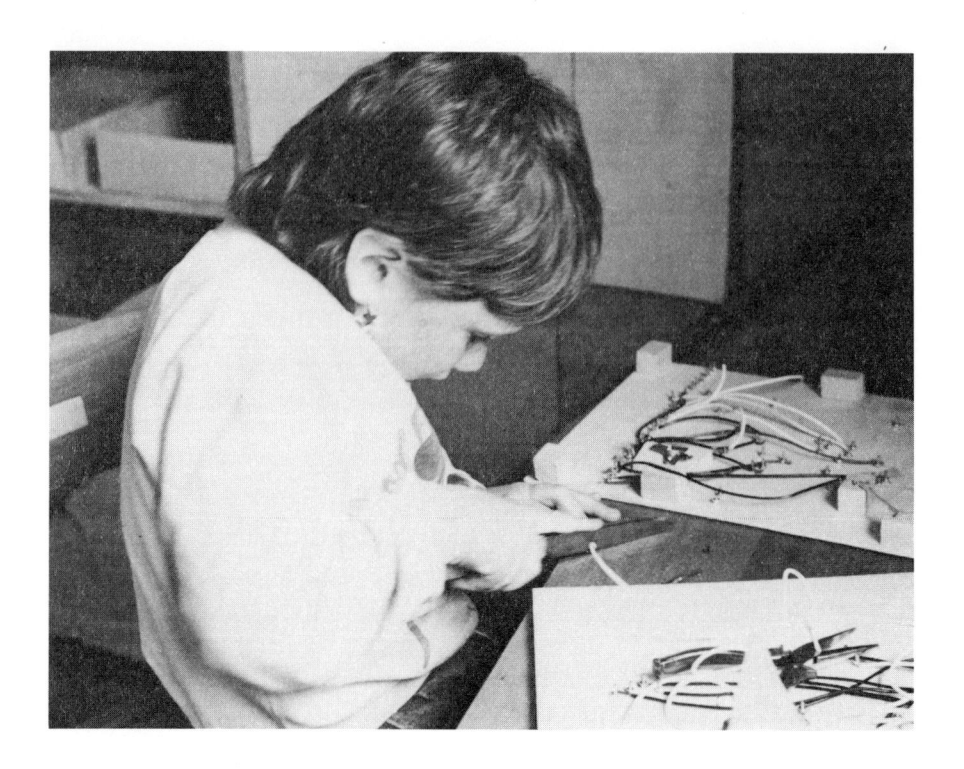

Die Lehrkräfte bestärken das Kind in seiner eigenen Entscheidung und unterstützen es liebevoll, damit es sein Wochenziel erreichen kann.
Individuelle Planarbeit beinhaltet auch Partnerarbeiten. Das Kind sucht sich selber oder mit Hilfe der Lehrperson einen Partner, mit dem es gemeinsam die Arbeit erledigen kann. Oft setzen sich Kinder, die an einem Plan gleich weit sind, an einen gemeinsamen Platz und arbeiten zusammen. Ältere Kinder oder Schüler mit schnellerem Lerntempo übernehmen «Lehrerfunktionen». Sie helfen den langsameren Mitschülern, beantworten deren Fragen, erklären Aufgaben und Arbeitsanweisungen.
Das ist ein grosser Vorteil der Mehrklassenschule.

Freie Tätigkeit

Die FVN legt grossen Wert darauf, dass die Kinder den Unterricht mitgestalten. Vor allem in der freien Tätigkeit ist viel Raum dafür vorgesehen. Hier haben die Kinder Gelegenheit, ihre eigenen Ideen und Projekte frei zu verwirklichen.
In der gemeinsamen Runde zweier Schulgruppen entscheidet jedes Kind, was es tun möchte und was es dazu braucht. Die Lehrpersonen helfen bei Entscheidungsprozessen und machen Angebote. Am Schluss der freien Tätigkeit sitzen wieder alle zusammen und berichten, zeigen oder führen vor, was sie gemacht

haben, und besprechen, ob jedes mit seiner Arbeit zufrieden ist. In der freien Tätigkeit werden meistens Aktivitäten in der Gruppe bevorzugt: Rollenspiele, Bauen, Werken und Handarbeiten. Einzelne arbeiten an ihren Arbeitsplänen, experimentieren oder lesen.

Es kommt vor, dass Themen aus der freien Tätigkeit in anderen Unterrichtselementen übernommen werden. Umgekehrt leben Ideen aus diesem Unterricht in der freien Tätigkeit weiter. In der freien Tätigkeit sind wichtige Erfahrungen im sozialen Bereich möglich und unumgänglich: Konflikte lösen, teilen, miteinander reden, Rücksicht nehmen, seine Ideen vertreten usw.

So wird kooperatives Verhalten geübt und Kreativität gefördert. Die Beziehungen zueinander werden intensiver.

Gemeinsames Tun

Es umfasst die Bereiche Besinnung und Religion; Klassenrat; Sachunterricht; Werken und Gestalten; Turnen und Schwimmen; Musik, Rhythmik und Theater; Kochen, Essen und Garten.

Besinnung und Religion

Im grossen Kreis sitzen wir zusammen, besinnen uns auf Themen, die uns in unserem Menschsein beschäftigen. Meistens versuchen wir den Tagesanfang auf diese Weise zu gestalten. Mit einem Text, mit einem Musikstück, mit einem Bild, einem Gespräch oder einem Beitrag eines Kindes. Im Religionsunterricht hören wir Geschichten aus der Bibel und von Heiligen, oder wir bereiten uns auf Sakramente vor. Eine Arbeitsgruppe von Erwachsenen, begleitet durch einen Kapuzinerpater, setzt sich mit ihrer eigenen Religiosität auseinander und bereitet den Unterricht für die Kinder vor.

Klassenrat

Die Kinder und die Lehrpersonen notieren sich während einer Woche verschiedene Themen, die sie diskutieren, oder Ideen, die sie vorschlagen wollen. Einmal pro Woche sitzen alle im Gruppenkreis zusammen und besprechen unter der Leitung der Lehrperson oder eines Schülers die anfallenden Traktanden.
Hier werden Regeln des Zusammenlebens besprochen, Konflikte gelöst, Ideen vorgeschlagen, Beschlüsse gefasst oder aktuelle Themen diskutiert.

Sachunterricht

Im projektorientierten Sachunterricht wird ein Thema während einer längeren Zeitspanne von den verschiedensten Seiten her erarbeitet. Dabei sind auch die Arbeitsweise und die Lerntechnik ein ständiger Teil des Themas.
Im «Freien Sachunterricht» erarbeiten die Kinder allein oder in Gruppen verschiedenste selbstgewählte Themen.

Musik, Rhythmik und Theater

Der Musikunterricht strebt eine bestmögliche Entfaltung der musikalischen Anlagen der Schüler an. Dies geschieht beim Musikhören, Singen, instrumentalen Musizieren, Bewegen, Tanzen, Improvisieren und in der Musiklehre.
In der Rhythmik wird nicht nur an musikalischen Inhalten gearbeitet, sondern auch Ordnungs- und Gemeinschaftssinn, Konzentrations- und Reaktionsfähigkeit, das Gehör usw. geschult.
Wichtig ist auch das Theaterspiel. Hier können die Kinder in andere Rollen schlüpfen und diese kreativ gestalten. Sie lernen, sich auszudrücken und sich zu exponieren.

Werken und Gestalten

Dieser Unterricht ist in zwei Bereiche unterteilt:
- den zeichnerisch, bildnerischen Bereich;
- den funktionalen Werkbereich inklusive Handarbeit.
Die FVN ermöglicht Mädchen und Knaben die gleiche Ausbildung.
Die Kinder setzen sich mit den verschiedensten Materialien auseinander und lernen dabei stricken, nähen, nageln, sägen usw.
Eine Fachkraft arbeitet einen Tag pro Woche an der Schule und ist für den Werk- und Handarbeitsunterricht verantwortlich. Der Zeichen- und Malunterricht ist Sache der Gruppenlehrperson.

Turnen und Schwimmen

Einen Nachmittag pro Woche stehen der FVN eine Turnhalle sowie ein Lernschwimmbecken zur Verfügung.

Kochen, Essen und Garten

Wöchentlich einmal kocht eine Fachperson zusammen mit einer kleinen Schülergruppe das Mittagessen für die ganze Schulgruppe. Die Kinder und die Betreuerin besprechen das Menü, kaufen ein und ernten im eigenen Garten, rüsten und kochen. Voll Stolz werden dann den Mitschülern bekannte und neue Gerichte serviert. Eine wichtige, meist fröhliche Zeit. Der Blumen- und Gemüsegarten gibt den Kindern einen Einblick in den Kreislauf der Natur.

An einem Dienstag: ein Tagesablauf

Heute ist Kochtag der zweiten Schulgruppe. Weil die Kinder auch die Mittagszeit in der Schule verbringen, beginnt der Unterricht erst um 9.30 Uhr. Vreni und Albert sind schon um 8.45 Uhr da. Sie kommen mit dem Zug und sind deshalb etwas früher. Das Schulzimmer ist offen. Vreni legt sich auf die Polster und liest in einem Buch. Albert plaudert mit mir und erzählt die neuesten Erlebnisse.

Immer mehr Kinder treffen ein. Sie plaudern, spielen, zeichnen oder setzen sich schon in die Runde. Um 9.30 Uhr fordere ich alle zur gemeinsamen Kreisrunde auf, ausser Urs und Peter. Sie sind heute fürs Kochen eingeteilt. Sie binden sich gleich die Kochschürze um und gehen zu Ursula in die Küche.
Petra will heute unbedingt ihren neuesten Zaubertrick vorführen. Sie hat auch schon alles mitgebracht. Wir freuen uns über die kurze gelungene Vorstellung. Nachher machen wir ein gemeinsames Kreisspiel. Es erfordert Konzentration und Gemeinschaftssinn.
Nach 20 Minuten wechseln wir zur Planarbeit und setzen uns um den grossen Tisch. Heute spiele ich allen zum Beginn Monikas Tonbandaufnahme ab. Sie hat am letzten Freitag ein Gedicht auf die Kassette gesprochen. Wir hören zu und beurteilen nachher ihre Leistung anhand eines Kriterienblattes nach Betonung, Lesefluss, Aussprache und Lesefehler. Monika ist mit dabei und bringt auch eigene Kritik an. Sie ist oft unzufrieden mit sich selber.
Nun ist es Zeit, dass sich jedes Kind seinem Arbeitsplan zuwendet. Petra weiss schon ganz genau, was sie machen will, und beginnt sofort an ihren schriftlichen Additionen. Alex hat heute gar keine Lust zu arbeiten. Er legt sich auf die Polster und will nichts wissen. Vreni will unbedingt, dass ich ihre Hausaufgaben, die sie freiwillig gemacht hat, sofort korrigiere. Ich schlage ihr aber ein Partnerdiktat mit Rolf vor, bis ich die Zeit finde, die selbst erfundene Geschichte mit ihr zu lesen. Sie akzeptiert meinen Vorschlag, und so kann ich zuerst den beiden Mädchen die schwierige Textaufgabe auf dem 8. Rechenplan erklären. Sie arbeiten momentan zusammen, weil sie gleich weit sind.
Allmählich beruhigt sich die hektische Anfangsphase, und die Kinder vertiefen sich in ihre Arbeiten, ausser Alex, der noch immer auf dem Polster liegt. Ich lasse ihn, lese und bespreche zuerst die Geschichte mit Vreni. Sie muss noch einen passenden Titel erfinden und zwei Sätze ändern. Sie will nämlich ihre Geschichte ins Klassenbuch schreiben. Inzwischen haben sich Albert und Priska zu einem einmaleins Reihentraining zusammengefunden. Da geht es aber lustig zu und her, so dass andere Schwierigkeiten haben, konzentriert weiterzuarbeiten. Rolf schimpft laut und fordert sie auf, leise zu sein. Jetzt wende ich mich Alex zu. Er murrt etwas vor sich hin. Ich entnehme daraus, dass er an seiner Geschichte einfach nicht weiterwisse und dass das Rechentraining ein Blödsinn sei. Ich höre ihm noch etwas länger zu, und plötzlich erzählt er, dass er gestern auch nur die Hälfte seines geplanten Pensums gemacht habe, dass er müde sei und ihm sowieso nichts gelinge. Ich packe ihn um den Bauch und trage ihn zu seinem Arbeitsplatz, setze mich zu ihm und biete ihm meine Hilfe an. Es geht einige Zeit, bis wir zusammen den Einstieg finden, doch sobald ich mich von Alex entferne, wendet auch er sich von seiner Arbeit ab. Er scheint unruhig und innerlich unzufrieden. Er pfeift laut und stört seine Nachbarn. Ich fühle mich unsicher und weiss nicht genau, was jetzt das Beste für Alex wäre. Noch einmal setze ich mich zu ihm. Ich fordere eine Entscheidung von ihm: dass er entweder ruhig weiterarbeiten, sonst zeichnen, lesen oder sich wieder auf die Polster zurückziehen solle. Nun widme ich mich wieder den andern Kindern. Rolf ist schon ganz unruhig, weil ich so lange durch Alex absorbiert gewesen bin. Er braucht unbedingt meine Hilfe bei seiner Gram-

Tagebuchschreiben in der Gruppe

matikübung. Die Planarbeit dauert bis halb zwölf. Bis zum Mittagessen haben die Kinder eine halbe Stunde Zeit für sich.
Ich rufe Alex zu mir. Er hat sich schon lange wieder auf die Polster gelegt, und er sieht sehr unzufrieden aus. Auch ich bin etwas ungeduldig mit ihm. Nach einem längeren Gespräch entschliesst er sich, seine nicht erledigten Arbeiten von gestern und heute zu Hause nochmals anzupacken.
Die beiden Köche machen nun den Mittagstisch bereit. Auf ihre Aufforderung hin setzen sich alle an den Tisch. Priska hat für heute eine Melodie auf der Blockflöte eingeübt. Wir hören ihr zu und finden so etwas Ruhe. Nachher erzählen uns die beiden Buben, wie sie die Kartoffeln heute morgen im Schulgarten geerntet haben und zeigen uns eine rohe, die wie ein kleines Gespenst mit Hörnern aussieht. Ausser Priska essen alle mit gutem Appetit. Sie ist eben nicht gerade ein Fan von Kartoffelauflauf. Vor allem die Pilzchen darin mag sie gar nicht. Zum Glück hat sie ihr Znüni für den Nachmittag aufbewahrt. Nach dem Essen finden sich fünf Kinder für ein Rollenspiel zusammen, zwei waschen das Geschirr ab, andere lesen oder spielen. Ab 12.45 Uhr ist auch noch die Schülerbibliothek geöffnet. Monika verwaltet sie und ist verantwortlich, dass alles klappt.
Um 13.30 Uhr beginnt der Unterricht wieder. Heute Nachmittag ist auch noch Hedi da, die Werklehrerin. Vor ein paar Monaten hat uns jemand ein altes

Kasperlitheater geschenkt. Jetzt stricken wir lustige Spieltiere dazu. Wieder im Kreis versammelt, besprechen wir die einzelnen Lernschritte. Petra und Rolf haben ihr Tierchen zu Hause fertiggemacht und zeigen sie uns voller Stolz. Sie können deshalb schon heute ein kleines Theater damit erfinden. Sie installieren die Bühne im andern Zimmer und ziehen sich zurück. Monika, Priska, Albert und Urs sind am Vernähen der letzten Fäden und werden sicher noch heute die Augen, Haare etc. annähen. Alex, Priska und Peter haben noch etwas Schwierigkeiten beim Stricken. Für sie hat Hedi ein besonderes Modell ausstudiert. Sie stricken nur die Hälfte und verwenden für den andern Teil ein Stück Stoff. Mit der Nähmaschine können sie dann die beiden Teile zusammennähen. Vreni ist beim Schlussabnehmen und kann kaum erwarten, bis sie fertig wird. Wir haben alle Hände voll zu tun, und der Nachmittag verfliegt im Nu.
Um 3 Uhr melden sich Petra und Rolf. Sie zeigen uns ihr Theaterstück. Sie haben sich sehr Mühe gegeben und sogar noch eine Kulisse dazu gebastelt.
Nachher sitzen wir alle zum Schlusskreis zusammen, sprechen über den Nachmittag, zeigen uns die Arbeiten, geben einander Ratschläge und Tips, verteilen Lob und bringen Kritik an Arbeiten oder Verhalten einzelner Kinder an. Der Nachmittag ist zu Ende. Wir verabschieden uns. Die beiden Putzteufelchen Rita und Petra helfen noch, das Schulzimmer in Ordnung zu bringen. Vreni will noch unbedingt Hausaufgaben mitnehmen. Ich erkläre ihr die nächsten Schritte am Plan, und dann geht auch sie zufrieden Richtung Bahnhof.

Der Schulbericht

Der Schulbericht orientiert das Kind, die Eltern und die Lehrperson über die Persönlichkeitsentwicklung, die Kenntnisse und Fähigkeiten des Kindes.
Er bietet die Grundlage zur Planung der weiteren Arbeit und ermutigt alle Beteiligten, diese Arbeit gemeinsam anzugehen.
An die Stelle von Noten und Zeugnis im herkömmlichen Sinn tritt in der FVN der Schulbericht. Er umfasst drei Teile:
Bericht der Lehrperson, Bericht der Eltern, Bericht des Kindes.

Bericht der Lehrperson

Die Lehrperson verfasst den Bericht auf Grund von Beobachtungen, Gesprächen und Arbeiten des Kindes. Der Bericht wird frei formuliert und in folgende Abschnitte gegliedert.
- Persönliche Entwicklung
- Schulische Entwicklung (Arbeitsverhalten, Kenntnisse und Fähigkeiten, soziales Verhalten)
- Leitgedanke (Wunsch, Hoffnung, Ermutigung, Motto für das nächste Jahr).

Bericht der Eltern

Die Eltern verfassen den Bericht auf Grund von Beobachtungen, Gesprächen und Arbeiten des Kindes. Es besteht die Möglichkeit, für die Formulierung Drittpersonen beizuziehen.
Der Bericht umfasst die gleichen Abschnitte wie der der Lehrpersonen, wobei der Abschnitt «Schulische Entwicklung» nicht detailliert ausgeführt werden muss.

Bericht des Kindes

Das Kind verfasst seinen Bericht auf Grund von Gesprächen, von Tagebucheintragungen und von Arbeiten. Der Bericht wird der Entwicklung des Kindes entsprechend gegliedert, z.B.: Das kann ich schon gut / Das möchte ich noch besser können. Das möchte ich so weitermachen / Das möchte ich anders machen, usw.

Grundsätze

Jedes Kind ist eine einmalige Persönlichkeit!

Darum orientiert sich der Unterricht an den Möglichkeiten und Bedürfnissen jedes einzelnen Kindes mit all seinen Freuden und Widerwärtigkeiten.

Menschwerdung ist nur innerhalb einer Gemeinschaft möglich!

Darum ist die FVN eine Gemeinschaftsschule, in der sich Kinder, Eltern und Lehrpersonen innerhalb einer tragenden Gruppe weiterentwickeln können.

Gemeinsames Tun bereichert Kinder und Erwachsene!

Darum arbeiten Kinder und Erwachsene in der FVN viel und eng zusammen.

Bildung heisst Entfaltung von Kopf, Herz und Hand!

Darum sind alle drei Bereiche im FVN-Schulalltag wichtig und auch zeitlich gleichwertig.

Leben und Lernen sind keine Gegensätze!

Während der aktiven Auseinandersetzung der Lerngruppe mit sich und der sie umgebenden Wirklichkeit kann jedes Kind seine in ihm liegenden Kräfte entfalten.

Lernerfolge können nicht erzwungen werden!

Die FVN will Lernprozesse ermöglichen, die eine Entfaltung der Persönlichkeit bewirken. Darum werden die Kinder in die Planung und Auswertung ihres Lernens einbezogen. Darum wird Lernen gelernt.

Lernen ist nicht nur Ergebnis, sondern auch Weg!

Ebensowichtig wie das Ergebnis sind all die Erfahrungen und Erkenntnisse, die auf dem Weg zum Ergebnis gemacht werden.

Sich akzeptiert fühlen ist Voraussetzung für Lernen!

Hemmungen, Unsicherheiten und Angst blockieren wirkungsvolles Lernen. Darum wird in der FVN an einer Atmosphäre gearbeitet, in der sich Kinder und Lehrpersonen wohl fühlen und gern haben.

Jedes Kind soll versuchen, seine Möglichkeiten voll auszuschöpfen!

Die FVN ist in diesem Sinn eine echte Leistungsschule, wobei sich diese Leistungsanforderung sowohl auf Kopf, Herz und Hand bezieht.

Der Massstab jedes Kindes liegt in ihm selbst!

Der Gradmesser einer Leistungsbeurteilung liegt im Kind selber und nicht in äusseren Normen. Darum gibt es in der FVN keine Noten oder andere vergleichende Bewertungen.

Die Gesellschaft braucht bewusst und engagiert lebende Menschen!

Erziehung soll einerseits in die Gesellschaft eingliedern und andererseits von ihr unabhängig machen, wenn sie menschlichen Grundwerten zuwiderläuft. In diesem Sinn will die FVN Kindern und Erwachsenen helfen, in unserer Gesellschaft bewusst zu leben.

Religiosität zeigt sich im Alltag!

Eltern und Lehrpersonen arbeiten an sich selbst, um im Schulalltag und in der Familie religiöse Grundwerte wie Dankbarkeit, Vertrauen, Verantwortung usw. immer mehr leben zu können.

Ideale sind da, um sie immer wieder anzustreben!

Die FVN ist nicht eine Schule, die ihre Ziele schon erreicht hat. Sie ist aber eine lebendige Gemeinschaft von Eltern, Lehrpersonen und Kindern, die immer wieder neu auf ihre Ideale hinarbeiten.

Die Eltern an der FVN

Schon an der Vereinsgründung im Mai 1981 kam klar zum Ausdruck, dass Primarschule, Kindergarten und Spielgruppen der FVN von Eltern, Lehrpersonen und Kindern gemeinsam gestaltet werden sollten. Hinter dieser Forderung steht auch heute noch die Idee, dass die FVN ein Ort sein soll, an dem nicht nur die Kin-

der, sondern auch Eltern und Lehrpersonen an ihrer Weiterentwicklung arbeiten. Dazu kommt die Tatsache, dass die FVN ohne grosses Engagement und ohne Zusammenarbeit aller Beteiligten den Schulbetrieb gar nicht aufrecht erhalten könnte.
Wenn Eltern ein Kind an die FVN schicken wollen, müssen sie bereit sein, sich zusammen mit andern Eltern und mit Lehrpersonen auf einen Lernprozess einzulassen, indem sie sich in Gesprächen und mit praktischen Arbeiten am Schulleben beteiligen. Dieses gemeinsame Lernen und Arbeiten hat sich während der letzten fünf Jahren, von den Spielgruppen über den Kindergarten bis zur Primarschule gesteigert und weiterentwickelt.
Heute treffen sich die Eltern und die Gruppenlehrperson einer Schulgruppe etwa vier Mal pro Schuljahr zu einem Gruppenelternabend. Dabei werden spezifische Fragen, Probleme und Anliegen dieser Schulgruppen besprochen und Entscheidungen gefällt. Entscheidungen, die die ganze Primarschule betreffen, werden an einem bis zwei Schulelternabenden mit allen Eltern und Lehrpersonen diskutiert. Verschiedene Arbeitsgruppen befassen sich das ganze Jahr hindurch oder zeitlich befristet mit speziellen Fragestellungen und Themen, z.B. mit Notengebung, religiöser Erziehung, Küche und Garten. Die Vorschläge fliessen direkt in den Schulalltag ein oder werden an den Elternabenden diskutiert. Andere Arbeitsgruppen übernehmen Abwartsfunktionen, wieder andere kümmern sich um die Finanzen, die Öffentlichkeitsarbeit usw.
Einzelne Eltern arbeiten auch regelmässig im Unterricht mit oder beteiligen sich an Schulprojekten. An einzelnen Abenden werden Einführungen in bestimmte Unterrichtselemente angeboten, an anderen Abenden werden solche Unterrichtsteile kritisch betrachtet und weiterentwickelt.
Wichtig für die Beziehung unter den Eltern, Lehrpersonen und Kindern sind auch die gemeinsamen Feste und Feiern und die Kontakte zwischen Familien und Ehepaaren.
Bei all dieser Zusammenarbeit nehmen die Eltern den Lehrpersonen gegenüber nicht bloss eine Hilfsfunktion ein. Sie sind vielmehr gleichgestellte Partner mit Entscheidungskompetenzen.
Deshalb ist die Zusammenarbeit an der FVN für Eltern und Lehrpersonen nicht nur eine zusätzliche Belastung, sondern auch eine persönliche Herausforderung und Bereicherung.

Die Kinder an der FVN

Wer kennt sie nicht, die immer wiederkehrenden Plagen mit der fehlenden Lust zum Arbeiten, wenn persönliche Probleme den Leistungswillen blockieren, wenn man müde ist oder sich überfordert fühlt. Die öffentliche Schule kennt hier wenig Entschuldigungen; die Kinder werden angehalten, ihre Arbeiten zu machen, meistens alle zur selben Zeit das Gleiche. Anders ist dazu die Ansicht der Eltern und Lehrer von FVN-Schülern und Schülerinnen. Diesen Knaben und Mädchen wird in gewissem Rahmen selbst überlassen, wann sie was und wieviel arbeiten möchten.

Entsprechend sieht der Schulalltag hier auch anders aus: Zusammen mit der Lehrerin, dem Lehrer setzen sich die Schülerinnen und Schüler ein Programm für einen oder mehrere Tage fest und versuchen dieses durchzuhalten. Doch manchmal überfordern sich die Kinder mit der vorgenommenen sogenannten Planarbeit – oder fallen unverhofft in ein Leistungs-Loch. Dann dürfen sie sich auch dafür die Zeit nehmen.
Einige Tage rechnet dann ein Kind vielleicht nicht, oder macht keine Deutschaufgaben. Dies ist, zugegeben, weder für die Lehrerin noch für die Eltern leicht anzunehmen. Kann meine Tochter, mein Sohn den Stoff wieder aufholen, wann beginnt sie oder er wieder zu schreiben, weshalb will das Kind nicht arbeiten, dies Fragen, die sich wohl die meisten FVN-Eltern schon stellten. Unsicherheit ist in solchen Zeiten üblich – sie wird an einem Elternabend oder im persönlichen Gespräch mit der Lehrperson diskutiert.
So unterschiedlich, wie die einzelnen Kinder sind, so verschieden sind jeweils die Lösungen für solche Situationen: Ein Kind braucht recht viel Anstoss von aussen, um wieder arbeiten zu können, eigentliche psychologische Hilfe von der Lehrperson und/oder den Eltern, um seine «Krise» zu überwinden. Ein anderes kann getrost sich selbst überlassen werden, weil es die Erfahrung braucht, dass Nichtstun auf die Dauer nicht befriedigt. Ein drittes hat vielleicht schlicht Schlafmangel und arbeitet am folgenden Tag wieder mit grossem Engagement.
Erstaunlich aber auch, wie selten Kinder im allgemeinen Leistung verweigern, wenn sie richtig angesprochen werden. Kinder wollen lernen, sind wissbegierig, und Kinder spüren selbst sehr genau, wenn sie aufnahmebereit sind.
Ein solches Lernen setzt viel Vertrauen voraus: der Eltern in ihr Kind und in die Lehrperson, der Lehrerin in ihre eigenen Fähigkeiten und in ihre Schüler und Schülerinnen. Und das Kind selbst lernt so Vertrauen in seine eigene Leistungsfähigkeit zu bekommen. Ein Lernziel, so meinen wir, das für ein Leben in unserer Leistungsgesellschaft alle anstreben müssten.

Das Verhältnis zur Staatsschule

Nach den Vereinsstatuten vom Mai 1981 hat die FVN neben der Führung von Spielgruppen, Kindergarten und Primarschule auch die Aufgabe, «sich für eine konstruktive öffentliche Schul- und Bildungsdiskussion einzusetzen».
Damit wurde bereits an der Gründung festgehalten, dass sich die FVN nicht als losgelöste Insel, sondern als einen eigenständigen Teil des gesamten Bildungswesens versteht.
Das Engagement der privaten FVN für eine kind- und zukunftsgerechte Schule will also auch ein Beitrag zur Reform des staatlichen Bildungswesens sein. Das ist keine Anmassung und nur ein scheinbarer Widerspruch.
Unter anderem dank des grössern Freiraums, den der Staat der FVN als Privatschule zugesteht, kann die FVN einige von altbekannten und neuen Leitideen im Schulalltag realisieren: Schule ohne Noten, gleiche Ausbildung für Knaben und

Mädchen, vermehrter Einbezug der Eltern, schülerzentrierter Unterricht, Beachtung des Gleichgewichts von Kopf, Herz und Hand usw.
Da viele dieser Punkte auch Anliegen der Staatsschule sind, könnte die öffentliche Schule von den in der FVN gemachten positiven und negativen Erfahrungen ganz direkt profitieren.
Das bedingt allerdings vorurteilsfreie und konstruktive Beziehung auf den verschiedenen Ebenen.
In den vergangenen fünf Jahren kam dieser Kontakt erst punktuell zustande: Lehrergruppen aus den Kantonen Nidwalden und Luzern besuchten die FVN, FVN-Leute arbeiteten in der ausserkantonalen staatlichen Lehreraus- und fortbildung, Lehrer aus der Staatsschule machen zum Teil mit FVN-Lehrern gemeinsame Unterrichtsvorbereitungen, FVN-Lehrer machen in den Stufenkonferenzen des Lehrervereins mit. Dazu kommt die erfreuliche Tatsache, dass sich der Nidwaldner Lehrerverein als Kollektivmitglied dem Verein FVN angeschlossen hat.
Schwieriger als der Kontakt zu Lehrpersonen gestaltet sich der Kontakt zu Mitgliedern von kommunalen und kantonalen Schulbehörden. Nicht dass diese Leute der FVN Steine in den Weg legen würden. Aber die Auseinandersetzung mit Anliegen und praktischen Erfahrungen der FVN haben noch kaum begonnen. Das Verhältnis ist noch zu stark von Abwehrhaltungen geprägt.
In der breiten Öffentlichkeit erfährt die FVN zunehmend mehr Toleranz und Verständnis. Natürlich versteht die FVN ihre Existenzberechtigung nicht nur aus dem Verhältnis zur Staatsschule. Die FVN steht auch zu ihrem Selbstzweck, Eltern und Kindern bereits heute den Besuch einer kind- und zukunftgerechteren Schule zu ermöglichen.

Fünf Jahre Freie Volksschule Nidwalden (Mai 1986)

Nach fünf Jahren ist der Verein Freie Volksschule Nidwalden heute Träger von Spielgruppen, Kindergarten und Primarschule mit ständig wachsender Kinderzahl. Er hat einen eigenen Schulpavillon und bietet fünf Vollzeit- und zwei Teilzeitstellen. Hinter diesen Fakten stehen fünf Jahre Arbeit und vielfältige Erfahrungen:

- Die Erfahrung, dass der schülerzentrierte Unterricht der FVN vieles offensichtlicher macht: Verleider, Begeisterung, Arbeitseifer, Zärtlichkeit, Lernwiderstände; ja die ganze Lebenssituation jedes einzelnen Kindes kann im Schulalltag zum Ausdruck kommen. Der Unterricht in einer solchen Lebensschule ist oft schön und erfüllend, oft auch schwierig für Kinder und Lehrpersonen. So aber besteht die Möglichkeit, an der persönlichen Entwicklung zu arbeiten.
- Die Erfahrung, dass immer mehr Kinder sich für das Lernen zunehmend selber verantwortlich fühlen, sich selber Aufgaben stellen und Forderungen abverlangen. Dazu gehört auch die Tatsache, dass dieser Weg noch vielen Kindern schwerfällt.

- Die Erfahrung, dass Kinder zum Lernen keinen Notendruck, dafür aber genügend Zeit und individuell auf sie zugeschnittene Aufgaben, Angebote und Möglichkeiten brauchen, um Fortschritte zu machen und Eifer und Freude nicht zu verlieren.
- Die Erfahrung, dass die Lehrpersonen viel von ihrer jahrelang antrainierten Verschulung ablegen müssen, um den Kindern sinnvolles Lernen in neuen, förderlichen Strukturen zu ermöglichen.
- Die Erfahrung, dass die Idee «Eltern, Lehrpersonen und Kinder machen zusammen Schule» dank viel Engagement und Toleranz im Unterricht, in der Schulorganisation, bei der Stoffauswahl und bei der Finanzierung in hohem Mass Realität geworden ist.
- Die Erfahrung, dass durch die FVN zwischen Familien freundschaftliche Beziehungen entstehen können, die auch ausserhalb der Schule Erleichterungen und Bereicherungen bringen.
- Die Erfahrung, dass es noch viele Mitglieder von Schulbehörden gibt, die der FVN zwar keine Steine in den Weg legen, die aber nicht bereit sind, diese Schule mit ihren zukunftsweisenden Ansätzen zu verstehen und zu unterstützen.
- Die Erfahrung, dass immer mehr Eltern und Lehrpersonen Schulen wie die FVN mit Wohlwollen betrachten und in ihnen einen Beitrag zur Weiterentwicklung des Schulwesens sehen.
- Die Erfahrung, dass viele Leute ohne direkten persönlichen Nutzen die FVN und ihre Anliegen materiell und ideell unterstützen.

Für alle, die sich während der letzten fünf Jahre am Aufbau der FVN engagierten, war dies eine reiche Zeit: reich an Arbeit, reich an Schwierigkeiten, reich an guten Beziehungen, reich an Befriedigung. Edwin Achermann

Demokratisch-kreative Schule Schiltwald

von Urs und Damaris Kägi-Romano, Gründer und Leiter der demokratisch-kreativen Schule

Die Vorgeschichte

Mit Meditationen über *ganzheitliche Schulerziehung* begann der Weg, der zur Gründung der Demokratisch-kreativen Schule hinführen sollte. Damaris Kägi hatte in ihrer Lehrtätigkeit an der öffentlichen Schule eine Bildungspraxis kennengelernt, welche vornehmlich auf die Entwicklung und Ausbildung der intellektuellen Fähigkeiten und Fertigkeiten der Kinder ausgerichtet war. Es missfiel ihr, dass das Lehren und Lernen um das Vermitteln und Aneignen von Wissensstoff und nicht um das *Bilden des Menschen-Ganzen* zentriert war. Darum begann sie in ihrer Klasse bestehende Freiräume auszuloten und alternative Unterrichtsformen zu erproben, welche in verstärktem Mass auch der Sozial- und Gefühlsbildung Rechnung tragen sollten. Diese Versuche und Erneuerungen brachten viele wertvolle Erfahrungen. Sie zeigten, dass der Lehrer in der öffentlichen Schule durchaus seine Möglichkeiten hat, andere Akzente zu setzen. Andererseits wurden aber auch die diesbezüglichen Grenzen deutlich, welche durch die Institution gesetzt werden. Es wurde uns klar, dass ein umfassendes Menschen-Bilden, auf das unsere Vorstellungen hinzielten, sich innerhalb der öffentlichen Schule nicht realisieren liesse, insbesondere nicht wegen der Aufgabenteilung, welche dem Elternhaus in erster Linie das Erziehen, der Schule das Unterrichten und Ausbilden zuweist. Speziell nachteilig scheint uns dabei auch der ständige Milieuwechsel zu sein, den die Kinder mehrmals täglich vornehmen müssen, sowie die Zerstückelung des Zeitflusses durch Lektionen, Mittagspause usw., welche den Bildungsprozess immer wieder unterbricht.
Diese Unvereinbarkeit von Idee und äusseren Bedingungen liess in uns nach und nach den Entschluss reifen, eine eigene Schule mit integrativem Grundcharakter zu gründen. Als Konzept kam nur eine Tagesschule oder eine Wocheninternatsschule mit freier Stundenplangestaltung in Frage. Um die Vor- und Nachteile von beiden kennenzulernen, entschlossen wir uns zu einer Mischform. Die Klassengrösse wollten wir auf zwölf Kinder begrenzen, um der individuellen Förderung jedes Einzelnen genügend Aufmerksamkeit schenken zu können.

Die Anfänge

Nach einer kurzen dreimonatigen Vorbereitungszeit eröffneten wir im April 1974 in Hombrechtikon die Demokratisch-kreative Schule. Wir hatten ein grosses Haus gemietet, in welchem wir die Schule mit den sechs internen und sechs externen Kindern unterbringen konnten. Die Kinder sollten mit einigen Erwachsenen, die sie ausserhalb der Schulzeit betreuen würden, in einem grossfamilienähnlichen Verhältnis zusammenleben. Durch das Interesse, welches Schulpsychologen und Kinderärzte an unserem Projekt bekundeten, waren es von Anbeginn vorwiegend Kinder mit spezifischen Schulschwierigkeiten, welche zu uns kamen, Kinder, die sich in den grossen Klassen der Normalschule nicht entfalten konnten und einer besonderen Schulung und Betreuung bedurften. Für eine Pädagogik, wie wir sie in der eigenen Schule entwickeln wollten, war diese spezielle Auswahl nicht relevant, weil sie in ihren Grundzügen für alle Kinder gültig sein sollte. Was aber hinzukam, war eine *therapeutische* Komponente, indem wir uns vor die Aufgabe gestellt sahen, mit den Kindern an ihren Problemen und Schwierigkeiten zu arbeiten, durch welche sie in ihrer Entwicklung blockiert waren. Dies wiederum verlieh der Elternarbeit eine besondere Bedeutung, weil häufig innerfamiliäre Verstrickungen und Störungen im sozio-emotionalen Klima teilursächlich sind. Dieser besonderen Umstände wegen absolvierte Damaris berufsbegleitend eine heilpädagogische und gestalttherapeutische Zusatzausbildung. Der Schule wurde in der Folge von der Invalidenversicherung die Anerkennung ausgesprochen, so dass Kinder mit entsprechenden Gutachten in den Genuss namhafter Beiträge durch die öffentliche Hand kommen, was eine soziale Durchmischung der Kindergruppe möglich macht.
Wir starteten nicht mit einem ausgefeilten pädagogischen Konzept, das wir mit Praxis füllen wollten. Unser Ausgangspunkt bestand vielmehr in der erzieherischen Einstellung, dass *Bildung* immer auf dem Hindergrund einer *zwischenmenschlichen Begegnung* zwischen dem Erwachsenen und dem Kind stattfinden solle, und in der Überzeugung, dass der Mensch als Leib-Seele-Geist-Organismus nur wachsen und gedeihen kann, wenn seinen Bedürfnissen in *allen* Bereichen Rechnung getragen wird. Dazu waren wir voll von Ideen und Plänen. Das Konzept indessen soll aus Erfahrungen herauswachsen. Dementsprechend war die erste Phase geprägt vom Suchen nach Formen und Experimentieren. Wir sahen uns in einem wenig strukturierten Erziehungsfeld und einer Fülle gestalterischer Freiheiten. So mussten wir nicht hemmende Einschränkungen abbauen, sondern konträr dazu eigene Begrenzungen und Strukturen finden.
Nach drei Jahren hatten wir Stil und Methoden entwickelt, welche ungefähr unseren Vorstellungen von ganzheitlicher Schulerziehung entsprachen. In zweierlei Hinsicht befriedigte uns das Erreichte nicht:

– Jeweils kurze Zeit nach Eintritt einer neuen Schülergruppe machte sich die Diskrepanz zwischen den internen und externen Schülern bemerkbar. Es erwies sich, dass unserer Arbeit ein weit grösserer Erfolg beschieden war, wenn sich die Erziehung auf den ganzen Alltagsbereich erstrecken konnte.

– Wir merkten, dass eine Gruppe von nur sechs internen Kindern zu klein ist, um eine soziale Dynamik in Gang zu setzen, welche notwendig ist, um die sozialen Lernprozesse in der Gemeinschaft erfahrbar zu machen.

Unsere Schlussfolgerungen waren, eine Umstellung auf eine reine Wocheninternatsschule vorzunehmen und das Platzangebot zu erhöhen.
Eine Kette von Zufällen – die wohl eher Fügungen waren – führte uns nach Schiltwald, wo in idyllischer Lage (und dennoch aus den grossen Schweizerstädten mit öffentlichen Verkehrsmitteln in etwa 1½ Stunden erreichbar) ein ehemaliges Schulhaus aus der Jugendstilzeit zum Verkauf stand. Mit der Unterstützung einiger Privatpersonen gelang es uns, das Gebäude zu erwerben und zu einem Internat für 25 Kinder umzubauen.
Fünf Jahre nach ihrer Gründung verlegten wir 1979 die Demokratisch-kreative Schule nach Schiltwald (Kanton Aargau). Bei der Planung der neuen Organisation konnten wir wohl auf die Erfahrungen der ersten Jahre zurückgreifen, durften aber nicht bloss die Strukturen der Kleinschule auf den vergrösserten Rahmen übertragen. Es galt vor allem, dem erweiterten sozialen Umfeld Rechnung zu tragen. Einerseits war es uns wichtig, den Raum für Beziehungen aller untereinander offenzuhalten, andererseits war es mehr als zuvor notwendig, klare Ordnun-

gen zu schaffen, innerhalb derer das Zusammenleben geregelt war, so dass jedem einzelnen optimale Bewegungs- und Enfaltungsmöglichkeiten gegeben waren – dies sowohl in bezug auf das Team der Mitarbeiter als auch der Kinder.
Wie erwartet stellte sich eine intensive Gruppendynamik ein. Die Reibungsflächen waren grösser, die Konflikte häufiger. Es war der Alltag, der den Stoff fürs soziale Lernen lieferte. Im Zusammenleben mit Schülern und Erwachsenen konnten die Kinder nun unmittelbar erfahren, wie wichtig und notwendig Regelungen und Abmachungen sind, damit jedes innerhalb des sozialen Zusammenseins einen Platz hat. Besser als in Hombrechtikon konnten wir nun die Kinder anleiten, wie Auseinandersetzungen konstruktiv ausgetragen werden können.

Äusseres und Inneres

Im Verlauf der Jahre haben wir das Eintrittsalter der Kinder immer mehr herabgesetzt, um Kindern, die aufgrund besonderer Umstände einer individuellen Förderung bedürfen, mithin in der Normalschule fast zwangsläufig scheitern, den Umweg über jahrelange Schulfrustrationen zu ersparen und uns selber zu ermöglichen, ohne Verzug mit der Aufbauarbeit zu beginnen. Vereinzelte Kinder kommen heute schon mit acht Jahren zu uns, durchschnittlich mit zehn. Sie bleiben meist bis Ende der Primarschule. Unser Ziel ist die Wiedereingliederung in die Oberstufe der öffentlichen Schulen. Wir versuchen in den etwa drei Jahren, welche die Kinder bei uns verbringen, eine Grundlage zu schaffen, dass sie sich in ihren restlichen Schuljahren auch ausserhalb des intensiv betreuten Rahmens, den sie bei uns haben und dann vor allem auch bei ihrem Eintritt ins Berufsleben behaupten können. Dies soll jedoch nicht dahingehend missverstanden werden, dass wir sie trimmen, sich im «harten» Alltag durchzuboxen, sondern unser Anliegen ist die Enfaltung der inneren Kräfte und der Begabungen, die Persönlichkeitsbildung im allgemeinsten Sinne. Mit unserer Arbeit stellen wir weniger eine Alternative zur öffentlichen Schule als vielmehr eine Ergänzung dar, was auch dadurch zum Ausdruck kommt, dass uns oft Volksschullehrer Kinder zuweisen, bei denen sie erkennen, dass sie wegen Handicaps (z.B. wegen einer schweren Legasthenie) in einer normalen Klasse nicht adäquat gefördert werden können.
Das Konzept des Wocheninternats bringt es mit sich, dass die Kinder am Montagvormittag anreisen und am Freitagnachmittag wieder nach Hause fahren. Sie verbringen alle Wochenenden und Ferien daheim, was Gelegenheit schafft, dass auch dort Veränderungsprozesse in Gang kommen können.
An den Vormittagen erarbeiten die Kinder den Schulstoff in den kognitiven Fächern (Rechnen, Sprache, Heimatkunde), wobei jeder Tag nur einem einzigen Fach reserviert ist. Jedes Kind hat sein individuelles Lernprogramm, das auf seine Begabungen, sein Lerntempo, auch auf seine speziellen Schwierigkeiten zugeschnitten ist. Je etwa zwölf Kinder werden von einer Lehrerin betreut, wobei jeweils noch zusätzlich eine Unterrichtshilfe (Erzieher, Praktikant) mitarbeitet. Nach der mittäglichen Siesta haben die Kinder zu Beginn des Nachmittags eine

Aufgabenstunde. Der Rest des Tages ist Musischem (Jeux dramatiques, Musik, Werken usw.) oder Sport reserviert. In der ausserschulischen Zeit werden die Kinder von drei Erzieherinnen und drei Praktikanten betreut.

Jeder Schultag beginnt mit einer «Einführung», die einmal wöchentlich eine gemeinsame Meditation, einmal ein gemeinsames Singen, manchmal ein Vorlesen oder Diskutieren und ein Klären von hängigen Fragen und Problemen (z. B. akuten Konflikten) ist. Häufig ist diese Einführung auch eine Einstimmung: Unter Anleitung bereiten sich die Kinder geistig auf die bevorstehende Arbeit vor. Wir sprechen sie auf ihre Grundgefühle (z. B. gegenüber dem Rechnen) an, lassen sie sich ihrer Unlust, Angst, Einsatzbereitschaft, Entmutigung usw. bewusst werden, um besser gefeit zu sein, wenn auftretende Schwierigkeiten sie in Versuchung führen, die Flinte ins Korn zu werfen und um ihren Durchhaltewillen zu aktivieren. Eine solche mentale Vorbereitung bewirkt bei den schulentmutigten Kindern oft Wunder.

Je nach Arbeitsthema arbeiten die Kinder allein an ihren Arbeitsprogrammen oder in kleinen Gruppen. Die Pensen für die einzelnen Kinder sind sehr unterschiedlich. Diejenigen, welche neu zu uns kommen, sind meist nicht in der Lage, sich über längere Zeit zu konzentrieren. Wir erweitern sukzessive die Zeitblöcke, innerhalb derer sie bestimmte Aufgaben zu erfüllen haben. Solche Trainings zeitigen Erfolg, indem die Kinder nach etwa zwei Jahren fähig werden, mehr oder weniger einen ganzen Vormittag (d. h. etwa 2½ Stunden) durchzuarbeiten, ohne längere Pausen zu machen. Sie stillen ihr Bewegungsbedürfnis, indem sie einmal in die Küche gehen, um zu schauen, was es zum Mittagessen geben wird, oder indem sie einige Male ums Schulhaus rennen, verschnaufen, indem sie einen Apfel verspeisen usw. Da erfahrungsgemäss ein Zuviel an Lernaktivierungsangeboten, an Medien und Materialien der Konzentrationsfähigkeit abträglich ist, beschränken wir die diesbezügliche Auswahl und leiten die Kinder an, sich mit wenigem, dafür intensiv auseinanderzusetzen.

Vermutlich erwartet der eine oder andere Leser einen Abriss unserer Pädagogik, eine Erläuterung unserer Methoden. Wir müssen darauf verzichten. Es scheint uns nicht einmal sinnvoll, den Begriff der «Gestaltpädagogik» zu erhellen, obschon wir die erste Schule in Europa waren, in der gestaltpädagogische Prinzipien im Alltag verwirklicht wurden, wir mithin Pionierarbeit leisteten.* Im Rahmen dieses kleinen Porträts würde das notwendige Raffen zu einer Simplifizierung führen, welche der tatsächlichen Komplexität unseres pädagogisch-therapeutischen Wirkens nicht gerecht würde. Zum anderen stehen für uns auch nicht theoretische Konzepte (die «Ideologie» also) im Vordergrund, sondern der konkrete Weg, der in vielen kleinen Schritten im alltäglichen Übungsfeld zu unseren allgemeinen Zielen hinführt: zur Ausbildung der individuellen Fähigkeiten der Kinder (das «kreative» Erwachen) und zur Entwicklung ihrer Gemeinschaftsfähigkeit (das «demokratische» Lernen).

* Der relativ junge Begriff der «Gestaltpädagogik» - mit der Theorie und Praxis der «Gestalttherapie» inhaltlich und personell verwandt - wird ansatzweise definiert und durch weitere Beispiele veranschaulicht in: Petzold, H.G., und Brown, G.I. (Hrsg): Gestaltpädagogik; Konzepte der integrativen Erziehung. - München 1977.

Für das Gelingen der Erziehung genügt es eben nicht, dass man quasi nach einem Katalog «richtiger» Grundsätze und Maximen erzieherisch handelt, sondern es ist dafür auch ein bestimmtes *seelisches Klima* in der Lebensumgebung und eine bestimmte Gefühlseinstellung der dabei beteiligten Menschen erforderlich. Bollnow hat den Begriff der «pädagogischen Atmosphäre» geprägt, der für uns und unsere Arbeit bedeutungsvoll ist. Hier tritt nämlich die Beziehung zwischen Erzieher und Kind in den Vordergrund. Die Bedeutung dieses Aspektes wurde auch von Pestalozzi, dem wir uns notabene in vielerlei Hinsicht verwandt fühlen, betont, als er etwa schrieb, dass sich «unser Geschlecht wesentlich nur von Angesicht zu Angesicht, von Herz zu Herz menschlich bilde». Die Bejahung, ja Betonung dieser Intersubjektivität hat zur Folge, dass der Erziehende letztlich immer auch die Prinzipien, die er vertritt, die Forderungen, welche er an das Kind stellt, in praxi selber leben, als Vorbild verwirklichen muss.

Die Atmosphäre in unserer Schule lässt sich nur schwer beschreiben. Wer von aussen kommt, nimmt sie wahr mit seinen Sinnen, seinem Empfinden und seinem kritischen Beobachten dessen, was im Erziehungsumfeld geschieht. Der Eindruck, den er gewinnt, bleibt aber in jedem Fall im Subjektiven verhaftet. Zwei Eigenschaften werden von den vielen Besuchern, welche zu uns kommen, übereinstimmend registriert. Sie prägen in der Tat auch unseren Alltag und gehören zu unseren wichtigen Grundsätzen:

a) Offenheit in der Begegnung und Auseinandersetzung.

Viele, welche erstmals zu uns kommen, empfinden im ersten Moment Umgang und Sprache allzu direkt. Sie vermissen eine Schonung und sind manchmal schockiert, dass wir die Kinder auch frustrieren. Erst wenn sie eine Zeitlang bei uns gewesen sind, merken sie, dass wir immer nach Formen suchen, welche direkte Aussagen zulassen, ohne dass dabei der Angesprochene verletzt, gedemütigt oder blossgestellt wird, merken, dass gezielte Frustrationen in einen langzeitigen, therapeutischen Prozess eingebettet sind, an dessen Ende ein Bewusstwerden, z.B. neurotischer Verhaltensmuster, steht. Voraussetzung, dass solche offenen Umgangsformen zwischen Kindern und Erwachsenen überhaupt möglich sind, ist immer Vertrauen und Achtung vor dem anderen. Auf der Basis einer intakten zwischenmenschlichen Beziehung muss der Erziehende nicht jedes Wort und jede Geste zuerst abwägen, sondern kann recht spontan reagieren, ohne dass dabei das Kind vor den Kopf gestossen wird, selbst wenn der Erwachsene im nachhinein bekennen muss, dass er es auf sanftere Weise hätte sagen können. Und der Erzieher kann dem Kind nachsehen, wenn es Formen des Anstandes verletzt, weil es den direkten Ton erst suchen muss. Durch diese Direktheit, zu welcher wir die Kinder anhalten, kann vermieden werden, dass sich unterschwellige Aggressionen ansammeln.

b) Toleranz dem anderen gegenüber.

Hierbei geht es letztlich um Respekt vor der Integrität und Autonomie des Mitmenschen. Für uns gilt der Grundsatz, dass alle, Kinder und Erwachsene, Anspruch darauf haben, in ihrem Wesen und ihren Eigenarten von anderen akzeptiert und geachtet zu werden.

Mensch, erkenne dich selbst

Wir haben diese Worte, welche über dem Eingang des Apollotempels zu Delphi standen, über dem Rundbogen unserer Eingangstüre anbringen lassen. So stehen sie symbolisch über unserer Pädagogik. Man kann sagen, dass unsere Erziehungsphilosophie letztlich eine Meditation darüber sei. Der Spruch richtet sich als Anruf an alle, welche bei uns ein- und ausgehen.
Selbsterkenntnis, d.h. die Erkenntnis des Selbst in seinen Eigenarten, dessen Bedingungen und Reaktionsweisen, der Anlagen und Fähigkeiten, Fehler und Schwächen, der Kräfte und Grenzen – sie beinhaltet vieles, und es gibt mannigfache Pfade, die uns ihr näherbringen. Der wohl direkteste, die Introspektion, ist für die Kinder noch kaum gangbar. Wir zeigen ihnen aber andere Wege, damit sie die Fähigkeit zur Selbsterkenntnis ausbilden können. Im Vordergrund stehen die alltäglichen Erfahrungen.
Weil unsere Erziehung immer nach Selbstfindung strebt, nimmt die Selbsterkenntnis – das Vehikel dazu – eine zentrale Rolle ein. Wer sich ihr – bewusst oder unbewusst – verschliesst, kann bei uns keinen Platz zur eigenen Entfaltung finden. Wer sich ihr öffnet, kann hier einen fruchtbaren Boden dazu schaffen. Durch die Aufforderung über der Tür ist aber jeder zur Entscheidung genötigt.

Nur wer sie bejaht, kann bei uns mitwirken. Der Erziehende muss sein Tun aus der eigenen Subjektivität heraus verstehen und unter Einbezug des eigenen Hintergrundes gestalten.
Gewiss, dieses Selbsterkennen ist nicht jedermanns Sache, denn es öffnet einem auch die negativen, dunklen Seiten, von denen man vielleicht lieber nichts wüsste, weil sie in Frage stellen und Unbehagen erzeugen. Wer sich darauf einlassen will, wer willens ist, die verschiedenartigen Facetten seines Selbst kennenzulernen, findet bei uns in reichem Mass Gelegenheit, Kinder und Erwachsene. Dabei ist es der *unmittelbare Lebensalltag,* dem sie entspringen, d.h. um solche Selbsterfahrungen zu machen, bedarf es bei uns keines speziellen Therapierahmens, sondern nur der Bereitschaft zur Auseinandersetzung. So kann ein Mathematikvormittag für ein Kind zu einer intensiven Selbsterfahrung werden, wenn es bei Blockierungen, die ihm ein Vorankommen in seinem Arbeitsprogramm verunmöglichen, auch seine diesbezüglichen Gefühle zulassen kann und – was allerdings nur mit der therapeutischen Hilfe der Lehrerin möglich ist – an den Ursprung seines Widerwillens, seiner Wut, seiner Ohnmacht und Entmutigung gelangen kann, was auch immer bereits einen ersten Schritt zur Bewältigung und Überwindung darstellt.
Im Gegensatz zu den Kindern, denen wir gezielt kleine Übungsfelder abgrenzen, innerhalb derer sie solche Erfahrungen machen, können wir zugleich die Prozesse, welche in Gang kommen, mitsteuern und das Kind stützen, damit es nicht den Boden unter den Füssen verliert, ist der Erwachsene weitgehend allein auf sich gestellt. Es bieten sich ihm in seiner täglichen Arbeit ständig neue Möglichkeiten zu Konfrontationen mit dem eigenen Ich. Denn Kinder sind uns immer auch *Spiegel,* in denen wir Teile von uns selbst erblicken können.
Mit diesen Bemerkungen soll angedeutet sein, dass in unserem Konzept die Grenzen zwischen Pädagogik, Arbeit, Therapie fliessend sind. Dies steht auch in Übereinstimmung mit unseren ganzheitlichen Ansätzen, die auf ein Wachsen im Lebensganzen hinzielen. «Therapien» werden in den Lebensalltag integriert, d.h. ein Problem wird in dem Moment aufgegriffen, wo es zutage tritt. So fliessen in die Erziehung und Schulung ständig therapeutische Elemente ein, gehäuft in der ersten Zeit nach Schuleintritt.
Nebst solch spontanen Anlässen veranstalten wir wöchentlich zweimal eine *Grossgruppensitzung* (an der alle Kinder und Erwachsenen teilnehmen), in der das «Mensch, erkenne dich selbst» im Mittelpunkt steht und immer wieder geübt werden kann. Hier werden Konflikte zur Sprache gebracht, die zwischen den Beteiligten nicht direkt gelöst werden können (weil z.B. ein Erzieher mit einem Kind in einer speziellen Sache verwickelt ist). Dieses gruppendynamische Forum ist geeignet, um Fragen gemeinsam zu lösen (z.B. organisatorische Regelungen zu treffen), aber auch, um mit dem Einzelnen ein konkretes Problem, das er direkt oder indirekt einbringt, aufzuarbeiten. Wir sind immer wieder verblüfft, zu welchen Erkenntnissen und Einsichten die Kinder dabei gelangen können.
Selbsterfahrung geschieht aber auch durch die *alltägliche praktische Arbeit,* an welcher unsere Kinder in angemessener Weise beteiligt werden. Sie erfüllt in unserem Erziehungskonzept eine bedeutsame Funktion, meinen wir doch, dass die

Arbeit eine zentrale *Quelle* zur *Selbsterkenntnis* und *Selbstverwirklichung* ist. Sie hilft dem Menschen, seine Lebensgestalt zu finden. Die Arbeitsfähigkeit (welche Erich Fromm mit der Liebesfähigkeit als die beiden Grundeigenschaften des gesunden Menschen bezeichnet hat) im Kind zur Enfaltung zu bringen, gehört zu unseren wichtigsten erzieherischen Anliegen. Im Gegensatz zur Staatsschule, welche dem Zeittrend von Spezialisierung folgend vor allem die intellektuellen Fähigkeiten des Kindes hochzuzüchten bestrebt ist, betrachten wir es als unsere Aufgabe, ebensosehr die praktischen Anlagen zu fördern. Die heutige Kluft zwischen Bildungsarbeit und Lebenspraxis ist eine der beklagenswerten Entartungserscheinungen unserer Zivilisation.

Dass wir die beiden ineinander verflechten können, ist das Privileg unserer Internatsschule. Jedem Kind ist im Haus eine praktische Aufgabe zugeteilt, beziehungsweise es hat sie sich selbst ausgesucht. Für deren Erfüllung trägt es die alleinige Verantwortung. Eines säubert z. B. zweimal wöchentlich den Gänseteich, ein anderes wischt einmal in der Woche alle Schuhgestelle feucht ab. Ein Knabe zieht in der Frühe den Glockenstrang und weckt mit dem Geläute seine Kameraden, ein Mädchen füttert die Hühner usw. Durch solche stets sich wiederholende Tätigkeiten wachsen Beziehungen, welche in die Lebensbilder der betreffenden Kinder eingehen.

Dass heute der Arbeit allgemein das Odium von Qual, Lästigkeit, Freudlosigkeit anhaftet, hängt mit ihrer Entfremdung zusammen, die ihr den Sinn raubt. Bei uns versuchen wir Erwachsenen, in den Kindern durch unser eigenes Tun, das uns, obschon oder gerade weil es von uns Kraft und vollen Einsatz abverlangt, Freude ist und Befriedigung schafft, *Gegenbilder* einzupflanzen, versuchen ihnen vorbildhaft zu zeigen, dass der Mensch, welcher in seinem Wirkungskreis in seiner *Ganzheit* tätig ist, nicht arbeitet, weil er muss, sondern weil er will.

Gestalt und Ordnung

Was Aussenstehenden, die erstmals zu uns kommen, meist gleich in die Augen springt, ist die *klare Ordnung,* in welche unsere erzieherische Tätigkeit eingebettet ist – eine Ordnung, welche anfängt mit einer äusserlichen Geordnetheit der alltäglichen Gebrauchsgegenstände, welche auch Formen des Umgangs, des gemeinsamen Zusammenseins (z. B. beim Essen, im Schulzimmer) betrifft und welche sich erstreckt bis zu einem ethischen Ordnungsrahmen, in dem sich das Alltagsleben in unserer Schule abspielt. Dadurch ist der Raum, innerhalb dessen wir erziehen, in seinen verschiedenen Dimensionen *vorstrukturiert.* Dies überrascht jene, welche mit falschen Vorstellungen zu uns kommen – sei es, dass sie zu «demokratisch» absolute Selbstbestimmung der Kinder assoziieren, sei es, dass sie mit «kreativ» die Idee eines uneingeschränkten kindlichen Schöpfertums verbinden, sei es, dass sie von der Annahme ausgehen, eine fortschrittliche Pädagogik müsse der kindlichen Erfahrung absoluten Vorrang einräumen. Dass wir in der Erziehung eine klare und verständliche Ordnung postulieren, haben wir weniger über theoretische Erwägungen als vielmehr durch mehrjährige praktische Erfahrung gefunden. Wir haben vor allem während der Anfangsphase mit unterschiedlich grossen Freiräumen experimentiert, mit Konzepten von Selbstbestimmung und Selbstregulierung. Unsere Versuche haben gezeigt, dass jedes Kind seinen individuellen, seinen Veranlagungen entsprechenden Freiraum braucht, innerhalb dessen es seine eigenen Formen entwickeln und schrittweise Selbständigkeit erlangen kann, dass letzterer aber immer eindeutig begrenzt und mit Strukturen versehen sein muss, welche für das Kind als Orientierungshilfe unentbehrlich sind. Uns ist bewusst, dass wir mit unserem Eintreten für Grenzen und Strukturen quer zu den herrschenden Tendenzen im Erziehungsalltag stehen, indem diese heute nur noch wenig Zuspruch finden. Die Permissivität nimmt zu, allerdings weniger aus Überzeugung als durch Verunsicherung. Man soll sich klar vor Augen halten, dass zwischen der Desorientiertheit, der Verzweiflung und Lebensunfähigkeit vieler Jugendlicher, welche heute ratlos vor ihrem Leben stehen, das sie nicht in die Hand nehmen und dem sie keinen Sinn abgewinnen können, und ihrer Erziehung, in der sie viele Freiheiten genossen haben, ihnen aber Führung und Unterstützung gefehlt haben, direkte Zusammenhänge bestehen. Bei Kindern, welche mit ersten Symptomen von Desorientierung und Wohlstandsverwahrlosung zu uns kommen, können wir regelmässig feststellen, dass im familiären Milieu bezüglich der sozialen, emotionalen und moralischen Ordnung diffuse Verhältnisse herrschen beziehungsweise dass die diesbezüglichen Ordnungsstrukturen weitgehend fehlen. *Ein Kind muss geführt werden, damit es sich selber führen lernt;* es braucht Sicherheit und Gewissheit, damit es aus diesen hinaustreten und Sicherheit in sich finden kann.

Wir sind der Überzeugung, dass in der Erziehung eine differenzierte *soziale und moralische Ordnung* eine unabdingbare Voraussetzung ist, damit die Kinder lernen können, sich *anzupassen, widerstand zu leisten* und sich schliesslich auch zu *emanzipieren*. Wir meinen, dass sie die Identitätsfindung dann nicht beeinträchtigen, wenn solche fremdgesetzten Ordnungen nicht in dem Sinn Selbstzweck sind, dass das Kind einfach darin eingepasst werden soll, sondern wenn sie den Charakter der *Veränderbarkeit* haben, d.h. wenn sie nicht ein für allemal festgelegt und invariabel sind (ansonsten würden sie einfach zum Zwang entarten), und lebendige Formen sind, welche im Umgang der Menschen miteinander geschaffen und durch diesen Umgang auch wieder verändert werden.

So leiten wir die Kinder ausdrücklich dazu an, unsere soziale Ordnung mitzugestalten, z.B. in Grossgruppensitzungen, wo wir üben, wie in einer Gemeinschaft, in der die unterschiedlichsten Interessen und Bedürfnisse bestehen, Übereinkünfte gefunden werden können, welche von allen akzeptiert und mitgetragen werden. Wir erarbeiten in diesen Sitzungen mit den Kindern gemeinsam Feinstrukturen innerhalb des festen, durch das Erziehungskonzept bestimmten Rahmens, welche das Zusammenleben regeln. Indem aber die Kinder solche Ordnungsformen mitgestalten, wird zugleich ihre Mitverantwortung gestärkt, dass die getroffenen Vereinbarungen auch eingehalten werden. Es fällt den Kindern leichter, sich ihnen zu unterwerfen, als in anderen Fällen, wo Strukturen ohne ihr Mitwirken festgelegt werden.

Dass das Letztere aber in einer Erziehung, welche nicht aus der Froschperspektive betrieben wird, unvermeidlich ist, ja überwiegt, sei hier nicht verschwiegen. Es gibt in unserer Schule manche *kategorischen Festsetzungen,* welche die Kinder verstandesmässig nicht erfassen können, weil ihnen die Einsicht in die übergeordneten Zielsetzungen noch fehlt. So können wir ihnen beispielsweise nicht erklären, dass in unserem Verständnis von Gestaltpädagogik die *Ordnung* allgemein die Bedeutung eines *metaphysischen Grundprinzips* hat, welches u. a. das *Materielle mit dem Geistigen,* das *Sichtbare mit dem Unsichtbaren* verknüpft. Ja, möglicherweise lässt sich ihnen nicht einmal genügend plausibel machen, dass es in einer äusseren Unordnung weit schwieriger ist, eine eigene Ordung zu erschaffen. Obschon im Rahmen unserer *dialogischen* Pädagogik das Erklären von grosser Bedeutung ist, verzichten wir darauf, den Kindern solche abstrakten Zusammenhänge argumentativ nahezubringen. Es scheint uns weit fruchtbarer zu sein, wenn wir sie unmittelbar erleben lassen, dass z. B.

- eine Tischregel, die bestimmt, dass erst nachgeschöpft wird, wenn alle ihre Teller geleert haben, den Vorteil mit sich bringt, dass jeder sein Essen geniessen kann und nicht hinunterschlingen muss aus Angst, der andere könnte ihm die guten Brocken wegschnappen;
- es einfacher ist, in einem Schulzimmer, wo nicht herumgetobt und gelärmt wird, einen Aufsatz zu schreiben usw.

Noch schwieriger gestaltet sich die Aufgabe, den Kindern ethische Wertordnungen zu vermitteln. Denn diese sind einerseits massgeblich geprägt durch die eigene Lebensgeschichte und auch durch den kulturellen Hintergrund, von dem die Kinder noch wenig wissen, und basieren andererseits auf Erfahrungen, welche die Kinder noch nicht gemacht haben. Wertneutralität, wie sie heute von progressiven Pädagogen vertreten wird, kann aus unserer Sicht nicht gutgeheissen werden. Wenn nämlich die Kinder mit keinen Werten konfrontiert werden, werden sie auch der Chance beraubt, ein eigenes *ethisches Bewusstsein* zu bilden. Entscheidend ist, dass der Erzieher das Kind nicht mit seinen Wertvorstellungen indoktrinieren will, sondern ihm dabei lediglich Seiten seiner Subjektivität, seiner Seele offenbaren will. In diesem Fall behält das Kind die Freiheit, anzunehmen oder abzulehnen. Wir erachten es als falsch, wenn ein Erwachsener sein Credo gezielt verheimlicht. Wenn er beispielsweise seine Religiosität vor dem Kind zu verstecken versucht, verhindert er indirekt, dass eine im Kind möglicherweise auch schlummernde Religiosität erwachen kann, weil sie tabuisiert wird.

Die AVO-Schulen im Kanton Zürich

AVO = Abteilungsübergreifende Versuche an der Oberstufe
von Lutz Oertel, Projektleiter AVO, Mitarbeiter der Pädgogischen Abteilung, Erziehungsdirektion Zürich

Die Oberstufenschulhäuser der Versuchsgemeinden

Petermoos 1977-1995

Glattfelden 1979-1990

Niederweningen 1983-1991

Neftenbach 1987

Meilen 1986-1991

Weisslingen 1984-1995

Stadel 1988

Hirzel 1988

Turbenthal 1987

Im Kanton Zürich werden seit 1960 die Schüler am Ende der 6. Primarschulklasse auf drei Abteilungen der Volksschuloberstufe (7.–9. Schuljahr) und auf das Gymnasium verteilt. Der im folgenden zu beschreibende Versuch besteht darin, diese Aufteilung anders zu gestalten und das Trennende der Aufteilung zu mildern: An die Stelle der Dreiteilung in Sekundar-, Real- und Oberschule tritt eine Aufteilung in *zwei Anforderungsstufen* und *drei Schwierigkeitsgraden* in den Fächern Mathematik und Französisch. Das Gymnasium ist vorläufig in die Versuche nicht einbezogen. In der dreigliedrigen Oberstufe sind Umteilungen in den anspruchsvolleren Schulzweig nur nach einer Aufnahmeprüfung und der Wiederholung eines Schuljahres möglich. Im Versuch ist eine *Durchlässigkeit* während des Schuljahres (vor allem während des ersten Oberstufenjahres) möglich. Für die dreigliedrige Oberstufe sind die *Lehrpläne* und die *Unterrichtsfächer* (Stundentafeln) unterschiedlich; für den Versuch wurden sie angeglichen. Im Versuch wird einer differenzierten *Schülerbeurteilung,* insbesondere dem Verhalten in der Schule mehr Zeit und Aufmerksamkeit (meistens im Rahmen von Gesprächen) gewidmet.

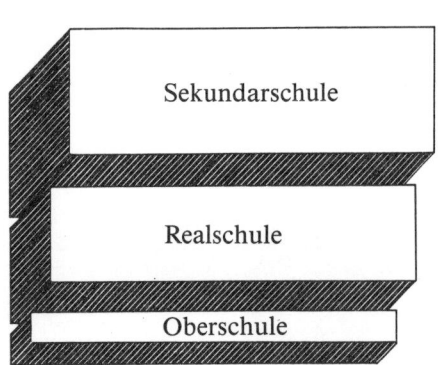

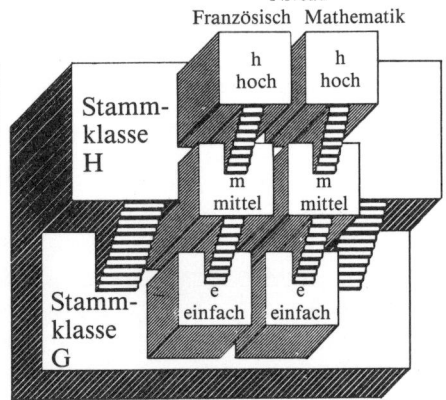

Der abteilungsübergreifende Aufbau der Oberstufe

Stammklasse Anstelle der bisherigen Dreiteilung der Oberstufe in Ober-, Real- und Sekundarschule (Abteilungen) tritt ein *Stammklassenunterricht* mit *zwei Anforderungsstufen,* eine grundlegende (G) und eine höhere (H). Der Stammklassenunterricht umfasst Deutsch, Staat-Wirtschaft-Gesellschaft, Naturlehre, musisch-handwerkliche Fächer, Hauswirtschaft und Sport.

Niveau Unabhängig von der Stammklassenaufteilung, also mit etwas anderer Schülerzusammensetzung, werden in *Mathematik* und *Französisch Niveaugruppen* mit jeweils *drei Schwierigkeitsgraden* (einfach: e, mittel: m, hoch: h) geführt. Sie ermöglichen eine den Fachleistungen entsprechende Einstufung und Unterrichtung.

Ansatz

Als man im Frühjahr 1977 mit dem ersten abteilungsübergreifenden Schulversuch begann, um im Kanton Zürich Reformen an der Oberstufe der Volksschule (7.-9. Schuljahr) vorzubereiten, war zum Beispiele in der Bundesrepublik Deutschland die Ende der sechziger Jahre ausgelöste Reformwelle bereits im Abklingen. Auch wenn vermutlich die Oberstufenversuche nicht von bundesdeutscher Reformeuphorie getragen wurden, so wurde doch während der Vorbereitungsarbeiten in der Pädagogischen Abteilung der Erziehungsdirektion darüber diskutiert, inwieweit diese mit den Schulversuchen angestrebte neue Oberstufe schon das erstrebenswerte Ziel oder nur ein Schritt daraufhin sei. Diese Diskussion stand im Zusammenhang mit der in Deutschland die Reformen anführenden Gesamtschuldebatte. Sie beeinflusste die damaligen Versuchsvorbereitungen zwar eher indirekt, aber in vielerlei Gestalt.
Es begann mit den sogenannten Modelleingaben, die Ende der sechziger, Anfang der siebziger Jahre dem Erziehungsrat eingereicht wurden. Diese Modelle hatten auch Anregungen aufgenommen bei Gesamtschulideen. Die vom Erziehungsrat eingesetzte Kommission zur Prüfung dieser Modelle kam nicht zu Vorschlägen für eine umstrukturierte Oberstufe, so dass mit einer Weiterbearbeitung des Oberstufenproblems die neugegründete Pädagogische Abteilung der Erziehungsdirektion beauftragt wurde. Ein Teil der Überlegungen, die aus diesem Auftrag hervorgingen, sind in das Grundlagenpapier für den Erziehungsrat eingeflossen, das den Rahmen für die Oberstufenversuche absteckt (Erziehungsratsbeschluss vom 4. November 1976). Der *Rahmen für den Ausbau der Oberstufe* im 7.-9. Schuljahr ist darin so offen gestaltet (anhand von Versuchselementen definiert), dass sogar Versuche mit einer Gesamtschuloberstufe möglich wären. Sowohl die konkrete Ausgestaltung dieses Rahmens, woran auch das Pestalozzianum Zürich beteiligt war, als auch die schulpolitischen Prämissen, die der Erziehungsrat gesetzt hatte und bei weiteren Anlässen (Versuchsplanungen Glattfelden, Urdorf) erneuerte, liess die Gesamtschulvariante frühzeitig «durchfallen».
Gewählt wurde der eingangs beschriebene, moderate Lösungsansatz, der eine Überbrückung der Dreigliederung versucht. Dass dann selbst ein moderater Weg als grosser Schritt, als ein Schritt über viele Hindernisse hinweg erscheint, zeigt der *Projektverlauf.*

Verlauf und Stand des Projekts

Nachdem der Erziehungsrat Ende 1975 den Rahmen für die Versuche bestimmt hatte, wurden Versuchsschulen, also versuchsbereite Lehrergruppen und Schulpflegen, gesucht. Zum Einstieg wirklich bereit war nur ein Teil der Regensdorfer Oberstufenlehrer und die Oberstufenschulpflege Regensdorf. Dann musste noch die Bevölkerung für den Versuch gewonnen werden, die entsprechend der Vorschrift im Schulversuchsgesetz über die Durchführung des Versuchs abstimmen musste. Die Schulgemeindeversammlung war erfolgreich, und so konnte im

Frühjahr 1977 der AVO-Petermoos beginnen. Ein Gesamtschulversuch hätte im schulpolitischen Feld der Versuchsbewilligung kaum Chancen gehabt.

Der vom Erziehungsrat vorgegebene Rahmen legte auch fest, dass die Versuche in verschiedenen Verhältnissen des Kantons durchzuführen seien. Nach Regensdorf, einer Agglomerationsgemeinde in der Nähe der Stadt Zürich, gelang es, die Oberstufe Glattfelden in den Versuch miteinzubeziehen. Bei anderen Gemeinden, die auch Interesse zeigten, scheiterten die Verhandlungen: In einem Fall konnte sich schliesslich die Lehrergruppe doch nicht einigen, im anderen war es die erfolglose Absicht, ein Gymnasium in den Versuch einbeziehen zu wollen.

Nachdem im Frühjahr 1979 die Tore der Versuchsschule Glattfelden aufgegangen waren, regte sich der Widerstand der Lehrerorganisationen (ORKZ: Oberschul- und Realkonferenz und SKZ: Sekundarlehrerkonferenz) gegen die Oberstufenversuche. Während die SKZ der Einbezug der Gymnasien fehlte und das eigene Profil der Sekundarschule zu wenig im Versuch zum Ausdruck kam, bemängelte die ORKZ vor allem die Aufgabe der Oberschule und die zu sehr betonte kognitive Ausrichtung des Unterrichts im Versuch. Beide Konferenzen kritisierten ausserdem die Bindung von Finanzmitteln für wenige Versuche, die für breit abgestützte Problemlösungen fehlen würden, sowie die Menge der Versuchsmassnahmen.

Den Lehrerkonferenzen gelang es nicht, eine eigene Versuchskonzeption zu entwickeln, die den Erziehungsrat überzeugte. Der Erziehungsrat hielt an der Durchführung der abteilungsübergreifenden Oberstufenversuche fest und versuchte mit der modifizierten Versuchskonzeption die Menge der Versuchsmassnahmen zu reduzieren (Erziehungsratsbeschluss vom 2. März 1982). Dadurch sollte die Bereitschaft einzelner Lehrergruppen, in den Versuch einsteigen zu können, erhöht werden. In der Folge (1983 und 1984) kamen zwei weitere Landgemeinden dazu: Niederweningen und Weisslingen. Aber auch Misserfolge blieben nicht aus: In der Stadt Zürich scheiterte die Absicht eines Schulhauses, am Versuch mitzumachen, am Widerstand der Kollegen im Schulkreis. In der Gemeinde Egg wurde die Versuchsdurchführung an der Schulgemeindeversammlung abgelehnt, weil sich die Oberstufenlehrer gegen den Versuch und gegen die versuchsbereite Schulpflege stellten. Die Ablehnung in Egg war schwierig zu begreifen, lagen doch für die Entscheidungen jahrelange Erfahrungen (seit 1977) aus mehreren Versuchsschulen vor, die teilweise wissenschaftlich überprüft waren. Obwohl sich Lehrer, Schulpfleger und Eltern der Versuchsschulen für den Versuch in der Stadt Zürich und Egg einsetzten, die vorgefassten Meinungen konnten nicht mit Erfahrungsgründen geändert werden. Auch die positive Stellungsnahme des Erziehungsrates zu den Versuchserfahrungen (Beschluss vom 31. Juli 1984) half in dieser Situation nichts. Doch über diese Situation hinaus hatte der Entscheid des Erziehungsrates, die Versuchsrichtung weiterzuverfolgen, grosse Bedeutung. Sie stärkte beispielsweise die Oberstufenlehrer und die Schulpflege in der grossen Zürichseegemeinde Meilen, die ohne besondere Unterstützung der kantonalen Projektleitung oder anderer Versuchsschulen, den AVO als Oberstufenprojekt Meilen in der Gemeinde durchbrachten. In der betont eigenen Regie ihres Vorhabens gelang es den Meilemern auch, den Widerstand der Lehrerkon-

ferenzen gegen ihr Projekt abzubauen. Seit Frühjahr 1986 arbeitet nun in Meilen die fünfte Versuchsschule. Weitere Versuchsschulen auf dem Lande sollten folgen.
Inzwischen werden nun neun Versuchsschulen im kantonalen (staatlichen) Rahmen geführt. Der Kanton (der Staat) übernimmt auch die Versuchskosten. Zwar sind die Versuchsschulen der Oberstufe keine Alternativen, aber sie sind Inseln der Beweglichkeit, die Abweichungen von der dreigeteilten Oberstufe ermöglichen. Der kantonale Rahmen ist auch nicht eng gezogen. Zwischen den Versuchsschulen bestehen konzeptionelle Unterschiede. Während die eine Schule vier Schwierigkeitsgrade im Mathematikunterricht zulässt, wird aus Gründen der Kleinheit in einer andern Schule Französisch nur auf zwei Stufen unterrichtet; eine Schule ist vollständig auf Koedukation gerichtet, andere Schulen haben in diesem Bereich nur einen Teilschritt getan. Auch in der Organisation des Lehrereinsatzes gibt es Unterschiede.

Erfahrungen

Bei allen Abweichungen zwischen den Schulen ist die *Grundstuktur* gleich, sind die Ziele dieselben und zeigen sich dieselben *Vorteile* der Überbrückung, aber auch hie und da Nachteile:
Die Aufteilung der Volksschuloberstufe in zwei Anforderungsstufen für den Stammklassenunterricht und in drei Schwierigkeitsgrade für die Niveaufächer Mathematik (vier Grade im AVO-Petermoos) und Französisch hat sich bisher bewährt. Gegenüber der Dreiteilung können die Schüler nach der 6. Klasse der Primarschule variabler eingestuft werden, je nachdem, wo ihre Stärken oder wo ihre Schwächen liegen. Die Randstellung der Oberschüler wird gemildert. Schwächere Sekundarschüler werden weniger überfordert, bessere Schüler erreichen die anspruchsvollen Ziele leichter; stärkere Realschüler werden mehr gefordert. Schon von den Einstufungsmöglichkeiten her kann auf die Leistungsunterschiede der Schüler besser eingegangen werden, womit ein wesentliches Ziel des Versuchs, eine individuellere Förderung, erreicht wird.

Durchlässigkeit

Die *Durchlässigkeit* wird mittels Stammklassen- und Niveauwechsel vor allem im ersten Oberstufenjahr verbessert. An zwei bis drei Terminen pro Jahr sind Umteilungen der Schüler (Auf- oder Abstufungen) möglich. Aufstufungen im Niveau werden unterstützt durch Förderkurse (während einer bis zwei Wochen nach erfolgter Aufstufung). Über *Umstufungen* entscheidet im Einvernehmen zwischen Schülern, Eltern und Lehrern die Umstufungskonferenz der Versuchsschule. Koordinierte Lehrmittel für Mathematik und Französisch sowie regelmässige Stoffabsprachen im ersten Oberstufenjahr erleichtern die Durchlässigkeit.

AVO-Statistik

Umstufungen 1977–1985				
	AVO-Petermoos 1.–7. Schülergeneration (1.–3. Kl.) von 1977/78 bis 1985/86		AVO-Glattfelden 1.–5. Schülergeneration (1.–3. Kl.) von 1979/80 bis 1985/86	
Anzahl Schüler	absolut	in %	absolut	in %
nicht umgestuft	439	58,1 %	144	61,3 %
einmal umgestuft	246	32,6 %	70	29,8 %
zweimal umgestuft	60	7,9 %	18	7,6 %
dreimal umgestuft	7	1,0 %	3	1,3 %
viermal umgestuft	3	0,4 %	0	0
N =	755		235	
Total Umstufungen	499		115	

Statistisch lässt sich ein Funktionieren der Durchlässigkeit nachweisen. Was aber hinter den Zahlen passiert, berichtet ein Lehrer:

> Die Schule ist eine Institution des Staates. Auch unsere Versuchsschule Petermoos im Kanton Zürich. Als solche ist sie auch ein Stück Öffentlichkeit. Deshalb verlangt sie nach Reglementen. Damit alles mit rechten Dingen zugeht. Versetzungen von einer Klasse in die andere müssen besonders genau reglementiert sein. Müssen sie das wirklich?
> Wir Versuchslehrer sind besonders stolz, dass es uns seit nunmehr zehn Jahren gelungen ist, ohne Notendurchschnitte, ohne Reglemente, ohne starre Beamtenvorschriften unzählige Schüler umzustufen. Also willkürlich? Die Klassengrösse vor Augen? Die unangenehmen Schüler treppab, die fleissigen treppauf? Umstufungen als Disziplinierungsmittel?
> Seien wir ehrlich! Jedes System, ob ausgeklügelt und rekursgesichert, oder liberal und wandlungsfähig, kann von jenen missbraucht werden, die am stärkern Hebel sitzen: den Lehrern. In welchem System dies eher möglich ist, bleibe dahingestellt. Dennoch sei die Frage erlaubt, ob der Lehrer mit dem Verstecken hinter einem vermeintlich genauen und objektiven Notendurchschnitt tatsächlich dem Schülerinteresse gerecht wird.
> Bei Umstufungen (vielleicht finden wir in den nächsten Jahren dafür auch noch einen sinnvolleren Namen) darf es im Grunde genommen nur eine zentrale Frage geben: In welcher Klasse profitiert das Kind am meisten? Wenn diese Frage von allen Beteiligten ehrlich beantwortet wird, kann nur im Interesse des Schülers entschieden werden. Dann spielen Qualifikationen (oder Noten) plötzlich eine untergeordnete, oft sogar eine nebensächliche Rolle. Darf ich, um ein wenig konkreter zu werden, kurz Schülertypen hervorheben, die wohl in jeder Klasse anzutreffen sind?
> Thomas beweist in den ersten Monaten des Französischunterrichts, dass ihm diese Fremdsprache keine allzugrossen Probleme aufgibt. Zwar kommt auch er nicht darum herum, die neuen Vokabeln zu repetieren und angekündigte Prüfungsarbeiten vorzubereiten. Aber ein durchschnittlicher Arbeitsaufwand führt zu guten Resultaten. Mit dem Erwachen der ersten Liebe, häufigerem Besuch von Disco und Kinos beginnen seine Schulleistungen stark nachzulassen. Noch immer würde er den Anforderungen genügen, verloren hat er nicht seine Begabung, sondern seine Arbeitshaltung. Seine Leistungen sind seit einiger Zeit unter

dem sogenannten Klassenschnitt. Ich könnte ihn abstufen – aber ich will nicht. Er möchte sogar abgestuft werden – aber ich wehre mich. Ich halte es für meine Pflicht, dem Schüler nicht in jedem Fall den Weg des geringsten Widerstandes zu ebnen. In einem leistungsschwächeren Kurs bedarf es bei seiner Begabung keiner Anstrengung mehr. Bequemlichkeit würde mit Bequemlichkeit belohnt.

Sonja ist kein Sprachtalent. Aber sie arbeitet. Sie rackert sich ab. Ihre Anstrengungen werden nur schlecht belohnt. Hat sie einmal eine Prüfung mit wenigen Fehlern geschafft, ist die Qualifikation wieder nur knapp genügend. Die Prüfung war (zu) leicht. Steigt der Schwierigkeitsgrad, sind die Resultate oft niederschmetternd. Nur selten ein Lichtblick. Trotzdem möchte sie im obersten Kurs bleiben. Französisch wird zum Familienthema Nummer eins. Mutter und Vater wissen, wann der nächste Test ansteht. Französisch ist auch zu ihrem Problem geworden. Die Leistungen von Sonja entsprechen in etwa denjenigen von Thomas. Sie möchte nicht abgestuft werden – aber ich halte eine Umteilung für sinnvoll.

In beiden Fällen werde ich nicht um Gespräche herumkommen. Nicht in jedem Fall stimmen Lehrer-, Schüler- und Elternmeinung überein. Nicht in jedem Fall kann ich den Einsatz und die möglichen Leistungsreserven richtig einschätzen. Die Eltern kennen ihr Kind meistens besser. Nicht in jedem Fall spürt das Kind, dass ich wirklich nur in seinem Interesse entscheiden möchte. Nicht in jedem Fall ist meine Meinung richtig. Dass messbare Leistung und Potential oft auseinanderklaffen, ist klar. Warum dies so ist, bedarf immer wieder einer sorgfältigen Abklärung. Ehrgeiz, falsch verstandener Ehrgeiz, steht einer sachlichen Diskussion oft im Wege. Überforderung bedeutet Überforderung.

In welcher Klasse profitiert das Kind am meisten? Fachspezifisch und menschlich. Verpasste Französischausbildung kann jederzeit nachgeholt werden. Verpasste Jugend nicht. Wo das ehrliche, offene Gespräch Reglemente ersetzt, wird meist richtig entschieden.

Kurt Bannwart

Reglementiert ist in unserer Versuchsschule in erster Linie der zeitliche und organisatorische Ablauf.

Die Eltern «abstufungsgefährdeter Schüler» müssen etwa zwei Monate vor dem Umstufungstermin benachrichtigt werden. Der eigentliche Umstufungsantrag wird vom Lehrer am Umstufungskonvent eingebracht. In diesem Gremium sind alle Lehrer vertreten, welche den betroffenen Schüler unterrichten. Bis zu diesem Zeitpunkt muss die Kontaktnahme zu den Eltern erfolgt sein. Der endgültige Entscheid wird an der Umstufungskonferenz gefällt. Neben den Lehrern sind dort auch Mitglieder der Elternkommission, der Schulleitung, Schulpflege und Vertreter der Erziehungsdirektion (Versuchsbegleitung) anwesend.

Nicht reglementiert (nur umschrieben) sind die Kriterien, welche zu einer Umstufung führen, z.B. Lerntempo, Motivation, Belastbarkeit, Leistungsvermögen innerhalb der Klasse usw.

Übertritt und Zuteilung

Die unterschiedlichen Einstufungsmöglichkeiten und die anschliessende Durchlässigkeit entschärfen den *Übertritt* am Ende der Primarschulzeit, da die Einstufung flexibler und die Zuteilungsentscheide weniger endgültig sind. Die *Stammklasseneinteilung* der Schüler beruht auf einer *Gesamtbeurteilung* durch den

Primarlehrer. Darin miteinbezogen ist eine Bewertung u.a. des Auffassungsvermögens, des Arbeitsverhaltens und der Fachleistung.
Die *Zuteilung zur Niveaugruppe Mathematik* erfolgt aufgrund der in der Primarschule erbrachten Leistungen in Rechnen und Geometrie sowie der Beurteilung des mathematischen Verständnisses. Im *Französisch* wird aufgrund der im einführenden Unterricht erbrachten Leistungen an der Oberstufe eingeteilt.
Der Primarlehrer führt mit allen Eltern der 6. Klasse bezüglich der Zuteilung ein *Gespräch* und macht einen Zuteilungsvorschlag. Danach entscheidet die Einstufungskonferenz (Oberstufenlehrer, Primarlehrer, Oberstufenschulpflege) über die Zuteilung in Stammklasse und Mathematikniveau. Die Einteilung im Französisch erfolgt am Ende des ersten Quartals an der Oberstufe. Auf diese gesprächsorientierte Art werden Rekurse, die über die Schulpflege hinausgehen, vermieden.
Die abteilungsübergreifende Oberstufe führt zu einer grösseren Durchmischung der Schüler und bietet erweiterte soziale Beziehungen zu Kameraden und Lehrern (gemeinsame soziale Erfahrungen). Dabei bleibt die Stammklasse der zentrale soziale Ort des Lernens und Erziehens; für die Unterrichts- und Erziehungsaufgaben ist die gesamte Lehrergruppe (Stammklassenlehrer, Fachlehrer) verantwortlich.
Der flexiblen Einstufung und den individuellern Entwicklungsmöglichkeiten entspricht die differenzierte und umfassende, auf die Lehrergruppe sowie auf

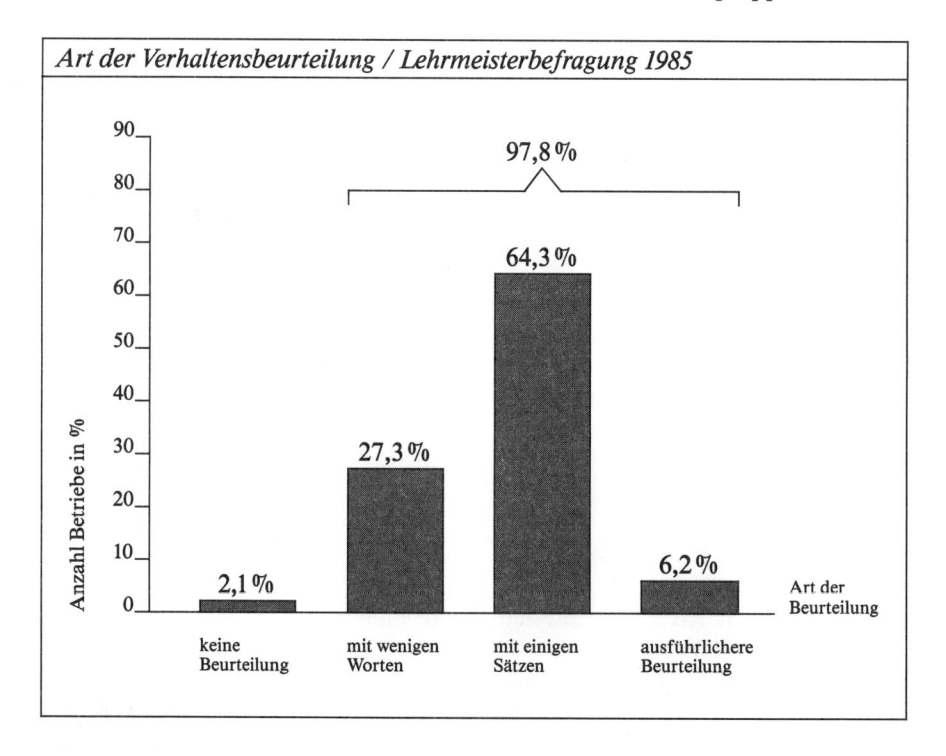

Art der Verhaltensbeurteilung / Lehrmeisterbefragung 1985

97,8%

Art der Beurteilung	Anzahl Betriebe in %
keine Beurteilung	2,1%
mit wenigen Worten	27,3%
mit einigen Sätzen	64,3%
ausführlichere Beurteilung	6,2%

Gespräche mit Eltern und Schüler abgestützte *Schülerbeurteilung* mit Worten. In Kreisen der Lehrbetriebe wird die neue Schülerbeurteilung aufgrund ihrer grösseren Aussagekraft eher bevorzugt (siehe Ergebnisse der Lehrmeisterbefragung). Sie ist geeignet, die pädagogischen Bemühungen der Versuchslehrer im Sinne individueller Förderung zu unterstützen. Ein Versuchslehrer schildert im folgenden diese pädagogische Seite:

> Neulich wurde ich an meine Schulzeit im Gymnasium erinnert: Ich hatte einmal in einer Geographiestunde zweimal die Note 0 (Null!) erhalten wegen ungebührlichen und disziplinlosen Verhaltens, wie mein damaliger Lehrer nachdrücklich betonte, und im Zeugnis stand später fein säuberlich eine Vier. Eigentlich hätte ich mehr erhalten müssen, denn ich habe in Geographie nie Mühe gehabt, aber da war eben der Schnitt, über den man nicht diskutieren konnte, denn er stimmte. Ich war damals 14, aufsässig, provozierend, und kam mit mir selber überhaupt nicht zurecht.
>
> Daran erinnert wurde ich durch einen Kollegen, der mir nach einem Referat über «Leistungs- und Verhaltensqualifikationen in Worten anstelle von Noten» entgegenhielt, die Note sei das humanste Mittel der Schülerbewertung. Da sie nicht differenziere wie die Wortqualifikation, sei sie auch nicht so transparent, was dem Schüler letztlich nur zugute kommen könne. Ich will diesem Kollegen nicht unterstellen, dass er Leistungsnoten auch als Disziplinierungsmassnahmen verwendet, aber ich meine doch, dass er sich um eine echte Auseinandersetzung mit dem Schüler herumdrückt, dass er glaubt, human zu sein, wenn er gerecht ist, und gerecht zu sein, wenn der Schnitt stimmt. Gerechtigkeit und Humanität als Erbebnis von Multiplikation und Division, zwei Stellen nach dem Komma.
>
> Vielleicht wird dieser Kollege aber – ganz anders als mein damaliger Lehrer – die ihm zur Verfügung stehenden Rubriken «Ordnung und Reinlichkeit», «Betragen», «Fleiss und Pflichterfüllung» gewissenhaft und mit dem nötigen Ernst ausfüllen und ein «gut», «befriedigend» oder «unbefriedigend» hinschreiben, wohl wissend allerdings, dass er damit den Schüler in Schwierigkeiten bringen kann. Ob er dies auch noch für human hält? Denn wiederum drückt er sich nicht differenziert aus, wird er nicht transparent, denn was bedeutet schon ein «befriedigend» im «Betragen» bei einem 14jährigen, pubertierenden Schüler, der zuhause Schwierigkeiten hat, sich in einigen Fächern ohne Erfolg abmüht und sich grundsätzlich nicht verstanden fühlt? Und wer kann schon wissen und kontrollieren, ob hier nicht ein narzisstisch gekränkter Lehrer dem Schüler eins verpassen will?
>
> Im AVO hat der Lehrer die Möglichkeit, einen Schüler differenzierter und umfassender zu qualifizieren, sowohl in der Leistung als auch im Verhalten. Da man den Berufswahlentscheid möglichst lange hinauszögern will, um dem Schüler eine kontinuierliche, altersgemässe und angstfreie (Probezeit) Entwicklung zu gewährleisten, wird ihm erst im Herbst der 2. Klasse ein Zeugnis abgegeben. In der 1. Klasse erhält der Schüler im Herbst und im Frühling einen Beobachtungsbogen, der ihm über seine Leistungen Aufschluss gibt und eine Verhaltensbeurteilung enthält, mit der sich alle ihn unterrichtenden Lehrer einverstanden erklärt haben. Da dieser Beobachtungsbogen intern bleibt und in erster Linie als Gesprächsgrundlage für Lehrer, Eltern und Schüler dient, hat der Lehrer die Möglichkeit, seinen Eindruck, den er vom Schüler gewonnen hat, sehr persönlich zu formulieren: «Du bist begeisterungsfähig, und wenn Dich etwas interessiert, dann arbeitest Du mit Ausdauer, selbständig und zuverlässig, produktiv und konzentriert. Manchmal kann es sein, dass die Begeisterung zu hohe Wellen schlägt. Dann bist Du leicht ablenkbar, und die Aufmerksamkeit lässt nach. Du bist stets liebenswürdig und freundlich, im Kontakt mit den anderen selbstsicher, offen und entgegenkommend. Versuche, noch vermehrt am mündlichen Unterricht im Klassenverband teilzunehmen und in der Gruppe Deine eigene Meinung zu bilden.»

Eins ist offensichtlich: Wer so auf das Verhalten eines Schülers eingeht, eingehen muss, der ist auch gezwungen, Gespräche zu führen, Gespräche mit dem Schüler und dessen Eltern, offene Gespräche, die der Gegenseite eine echte Stellungnahme einräumen, die den Schüler ernst nehmen, die auf gegenseitigem Vertrauen basieren. Wie hilflos sieht daneben mein ehemaliger Lehrer aus! Welche Unsicherheit und Angst muss wohl mein Kollege verbergen, der eine solche differenzierte, transparente Beurteilung für nicht human hält! Es sei noch einmal betont: Alle Lehrer, die den betreffenden Schüler unterrichten, müssen mit der Einschätzung, die der Hauptlehrer ihnen vorlegt, einverstanden sein. Da kann man sich nicht mehr mit der Unbestechlichkeit des Taschenrechners behelfen oder es dem Schüler heimzahlen!

Etwas anderes ist der Verhaltenseintrag im Zeugnis, denn nun tritt ein Aussenstehender dazu, der den Schüler nicht über längere Zeit beobachten konnte, ihn also nicht so gut kennt und sich deshalb stark auf die Beurteilung des Lehrers abstützt, also in erster Linie der Lehrmeister oder Personalchef eines Betriebs. Die Verhaltensbeurteilung bekommt sozusagen offiziellen Charakter. Nun hat aber der Lehrer in seiner Beurteilung aus den reichhaltigen Gesichtspunkten der Schülerbeobachtungen (Verhalten gegenüber Zusammenarbeit, Kontaktfähigkeit, Interessen, Belastbarkeit, Befindlichkeit, Arbeitsweise, Selbständigkeit, Zuverlässigkeit) jene ausgewählt, die ihm bei dem betreffenden Schüler wesentlich und ausgeprägt erschienen. Er ist sich bewusst, dass es eine umfassende Beurteilung nicht gibt, nicht geben kann, dass er sich mit Stückwerk begnügen muss, er eine momentane Situation beschreibt, dass seine Sicht des Schülers niemals Anspruch auf Absolutheit erheben darf. Nur: Ist dies dem Aussenstehenden auch bewusst? Denn, wenn der Lehrer auch bestrebt ist, dem Schüler gerecht zu werden, und sich deshalb bemühen wird, in erster Linie positive Eigenschaften aufzuführen oder solche, die der Berufswahl des Schülers förderlich sind, so wird ihn sein Verantwortungsgefühl doch oftmals zwingen, auch Eigenschaften zu erwähnen, die eher negativen Charakter haben: «Lebhaft und offen im Kontakt. Arbeitet in der Gruppe aktiv und initiativ. Gutes Vorstellungsvermögen und originelle Fantasie. Muss noch vermehrt daran arbeiten, nicht zu sehr an der Oberfläche zu bleiben, weniger vergesslich zu sein, exakter, konzentrierter und mit mehr Einsatz und Ausdauer zu arbeiten.» Zweifelsohne ist ein solcher Zeugniseintrag nicht zu vergleichen mit einem simplen «befriedigend» oder «unbefriedigend», trotzdem ist sich der Lehrer nicht im gewissen, ob der Aussenstehende dieser Qualifikation nicht ein Gewicht verleiht, das ihr nicht zukommt, indem er sie zum alleinigen Massstab oder zur alleinigen Entscheidungsgrundlage macht. Auch hier hilft wiederum nur das Gespräch, und der Lehrer wird sich halt bei schwierigen Fällen zugunsten des Schülers oder zugunsten des Lehrmeisters (falsche Berufswahl) bzw. Personalchefs mit diesen in Verbindung setzen müssen. Aber: Nie hinter dem Rücken des Schülers! Sondern genau so offen und ehrlich, wie die Gespräche aufgrund des Beobachtungsbogens geführt worden sind.

Der Zeitaufwand, den ein Beobachtungsbogen oder ein Zeugnis mit umfassender Verhaltensbeurteilung beansprucht, ist enorm, vor allem, wenn man bedenkt, dass man sich die ersten Formulierungen mühsam erarbeiten muss und es nicht jedem Lehrer gleich leicht fällt, sich in diesem Bereich schriftlich auszudrücken, und im besonderen, da bisher keine Lehramtsschule den Lehrer auf diese schwierige Aufgabe vorbereitet. Dennoch: Für eine bessere, tatsächlich humanere Schule dürfen diese Schwierigkeiten kein Hindernis sein, damit man sich eines Tages von Leuten wie meinem Geographielehrer nur noch erzählt.

Hein Dönni

Andere Vor- und Nachteile

Die über eine *gemeinsame Stundentafel* erfolgte Angleichung des Bildungsangebots führt zu einer Ausweitung des kognitiven Unterrichts für schwächere Schüler und zu einer Aufwertung der «Nebenfächer» im handwerklich-hauswirtschaftlichen Bereich. Letzteres ermöglicht für alle Schüler der Oberstufe allgemein anerkannte Leistungen in den Hand- und Haushaltsarbeiten.
Die Berufszufriedenheit der Lehrer korrespondiert mit der Schulzufriedenheit der Versuchsschüler und ihrer Eltern. Der Schulerfolg im Hinblick auf Berufslehre und weiterführende Schulen ist gewährleistet.
Auf der Grundlage der bisherigen Erfahrungen erscheint die Überbrückung der alten Dreiteilung an der Oberstufe des Kantons Zürich für die *Schüler* nur vorteilhaft zu sein. Zwar ist durch die neue Oberstufenorganisation im Versuch die Randstellung der Oberschüler aufgehoben, es wird aber noch genauer überprüft, wie die schwachen Schüler im AVO die Schulsituation erleben und wahrnehmen. Denn in den meisten Schulsystemen können sich die leistungsstarken Schüler durchsetzen, die schwachen bedürfen deshalb besonderer Aufmerksamkeit. Die abteilungsübergreifende Oberstufe muss dem schwachen Schüler eine soziale Einbettung bieten und sein Interesse an der Schule erhalten. Darüber besteht noch zuwenig Gewissheit.
Nachteile des AVO liegen allenfalls auf seiten der *Lehrer:* Nicht alle Oberstufenlehrer (als Sekundar- oder Reallehrer ausgebildet) können in dem von ihnen gewünschten Umfang Klassenlehrer sein. Der Stundenplan bindet alle Lehrer über den Niveauunterricht stärker an das Schulhaus und beschneidet individuelle Freiheiten z. B. für die ungeplante Exkursion. Der organisatorische und zeitliche Aufwand vergrössert sich, weil die Lehrer an einer abteilungsübergreifenden Oberstufe zusammenarbeiten müssen. Letzteres lässt sich aber wohl eher als Vorteil verstehen.

Zusammenarbeit der Lehrer

Die Reorganisation der Oberstufe, die Angleichung der Stundentafeln und eine differenzierte Schülerbeurteilung bilden den abteilungsübergreifenden Rahmen, in dem die Schüler lernen und erzogen werden. Dieser Rahmen wird durch ein anderes wesentliches Element getragen, die *Zusammenarbeit zwischen den Lehrern* im Schulhaus. In den abteilungsübergreifenden Versuchsschulen ist diese Zusammenarbeit unerlässlich: Sie beginnt beim gesprächsorientierten Übertrittsverfahren, in das Primar- und Oberstufenlehrer (aber auch die Eltern) einbezogen sind. Fortgesetzt wird sie aufgrund der Tatsache, dass verschiedene Lehrer (z. B. zwei Sekundarlehrer unterschiedlicher Fachrichtung, Fachlehrer für Handarbeit und Hauswirtschaft) Schüler derselben Klasse beurteilen müssen, die sie unterrichten. Zusammenarbeit ist wiederum für die Durchlässigkeit, die Absprachen über den Unterrichtsstoff erfordert sowie für das Vorgehen und gemeinsame Entscheidungen bei Umstufungen (Wechsel der Stammklasse und den Niveaus) notwendig. Ebenfalls sind Absprachen und rechtzeitige Planungen für die Vorbereitung und Durchführung anderer Schulanlässe, z.B. Projektwochen, Klassenlager, zu treffen. Zu diesen Aufgaben kommen während der Versuchssituation noch weitere Tätigkeiten hinzu, die sich aus wissenschaftlichen Untersuchungen, Entscheidungsvorbereitungen für vorgesetzte Behörden usw. ergeben, wovon die jeweiligen Lehrergruppen betroffen sind und Formen der Zusammenarbeit bedingen. Sie gehen im Fall der Versuchsarbeit über die Lehrergruppe hinaus und schliessen die Mitarbeiter der wissenschaftlichen Begleitung mit ein; sie führen ausserdem zu einer Öffnung der Schule, insbesondere in dem Sinne, dass die *Kontakte zu den Eltern* intensiviert werden. Anlässe dazu sind der Übertritt, die Besprechung der Schülerbeurteilung (meistens die Beschreibung des Schülerverhaltens z.B. hinsichtlich Arbeitshaltung) und die Umstufungen zwischen Niveau und Stammklassen. Für die vielen zusätzlichen Aufgaben wird den Versuchslehrern *Zeit* eingeräumt, die Teil ihrer Arbeitsverpflichtung ist.

Richtige Richtung

In Abwägung der zuvor dargestellten Vor- und Nachteile kam der Erziehungsrat zu einer positiven Einschätzung: Die Führung der abteilungsübergreifenden Versuchsschulen in Buchs/Regensdorf, Glattfelden, Niederweningen, Weisslingen schaffe eine wertvolle Grundlage für die weitere Entwicklung der Oberstufe. Diese Entwicklungsrichtung sei weiterzuverfolgen (Beschluss vom 31. Juli 1984). Inzwischen wurden die laufenden Versuche verlängert; eine weitere grössere Versuchsschule (Meilen) und vier Landschulen konnten noch – wie schon erwähnt – für die Versuchsdurchführung gewonnen werden.
Der Versuch im Kanton Zürich, die Dreiteilung der Oberstufe durch eine flexible Oberstufenorganisation abzulösen, ist ein Schritt über Hindernisse hinweg, der nach Durchlaufen einer Talsohle Ende der siebziger, Anfang der achziger Jahre nun doch noch Bewegung in die still fliessenden Wasser der zürcherischen Volksschule gebracht hat. Stürme der Begeisterung wird die abteilungsübergreifende Oberstufe bei Schulreformen, die nach Alternativen streben, nicht auslösen...
Eine Gesamtoberstufe mit pädagogischen Qualitäten – wie sie unter Schulreformern in letzter Zeit diskutiert und ansatzweise entwickelt wird – liegt nicht auf der zurzeit möglichen, schulpolitischen Linie. Dass die flexible Oberstufe den Gegenwind derer spürt, die beim Hergebrachten bleiben wollen, kann als Zeichen der Bewegung in der richtigen Richtung aufgefasst werden. Es wird Zeit, dass die Öffentlichkeit stärker von dieser Bewegung erfasst wird. Denn es ist ein «Lohnender Schulversuch» (NZZ vom 27. Juni 1986).

Die Weiterbildungsschule Zug

eine Diplommittelschule mit eigenem Gesicht

Lehrer/innen und Schüler/innen der Weiterbildungsschule; Redaktion und verbindende Texte: R. Käppeli

Leitideen

Die Leitideen bilden das gedankliche und ideelle Fundament der Zuger Diplommittelschule. Ihre zentrale Bedeutung ist klar umschrieben: «Die Leitideen der Schule bilden gleichsam die Verfassung der Schule. Sie enthalten die Zielsetzungen der Schule. Diese Zielsetzungen sind vielfach Idealvorstellungen, denen sich das konkrete schulische Handeln nur stück- und schrittweise anzunähern vermag.» (Aus dem «Teilcurriculum» 1975.)

Die 13 Leitideen lehnen sich an die «allgemeinen Lernziele der Gesamtschule» von Hartmut von Hentig (Stuttgart, 1971) an. Jede Leitidee beschreibt einen wichtigen Bereich des heutigen Lebens, leitet Erwartungen an die Schule ab, zeigt anhand konkreter Lernziele, was dies für den Unterricht bedeuten kann und welche Auswirkungen sich auf die Arbeit und den organisatorischen Aufbau der Schule ergeben. Ein Beispiel: Die Leitidee 2 erinnert an das Leben in der arbeitsteiligen (spezialisierten) Welt. Dieses fordert die Schule heraus, dem Spezialistentum entgegenzuwirken, das Denken in Zusammenhängen zu wecken und die Fähigkeit zur Arbeit im Team zu fördern. «Das Bestreben, eine möglichst zusammenhängende Bildung zu vermitteln, wirkt sich auf das Schulgeschehen aus, z. B. durch das Team-Teaching, die Zusammenfassung und Neugruppierung von herkömmlichen Fächern, das Unterrichten in kursübergreifenden Themeneinheiten.» Andere Leitideen äussern sich zum Leben in der Konsumgesellschaft, zum Verhalten in der Demokratie, zu Bereichen der Kunst, zur Beziehung zum Körper, zum Leben mit anderen Generationen u.a.m.*

---

* Wer sich für eine ausführliche Zusammenfassung aller Leitideen interessiert, kann diese (und auch andere Informationen) direkt bei der Weiterbildungsschule Zug, Zugerbergstrasse, 6300 Zug, beziehen.

Spitze! Gleichberechtigt wie die Lehrer

Lehrer, das war für mich früher der totale Horrorbegriff: Die knallharte Autoritätsfigur mit dem strengen Blick vorne an der Wandtafel, die von dir dauernd was verlangt, was dich eh nicht interessiert und die immer alles weiss, ohne sich je zu irren! Neun Jahre durftest du vor ihm keine andere Meinung äussern als die, die er selbst gerade hatte, wenn du nicht als frech und aufsässig abgestempelt werden wolltest. Man musste einfach das lernen, was die Erwachsenen für gut hielten: irgendwelches Zeug aus Büchern, die sowieso am Ende des Schuljahres nur deshalb gebraucht ausgesehen haben, weil du, um die Zeit rumzukriegen, die säuberlich bedruckten Seiten während der Stunden mit deinen Kunstwerken verziert hast. – Wenn ich ehrlich bin: ich konnte mit der Zeit nur noch unter Druck lernen und Aufgaben machen. Es ist wirklich kaputt – aber ich habe tatsächlich nur noch dann Aufgaben gemacht, weil ich Angst hatte, dass ich vom Lehrer eins auf den Deckel kriegen würde, wenn ich auf den nächsten Tag wieder nichts machen würde. Die Weiterbildungsschule hat da schon ganz andere Normen und Vorstellungen als andere Schulen. Was ich das wichtigste finde ist, dass die Schüler hier mitbestimmen dürfen, was sie lernen wollen. Das läuft so: Ein Lehrer kommt mit einem Vorschlag, und dann wird abgestimmt, was für ein Thema wir drannehmen wollen. Es gibt auch Fächer, in denen die Schüler Lern-Vorschläge machen können; da bestimmt der Lehrer zwar auch mit, aber die Ideen kommen von den Schülern. Das gibt eigentlich keine besonderen Probleme, ausser dass es unter den Schülern immer solche gibt, die dauernd für Lernziele stimmen, die nicht angenommen werden. Aber da geht man dann halt mal einen Kompromiss ein, so dass alle lernen können, was sie gut finden.

Ja – wir sind ziemlich frei an unserer Schule, was auch nicht immer unproblematisch ist. Für mich ist gerade diese Freiheit eine ziemlich schwierige Sache: Nachdem ich mich, wie gesagt, neun Jahre lang in der Schule unterdrückt gefühlt habe, habe ich jetzt wirklich Mühe, mit Lehrern umzugehen, die eher Kollegen als Lehrer sind. Für mich ist das wirklich nicht leicht; Während der Pause mach ich mit einem Lehrer irgendwelchen Quatsch und fünf Minuten später muss ich akzeptieren, dass er mir (im Unterricht) sagt, ich solle aufhören, Mist zu machen: Plötzlich steht ein im Grunde ganz ausgeflippter Typ vor dir und muss Autorität spielen, nur weil du deine Freiheit ausnützt, die du noch nie gehabt hast und mit der du nicht zurechtkommst oder nicht zurechtkommen willst.
Ich habe am Anfang auch Mühe damit gehabt, aus eigener Initiative aktiv zu lernen, da ich ja von niemandem Strafaufgaben gekriegt habe, wenn ich meine Schularbeiten nicht gemacht hatte. Aber irgendwann wurde es mir zu blöde, in einer Stunde zu sitzen und nicht mitzukommen: Schliesslich bin ich ja freiwillig an der Schule und möchte was lernen. Ich habe mir überlegt, dass es ganz gut wäre, wenn man eine solche Schulmethode schon von der vierten Klasse an anwenden würde, damit man schon dort lernt, für sich selbst zu entscheiden und sich aus sich heraus, ohne Zwang eine Meinung zu bilden.

Anita, Schülerin

Schulorganisation

Die Schulorganisation ist gekennzeichnet durch demokratische Strukturen. Alle Entscheidungen, die in der Schule selbst gefällt werden können, sollen von allen Betroffenen mitgetragen und mitverantwortet werden. Deshalb ist die Mitbestimmung der Lehrer und der Schüler von Anfang an ein wichtiges Anliegen gewesen. Die Art ihrer Verwirklichung hat sich allerdings gewandelt. Heute ist das *Team* das wichtigste Entscheidungsorgan. Ihm gehören alle Lehrer an sowie je drei Schülervertreter aus den vier Klassen. Dieses Gremium tagt zwei- bis dreimal pro Monat während einer Stunde, die im Stundenplan festgelegt ist. In ihm werden alle Beschlüsse gefasst, die für das Leben in der Schule wichtig sind. Über alle Angelegenheiten, zu denen die Schule gegenüber vorgesetzten Behörden Anträge stellen kann, sowie über Anträge, die das schulinterne Leben betreffen (z.B. über die Durchführung eines Musiklagers), wird im Team entschieden; hier werden beispielsweise die Wahlvorschläge beschlossen, die nach einem internen Lehreranstellungsverfahren an die zuständigen Behörden gehen (in den vorbereitenden Wahlkommissionen sind auch Schüler vertreten). In allen Fragen wird ein Konsens angestrebt; gegebenenfalls wird gleichberechtigt abgestimmt.

Ein *Leitungsteam* führt die Schule und vertritt sie nach aussen. Ihm gehören der Schulleiter, zwei Lehrer und je ein Schülervertreter aus den vier Klassen an. Das Leitungsteam bespricht und erledigt die «Alltagsprobleme», es bereitet die Entscheidungen des Teams vor und kann aus eigener Kompetenz über Urlaubsgesuche von Schülern und Lehrern entscheiden sowie über die Aufnahme von neuen Schülern. Es hat wöchentlich eine Sitzung.

Der *Schulleiter* vertritt im besonderen die Schule nach aussen. Er ist verantwortlich für die Administration der Schule. Ihm hilft dabei eine Sekretärin im Halbamt. Nach der internen Praxis der Schule sind die Kompetenzen des Schulleiters klein.

In der *Klassenstunde,* im Stundenplan festgelegt und für alle Schüler obligatorisch, berichten die Schülervertreter über die Vorgänge im Team und im Leitungsteam. Hier wird die Traktandenliste der nächsten Team-Sitzung (Tagesordnung) besprochen und die Stellungnahme der Klasse festgelegt. In der Klassenstunde kommen auch die Konflikte in der Klasse zur Sprache. Der Klassenlehrer leitet die Klassenstunde.

Die Lehrer treffen sich ein- bis zweimal im Monat zu einer *Pädagogischen Sitzung.* Hier werden nur Entscheidungen getroffen, die das Verhalten der einzelnen Lehrer betreffen.

Alle zwei Wochen treffen sich die Lehrer zudem zu einer vierstündigen Sitzung, die der Schulentwicklung dient. Die Institution der Schulentwicklung trat Anfang 1977 an die Stelle der Beratung durch die Freiburger Arbeitsgruppe für Lehrplanforschung (FAL). Sie soll sicherstellen, dass das Curriculum der Weiterbildungsschule und die konkrete Praxis dauernd überprüft werden. Sie soll weiter gewährleisten, dass neue Erkenntnisse in die Schule einfliessen und sie sich den raschen gesellschaftlichen Veränderungen anpassen kann, insbesondere durch die Revision der Kurscurricula. Die Leitung der Schulentwicklung liegt

beim Unterrichtsberater (siehe unten), die Kontrolle der Arbeiten beim Leitungsteam. Jeder Lehrer, der mindestens ein halbes Pensum innehat, ist zur Teilnahme verpflichtet, alle Teilnehmer werden dafür bezahlt.
Zur Beratung der Lehrer in didaktischen und methodischen Fragen, aber auch bei Konflikten mit Schülern steht der *Unterrichtsberater* zur Verfügung. Er ist als Hauptfach-Pädagoge dafür besonders qualifiziert.

Eine Schulstunde

Auf meinem Stundenplan steht «Freitag 8 Uhr 35 – 10 Uhr 10: Gesellschaftskunde» geschrieben. Dieses Fach erteilen uns Rita Kaufmann und Leza Uffer im Teamteaching.
Momentan behandeln wir das Thema: «Die unterschiedlichen Gruppen der heutigen Jugend.»
An diesem Morgen, alle noch ein wenig verschlafen, bekommen wir von Leza zwei amüsante Geschichten zu hören. Diese Geschichten handeln von der Jugend, wie sie früher war. Jeder von uns kommt ins Träumen und denkt an die «gute alte Zeit».
Eine Geschichte zu hören ist einmal eine andere Art, einen Einblick in das Leben eines Jugendlichen von früher zu bekommen.

Um diese zwei Geschichten verdauen zu können, haben wir fünf Minuten Pause. Wer es nicht verbeissen kann, raucht schnell eine Zigarette. Einige besprechen, was sie am Wochenende vorhaben, andere stricken ein bis zwei Nadeln an ihrem Pullover weiter.
Nun geht es weiter in der Gesellschaftskunde. Rita hat uns ein Blatt mit fünf Thesen ausgeteilt, die die Jugend von heute charakterisieren sollen. Wir diskutieren jede These einzeln durch. Es ist interessant, wie viele verschiedene Meinungen und Ansichten in unserer Klasse vorhanden sind. Es ist vor allem wichtig, besonders bei einem Thema wie Jugend, dass auch unsere Erfahrungen und Erlebnisse in einer Diskussion Platz haben. Ich glaube, dass wir in dieser Stunde einander wieder ein wenig besser kennengelernt haben und dadurch natürlich auch andere Meinungen und Ansichten gehört haben.

Helen, Schülerin

Unterricht

Die *Stundentafel* der Weiterbildungsschule Zug zeigt im Vergleich zu Stundentafeln anderer Diplommittelschulen einen hohen Anteil an sozialwissenschaftlich orientierten Fächern auf, enthält Kursangebote, die andernorts fehlen, und gibt dem Schüler einige Freiheit in der Gestaltung des individuellen Stundenplanes durch den unterschiedlichen Verpflichtungscharakter der einzelnen Kurse.
Der Unterricht an der Weiterbildungsschule ist in *vier Kursgruppen* aufgeteilt. Die erste Fächergruppe nennt sich «Individuum und Gesellschaft». Zu ihr gehören zum Beispiel die Pflichtkurse Arbeitstechnik, Gesellschaftskunde, Persönlichkeitsbildung sowie die Wahlkurse Berufskunde, Dritte Welt, Religionen der Welt. Insgesamt sind es 13 Fächer. Die Kursgruppe «Kunst und Musik» umfasst vor allem das von drei Lehrern unterrichtete integrierte Fach «Kontraste». Es wird von einem Zeichnungslehrer, einem Musiklehrer und einem Kunsthistoriker betreut. Die dritte Kursgruppe beinhaltet die naturwissenschaftlichen Bereiche: Gesundheitslehre, Integrierte Naturwissenschaften sowie die Wahlfächer Chemie, Mathematik, Physik. Schliesslich sind die Sprachen in einer eigenen Gruppe zusammengefasst: Deutsch, Englisch, Französisch, Italienisch.
Diese Gruppen erhalten ihre Bedeutung unter anderem auch dadurch, dass die Schüler bei der Diplomfeier aus jeder Kursgruppe ein Fach wählen müssen, in dem sie mündlich geprüft werden.
Ergänzend zum Unterricht wird im ersten Semester eine Arbeitswoche im Fach Persönlichkeitsbildung durchgeführt mit dem Ziel, sich selbst und die Klassen etwas besser kennenzulernen. Am Anfang des zweiten Semesters absolvieren die Schüler ein dreiwöchiges berufsbezogenes oder soziales Praktikum. Das dritte Semester enthält eine Theaterwoche mit Aufführung für die Öffentlichkeit sowie eine Woche Gastaufenthalt an einer Schule der französischsprachigen Schweiz (mit Gegenbesuch in Zug).
Die Kurse unterteilen sich in Pflicht-, Wahlpflicht- und Wahlkurse (Wahlpflicht besteht zwischen Englisch und Italienisch). Zwei Kurse sind Frei-Wahlkurse, bei denen die Thematik erst kurz vor Beginn des Kurses bestimmt wird.

Im Bereich des Unterrichts hat der *lernzielorientierte Ansatz* zu verschiedenen Neuerungen geführt. Die Vielzahl der in den Kurscurricula formulierten Lernziele zwingt zur Auswahl. Dabei, aber auch bei der Konkretisierung des gewählten Lernziels und der Bestimmung der zur Erreichung des Ziels einzuschlagenden Methoden sind die Schüler mitzubeteiligen. Immer wieder zeigt sich, dass diese Mitbestimmung der Schüler auf Unterrichtsebene zu deutlich höherem Engagement im Unterricht selbst führt.

Ein Beispiel, wie ein Lernziel bestimmt wird

Erste Stunde im Kurs Gesundheitslehre: Alle Schüler liegen auf dem Boden, ganz entspannt, die Augen geschlossen. Die Lehrerin leitet eine Meditation, die zum Ziele hat, den eigenen Körper zu durchforschen; wo gibt es Stellen, die sich gut fühlen, wo Orte, die Schmerzen bereiten oder verspannt sind, womit kann man sich gut identifizieren, was schlecht akzeptieren, was erinnert an vergangene Krankheiten, Unfälle usw. Ohne zu sprechen wird anschliessend auf einem grossen Packpapier, auf dem die eigenen Körperumrisse eingezeichnet sind, mit Farben das ausgedrückt, was während der Meditation empfunden wurde, bewusst oder wichtig wurde. Im anschliessenden Klassengespräch kristallisieren sich aus der Interpretation und Diskussion der gemalten Körper zwei Themen heraus, die wir nun in den nächsten Stunden im Fach Gesundheitslehre anpacken wollen: Schlafen und Schlafprobleme, Verdauung und Verdauungsstörungen. Einen wichtigen Teil wird natürlich der Aspekt einnehmen, wie man nun die entsprechenden Störungen beheben oder mindern kann. Dazu werden individuell einzelne Anregungen selber ausprobiert, die Erfolge bzw. Misserfolge in einem Tagebuch festgehalten und in der Klasse diskutiert. Wir sind alle zufrieden mit unserer Lernzielbestimmung und gespannt, was das Beobachten und Ausprobieren dem einzelnen bringen wird. Marlies, Lehrerin

Schülerbeurteilung

Zur Beurteilung der Lernleistungen der Schüler wurde von Anfang an nach einer Alternative zur Notengebung gesucht. Auch hier ergab sich aus dem lernzielorientierten Ansatz des Unterrichts eine neue Lösung. In einem klaren Gegensatz zum gruppenbezogenen Beurteilungsverfahren, das davon ausgeht, dass es in einer Klasse gute, mittelmässige und schlechte Schüler gibt, denen die guten, mittelmässigen und schlechten Noten zuzuordnen sind, steht das lernzielbezogene Beurteilungsverfahren. Hier geht man davon aus, dass ein klar umschriebenes Lernziel im Unterricht gesetzt ist und es nun zu beurteilen gilt, ob der Schüler das Ziel erreicht hat oder nicht. Die Leistung des Schülers wird also nicht danach beurteilt, wie er im Rang der Klasse dasteht, sondern ob er die gelernte Sache im gewünschten Ausmass beherrscht oder nicht. Praktisch sieht das so aus: Nach jeder Unterrichtssequenz, die einem Lernziel oder Teilziel gewidmet ist, prüft der

Lehrer in einem «Test» (schriftliche Befragung, Gruppenarbeit, mündliche Prüfung usw.) die Schüler. Von vornherein werden die als richtig beurteilten Antworten mit Punkten bewertet. Der «Test» gilt als «erreicht» (e), wenn mindestens 80 Prozent der möglichen Punkte erreicht worden sind. Ist das nicht der Fall, so erhält der Schüler für seine Leistung die Beurteilung «nicht erreicht» (ne). Wer die Beurteilung «ne» hat, kann zum gleichen Lernstoff noch einmal einen «Nachtest» – in der Regel ausserhalb der normalen Unterrichtsstunde – mit neuen, aber schwierigkeitsmässig gleichen Aufgabenstellungen bestehen. Erst jetzt ergibt sich die endgültige Beurteilung, die im sogenannten Semesterbeurteilungsbogen eingetragen wird. Hier werden in knapper Form für jeden Kurs die behandelten Lernziele aufgeführt, und dazu wird die Beurteilung «e» oder «ne» eingetragen. Trotz vieler offener Fragen (Testkonstruktion, Testauswertung usw.) zeigt sich, dass von diesem Verfahren positive Effekte ausgehen: Die Schüler fühlen sich weniger der Prüfungsangst und dem Prüfungsstress ausgesetzt, ohne aber die Lernmotivation zu verlieren, wie das anfänglich von verschiedenen Seiten befürchtet worden ist.

«Und doch bin ich froh, an dieser Schule zu sein!»

An dieser Schule fällt einem zuerst einmal auf, dass sie sich einfach zeimlich deutlich von andern Schulen unterscheidet. Wenn man ein Neuling ist, merkt man diesen Unterschied sehr und nimmt vieles mit Staunen wahr. Je länger man aber an der WS ist, desto selbstverständlicher nimmt man vieles einfach so hin. Das finde ich schade.
Eine der ganz grossen Stärken ist die Schüler-Lehrer-Beziehung. Ein grosser Schritt des Näherseins ist schon mit dem «Du-Sagen» getan. Ich finde das ganz super. Man, die Schüler, kommt sich irgendwie nicht mehr so klein vor dem Lehrer vor. Auch das Antwort-Frage-Spiel, das zwischen Lehrer und Schüler abläuft, verschwindet hier oft. Die Schüler werden aktiviert, so versuchen es jedenfalls die Lehrer. Oft sind wir, die Schüler, aber leider immer noch in dieser Passivität vergraben, die verkorksten Schüler wie an den meisten Schulen. Hier hätten wir die Gelegenheit, den Unterricht mitzugestalten, aber die Trägheit ist stärker. Es ist wunderbar, dass die Schüler auch etwas zu sagen haben; dies auf den ersten Blick eines Schülers. Dann bemerkt er, dass für dieses Privileg auch etwas getan werden muss. Er hat sich zu engagieren, Zeit dafür einzusetzen. Ja, wie liegt das nah, zurück in die Stummheit des Schülers zu schlüpfen. Die Gleichgültigkeits-Miene ist auch nicht mehr weit weg. Diese Miene zeigt sich nicht nur bei der Mitbestimmung der Schüler, sondern sie verbreitet sich wie ein Virus über die ganze Schule. Wenn die viruskranken Schüler im Unterricht sitzen und der Lehrer verzweifelt und hoffnungslos die Schüler aus der Kapsel zu locken versucht, so ist das ziemlich mühsam. Vor allem, wenn man so gar nicht mehr mag, etwas von sich aus in die Klasse zu geben. In jeder Stunde wird doch einfach auf eine Art vom Schüler verlangt, sich mit sich selber oder mit einer Person oder sonst mit einer Sache aus-

einanderzusetzen. Da habe ich manchmal das Bedürfnis, wieder in der Sekundarschule zu sein und einfach nur die Worte der Lehrer auf mich niederprasseln zu lassen.
Und doch bin ich froh, an dieser Schule zu sein, auch wenn es oft mühsam ist. Denn in dieser Schule zählen nicht nur die Leistung und die «Noten», sondern auch der Mensch! Das finde ich einen ganz grossen Pluspunkt!

Monika, Schülerin

Fächerübergreifender Unterricht

Das Prinzip des fächerübergreifenden Unterrichts wurde nicht nur durch die Einführung neuer Kurse mit Lerninhalten, die an anderen Schulen verschiedenen Fächern zugeordnet sind, zu verwirklichen gesucht. Auch die Einführung des Team-Teaching dient diesem Ziel. Darunter ist zu verstehen, dass ein Kurs gleichzeitig von zwei Lehrern mit unterschiedlichen Qualifikationen geleitet wird. So unterrichten im Kurs Persönlichkeitsbildung ein Psychologe und ein Sozialarbeiter gemeinsam. Im Kurs Gesellschaftskunde arbeitet der Sozialarbeiter mit einem Historiker zusammen. Die Naturwissenschafterin, die den Kurs Integrierte Naturwissenschaften leitet, unterrichtet im Kurs Gesundheitslehre gemeinsam mit einer Krankenschwester. Im Kurs Kontraste, der Gestalten, Musik und Kunst umfasst, arbeiten, wie erwähnt, drei Lehrer miteinander gleichzeitig mit zwei Klassen. Diese Art des Unterrichtens erweist sich als besonders fruchtbar, gelingt es doch immer wieder, eine Vielfalt von Erkenntnissen und Ansichten einzubringen und zu diskutieren. Ueberdies hat sich gezeigt, dass auch die Tatsache, dass die meisten Lehrer nicht nur in einem Fach unterrichten, dazu beiträgt, fächerübergreifend zu denken.

Zur Geschichte der Weiterbildungsschule Zug

Zur Gründung der Weiterbildungsschule Zug bedurfte es mancherlei Anstrengungen auf kantonaler und städtischer Ebene. Der Kantonsrat erliess 1968 ein neues Schulgesetz. Darin wurde die Weiterbildungsschule verankert. Die Stadt wurde Träger der Schule und damit zuständig für ihren organisatorischen Aufbau, der Kanton subventionierte sie und hatte die Verantwortung für den Lehrplan. Zu dessen Erarbeitung beschloss die Erziehungsdirektion neue Wege zu gehen. Zunächst wurde eine 16köpfige Arbeitsgruppe für die Planung eingesetzt («Grosse Kommission»). Dann wurde die Freiburger Arbeitsgruppe für Lehrplanforschung (FAL) des Pädagogischen Institutes der Universität Freiburg (Schweiz) mit der wissenschaftlichen Beratung und Koordination der Lehrplanentwicklung beauftragt (Projektplanung: Prof. Karl Frey, bis Juli 1971; Projektleitung: Dr. Bruno Santini, bis 1976). Damit waren die Grundlagen geschaffen, dass einerseits die neuen wissenschaftlichen Erkenntnisse der Pädagogik in das Projekt einfliessen konnten und andererseits sichergestellt war, dass die politisch relevanten Entscheidungen durch eine breit abgestützte Kommission vorbereitet wurden; die Kommission war nämlich repräsentativ zusammengesetzt nach verschiedenen politischen und konfessionellen Richtungen, nach Alter und Geschlecht, und umfasste Vertreter der möglichen Abnehmer von Schülern der künftigen Schule (Industrie, Gewerbe, weiterführende Schulen) sowie von Frauenverbänden und Gewerkschaften und Lehrern verschiedener Schultypen. 1971 wurden die zukünftigen Lehrer der Weiterbildungsschule gewählt und in die Lehrplanarbeit einbezogen.

Am 24. April 1972 wurde die Weiterbildungsschule Zug eröffnet. Eine Klasse mit 30 Mädchen und zwei Knaben sowie 19 Lehrern, alle mit kleinen Pensen, nahmen den Unterricht auf. Im Jahre 1975 erschien das Curriculum (der Lehrplan) im Druck. Es war unter Beizug der Freiburger Arbeitsgruppe für Lehrplanforschung (FAL) über lange Jahre sehr sorgfältig entwickelt und erprobt worden. Insbesondere lagen ihm eine breite Expertenbefragung zugrunde und die Idee, nicht nur eine Sammlung von Lernzielen herzustellen, sondern auch Schulorganisation, Unterrichtsformen, Lehrerfortbildung, Elternkontakte usw. miteinzuschliessen. Kernstück des ganzen Konzeptes war der Wille, die neue Schule konsequent aus ihren Zielsetzungen heraus zu planen und auch das einmal publizierte Curriculum dauernd wieder auf seine Aktualität hin zu überprüfen. Mit Beginn des Schuljahres 1976 wurde die Schule erweitert. Die erste Klasse wurde daraufhin doppelt geführt. Das machte den Bezug neuer Schulräume nötig. (Hier sei angemerkt, dass die Vergrösserung der Schule in der damaligen Rezessionsphase mit dem Argument der drohenden Jugendarbeitslosigkeit leicht über die politische Bühne ging, obschon kurz zuvor das Weiterbestehen der Schule von verschiedenen Kreisen in Frage gestellt worden war.)

Mit dem Jahre 1978 begann ein neuer Abschnitt in der Geschichte der Weiterbildungsschule Zug. Die angestiegenen Schülerzahlen brachten es mit sich, dass die Schüler aus der Stadtgemeinde Zug in der Minderzahl waren.

Die Stadt war nicht mehr bereit, die finanziellen Lasten des Schulträgers zu übernehmen. Andererseits war keine der übrigen zehn Gemeinden bereit, eine solche Schule zu eröffnen. Mit einer Revision des Schulgesetzes wurde die Grundlage für die Übernahme der Weiterbildungsschule durch den Kanton gelegt. Der Zweckartikel lautet in der Neufassung:

«Die Weiterbildungsschule ist eine kantonale Diplommittelschule, die an die dritte Sekundarklasse oder an eine vergleichbare Ausbildung anschliesst und in zwei Jahreskursen eine möglichst breite Allgemeinbildung vermittelt. Der zweite Jahreskurs schliesst mit einer Diplomprüfung ab, deren Durchführung der Erziehungsrat regelt.»

Die Schule wurde also mit dem Schuljahr 1979 kantonalisiert. Mit der vom Regierungsrat erlassenen Verordnung wurde die Weiterbildungsschule in das System der kantonalen Schulen eingegliedert und erhielt eine eigene Aufsichtskommis-

sion (Schulkommission). Gestützt auf diese Verordnung erliess der Erziehungsrat 1981 eine neue Diplomordnung und verabschiedete revidierte Teile des Lehrplans (Leitideen, Praktika, Stundentafel, Lehrerfortbildung, Schulentwicklung, Schülerberatung). 1982 feierte die Weiterbildungsschule ihr zehnjähriges Bestehen. Seit 1974, als die ersten Diplome ausgegeben wurden, haben 271 Schülerinnen und Schüler ihr Ausbildungsziel erreicht (Stand 1985).
Wie hat sich die Schule *innerlich* entwickelt? Diese Frage in ein paar Sätzen zusammenzufassen, ist sehr schwierig. In der ersten Phase entwickelte sich die Schule unter dem starken Einfluss der wissenschaftlichen Begleitung. Für alle Beteiligten gab es didaktisch und methodisch sehr viel Neues zu lernen und auszuprobieren. Das Vertrauen in Objektivität, Transparenz und Mitverantwortung des Unterrichts- und Erziehungsprozesses war enorm gross. Anstelle des Zufalls und der individuellen Willkür trat das systematische und gemeinsame Suchen nach sinnvollen Lernzielen, wirkungsvollen Arbeitsmethoden, konsequenten Beurteilungsverfahren. Nicht die gegenseitige Konkurrenz in der Klasse, sondern das individuelle Fördern des einzelnen Schülers sollte zum Massstab der Praxis werden.
Die Schüler und Lehrer entdeckten bald einmal die attraktiven Möglichkeiten, die eine praxisnahe Mitsprache in der Schule birgt. Ein Beispiel: In den ersten zwei Jahren waren die Schüler im Leitungs- und Lehrerteam noch nicht vertreten.

Ab 1974 entschied das Leitungsteam darüber, ob die Schüler an Sitzungen des Lehrerteams teilnehmen können. Am 6. September 1977 schliesslich stellte eine Klasse – mit Erfolg – den Antrag, Schüler an allen Leitungs- und Lehrerteam-Sitzungen zu beteiligen.

So waren die ersten sechs, sieben Jahre wohl stark gezeichnet von einem Geist des Aufbruchs, des Ausprobierens, des Experiments. Man wollte bewusst und abgestützt auf ein solides wissenschaftliches und pädagogisches Fundament neue Wege im Bildungsbereich gehen.

Vieles von dem, was damals erschaffen und erreicht worden ist, funktioniert auch heute, 1987, noch. Die Schüler- und Lehrermitsprache und -mitverantwortung gehört sicher noch immer zu den Grundpfeilern dieser Schule. Vieles wurde aber auch weiterentwickelt, verfeinert oder wieder fallengelassen. Dynamische, turbulente Jahre wichen ruhigeren, die der Schule halfen, sich zu konsolidieren, die aber auch Kraft gaben, in einer veränderten Zeit neue Wege zu suchen und zu gehen.

Lösungen selber suchen

Die Mitbestimmung an der Schule ist wichtig, aber nicht vollkommen. Es hapert gelegentlich, auch bei mir selber, wenn mir beispielsweise eine längere Diskussion, eine demokratische Ausmarchung (Auseinandersetzung) verleidet. Als Schüler müssen wir in Sachen Mitbestimmung auf Trab sein. Bei der Gestaltung des Stundenplans beispielsweise mussten wir uns stark dafür wehren, dass unsere Bedürfnisse ernstgenommen wurden. Es gibt auch noch eine Minderheit von Lehrern, welche im konventionellen Stil unterrichtet und plötzlich ins Dozieren verfällt. Wir machen sie darauf aufmerksam. Bei der Semesterauswertung wird das zum Teil recht ehrlich dem Lehrer gesagt.

Mir gefällt es, dass hier keine fertigen Lösungen aufgetischt werden. Ich werde nicht mit Wissen vollgepumpt, sondern muss selber Lösungen suchen.

Melitta, Schülerin

Chance und Gefahr der Diplommittelschulen

In der Mitte der sechziger Jahre wurde im Zusammenhang mit der Reform der Mittelschulen ein neuer Schultyp diskutiert: eine «Schule für mittleres Kader». Die schweizerische Konferenz der kantonalen Erziehungsdirektion (EDK) setzte eine Expertenkommission zum Studium der Mittelschulreform ein. 1972 erschien ihr Bericht «Mittelschule von morgen»*, in welchem die Einrichtung einer Diplomstufe (Diplommittelschule) gefordert wurde. Eine gesamtschweizerische «Studienkommission Diplommittelschulen» erarbeitete, gestützt auf eine Umfrage bei den Schulen, die man als bereits bestehende Diplommittelschulen

---

* Jahrbuch EDK, 1972, Huber Frauenfeld

ansprechen konnte, gemeinsame Ziele, Leitideen, Modellvorschläge und Empfehlungen. Dieser Bericht erschien 1977* und wurde breit diskutiert. In diesem Bericht wurden sechs Modelle von Schulen erarbeitet, die dem Typus Diplommittelschule (DMS) zuzurechnen wären. Um die Ziele einer Koordination zu fördern, wurde ein Modellvorschlag**, welcher zwei Varianten vorsieht, ausgearbeitet. Dieser wurde 1981 veröffentlicht. Darauf gestützt, kann der Stand der Diskussion um die Diplommittelschule etwa so zusammengefasst werden:

1. Diplommittelschulen schliessen an die neun obligatorischen Schuljahre an und dauern zwei oder drei Jahre (10. bis 12. Schuljahr).
2. Die allgemeinen Ziele der Diplommittelschulen sind: Vertiefung und Erweiterung der Allgemeinbildung, Beratung in Schul- und Berufswahl, Vorbereitung auf die Berufsbildung, Persönlichkeitsbildung.
3. Diplommittelschulen bereiten hauptsächlich auf drei Berufsfelder vor: Pflegeberufe, soziale und erzieherische Berufe, administrative Berufe (erst in zweiter Linie auf künstlerische und technische Ausbildung).
4. In Zusammenarbeit mit den DMS-Rektoren erarbeitet eine Arbeitsgruppe der EDK die Grundlagen für eine Koordination der 43 Diplommittelschulen (Stand 1986) in der Schweiz. Im Vordergrund der Diskussion stehen stoffliche Rahmenrichtlinien sowie ein Reglement, das die Anerkennung der Diplomprüfungen zum Inhalt hat.

Die Diplommittelschule steht also zwischen den Maturitätsschulen und der Berufsausbildung.

In dieser Zwischenstellung liegen sowohl die Chance als auch die Gefährdung der Diplommittelschulen. Die Chance: Die Diplommittelschulen in der Schweiz bewegen sich (noch) in einem bildungspolitischen Freiraum: Mehr als an andern staatlichen Schulen können neue didaktische und pädagogische Wege begangen werden. Erfahrungen und Erkenntnisse aus Curriculums-Forschung, Pädagogik und Schulalltag, aber auch Einsichten und Lehren aus dem Berufsleben, aus der Wirtschaft und Gesellschaft lassen sich leichter in einen jungen, noch relativ offenen Schultyp integrieren als in eine stark reglementierte, festgefahrene Schule. Ob diese Chance von den einzelnen Diplommittelschulen tatsächlich genutzt wird, hängt natürlich von weiteren Faktoren ab: Welcher bildungspolitische Wind weht gerade in dem betreffenden Kanton? Mit welcher pädagogischen Phantasie und Erneuerungskraft arbeiten Schulleitung und Erziehungsdepartement? Welche finanziellen Mittel stehen zur Verfügung? usw.

Die Gefährdung: Je konservativer das wirtschaftspolitische Klima, desto grösser der Drang von Eltern und Schülern, «etwas Sicheres» in die Hände zu bekommen, ein Papier zum Beispiel, das den Zugang zu einem bestimmten Beruf nicht nur erleichtert, sondern garantiert. Und da tönen dann Leitideen, die sich stark auf Allgemeinbildung und Persönlichkeitsbildung abstützen, in den Ohren vieler

---

* Informationsbulletin 11a, EDK Genf 1977
** Publiziert in: Informationsbulletin 37 der Schweiz. Konferenz der kantonalen Erziehungsdirektoren (EDK), April 1983 Genf

Eltern weniger erfolgversprechend als irgendwelche zweck- und handelsorientierte Lehrgänge. Die Diplommittelschulen geraten so in Gefahr, mit Maturitäts- oder Handelsschulen konkurrieren zu wollen. Wenn sie dies tun, verpassen sie die Möglichkeiten ihrer Eigenart, die Chance eben, eine Schule mit andern Zielsetzungen und mit andern Schülern zu sein.

Nabelschnur

Ich laufe auf dem Plattenweg über die Wiese zum Schulhaus hinunter. Hinter dem Fenster schauen Gesichter nach mir, die ich wegen der Spiegelung kaum erkenne. Ich laufe schneller als mir zumute ist, vorwärts, auf die Türe zu. Schliesslich habe ich nichts zu verlieren.
Die Beklemmung verschwindet mit dem Eintritt in den Schulpavillon. Schülerinnen erkundigen sich nach mir, stellen sich vor; Lehrer gesellen sich dazu. Wir setzen uns. Ein lebhaftes Gespräch beginnt. Es geht darum, ob ich als Lehrer in die Schule aufgenommen werde.
Das war vor sechs Jahren. Über den Plattenweg vor dem Schulhaus bin ich seither unzählige Male gelaufen. Das Fremd-Sein von damals hat anderen Stimmungen Platz gemacht: Ich war gespannt auf bevorstehende Leistungen und Reaktionen der Schüler, optimistisch inbezug auf Veränderbarkeit, erregt nach einem Gespräch, das weitergeholfen hat, begeistert über eine Arbeit, in der sich nach langer Durststrecke schliesslich eine unerwartete Kraft entfalten konnte, ergriffen von dem Schicksal eines Kollegen. Und auch enttäuscht, wenn ich mich während des Unterrichts zur blossen Motivationspumpe abgewertet gefühlt habe, wütend, weil die gemeinsam erarbeitete Abmachung ohne Kontrolle nicht von allen eingehalten wird.
Der Plattenweg verbindet den an die Strasse grenzenden Parkplatz mit der Schule. Einmal kam mir unvermittelt das Bild vor Augen, diese Verbindung sei die Nabelschnur zwischen Schule und Alltag. Das ist natürlich kitschig. Doch wenn ich durch das Fenster die Schüler in Einerkolonne über den Plattenweg kommen sehe, freue ich mich auf schulische und menschliche Begegnungen, die vom täglichen Leben mit seinen schönen und hässlichen Spielarten nicht abgenabelt sind.

Beat, Lehrer

Freies katholisches Lehrerseminar St. Michael Zug

von Arthur Brühlmeier, Lehrer am freien katholischen Lehrerseminar
St. Michael

Wenn ich als Lehrer über unsere Schule schreibe, so geschieht dies gewiss nicht ohne Voreingenommenheit: Was unsern Ideen entspricht und darum als Erfolg erlebt wird, drängt sich vor, und die vielen lästigen Mängel und Ungereimtheiten erscheinen eher als Ausdruck der allgemeinen menschlichen Schwäche denn als Folge unserer Absichten. Meine Sicht mag auch verklärt sein, weil ich gerne an unserer Schule wirke, und zwar vorwiegend aus zwei Gründen:
Vorerst: Wir können das, was uns pädagogisch erforderlich scheint, zumeist auch verwirklichen. Als *private Schule* verfügen wir über jenen Freiraum, der die Voraussetzung ist für eine kreative Gestaltung des Bildungs- und Erziehungsprozesses. Freilich stossen wir auch an unsere Grenzen, aber diese werden gesetzt durch unsere individuellen Beschränkungen und nicht durch unbewegliche Systeme. Der Kanton Zug, der unsere Schüler am Ende der Seminarausbildung nach bestandener Prüfung mit dem Lehrdiplom ausstattet, bezahlt einerseits die Kosten für jene Schüler (wir haben nur Burschen), deren Eltern im Kantonsgebiet wohnen, respektiert aber auf der andern Seite unsern Privatschul-Status und bejaht unseren eigenständigen Weg.

Sodann: Wir Lehrer begegnen uns zumeist in *Freundschaft,* obwohl wir oft nicht gleicher Meinung sind und auch Spannungen und Konflikte nicht ausbleiben. Überhaupt geht bei uns das meiste übers *Gespräch,* und es gibt nur wenig Schriftliches. Ich kenne kein Reglement, besitze keine Protokollsammlung und begegne nur selten schriftlichen Anweisungen des Direktors. Unsere Schule «funktioniert» darum nicht im eigentlichen Sinne. Wir alle sind herausgefordert, sie täglich zu gestalten. Was die Kontinuität gewährleistet, sind nicht Paragraphen, sondern die Tradition, die Atmosphäre und der einigermassen konsequente Gestaltungswille der mitverantwortlichen Menschen. Nicht Vorschriften oder Mehrheitsbeschlüsse motivieren mich zum mitgestaltenden Tun, sondern meine pädagogische Sicht und das Erlebnis freundschaftlicher Verbundenheit mit meinen Kollegen.
Natürlich ist bei uns vieles so wie an jeder andern Mittelschule: Hinten sitzen Schüler, vorne unterrichtet ein Lehrer, und wenn die Glocke schrillt, kommt etwas anderes an die Reihe. Vielleicht werden Aufgaben erteilt, vielleicht ärgert sich der Lehrer, dass nicht alle Schüler ihre Aufträge in der gewünschten Sorgfalt erfüllt haben. Am Samstag freut man sich auf das freie Wochenende und am

Semesterende auf die Ferien. Und wenn ein Seminarist über längere Zeit nicht genügende Leistungen erbringt oder seine Pflicht nicht tut, muss er mit seiner Entlassung rechnen.

Und trotzdem: Wir nutzen unsern Freiraum und gehen in manchem andere oder eigene Wege. Davon möchte ich erzählen und dadurch etwas vom Geist und von der Atmosphäre unserer Schule sichtbar machen.

Das Schulleben

Eine Schule ist ein Organismus, der nicht beliebig und ungestraft ausgedehnt werden kann. Unser Seminar ist daher bewusst als kleine Schule konzipiert. Wir legen Wert auf *Überschaubarkeit,* wo grundsätzlich jeder jeden kennen und beim Namen nennen kann und wo sich als primäre, übergreifende Einheit *ein die ganze Schule umfassendes Schulleben* zu entfalten vermag.

Dieses Schulleben drückt sich vorerst einmal darin aus, dass sich *die einzelnen Klassen nicht gegeneinander abkapseln.* Für unsere neuen Erstklässler ist es meist ein eindrückliches Erlebnis, wenn sie spüren, wie sie von den ältern Schülern aktiv in die ganze Seminargemeinschaft aufgenommen werden. So werden sie etwa von obern Klassen zu gemeinsamen Abendveranstaltungen oder Wanderungen eingeladen und erhalten Gelegenheit, sich auf originelle Art den Bisherigen vorzustellen.

Das Gefühl der Zusammengehörigkeit kann immer wieder auf besonders intensive Weise erlebt werden im sogenanten *«grossen Kreis».* Zu dieser Versammlung treffen sich Lehrer und Schüler alle zwei bis drei Wochen. Hier können Klassen oder Gruppen irgendwelche Projektarbeiten darbieten, und jeder kann seine Anliegen zur Sprache bringen. Gelegentlich findet auch ein Konzert oder eine andere kulturelle Veranstaltung statt.

Selbstverständlich begünstigt ein *Internat* (gegenwärtig sind von insgesamt 109 Seminaristen deren 66 intern) das Gedeihen eines übergreifenden Schullebens, denn die Schule ist dann nicht nur Stätte des Lernens, sondern auch Wohn- und Lebensraum. Unsere Schüler schlafen meist zu viert in einem Zimmer und studieren zu zweit oder zu dritt in den Studierkojen. Es gehört zur «Seminarkultur», dass sich die Schüler ihre Schlaf- und Arbeitsräume selbst möglichst wohnlich einrichten. Zweifellos wüssten die meisten Seminaristen ein Einzelzimmer zu schätzen. Die räumlichen Gegebenheiten (die Zimmer sind auch nur schlecht gegen Schall isoliert) erfordern indessen gegenseitige Rücksichtnahme und geben immer wieder Anlass zu Konflikten, deren Meisterung für die soziale Entwicklung junger Menschen von grosser Bedeutung ist.

Zum Schulleben gehört auch *das gemeinsame Mahl.* Wir verzichten auf Selbstbedienung in einer Mensa zum Zwecke der Kalorienzufuhr und essen gemeinsam im Speisesaal: Wir beginnen zur selben Zeit, verrichten ein Tischgebet, helfen einander beim Auf- und Abtragen, reden miteinander und warten, bis alle gespeist haben. Nach jedem Mahl besteht die Gelegenheit, Informationen weiterzugeben, Anliegen zu unterbreiten oder einem Mitschüler zum Geburtstag oder Ähnlichem zu gratulieren. Dass hier die externen Schüler meist ausgeschlossen sind, ist ein wirkliches Problem. Die Informationen können zwar weitergegeben werden, aber das Gemeinschaftserlebnis lässt sich nicht vermitteln.

Michael ist nicht blosser Name, sondern geistige Wirklichkeit, die zu religiösem Leben beruft. Die *Seminar-Gottesdienste* sind darum nicht aus unserem Schulleben wegzudenken. Sie werden weitgehend von Schülern vorbereitet und gestaltet und lassen uns immer wieder spüren und erahnen, dass wir verbunden und verwurzelt sind in einer höhern Welt. Wenn jeweils ein Schüler einem Lehrer, der ihn eine Stunde zuvor im Unterricht belehrt hat, das eucharistische Brot reicht, wird erfahrbar, wo ein hierarchischer Bezug berechtigt sein mag und wo er seine Grenze findet. Das Erlebnis, in den wesentlichen Bereichen auf gleicher Stufe zu stehen, gibt dem Bemühen um eine lebendige Lehrer-Schüler-Beziehung das eigentliche Fundament.

Es ist uns wichtig, dass auch die einzelnen *Klassen* mehr sind als blosse Organisationseinheiten. Wir wirken dahin, dass sie im Rahmen des Schulganzen eigenständige und lebendige Gemeinschaften werden, in denen sich der einzelne getragen und angenommen fühlt und wo ihm in seinen Schwierigkeiten auch geholfen wird. Allwöchentlich finden ein oder zwei im Stundenplan vorgesehene «*Klassenkreise*» statt. Einmal nimmt der Klassenlehrer daran teil, einmal sind die Schüler unter sich. In diesen Stunden können Probleme besprochen, Konflikte gelöst und Initiativen entwickelt werden. Die Klasse wird betreut durch den *Klassenlehrer* und geleitet durch den *Klassenchef*. Ein Klassenchef ist kein administrativer Lakai, sondern verfolgt gemeinsam mit dem Klassenlehrer und den übrigen Mitgliedern der «*Klassenvertretung*» – den Verantwortlichen für religiöse Anlässe, für die Ordnung, für die Finanzen, für die kulturellen oder geselligen Anlässe, für die Information und für den Sport – pädagogische Ziele: Sie begleiten kritisch den gesamten Bildungsgang der Klasse, arbeiten Vorschläge für Spezialveranstaltungen jeglicher Art aus und bemühen sich darum, dass die Klasse lebendig bleibt (oder wird) und die Fähigkeit zum Zusammenleben weiter entwickelt.

Gemeinsame Verantwortung von Lehrern und Schülern fürs Ganze

Es ist sehr mühsam, *gegen* die Schüler eine Schule zu gestalten, und es ist sehr erfreulich und bereichernd, dies *mit* ihnen zu tun. Junge Menschen können in einer Schule seelisch und geistig nur gedeihen, wenn man sie ernst nimmt und ihnen die Möglichkeit einräumt, wirklichen Einfluss auf ihre Bildungsbedingungen zu nehmen. Und eine Schule bleibt nur solange lebendig, als sie Wert auf die Impulse legt, die von den Schülern her kommen.

Das bedeutet, dass man Abstand nimmt vom «Gewerkschaftsmodell»: hier die (arbeitgebenden und Leistungen fordernden) Lehrer – dort die (arbeitnehmenden und Leistungen verweigernden) Schüler. Zwischen Lehrern und Schülern

dürfen keine echten Interessengegensätze bestehen, denn sie verfolgen dieselben Ziele. Bildendes Schulleben gedeiht dort, wo Lehrer und Schüler sich einem Auftrag verpflichtet fühlen, der alle in gleicher Weise bindet.
Wie gestaltet sich nun die Mitverantwortung von Schülern und Lehrern konkret? Gegen den Schluss des Schuljahres und nachdem die einzelnen Kandidaten in einer «Wahlrede» und einer öffentlichen Befragung ihre Vorstellungen über ihre beabsichtigte Amtsführung im «grossen Kreis» klargestellt haben, wählen Schüler und Lehrer gemeinsam die neue *«Schülervertretung»* (SV). Das ist ein aus frühern Zeiten stammender, unpassender Name für einen organisatorischen Rahmen, in welchem Schülermitverantwortung Gestalt annehmen kann. In die SV lassen sich nur solche Schüler wählen, die gewillt sind, in ganz besonderer Weise Zeit und Kraft einzusetzen, um unsere Schule mitzugestalten.
Die SV wird geleitet durch den *Schülerchef.* Dies ist stets ein Fünftklässler, der auch die «grossen Kreise» führt und als Hüter der Haus- und Lebensordnung dem Internat vorsteht. Der Schülerchef drückt unserer Schule mindestens so sehr seinen individuellen Stempel auf wie irgend ein Lehrer. Wir alle und natürlich in besonderer Weise der Direktor, der ebenfalls im Internat wohnt, sind daher stets dankbar, wenn eine starke, initiative, kreative und verantwortungsbewusste Persönlichkeit gewählt wird.
Zur SV gehört auch der *Tutor.* Dieser Fünftklässler ist der eigentliche Erzieher der Erstklässler. Er führt sie ins Leben des Seminars ein und unterstützt uns in den vier vordringlichsten pädagogischen Anliegen: dass die Erstklässler lernen, sich auf Neues hin zu öffnen, miteinander umzugehen, Eigenverantwortung zu entwickeln und konzentriert zu arbeiten. Er achtet auf die Einhaltung der Haus- und Studienordnung und steht seinen Schützlingen, wo immer es nötig ist, mit Rat und Tat bei. Zu beginn helfen ihm dabei die Zweitklässler: Jedem Neuling wird ein «Mentor» zugeteilt, der ihn am ersten Tag «empfängt» und ihn mit den allgemeinen Gebräuchen vertraut macht. Von der Aufnahmeprüfung an nimmt der Tutor mit vollem Mitspracherecht an allen Konferenzen teil, die sich auf Probleme der 1. Klasse beziehen. Er begleitet die Erstklässler auch im Wanderlager und pflegt gemeinsam mit dem Klassenlehrer den Kontakt mit den Eltern. Er lebt grundsätzlich im Internat und wird als einziges SV-Mitglied nicht gewählt, sondern vom Direktor nach Rücksprache mit uns Lehrern und der jeweiligen 4. Klasse ernannt.
Die weitern Mitglieder der SV sind die Verantwortlichen für das *religiöse Leben,* für *Seminar-Anlässe,* für *Ordnung* und *Raumgestaltung,* für *Information* und für den *Sport.* Zur Lösung der anstehenden Aufgaben arbeiten die Mitglieder der SV mehr oder weniger eng mit den entsprechenden Amtsinhabern der einzelnen Klassen, mit dem Direktor, mit einzelnen Lehrern, mit dem Hauspersonal oder mit irgendwelchen Schülern oder Schülergruppen zusammen.
Die SV befasst sich grundsätzlich mit allem, was unsere Schule betrifft. Sie ist verantwortlich für ein geordnetes Leben im Internat, pflegt den Kontakt zur Verwaltung und zur Küche, nimmt sich aber auch Problemen des Unterrichts und der Stundenplangestaltung an. Es gibt nichts, in das sie sich nicht «einmischen» dürfte. Aber es geht dabei – das sei nochmals betont – nicht um ein Fordern aus

einer oppositionellen Gesinnung heraus, sondern um die Suche nach Gemeinsamkeit, um Mitdenken, Mittragen, Mitarbeiten, Mitverantworten.
Auch wir Lehrer versammeln uns oft zu Zusammenkünften, obwohl vieles informell im Gang und im Lehrerzimmer besprochen wird. Neben den wöchentlichen *Lehrerkonferenzen,* wo wir uns gegenseitig informieren und vorwiegend organisatorische Probleme lösen, findet pro Semester für jede Klasse eine meist abendfüllende *Klassenkonferenz* statt, an welcher wir uns mit der Entwicklung jedes einzelnen Schülers auseinandersetzen.
Eine besondere Möglichkeit, unsere Mitverantwortung wahrzunehmen, bietet sich uns Lehrern, dem Verwalter und der Schulsekretärin an der jährlichen *Januartagung*. Während die Seminaristen im Schulpraktikum sind oder persönlich arbeiten, ziehen wir uns für drei Tage in ein Bildungsheim in der Innerschweiz zurück. Wir besinnen uns auf unsere Aufgabe. Wir vergegenwärtigen uns, was erneuert werden muss und was verbessert werden kann. Wir versuchen immer auch wieder, uns persönlich zu begegnen, Schutt wegzuschaffen und Vertrauen zu entwickeln. Wir besprechen auch organisatorische Probleme und planen das kommende Schuljahr.

Pädagogische Leitgedanken

Bevor ich weitere Eigenheiten unserer Schule im organisatorischen Bereich darstelle, lege ich einige Gedanken nieder, die geeignet sein mögen, das Ganze von innen her zu verstehen.
Bildungsarbeit darf sich nicht darin erschöpfen, den jungen Menschen auf gesellschaftliche Erfordernisse vorzubereiten. Der Lebenssinn des einzelnen Menschen reicht über seine gesellschaftliche Verflochtenheit und Verwendbarkeit hinaus. Daher muss jede Bildungsbemühung, soll sie menschlich sein, darauf abzielen, dem Heranwachsenden zu helfen, seine innere Berufung zu erkennen und wahrzunehmen. Der letzte Zweck von Erziehung und Bildung ist demgemäss stets die *Menschlichkeit* des jungen Menschen, und zwar in der nur ihm möglichen individuellen Ausprägung. Wenn daraus der gesellschaftlichen Entwicklung fruchtbare Impulse erwachsen, so ist dies eine *Folge* und niemals der *Zweck* erzieherischen Bemühens.

Was ist gemeint mit «Menschlichkeit»?

Ich gebrauche den Begriff im Sinne Pestalozzis. Er geht davon aus, dass in jedem Menschen *«Kräfte und Anlagen»* bereitliegen, die allseitig und harmonisch zu entfalten sind. Der Mensch ist somit nicht gesehen als «leeres Gefäss», das es mit Bildungsstoff «anzufüllen» gilt, sondern als ein Organismus, der sich zu seiner optimalen Gestalt hin entwickeln muss. Die «Harmonie» erreicht der Mensch in dem Masse, als die Kräfte des Kopfs, des Herzens und der Hand in lebendiger Übereinstimmung miteinander entfaltet werden. In dieser etwas abgegriffenen Formel scheint das Bild eines Menschen auf, der durch organische Verbindung von Denken, Fühlen, Werten, Wollen und Handeln zu seiner Identität findet. Diese Zielsetzung, die Pestalozzi als «Menschlichkeit» bezeichnet, gilt in völlig gleicher Weise für alle Menschen, ganz unabhängig von ihren individuellen Begabungen und Verhältnissen.

Menschliche Kräfte entfalten sich nur durch deren *Gebrauch*. Die Denkkraft wächst durch das Denken, die Fähigkeit zu vertrauen durch Vertrauen, die Liebeskraft durch das Lieben, Tatkraft durch Tätigsein. Bilden bedeutet demnach: Verhältnisse schaffen, in denen die Menschen zum Gebrauch ihrer Kräfte angeregt werden.

Man kann es mit Nötigung, Druck, Zwang versuchen. Teilerfolge bleiben nicht aus, das beweisen unsere Schulen landauf, landab. Will man aber in die Tiefe, nachhaltig wirken, muss *Freiheit* gewagt werden, verbunden freilich mit *Engagement*. Das Engagement, ausgehend zumeist von den Lehrern und aufgenommen von den Schülern, begründet eine *personale Beziehung*. Im Schosse dieser Beziehung verbinden sich Freiheit und Führung, regen sich Kräfte zur Eigenaktivität. Leben erregt Leben.

Dadurch ist der Lehrer als ganzer Mensch gefordert. In dem Masse, wie er sich *einlässt* – einlässt ins Leben überhaupt und in seine Aufgabe – weckt er im Schüler die Bereitschaft, nicht bloss zu politisieren (sich wohlzuverhalten aus Berechnung), sondern sich ebenfalls einzulassen auf die Notwendigkeiten seiner Entwicklung. Das ist das *Prinzip der Resonanz:* Leben erregt Leben.

Der Seminarist darf diese Bildungsweise, soll sie in ihm wirksam werden, *nicht bloss gelehrt* bekommen. Der Bildungsprozess an einem Lehrerseminar muss vielmehr in sich modellhaft sein. Nur in dem Masse, wie dem künftigen Lehrer erlebbar gemacht werden kann, dass Bildung in lebendigen personalen Beziehungen und auf der Grundlage von Freiheit und Engagement fruchtbar wird, lässt sich gezielt auf eine Vermenschlichung der Volksschule hinwirken.

Der Mensch ist ein Wesen, das in besonderer Weise *auf Gott bezogen* und berufen ist, ihm durch sein Leben Antwort zu geben. Allgemein menschliche und religiöse Erziehung sind daher nicht zu trennen, sondern bilden eine Einheit. In der religiösen Verwurzelung erfahren wir den Sinn unserer individuellen Berufung und erhalten wir Kraft für eine Selbstverwirklichung in Demut. Ein als christliche Lebenspraxis verstandenes Ringen um die Überwindung von Hass, Aggression und Machtstreben durch Verständnis, Vertrauen, Offenheit und Liebe ist somit nicht bloss eine Frage der Moral oder der Psychologie, sondern ein Ausdruck einer erlebbaren Verbindung mit Christus und der göttlichen Welt. Der christliche Lebensweg eröffnet dem Menschen auch den Sinn für Ursprung und Bedeutung des Bösen, des Versagens, der Schwäche, der Angst und der Schuld und schafft dadurch einen geistigen Grund für die Annahme der Erlösungsgnade, für Selbstannahme in Selbsterkenntnis und für die Liebe auch zum Unvollkommenen.

Das Notenproblem

Noten sind in Verruf geraten – zu Recht. Es wird sich kaum jemand finden lassen, der mit der Materie vertraut und zugleich noch überzeugt ist, Notenwerte bildeten objektive Tatbestände ab. Und wenn wir irgendeinen Notendurchschnitt deuten wollen, so finden wir kaum eine reale psychisch-geistige Entsprechung beim betroffenen Schüler.

Noten sind aber nicht nur unzulänglich, sondern auch schädlich. Sie zentrieren den Lernprozess zu einseitig auf sogenannt messbare Leistungen und lassen ihn zum blossen Mittel zum Zweck entarten. Lernen gehört indessen wesentlich zur menschlichen Existenz, weshalb der Lernprozess in sich selbst sinnhaft und erfüllend sein muss. Es kann auch leicht nachgewiesen werden, dass das Notendenken die Lern- und Leistungsmotivation übers Ganze gesehen mehr hemmt als fördert und dem Minimalismus Vorschub leistet. Schliesslich schürt der Kampf um gute Noten die Neigung zur Unehrlichkeit und stört oft die sozialen Beziehungen in einer Klasse ganz erheblich.

Also abschaffen! Gefordert ist das schnell, insbesondere, wenn man keine weitern Zusammenhänge kennt. Man kann es nämlich drehen und wenden, wie man will: Solange mit dem Erreichen eines bestimmten Wissens- und Könnensstands irgendwelche *Berechtigungen* – sei es zum Aufstieg in eine anspruchsvollere Schule, sei es zur Ausübung eines Berufs – verbunden sind, ist eine grenzsetzende und rekursfähige Bewertung des nachprüfbar gezeigten Wissens und Könnens unumgänglich. Lehnt man hiefür die rechtliche Anerkennung freier Ermessensentscheide der Prüfungsorgane ab, bleiben – Unzulänglichkeit und Schädlichkeit hin oder her – nur noch die Noten.

Trotzdem haben wir die gängige Notenpraxis im Frühjahr 1980 aufgegeben und beschreiten seither eigene Wege. Ich stelle unsere neue Lösung dar, indem ich die Notengebung in vier verschiedenen Situationen voneinander unterscheide:

Aufnahmeprüfung: Wir verzichten hier auf das Errechnen von Notendurchschnitten. Die Kandidaten sind während dreier Tage im Seminar, die meisten intern, und werden von zehn Lehrern geprüft und vom Tutor beobachtet. Jeder von uns versucht sich aufgrund der Analyse der gezeigten Leistungen und der Gesamtwahrnehmung des Kandidaten ein Bild zu machen, ob wir es uns zutrauen dürfen, ihn zum Lehrer auszubilden. In der Regel wägen wir im Gespräch über jeden einzelnen so lange ab, bis wir zu einem Konsens kommen. Wir sind sicher, dass dieses Verfahren zuverlässiger ist als das mechanische Errechnen von Durchschnitten, und sind darum auch bereit, unsere Entscheide zu verantworten. Wir sind aber ebenso sicher, dass wir nicht frei von Irrtum sind. Wir sind Menschen.

Lernkontrollen: Ob in Lernkontrollen die Rückmeldung des Lehrers in Worten, in einem schriftlichen Kommentar oder in einer Zahl (Note), verstanden als Abkürzung eines qualitativen Urteils, erfolgt, ist so lange belanglos, als sich alle Beteiligten bewusst sind, dass die Bewertung subjektiv ist, und als niemand auf die Idee kommt, Beurteilungswerte zu irgendwelchen Durchschnitten zu verrechnen, die allenfalls über das Schicksal eines Schülers im Rahmen der Promotion oder der Diplomierung entscheiden sollen. Da wir keine Semesterzeugnisse mehr kennen, steht es jedem Lehrer frei, auf welche Weise er bei Lernkontrollen seine Beurteilung formulieren will. Persönlich verzichte ich auf Noten, kann es aber gut akzeptieren, dass andere Lehrer weiterhin Noten geben.

Semesterzeugnisse: Die destruktive Wirkung der Noten ist eigentlich eine *Rück*wirkung, nämlich vom nächsten Zeugnis her: Weil die Schüler die nachteiligen Auswirkungen schlechter Noten auf das nächste Zeugnis und die damit verbundenen Folgen fürchten, flüchten sie sich in Notenberechnerei und Betrug. Wir haben daher die Semesterzeugnisse ersetzt durch *Lernberichte,* die die Schüler selber schreiben. Eine einzelne schlechte Leistung muss daher nicht durch Sonderleistungen kompensiert werden; es genügt festzustellen, dass der Lernerfolg im Rahmen der gesetzten Ziele liegt und dass sich der Schüler ernsthaft auf den Lerngegenstand eingelassen hat.

Zu unterscheiden sind die «grossen» von den «kleinen» Lernberichten. Die *kleinen Lernberichte* dienen der Kommunikation zwischen Schüler und Fachlehrer. Auf einem doppelseitigen Formular legt der Schüler sich selbst und dem Lehrer pro Quartal ein- oder zweimal Rechenschaft darüber ab, wo er in seinem Lernprozess steht. Damit soll im Schüler die Fähigkeit zur *Selbstbeurteilung* entwickelt werden. Über diese muss er als Lehrer später in besonderem Masse verfügen, da ein beurteilender «Chef» nur selten in Erscheinung tritt. Wir Lehrer beantworten die kleinen Lernberichte ebenfalls schriftlich, und es ist zuzugeben, dass uns das viel Zeit kostet. Ich meine, dass sich der Aufwand lohnt, da wir dadurch genötigt werden, uns nicht nur mit dem Stoff oder der Klasse, sondern mit jedem einzelnen Schüler zu befassen. Wir erhalten in den kleinen Lernberichten wertvolle Rückmeldungen, die zur Verbesserung des Unterrichts und der Lehrer-Schüler-Beziehung beitragen.

Die *grossen Lernberichte* ersetzen – wie bereits erwähnt – die traditionellen Semesterzeugnisse und bieten dem Seminaristen nach jedem halben Jahr Gelegenheit, sein gesamtes Lernverhalten intensiv zu überprüfen. In einem aufsatzartigen, 10 bis 20 Seiten umfassenden Text äussert er sich zu allgemeinen Fragen und zu jedem einzelnen Fach. Jeder Lehrer liest den allgemeinen Teil und das, was seine Fächer betrifft. Scheinen ihm Ergänzungen oder Berichtigungen nötig, schreibt er dies hin, andernfalls signiert er den Text bloss. Diese grosse Lernberichte bilden zuerst einmal die Grundlage für die Gespräche der bereits erwähnten Klassenkonferenzen. Gegebenenfalls schreibt der Klassenlehrer Bemerkungen oder Beschlüsse der Konferenz auf den Bericht. Anschliessend wird dieser den Schülern zu Handen ihrer Eltern zurückgegeben.

Natürlich müssen wir in den Klassenkonferenzen immer wieder entscheiden, ob der eine oder andere Schüler bloss provisorisch oder überhaupt nicht zu befördern ist. Wir tun auch dies nicht auf der Basis von Notendurchschnitten, sondern nach einer eingehenden Besprechung der gesamten Situation des Schülers und seiner Entwicklungsmöglichkeiten. Als «Massnahmen» kommen nicht nur die

Versetzung ins Provisorium oder die Wegweisung in Frage; oft raten wir einem Schüler zu einer Therapie, gelegentlich auch zu einem Zwischenjahr in einem ausserschulischen Bereich, wenn wir glauben, dass ihm dadurch geholfen werden kann.

Gegen das System der Lernberichte lässt sich einiges einwenden, vorab die Befürchtung, die Schüler könnten die eigene Situation besser darstellen, als sie wirklich ist. Dies ist indessen nur stichhaltig, wenn man davon ausgeht, dass die Lernberichte völlig objektiv sein müssten. In unserer Sicht haben sie aber einen vorwiegend *pädagogischen Wert:* Sie konfrontieren den Schüler immer wieder mit der Möglichkeit, sich zwischen Ehrlichkeit und Verschleierung, zwischen Öffnung und Abwehr zu entscheiden. Er kann aber die gewünschten Haltungen nicht ausbilden, wenn die negativen nicht möglich sind. Im übrigen haben wir Lehrer ja immer noch die Möglichkeit, unsere Sicht kundzutun.

Diplomprüfungen: Unser Verhältnis zu den Schülern ist grundsätzlich zwiefältig. Einerseits sind wir als ihre Erzieher gehalten, uns ganz auf ihre Seite zu stellen, andererseits müssen wir immer wieder – als Konsequenz unserer Verantwortung gegenüber der Gesellschaft und den künftigen Schülern unserer Seminaristen – überprüfen, ob sie aus unserer Sicht wirklich geeignet sind zur Ausübung des Lehrberufs. In jenen Fällen, in denen unsere Beurteilung mit dem Wunsch und der Selbsteinschätzung des Schülers kollidiert, nimmt uns dieser vorerst einmal als Gegner wahr und kann dies oft nur schwer in Einklang sehen mit unserer bisherigen fördernden Einstellung.

Dieses zwiefältige Verhältnis wird besonders deutlich bei den Diplomprüfungen. Hier ist uns auferlegt, in erster Linie die Interessen der Gesellschaft (der Eltern, Kinder, Behörden) wahrzunehmen und die persönliche Problematik eines Seminaristen hintanzustellen. Es gehorcht daher durchaus einer inneren Logik, wenn wir im Rahmen dieser Situation die erbrachten Leistungen gemeinsam mit dem Experten des Kantons mit Noten bewerten – dies auch, nachdem wir über drei oder fünf Jahre auf Benotungen verzichtet haben (gewisse Fächer werden nach drei Jahren abgeschlossen). Dabei behält das, was eingangs gegen die Noten gesagt wurde, seine volle Gültigkeit. Der Widerspruch bleibt, und man erwarte von uns nicht, ihn schlankweg lösen zu können, um so weniger, als er letztlich in der Unwägbarkeit geistigen Lebens und in der Unvollkommenheit und Beschränktheit des Menschen selbst begründet liegt.

Das Stundenplansystem

Die Aufteilung des Tages in 45-Minuten-Lernportionen lässt nur schwer ein Lernen in Musse aufkommen und zwingt den Schüler geradezu, «Prioritäten zu setzen», d.h. sich in gewissen Fächern zurückzuhalten, um Kräfte zu sparen oder zu sammeln. Angesichts der 35 bis 40 Lektionen pro Woche kann man nicht erwarten, dass die Schüler mit derselben Intensität bei der Sache sind wie die Lehrer, die 25 Lektionen erteilen in einem Gebiet, das sie lieben und in dem sie sich zu Hause fühlen.

Die traditionelle «45-Minuten-Hackmaschine» (Wagenschein) ist eine organisatorische Folge eines extremen Fachlehrersystems. Man muss sich darum, will man zu natürlichen Lernrhythmen kommen, zuerst über das *Fachlehrersystem* einige Gedanken machen:

Schulisches Lernen hat einen *Stoffaspekt* und einen *Beziehungsaspekt*. In gewisser Weise verhalten sich die beiden zueinander komplementär: Legt man nämlich hohen Wert auf den Beziehungsaspekt, muss man dem Klassenlehrersystem (oder einem sehr gemässigten Fachlehrersystem) den Vorzug geben, denn die Pflege einer lebendigen zwischenmenschlichen Beziehung braucht Zeit. Legt man indessen hohen Wert auf den Stoffaspekt, so konfrontiert man die Schüler mit möglichst vielen Spezialisten, die in einem relativ schmalen Bereich über eine hohe Fachkompetenz verfügen. In beiden Fällen entsteht eine Überforderungssituation: Der Klassenlehrer, der viele oder gar alle Fächer erteilt, ist – je älter die Schüler werden, desto mehr – vom Stoff her überfordert, der Fachlehrer aber, der z.B. zwei Wochenstunden pro Klasse und damit meist über 200 Schüler unterrichtet, ist schlichtweg nicht in der Lage, alle seine Schüler als Individualitäten wahrzunehmen und auch ihre emotionale Problematik in den Unterricht einzubeziehen.

Das Dilemma ist nun aber mindestens teilweise lösbar. Vorerst sollte man sich vom Gedanken lösen, nur Spezialisten könnten die Schüler in einem Gebiet fördern. Junge Menschen können nämlich dadurch auch entmutigt und erdrückt werden, wenn nur hochkompetente Fachleute sie jahraus, jahrein belehren und fordern. Andererseits kann es für Schüler sehr motivierend sein, wenn sie gewisse Gebiete *gemeinsam mit dem Lehrer* erforschen und beackern. Man müsste also den Mut haben, auch in den Mittelschulen die Lehrkräfte nicht nur für jene Fachgebiete einzusetzen, in denen sie ihren Hochschulabschluss gemacht haben.

Eine etwas grosszügigere Zuteilung der Fächer an die Lehrer genügt allerdings nicht, um zu ausgeglicheneren Arbeitsrhythmen zu kommen. Wir haben verschiedene Stundenplansysteme ausprobiert; im Moment sind wir beim *Phasenstundenplan* angelangt: Wir teilen den Grossteil der Fächer einer Klasse in zwei Gruppen und das Schuljahr in drei mal zwei gleich lange Phasen ein. Die einen Fächer werden nur in der Phase A, die andern nur in der Phase B, dafür jeweils mit doppelter Wochenstundenzahl erteilt. Damit lassen sich grössere Stundenblöcke schaffen und Einzellektionen in der Regel vermeiden. Die Schüler befassen sich dadurch pro Tag nur noch mit wenigen Fächern.

Dieses System bringt es mit sich, dass mit mehr Musse und Konzentration gearbeitet werden kann. Dass längere Unterbrüche entstehen, kann man als Vor- oder Nachteil sehen, je nachdem, wie man sich zum Vergessen stellt. Fasst man dieses als ein Absinken bewusster Inhalte ins Unbewusste auf, wo eine gewisse Verarbeitung im Sinne der Klärung, Umgewichtung und Selektion stattfindet, stellt es einen notwendigen Teil des Lernprozesses dar. – Einen Nachteil sehe ich darin, dass sich Unterrichtsausfälle, wie immer auch bedingt, stets sehr stark auswirken.

Die 1. Klasse als Einführungsjahr

Viele Erstklässler haben sich in den neun Jahren Volksschule eine defensive Haltung dem Schulunterricht gegenüber angewöhnt: Sie halten den Stoff für irrelevant und langweilig, arbeiten nur unter Notendruck und gerade so viel, wie verlangt wird, und empfinden die Lehrer grundsätzlich als Gegner, die es zu überlisten gilt. Die Maxime für die mündliche Beteiligung heisst: vorsichtig sein, sich keine Blösse geben, nur reden, wenn man sicher ist, gut anzukommen.

Das versuchen wir zu ändern. Die Schüler sollen Freude am Lernen bekommen, erleben, dass es sich lohnt, sich ganz in eine Sache einzulassen, sie sollen kreativ werden, ihre Begabungen entfalten und nicht stets auf die Leistungen der Mitschüler schielen, um mangelndes Engagement entschuldigen zu können, sie sollen eigenverantwortlich werden und aufhören, bloss gute Noten erzielen oder dem Lehrer gefallen zu wollen, kurz: sie sollen durch das Lernen sich selbst werden.

Der Weg ist nicht leicht. Das Wichtigste ist, dass sich die Schüler *öffnen,* dass sie also bereit sind, Neues ohne Abwehrreflex entgegenzunehmen und sich angewöhnen, eine Sache zuerst kennenzulernen und erst dann zu beurteilen. Das ist zumeist verbunden mit dem Erfordernis, sich von eingewurzelten Vorurteilen zu trennen und seinen Standpunkt in Frage zu stellen. Bekanntlich lässt sich das alles nicht befehlen, sondern nur bewirken. Die Voraussetzung sind mitmenschliche Beziehungen, in denen man sich angenommen fühlen kann und wo man spürt, dass sich Vertrauen lohnt und nicht missbraucht wird. Hier gedeiht Mut auf Neues hin.

Ein Teil dieser Aufgabe – dem Schüler zu helfen, sich auf Neues hin zu öffnen – ist mir übertragen, und zwar am sogenannten «*Grünen Dienstag*». Er heisst so, weil meine Stunden im Stundenplan grün markiert sind und ich mit den Erstklässlern jede Woche einen ganzen Tag arbeite. Theoretisch sind mir die Stunden von Deutsch, Geschichte, Religion und Didaktik zugeteilt. Nun bilden diese Fächer in meinem Unterricht zwar das Schwergewicht (neuerdings betreut den geschichtlichen Teil ein Kollege, und ich wirke mit im Sinne des Team-Teachings), bringe aber auch andere Gebiete ein, die mir wichtig sind und die ich von einer andern Warte aus angehe als der wissenschaftlich gebildete Fachlehrer: Kunstbetrachtung, Musikhören, Meditation, Gespräche über soziale Beziehungen in der Klasse, Philosophie, Botanik, Pädagogik, Psychologie u.a.

Mein erstes Anliegen ist es, dass die Schüler lernen, auf ihre *Gefühle zu achten,* und Mut entwickeln, sie auch in der Gemeinschaft auszusprechen. Viele erfahren dabei nach ihren eigenen Aussagen (leider) erstmals, dass man auch einmal schwach sein darf, ohne gleich von den Mitschülern (oder vom Lehrer) verletzt, missbraucht oder gar zerrissen zu werden. Und weil sie erleben, dass ihre Gefühle ernst genommen werden, beginnen sie auch allmählich, die Gefühle ihrer Kameraden zu respektieren. In dieser Atmosphäre wächst Vertrauen, und in diesem Vertrauen beginnen die Schüler, sich zu öffnen. Sie hören auf, reflexartig alles Neue zu verneinen, und lassen sich ein in Gebiete, auf die sie bis anhin spuckten: Sie vertiefen sich intensiv in eine Fuge von Bach und in ein Gemälde von Picasso.

In allem ist mir wichtig, dass sich Beobachten, Denken, Urteilen, Fühlen, Werten und Handeln miteinander verbinden. Durch dieses ganzheitliche *Erleben* gelingt es ein Stückweit (nicht bei allen in gleichem Masse), das Lernen aus Zwang oder bestenfalls aus Pflichtgefühl durch ein Lernen aus Einsicht und aus Freude zu ersetzen.

Dank des grosszügigen zeitlichen Rahmens ist ein *kreativer Unterricht* möglich: Gespräche werden nicht durch das Glockenzeichen abgebrochen, sondern beendet, wenn sie sich natürlich erschöpfen. Impulse der Schüler werden aufgegriffen und in gebührender Weise weiterverfolgt, so dass jeder spürt, dass er wichtig ist und ernst genommen wird. Themenwechsel werden spontan aus der Wahrnehmung der konkreten Situation heraus entschieden. Hektik wird weitgehend vermieden, ein Arbeiten in Musse wird selbstverständlich.

Die Lernfreude lässt sich leichter wecken, wenn dem Schüler möglichst weite *Freiräume* zugestanden werden. In meinem Unterricht erfährt er dies deutlich beim Üben des schriftlichen Ausdrucks. Im allgemeinen schreiben heute Oberstufen- und Mittelschüler viel zu wenig. Richtig Deutsch schreiben ist anspruchsvoll und bedarf intensiver Übung. Die Erstklässler führen daher zwei *Texthefte:* Eines liegt bei mir zur Korrektur, im andern arbeitet der Schüler. Was, worüber und wieviel er schreibt, entscheidet vorerst nur er. Ich korrigiere, was er mir vorlegt, und schreibe meine (meist aufmunternden) Kommentare darunter, setze aber niemals Noten. Nach einigen Wochen oder Monaten wird es möglich, den Schüler individuell zu führen: Dem einen rate ich, stärker in sich hineinzuhören und seine Gefühlswelt einzubeziehen, den andern fordere ich auf, sich vermehrt mit gedanklichen Themen auseinanderzusetzen, und einen weitern bitte ich, genauer zu beobachten und zu beschreiben. Wieder ein anderer bekommt den Rat, Geschichten aus der eigenen Phantasie heraus zu erfinden, wogegen ich von einem weitern Schüler erwarte, dass er sich exakt an tatsächliche Begebenheiten hält. Damit wirke ich der Gefahr entgegen, dass die Schüler eine Masche entwickeln und sich routinemässig wiederholen. Schreibt jemand über längere Zeit sehr wenig oder bleiben im formalen Bereich die nötigen Fortschritte aus, so suche ich das Gespräch. Meist zeigt es sich, dass hinter den sprachlichen Schwierigkeiten tiefer liegende persönliche Konflikte verborgen sind. Werden diese ernst genommen und entsprechend angegangen, so lösen sich meistens auch die Probleme im Lernbereich.

Ich gestalte diesen Unterricht nun seit bald acht Jahren. Jedes Jahr erstaunt es mich neu, wieviel Fleiss und Originalität freigesetzt werden kann. Schüler, die in den letzten Schuljahren keinen Buchstaben freiwillig schrieben und pro Jahr bloss die erforderten vier, fünf (gelegentlich auch mehr) Aufsätze abgaben, verfassen wöchentlich mehrere Texte, so dass sie oft selbst verblüfft sind über das, was sie können. Ihr Selbstvertrauen wächst und damit auch die Bereitschaft, den Massstab für die Leistungen in sich selbst zu suchen.

Ganz allgemein ist es wichtig, dass Schüler dieses Alters in bisher verschlossene oder unbekannt gebliebene Räume geführt werden und dass sie in all diesen Räumen stets wieder dem Menschen, diesem «hohen Wunder der Natur» (Pestalozzi) begegnen. Die Erstklässler befassen sich daher im Rahmen meines Unterrichts je zu zweit mit der *Biographie* bedeutender Menschen, und zwar in einer solchen Gründlichkeit, dass sie frei über deren Leben und Werk referieren und sich von der Klasse kreuz und quer darüber ausfragen lassen können. Ich bin überzeugt, dass sich eigene Möglichkeiten des Menschseins in der Begegnung mit bedeutenden Menschen entzünden. Überdies erfahren die Schüler in dieser Arbeitsweise das Wesen der Unterrichtsvorbereitung, denn nur dort, wo ein Lehrer hinlänglich aus dem Vollen schöpfen kann, wirkt er im eigentlichen Sinne befruchtend.

Aus dem «Grünen Dienstag» heraus wächst auch die Arbeit am *Herbarium,* die ich gemeinsam mit dem Biologielehrer betreue. Damit können viele Ziele gleichzeitig angegangen werden. Vorerst geht es einmal darum, dass die Schüler zur Pflanzenwelt als einem allgegenwärtigen Naturphänomen eine einigermassen intime Beziehung entwickeln. Ich betrachte alle Liebeserklärungen «an die Natur» oder «an die Blumen» für schönen Selbstbetrug, wenn man nicht eine gewisse Leidenschaftlichkeit im genauen Hinsehen und Kennenlernen entwickelt. Der Schüler soll erfahren, dass das *Benennen* eine menschliche Grundgebärde darstellt und gleichbedeutend ist mit dem wesensmässigen Erfassen eines Sachverhalts. Weiter erfährt der Schüler beim Bestimmen der Pflanzen exemplarisch eine Möglichkeit, wie der Mensch in einer chaotisch scheinenden Vielfalt durch Über-, Neben- und Unterordnung wesentlicher Merkmale eine Systematik erschafft und so die Phänomene seinem Denken angleicht. Darüber hinaus lernt der Schüler bei der Arbeit an seinem Herbarium, sich über längere Zeit einer Sache zu widmen und trotz innerer und äusserer Widerstände durchzuhalten.

Ganz neu für unsere Erstklässler ist das, was wir als *Bewegungsimprovisation* bezeichnen. Unter Anleitung eines Heilpädagogen lernen die Schüler, ihren Körper bewusst wahrzunehmen, richtig zu stehen, gehen, liegen, sitzen, sich harmonisch und gelöst zu bewegen und Gefühlen, Haltungen und innern Bildern durch den Körper Ausdruck zu geben. Der Unterricht – zwei Wochenstunden in Halbklassen – ist im ersten Semester obligatorisch, im zweiten fakultativ.

Die Geographie wird als Heimatkundeunterricht gestaltet. Dabei sollen sich die Schüler nicht Wissen aneignen, das von andern Menschen zutage gefördert wurde, sondern durch eigenes Tun und Erleben zu Ergebnissen kommen. Im Zentrum des Unterrichts steht die *Landschaftsbetrachtung.* Einerseits lernen die Schüler hier, genau zu beobachten, auch dort hinzusehen, wo sich nichts bewegt, Fragen zu stellen, logische Schlüsse zu ziehen und ihre Beobachtungen in einem Feldbuch in Wort und Bild festzuhalten, andererseits erleben sie die Landschaft als etwas Gewordenes, als deutbare Gestalt, als ein Gebilde mit verdeckter Architektur, das mit dem Menschen in einem Wechselverhältnis steht.

Der Erwerb einer *Fremdsprache* greift tief in die Seele eines Menschen. Deshalb soll die Entscheidung der Schüler, ob sie neben Französisch Englisch oder Italienisch lernen wollen, nicht von blossen Zufälligkeiten abhängen. Die drei Fremdsprachlehrkräfte arbeiten darum mit den Schülern während des ersten Quartals an einem gemeinsamen Projekt. Durch das Einüben in den Vortrag fremdsprachiger Gedichte und szenischer Spiele sollen die Schüler möglichst ganzheitlich in den neuen Sprachkorpus eintauchen und so ein Gespür für die neue Sprache entwickeln. Am Ende des Semesters tragen die Erstklässler ihre Gedichte und

Szenen im «grossen Kreis» vor und entscheiden sich dann, ob sie Englisch oder Italienisch belegen wollen.

Für die meisten Erstklässler eine neue Erfahrung ist das dreiwöchige *Sozialpraktikum* während den Sommerferien (eine Woche Schulzeit, zwei Wochen Ferien). Hier sollen die Schüler helfen, zupacken und die eigenen Wünsche zurückstellen lernen und Einblick erhalten in andere Lebensverhältnisse.

Gleich nach den Sommerferien gehen sie mit dem Klassenlehrer und dem Tutor für 14 Tage ins *Wanderlager*. Bepackt mit Verpflegung und Zelt steigen sie quer über die südlichen Walliser Täler von der Grande Dixence bis nach Münster im Obergoms. Dies bedeutet für alle eine grosse körperliche und soziale Herausforderung und bietet Gelegenheit, die eigenen Grenzen zu erfahren, Selbstvertrauen zu entwickeln und an den Konsequenzen des eigenen Handelns zu reifen.

Vorbereitet wird das Wanderlager während des ersten Quartals vorwiegend in den beiden *Wochenend-Veranstaltungen*. Hier lernen die Schüler den Umgang mit Zelt und Kochtopf, gewöhnen sich an die Wanderschuhe und lernen ihre Kameraden in neuen Situationen kennen. Überdies wandern sie am Fest Christi Himmelfahrt gemäss einem alten Zuger Brauch (meist in der Nacht) von Zug nach Einsiedeln. Auch diese Wallfahrt führen wir einfach durch, ohne lange zu fragen, damit die Schüler von der zweiten Klasse an, wo diese Veranstaltung freiwillig ist, wissen, worüber sie entscheiden. Der Erziehung zur Freiheit liegt die unsentimentale Regel zugrunde, die Schüler zuerst ohne viel Aufhebens in neue Erfahrungsräume hineinzuführen und sie dann in die eigenen Entscheidungen zu entlassen.

In diesem Sinne ist auch das *obligatorische Abendstudium* während der 1. Klasse zu verstehen. Hier lernen die Schüler an vier Abenden pro Woche von halb acht bis neun Uhr das regelmässige, ruhige, persönliche Arbeiten. Am Problem der Stille im Studiumsraum entzünden sich immer wieder soziale Konflikte, an deren Bewältigung die Burschen lernen.

In der 1. Klasse lernen die Schüler neben dem Unterricht im Hauptinstrument, das nach der 3. Klasse abgeschlossen werden kann, auch das Spielen eines sogenannte *Schulinstruments*. Der Unterricht in Blockflöte oder Gitarre findet in Kleingruppen statt.

Besondere Veranstaltungen

Bedingt durch unsere flexible Organisation und einen flexiblen, geduldigen Stundenplaner können wir teils neben dem stundenplanmässigen Unterricht, teils im Rahmen des Phasenstundenplans auch solche Bildungsveranstaltungen realisieren, die sich vom üblichen Fächerkanon her nicht ohne weiteres aufdrängen. Es würde zu weit führen, jede dieser Veranstaltungen von ihren pädagogischen Begründungen her detailliert darzustellen; die wesentlichsten seien darum summarisch erwähnt:

Jedes Jahr ziehen sich die einzelnen Klassen zu unterschiedlichen Zeiten für drei Tage in ein Bildungsheim zurück zu den sogenannen *Besinnungstagen*. Hier widmen sich die Schüler unter Anleitung eines Lehrers oder einer aussenstehenden Persönlichkeit allgemeinen Lebensfragen, Problemen des Zusammenlebens oder Fragen partnerschaftlicher Beziehung. Die Gespräche sind zumeist eingebettet in einen religiösen Rahmen. In der 5. Klasse ist die Teilnahme freiwillig.

In den Stundenplänen aller Klassen stehen pro Woche zwei obligatorische *Lesestunden*. Wir haben nämlich festgestellt, dass es viele Schüler (und Lehrer) nicht schaffen, neben ihren täglichen Anforderungen noch genügend Musse zu finden, um auch noch private Lesebedürfnisse zu befriedigen. Wir sind aber überzeugt, dass die Auseinandersetzung mit Erzeugnissen der Literatur einen wichtigen Beitrag zur geistig-seelischen Entwicklung des Menschen darstellt, und möchten daher, dass sich der künftige Lehrer das regelmässige Lesen angewöhnt. Damit die Lesestunden nicht zum unverbindlichen «Plausch» entarten, haben wir einen klaren Rahmen gesetzt, der einen weiten Freiraum zur eigenverantwortlichen Gestaltung gewährleistet: Gelesen wird in einem Buch, das nicht für den Unterricht ohnehin bearbeitet werden muss, und zwar zu den festgesetzten Stunden im Klassenzimmer und unter Anwesenheit eines ebenfalls lesenden Lehrers. Wir Lehrer mischen uns grundsätzlich nicht in die Wahl der Lektüre ein.

Die Sommerferien der Zweitklässler sind so angesetzt, dass es ihnen möglich ist, mindestens zwei Wochen bei der *Leitung eines Schul- oder Jugendlagers* mitzuwirken. In der Didaktik wird diese Aufgabe vorbesprochen und auf der Basis eines schriftlichen Berichts ausgewertet.

Im Winter organisieren die einzelnen Klassen einwöchige *Sportlager*. In der 1. Klasse widmet man sich dem Langlauf, in der 2. Klasse dem alpinen Skisport, in der 3. Klasse den Skitouren, in der 4. Klasse der Mit-Leitung eines Skilagers, und die Fünftklässler tun das, was ihnen beliebt.

Jedes Jahr üben die Zweitklässler im Rahmen des Deutschunterrichts ein grösseres *Theaterstück* ein, das dann öffentlich aufgeführt wird. Die Stücke werden so gewählt und die Rollen – grundsätzlich nach dem Zufall – so aufgeteilt, dass alle etwa zu gleichen Teilen engagiert sind.

In jüngerer Zeit werden die einzelnen Klassen auch vermehrt als Chöre im Rahmen von *musikalischen Darbietungen* eingesetzt.

Die Drittklässler gehen jeweils im Sommer für drei Wochen (zwei Wochen zu Lasten der ordentlichen Schulzeit, eine Woche zu Lasten der Sommerferien) in der Regel ins Welschland in einen *Fremdsprachaufenthalt*, um insbesondere ihre mündliche Sprachkompetenz zu verbessern.

Im Herbst reisen dann die Drittklässler für drei Wochen (zur Hauptsache in den Ferien) ins *Heilige Land*. Teilnehmen darf nur, wer sich das Geld selbst verdient hat. Das ist meistens gut die halbe Klasse. Es handelt sich bei dieser Veranstaltung nicht um einen Tourismus-Trip, sondern um eine Wallfahrt.

Jährlich finden zwei oder drei *Konzentrationswochen* statt. Die Thematik steht entweder traditionsgemäss fest (z.B. in der 4. Klasse eine «Wirtschaftswoche», in der 3. oder 5. Klasse ein «Gordon-Kurs» unter der Leitung von Dr. Frederic Briner, in der 5. Klasse eine «Heilpädagogikwoche» in Fischingen und nach den Sommerferien zwei sogenannte «Koordinationswochen» mit pädagogischen, fachdidaktischen und musisch-kreativen Schwerpunkten) oder wird von der

Klasse in Zusammenarbeit mit dem Klassenlehrer festgelegt. Gelegentlich entschliessen sich einzelne Klassen auch zu freier Einzelarbeit.
In der Regel führt jede Klasse einmal pro Jahr einen *Elterntag* durch, um ihren Müttern und Vätern Gelegenheit zu geben, die Schule, alle Klassenmitglieder und die andern Eltern kennenzulernen.

Die berufsspezifische Ausbildung

Ich hoffe, klargemacht zu haben, dass wir Lehrerbildung grundsätzlich als *Persönlichkeitsbildung* verstehen. Als künftiger Lehrer kann man sich nicht einfach «Wissen und Fertigkeiten aneignen» und dann glauben, man sei der Berufsaufgabe genügend gewachsen. Ob ein Lehrer segensreich wirkt, hängt wesentlich an anderem: an seiner eigenen Lebenskultur, an seiner Liebesfähigkeit, an seinen Idealen, an seiner Kraft, an seiner Demut und an seiner Fähigkeit, aus Berufung zu handeln.
Im Rahmen dieser Persönlichkeitsbildung ist unser Bildungsauftrag zwiefältig:

– Einerseits bemühen wir uns, den Seminaristen in *inhaltlicher (stofflicher) Hinsicht* auf den Lehrerberuf vorzubereiten (sogenannt «allgemeinbildende» bzw. «fachwissenschaftliche» Komponente);
– andererseits versuchen wir, im Seminaristen jene Erkenntnisse, Fertigkeiten und Haltungen zu entwickeln, die ihn befähigen, *die für den Schüler geeigneten und notwendigen Inhalte* auf der Basis einer tragfähigen pädagogischen Theorie zu *erkennen* und sie auf pädagogisch, psychologisch und methodisch korrekte Weise zu *vermitteln* (sogenannt *«berufsspezifische» Komponente).*

Es liegt nun im Wesen des *seminaristischen Weges der Lehrerbildung,* dass die beiden erwähnten Komponenten miteinander verbunden werden. Dabei stehen uns *zwei Möglichkeiten* zu Gebote:

1. Die fachdidaktischen Anliegen werden in den «allgemeinbildenden» Unterricht einbezogen. Diese *organische* Verbindung der beiden Bildungsaufträge kommt bei uns in den verschiedenen Fächern unterschiedlich zum Tragen. Am konsequentesten ist sie verwirklicht im sogenannten «Grünen Dienstag» in der 1. Klasse, im Turnen, im Musikunterricht und teilweise im Deutschunterricht. Wenn z.B. der Deutschlehrer der 3. Klasse die Seminaristen einen regelmässigen schriftlichen Kontakt mit Primarschülern pflegen lässt, um so entwicklungspsychologische Gesetzmässigkeiten und den Zusammenhang zwischen eigener Sprachkompetenz und der Fähigkeit, spracherzieherisch zu wirken, erlebbar zu machen, so findet eine ideale Verbindung statt zwischen einem Bildungsinteresse, das direkt auf die Person des Seminaristen bezogen ist und mit seinen gegenwärtigen Bildungsnotwendigkeiten übereinstimmt, und einem Bildungsbedürfnis, das sich allein von einer künftig gedachten Berufsaufgabe her ableiten lässt.

2. Wesentliche «berufsspezifische» Bildungsanliegen werden im eigenständigen Psychologie-, Pädagogik- und Didaktikunterricht angegangen. Die Verbindung des berufsspezifischen Teils mit dem übrigen Unterricht ist demzufolge nicht *organischer,* sondern lediglich *organisatorischer* Natur, da beide Bildungsanliegen zwar zeitlich miteinander, in inhaltlicher Hinsicht indessen voneinander getrennt gepflegt werden.

Obwohl bei beiden Lösungen immer wieder praktische Kontakte mit Primarschülern ermöglicht werden, so benötigen die Seminaristen doch ein breiter ausgebautes Übungsfeld. Die Viert- und Fünftklässler haben daher in der «Schulpraxis» (früher: Übungsschule) Gelegenheit, den Schulalltag beobachtend und mitgestaltend kennenzulernen. In der Regel arbeiten sie einen ganzen Tag pro Woche – zuerst zu zweit, dann allein – in der Schulstube eines Primarlehrers, wobei jeder im Verlaufe der zwei Jahre von der Mittelstufe I (3./4. Klasse) über die Unterstufe (1./2. Klasse) zur Mittelstufe II (5./6. Klasse) wechselt. Dieses Modell wurde verwirklicht in bewusster Anlehnung an das Meister-Lehrlings-Verhältnis und gestattet, die gängige Kultivierung der mustergültigen Einzel-Lektion zu überwinden. Der Schulalltag ist ja durchaus nicht die Summe einzelner Lektionen, sondern ist gekennzeichnet durch Kontinuität in der Kommunikation, in den erzieherischen Absichten und im stofflichen Aufbau sowie durch eine Vernetzung aller nur denkbaren Komponenten. Der Seminarist soll durch aktive Teilhabe an diesem Prozess so nah wie nur möglich in die Praxis eingeführt werden.

Diese Anliegen können noch wesentlich konsequenter in den *Schul-Praktika* gepflegt werden. Bereits in der 1. Klasse gehen unsere Seminaristen für drei Tage ins sogenannte «Schnupperpraktikum». Diese Massnahme wirkt sich motivierend auf das gesamte Lernen aus und ist auch ein Beitrag, noch unsichere Berufsentscheide klären zu helfen. In der 2. Klasse dauert das Praktikum zwei und in der 4. und 5. Klasse je drei bis vier Wochen. Die Viert- und Fünftklässler absolvieren ihre Praktika jeweils in jenen Klassen und bei jenen Lehrern, die sie bereits von der allwöchentlichen Schulpraxis her kennen.

Der Seminarist kommt im Verlaufe seiner berufsspezifischen Ausbildung mit ziemlich vielen Lehrern und Praxis- bzw. Praktikumsleitern in Kontakt, so dass er kaum so etwas wie eine «einheitliche Doktrin» – sofern dies überhaupt wünschbar wäre – erlebt. Um die Widersprüche in einem erträglichen Masse zu halten und sie im Rahmen des Möglichen zu verarbeiten, wird die Fächergruppe Pädagogik, Psychologie und Allgemeine Didaktik pro Klasse von einem einzigen Lehrer erteilt und werden die Praxis- und Praktikumsleiter immer wieder zum Gespräch zusammengeführt.

Die Schülerberatung

Im allgemeinen werden die Funktionen des Lehrers und des psychologischen Beraters für nur schwer vereinbar gehalten. Trotzdem wurde ich bei meiner Anstellung mit drei Aufgaben betraut: Gestaltung des «Grünen Dienstags»,

Pädagogik-/Psychologie-/Didaktik-Unterricht und Schülerberatung. Mehrjährige Erfahrung hat gezeigt, dass der Entschluss eines Schülers, zur Bewältigung eines Problems irgendwelcher Natur das Gespräch mit dem Berater zu suchen, meistens im Rahmen des Unterrichts heranreift und gefasst wird. Ich habe bedeutend weniger Klienten aus jener Klasse, in der ich jeweils nicht unterrichte. Ich nehme an, dass sich Schülerberatung und Unterrichten unter anderem darum recht gut vereinen lassen, weil ich keine Noten machen muss.
Der zeitliche Aufwand für Einzelgespräche mit Schülern bewegt sich zwischen fünf und sieben Stunden pro Woche. Das Themenspektrum ist praktisch unbeschränkt. In Fällen, wo ernsthafte neurotische Störungen sichtbar werden, rate ich dem Schüler zu einer Therapie bei einem aussenstehenden Therapeuten.
Ich behandle dieses Thema – gemessen an seiner Bedeutung – ungebührlich kurz, da ich nicht Gefahr laufen will, irgendwelche Grenzen der Intimität zu überschreiten. Meine Beratungstätigkeit hat indessen meine Überzeugung verstärkt, dass das persönliche Gespräch für viele junge Menschen eine grosse, vielleicht notwendige Hilfe ist in ihrer seelisch-geistigen Entwicklung.

Wer bezahlt?

Die Eltern unserer internen Schüler wenden pro Jahr rund zwölftausend Franken auf, wobei dort, wo es gerechtfertigt ist, Stipendien oder zinslose Darlehen gewährt werden. Die Selbstkosten pro Schüler betragen fast das Doppelte. Wir können uns darum finanziell über Wasser halten, weil erstens der Kanton Zug die Kosten für die Zuger Schüler übernimmt, weil zweitens die «Stiftung Lehrerseminar St. Michael» mit Hilfe von Spendengeldern einen Teil des Defizits trägt und weil drittens jährlich in den Diözesen Basel und St. Gallen sowie in Stadt und Kanton Zürich ein Kirchenopfer zu unsern Gunsten aufgenommen wird.

Ausblick

Der Zeitgeist – was immer das auch sei – ist weithin geprägt durch Angst: Angst vor der Zukunft, vor Krieg, Zerstörung der Umwelt und der Versklavung des Menschen durch perfekte Systeme. Unser Schulwesen wird zunehmend ein perfektes System: Die Lehrpläne entwickeln sich zu hohen Werken wissenschaftlicher Kunst, das Schulrecht füllt ganze Bände, die Kompetenzen sind also geklärt, und die Lehrmittel verhindern jeden Fehltritt. Alles wird verbessert in bester Absicht. Nur: Die Jungen rebellieren oder – im schlimmern Falle – passen sich resignierend an, denn das Ganze funktioniert ohne sie.
Aber es gibt nicht nur die Angst; in vielen und in vielem regt sich Hoffnung. Die Rede von der «neuen Zeit» ist ein offener Traum. Vielleicht ist unsere Schule ein Teil davon.

Das Projekt «Märtplatz»

Neue Wege im Bereich der Lehrlingsausbildung
von Jürg Jegge, Märtplatzleiter

Was Hänschen nicht lernt, lernt Hans im Glück

Man kennt die Art der Beweisführung von den Rheumadecken-Verkäufern. Diese pflegen in den Hinterzimmern der Gasthöfe abwechslungsdurstige Pensionisten um sich zu versammeln. Sie halten ihnen eine ergreifende Rede über die Hinfälligkeit der Welt im allgemeinen und diejenige der Anwesenden im besonderen, dann schwärmen sie folgerichtig derart eindringlich vom Rheuma, bis es die Anwesenden vor Ergriffenheit nicht mehr aushalten, sich so ein wenig fusselndes Textil erstehen und ganz gelöst damit abziehen. Genau so will ich jetzt auch vorgehen.
Die Rede über die immer grösser werdende Hinfälligkeit der Welt kann ich mir sparen. Ich will nur reden von unserer Unsicherheit einer unsicheren Zukunft gegenüber. Ende der Hochkonjunktur, Erschöpfung der Rohstoffquellen, Arbeitslosigkeit, innere Ausgehöhltheit durch den stattgehabten Wohlstand, Weltverschmutzung – wo nüchtern Auslegeordnungen oder Voraussagen gemacht werden, schauen sie düster aus. Vorläufig haben wir ja noch unsere Posten; wir werden sie, Wohlverhalten vorausgesetzt, nicht so bald verlieren, sie ermöglichen uns die sommerliche Reise nach Cinqueterre, und für den Winter spendet Mozart Trost durch Böhm. Aber in diese Zukunft fallen junge Menschen an uns vorbei. Sie werden arbeitslos, brechen ihre Schulausbildung oder Lehre ab, der erlernte Beruf freut sie nicht, füllt sie nicht aus, sie wissen nicht, was sie jetzt tun sollen und in dieser Welt überhaupt. Das sogenannte Drogenproblem stellt ja nur die Spitze eines Eis-, eines Granitberges dar. Kann man versuchen, da etwas entgegenzustellen?
Nein, keine Schule. Kein Einweg-System, das man in seinen Grundzügen einigen barocken Fürsten und ihren fromm-willfährigen Zusennen abgeschaut hat. Arbeitslose gibt es, weil das Einweg-System «Industrie» nicht mehr richtig funktioniert, Schulabbrecher, weil das Einweg-System «Schule» sich als nicht ausreichend flexibel erweist. Die Einbahnstrassen von oben nach unten entpuppen sich zunehmend als Scheissgassen, die Heilsverwaltungen funktionieren nicht mehr, mangels Heil. Da muss man schon unten anfangen, bei und mit den direkt Betroffenen. (Sir Charles, schau herüber. Nicht von oben her Glück verordnen, sondern von unten her Leid vermindern, so ungefähr in der «Offenen Gesellschaft» Band 1, gell?) Also: Keine Schule, aber eine Lernwerkstatt (nicht Lehr-!), eine Un-Schule, ein Institut zur Förderung von Jugendlichen und Angeheiterten,

einen Marktplatz. Es ist schwer, unbelastete Wörter zu finden, die Pädagogen haben hier gewaltig herumgewütet, um ihre Einbahnstrassen jeweils neu zu benamsen. «Marktplatz» gefällt mir vorläufig am besten, als Erinnerung einerseits ans antike Forum, wo ein Mordswirbel herrschte und einer, wenn er lebendig genug war, eine Menge für sein Leben lernen konnte, ohne je eine Schule besuchen zu müssen, als Reverenz andererseits vor den oben verschrienen Pädagogen, stellvertretend: vor dem entsetzlich seriösen Theodor Litt, der sehr genau zu unterscheiden wusste zwischen «Pädagogik», die er als Geisteswissenschaft verstand, und dem «wechselvollen Getümmel auf dem Markt des Lebens», dem er grosszügigerweise auch gleich noch den Theaterdonner der Reformpädagogen zurechnete.

Wir haben einen Zettel verfasst («Ein Papier» nennt man das meist, auch wenn es zwanzig Seiten stark ist, aber bei uns ist es wirklich 1 Zettel): Warum machen wir den «Marktplatz»?

1. Weil Arbeitslosigkeit herrscht. Ob und auf welche Weise die vielen Jugendlichen beschäftigt werden können, die jetzt noch in der Schule oder Berufsausbildung sind, vermag im Augenblick niemand zu sagen, der sich und andern nicht etwas vormacht. Aber zwei Dinge werden nach den bisherigen Erfahrungen wichtig sein: dass einer einen Beruf gelernt hat (als «gesellschaftliches Fundament») und dass er darüber hinaus möglichst viel mit sich selber und der Umwelt anfangen kann.
2. Weil viele junge Menschen sich nicht so entwickeln, wie Schul- und Ausbildungspläne vorschlagen. Sie kämpfen sich mühevoll durch, brechen ihre Ausbildung ab oder wissen nach Beendigung der Lehre oder Schule erst recht nicht, wie es nun weitergehen soll. Es fehlt ihnen die Möglichkeit, sich auf den verschiedensten Gebieten auszuprobieren und so Erfahrungen mit sich selber zu sammeln.
3. Weil Schul- und Ausbildungspläne den jungen Menschen wichtige Anregungen und Erfahrungen vorenthalten dadurch, dass sie Schul- und Ausbildungspläne sind. Wenn einer einmal irgendwo «eingespurt» ist, verschliessen sich ihm wichtige andere Möglichkeiten, im besten Fall verkommen sie zum «Hobby». Das ist menschlich unerträglich: Viele Menschen leben so an wichtigen Seiten ihres Wesens vorbei und sind unglücklich. Es ist sozial ungerecht: Die Weichenstellungen werden wesentlich von seiner Herkunft mitbestimmt. Und es ist volkswirtschaftlich unsinnig, da Zeiten der Arbeitslosigkeit grosse Beweglichkeit erfordern. Mit einer Lernwerkstatt ist da allerseits besser gedient.
4. Weil Beweglichkeit und Beweglichkeit nicht dasselbe ist. Es gibt eine Beweglichkeit, die auf kaputten Möglichkeiten beruht: Der erlernte Beruf kann nicht ausgeübt werden, das damit verbundene Selbstvertrauen ist geschwunden, man muss sich halt umsehen, wo irgendwo eine Hilfsarbeit angeboten wird; welche ist weniger wichtig. Es gibt aber auch eine Beweglichkeit, die darauf beruht, dass man selber Möglichkeiten aufspürt und diese ergreift (tätig sein statt beschäftigt werden). In diesem Fall fusst das Selbstverständnis nicht auf

dem erlernten Beruf, sondern auf den Erfahrungen, die man mit sich und seiner Umwelt gemacht hat, auf den Möglichkeiten und Grenzen, die man in sich selber spürt, auf der eigenen seelischen Lebendigkeit.

Wie kann man so einen -keit-Zettel mit Leben füllen? Da muss man erzählen. Von Martin zum Beispiel, dem Sohn eines einfachen Textilarbeiters, einem lustigen, gescheiten, zeichnerisch sehr talentierten Burschen, der nach der Sekundarschule eine Maschinenzeichnerlehre begann, da niemand in seiner Umgebung auf den Gedanken gekommen war, dass man ein künstlerisches Talent auch anders einsetzen könnte als in der Metallindustrie, der sich in seiner Lehre immer unglücklicher fühlte und sie nach zwei Jahren mit einem halbbatzigen Diplom vorzeitig beendete, um dann zwei Jahre lang Hilfsarbeiten zu machen und Geld auf die Seite zu legen mit dem Gedanken: Nachher gehe ich auf die Kunstgewerbeschule. Die Kunstgewerbeschule in Zürich kann jedes Jahr etwa hundertzwanzig Schüler in den Vorkurs aufnehmen. Unter den sechshundert Angemeldeten finden sich sicher hundertzwanzig Kinder von Grafikern, Lehrern, Kinder aus «künstlerisch interessiertem Milieu» halt, die sich bei so einer Aufnahmeprüfung leichter tun als Martin, bei dem zuhause die Titelblätter der Familienzeitschrift den Wandschmuck bildeten. Was soll Martin jetzt machen? Zurück in die Metallindustrie, wo unterdessen Arbeitslosigkeit droht? Oder man müsste von Alberto berichten, einem hochsensiblen, sehr intellektuell wirkenden Buben mit einer Italiener-Mutter, der am Ende der sechsten Klasse einfach nicht soweit war, dass er die Aufnahmeprüfung in die Sekundarschule schaffte, aber seither auf dem verbleibenden industriell-handwerklichen Geleise weitergeschubst wurde und schliesslich eine Mechanikerlehre machte (da er sehr sensibel war, wurde auch noch eine Lehre als Feinmechaniker erwogen), diese Lehre auch beendete, aber so unglücklich und so verzweifelt war, weil er sich selber in dem allem überhaupt nicht spürte, dass er schliesslich dem Drogenkonsum verfiel, an welchem er um ein Haar gestorben wäre. Oder von Peter, der eine Lehre als Bankangestellter macht und doch überhaupt kein Zahlenmensch ist und der auch damit rechnen muss, in ein paar Jahren durch irgendwelche Chips ersetzt zu werden. Oder von Käthy, die als Volksschul-Abgängerin und Italienerkind überhaupt keine Lehrstelle fand und höchstens in einem Supermarkt Gestelle auffüllen oder in einer Brotfabrik Backwaren verpacken könnte, was sicher für Supermarkt-Kunden erfreulicher ist als für Käthy. Es gibt in unserer Gegend viele junge Menschen in ähnlicher Situation, und da kaum anzunehmen ist, dass hier die Lehrer dümmer oder die Lehrherren herzloser sind als anderswo, dürfte es überhaupt viele geben. Ein paar von ihnen sitzen hin und wieder am Abend bei einem Glas Wein bei mir auf der Terrasse, Rosmarie und Hans sind mit dabei, Hans ist ein altbewährter Schulegründer, der schon unsern Schulversuch «Schule in Kleingruppen» wesentlich mit auf dem Gewissen hat, und wir hirnen gemeinsam am «Marktplatz» herum, die jungen Leute sind mit grösstem Interesse dabei, es ist wirklich ihre Sache, um die es hier geht. Einem von ihnen ist auch unser Titel eingefallen, der doch ausschaut, als hätte sich ihn ein Schriftsteller seiner Urkünstlerdrüse abgepresst.

Wie wird der «Marktplatz» aussehen? Zunächst kann man hier eine Berufslehre absolvieren. Wir wollen beginnen mit vier Töpfern, vier Köchen und zwei Fotografen. So der Stand unserer Beratungen, das kann sich noch ändern. Die vier Töpfer arbeiten in der Lernwerkstatt, und sie besuchen die offizielle Berufsschule, einen Tag pro Woche, wie es sich gehört. Die vier sorgen gemeinsam dafür, dass jeder einigermassen über die Runden kommt, sie machen zusammen die Hausaufgaben und lernen gemeinsam für die Prüfungen. Ein gelernter Töpfer arbeitet mit und betreut die Gruppe vom Fachlichen her.
Diese Einrichtung des Marktplatzes (die «Bude» gewissermassen) hat gleich vier Vorteile: Es werden Lehrstellen geschaffen, gemeinsam tun sich die Lehrlinge leichter mit der Berufsschule, sie erarbeiten sich durch das Bestehen der Berufslehre ein Stück dessen, was wir «gesellschaftliches Fundament» genannt haben – nicht nur Verdienstmöglichkeiten (die sind gegenwärtig bei einem Mechaniker genau so unsicher wie bei einem Töpfer) oder Anerkennung durch die Umwelt («Initiationseffekt»), es gibt auch eine ganze Reihe schöner Berufe wie Sozialarbeiter, Polizist oder Zoowärter, für die eine Berufslehre Voraussetzung ist.
Und viertens ist durch den Kontakt mit dem «harten Leben» dafür gesorgt, dass unser «Marktplatz» nicht verinselt. Nun ist es aber keineswegs so, dass ein Lehrling in seiner Lehre nur lernt. Er produziert auch. Natürlich lernt er auch beim Produzieren, aber um beispielsweise kochen zu lernen, ist es nicht unbedingt nötig, dass einer hundert Salate pro Tag verfasst. Es gibt da offenbar eine Grenze, wo der Lerneffekt in Profit für den Lehrherrn umschlägt. Lässt sich diese Grenze ausmachen? Es gibt eine Zahl: etwa 50%. Dies ermittelte das österreichische Institut Bildung und Wirtschaft durch eine Umfrage bei Gewerbetreibenden: Die Zahl schwankt stark im Laufe der Lehrzeit (1. Lehrjahr 24,7%, 3. oder 4. Lehrjahr 71,4%), sie schwankt auch etwas je nach Beruf, ist im Gastgewerbe etwas höher (55,1%), bei den Friseuren etwas tiefer (43,14%). Ich glaub' beides nicht, es sind Zahlen der Arbeitgeber, das ist so, wie wenn die Veranstalter einer Demonstration ihr Publikum schätzen, nur umgekehrt, auf jeden Fall dürften die 50% ausreichend bemessen sein. Dieser «Produktionseffekt» entfällt beim «Marktplatz». Statt dessen haben die «Lehrlinge» Gelegenheit, sich «im Getümmel auf dem Markt des Lebens» umzusehen, Dinge auszuprobieren, die für sie und für ihr Leben wichtig, nützlich oder ganz einfach lustig und angenehm sind. Wir haben einen Katalog angefangen, der immer noch erweitert wird, vorläufig ist es ebenfalls 1 Zettel:

sich ausdrücken	Theater, Pantomime, Puppenspiel, Führung eines Kleintheaters, bildnerische Techniken (Malen, Bildhauern usw.), Medientechniken (Film, Radio, Journalismus, Bücher machen, Siebdrucken), Musik, Sprachen
sich einrichten	«Landwirtschaft» (Gartenbau, Landbau, Bienenzucht, Weinbau, Alp führen), handwerkliche Techniken (Holzbearbeitung, Möbel restaurieren, sein Auto selber reparieren, Textilverarbeitung, Spinnen, Weben, Färben, Nähen, Schmieden, Elektrikertechniken, Buchbinden), Trödlern,

Arbeit von Käthi, Fotolehrtochter

	Alternativtechnologien (Sonnenenergie, Stromerzeugung), Renovieren (Bauernhaus in Niederösterreich)
sich zurechtfinden	denken, Bücher lesen, diskutieren, Feste feiern, Theater, Kino, Atelier besuchen, alle politischen Parteien kennenlernen
sich pflegen	medizinische Grundkenntnisse, Hygiene, Sport, (Segeln, Tennis, Bergsteigen, Fischen...)
sich wehren	Recht, Umgang mit Behörden, Buchhaltung, Steuererklärung, Informationsbeschaffung, Umgang mit Lexika, Umgang mit Banken, mit Versicherungen, Bürgerinitiativen (konkrete Projekte), Produktionsgemeinschaften, Vernetzung, Transparenz anhand der Schule (Woher kommt das Geld? Wer verdient?)

Das alles sind keine Bastel-Freizeit-Kurse. Wir wollen gemeinsam mit den Leuten, die sich da auskennen, weil sie da bereits etwas tun, etwas tun. Nicht unbedingt alle! Auch wenn sich nur zwei Marktplätzler für etwas interessieren, sollen sie Gelegenheit dazu erhalten. (Ich habe jetzt zum zweitenmal «erhalten» geschrieben, beim ersten Mal durchgestrichen und durch «haben» ersetzt.

«Erhalten» ist ein Einbahnstrassen-Wort eines ehemaligen Schulmeisters. Meine Arbeit wird sein, den Marktplätzlern diese Gelegenheiten zu «verschaffen», das ist etwas ganz anderes.) Aber so ungefähr stellen wir uns das vor. Wir legen gemeinsam fest, was uns beschäftigen wird in nächster Zeit – neben der kontinuierlichen Arbeit an der eigenen Berufsausbildung. Und das tun wir dann halt. Und wer in unserer Umgebung sich auch dafür interessiert und mittun oder etwas beitragen möchte, soll dies ruhig tun.

Natürlich sind jetzt noch viele Fragen ungelöst. Nicht zuletzt auch die Frage der Geldbeschaffung. Es gibt auch 1 Zettel, übergetitelt: Vom Geld. Mehr steht da noch nicht drauf. Aber bald wird mehr draufstehn. Wir sind auch da dabei, unsere Vorstellungen zu entwickeln.

Auf alle Fälle wollen wir's wagen. Unser Marktplatz ist zwar kein Allheilmittel gegen die Unbill einer hinfälligen Welt. Aber meinetwegen ein Textil, unter das sich ein paar Leute eine Zeitlang verkriechen können. Denkbar ist allerdings, dass das Ding fusselt und so noch Spuren hinterlassen wird.

Betreffend Hansens Glück und dessen Lerneffekt

Ein paar spätere Zettel

Lernt Hans wirklich? Und wie geht es ihm und dem «Märtplatz» dabei? Wie zeigt sich diese Utopie jetzt, im dritten Jahre ihres Eintauchens in die Wirklichkeit? Hat die Decke Federn gelassen?

Als wir im Frühling 1985 mit dem «Märtplatz» begannen (der Text «Was Hänschen nicht lernt...» erschien im Frühling 1984 im «Rohrstock»), war das Erstaunen allgemein. «Wie, ihr wollt es wirklich wagen?» Offenbar war man nicht gewohnt, dass auch schöne Konzepte in die Wirklichkeit umgesetzt werden. Wir hatten mit einer Bettelaktion etwa 60000 Franken gesammelt und begannen, etwas fahrlässig, mit dem Betrieb. Dezentral, wo Nischen ausfindig gemacht werden konnten, richteten wir unsere Werkstätten ein, die StiftInnen halfen nach Kräften mit. Grosse Unterstützung bekamen wir auch von den zuständigen Stellen im Berufsbildungsamt, damit die Lehrverhältnisse unseren Möglichkeiten und zugleich den Bestimmungen des Berufsbildungsgesetzes entsprachen.

Heute, im Sommer 1987, arbeiten im «Märtplatz» 2 Kochlehrlinge, 3 Fotofach-Angestellte (nicht Fotografen, wie wir das ursprünglich vorhatten; wir sind auf die etwas weniger anspruchsvolle, aber vielfältigere Fotofachangestellten-Lehre ausgewichen), 2 Schreiner, 2 Töpfer, 2 Requisiteure, 1 Kascheur, 1 Bühnenhandwerker und 2 Journalisten. Fast überall sind auch -Innen dabei, aber die offiziellen Berufsbezeichnungen sind nach wie vor männlich. 3 Jugendliche absolvieren ein Berufsfindungsjahr.

Unterschiede zu unseren ursprünglichen Vorstellungen fallen auf: Weniger Lehrlinge pro Beruf, hier hatte beim Konzept noch der Schulklasse-Gedanke hineingespukt. Dafür mehr Berufe, auch solche, die nicht im Berufsbildungsgesetz aufgeführt sind und für die wir gemeinsam mit den betreffenden Fachleuten

„MÄRTPLATZ"

Theaterleuten, Journalisten) eigene Ausbildungsgänge entworfen haben. (Ein Kascheur macht übrigens das Bühnenbild plastisch: Stuck, Säulen, Statuen usw.) Dazugekommen ist auch das Berufsfindungsjahr, das eifrig benutzt wird, und es ist schon mehr als einmal vorgekommen, dass wir für einen ratlosen Berufsfindungsjährler ganz einfach einen Beruf «erfunden» haben. (Die Journalistenlehrlinge haben übrigens einen eigenen «Übungsblätz», die halbjährlich erscheinende «Märtplatz»-Zeitschrift «Ausdruck». Daneben machen sie Stages bei verschiedensten Medien, die Theaterberufler praktizieren in verschiedenen Theatern.)
In der Berufsschule (sie muss von den Schreinern, Köchen, Töpfern und den Fötelern besucht werden) machen unsere StiftInnen die unterschiedlichsten Erfahrungen. Das geht von völliger Mühelosigkeit bis zu gewaltigen Schwierigkeiten. Im allgemeinen sind aber unsere Lehrlinge wie deren Lehrer sehr willig.
Die Kurse, das «zweite Bein» des «Märtplatzes», haben sich so angelassen, wie wir uns das vorgestellt haben. Sie werden in der alle vierzehn Tage stattfindenden «heiligen Stunde» gemeinsam vorbesprochen, von mir eingefädelt und dann von den Jugendlichen organisiert. Pro Kurs nehmen zwischen 5 und 12 Märtplätzler teil, manchmal auch deren Freundinnen und Freunde.
Das Schönste sind für mich die Club-Abende. Vom «Märtplatz» sind etwa 12 Leute anwesend. Unsere Küche kocht ein fünfgängiges Menu (das müssen die ja

auch lernen), und eingeladen sind Menschen, die ganz andere Erfahrungen haben als wir: Bhagwan-Anhänger, Homosexuelle, Polizisten, Fabrikbesitzer, Behinderte, Gemeindepräsidenten, Flüchtlinge. Wir sitzen einen Abend lang beisammen, essen, trinken, reden miteinander und versuchen zu verstehen, wie andere mit dieser Veranstaltung namens Leben umgehen.

Der Zettel «Geld» war 1984 noch recht leer, 1985 war's die Kasse oft genug auch. Inzwischen hat sich das einigermassen eingepegelt. Spender und Stiftungen haben geholfen, wir sind im Gespräch wegen Subventionen, ein Gönnerkreis hat sich gebildet. Wir sind aber nach wie vor sehr auf Spenden angewiesen, ein Umstand, der dem Leser dieses Buches auch anderweitig aufgefallen sein dürfte. Völlig unerwartet hat sich uns eine «Einnahmequelle» eröffnet: die «Goldschätze». Ein Goldschatz ist ein Jugendlicher, der eigentlich in einem Heim hätte untergebracht werden müssen. Wohnen kann er bei einem älteren Märtplätzler, der für ihn zugleich so etwas wie Götti-Funktion übernimmt. Die Summe, die der Versorger für das Heim bezahlen müsste, kommt aufs «Märtplatz»-Konto. Darüber wird im «Märtplatz» offen geredet, was so einen Goldschatz ordentlich aufwertet: Dank (beispielsweise) seiner seinerzeitigen Delinquenz trägt er zum Fortbestehen des «Märtplatzes» bei.

Und der «Erfolg»? Leute, die uns in Abständen besuchen, machen uns darauf aufmerksam, dass die StiftInnen offener, freier werden (wenn man selber zu nahe dran ist, merkt man's weniger). Einer hat seine Lehre abgebrochen und ist aus dem «Märtplatz» ausgetreten. Ein anderer, den wir im vierten Lehrjahr übernommen haben, nachdem er wegen Unfähigkeit und Unbotmässigkeit entlassen worden war, hat seine Lehre nach einem Jahr «Märtplatz» erfolgreich beendet.

Zum Schluss: Es gibt ein christlich-abendländisch-kapitalistisch-kommunistisches Dogma, nach welchem der Mensch ein Wesen ist, das man schinden muss, sonst schaut nichts dabei heraus. Bei uns kann man sehen, dass es, wie die meisten Dogmen, falsch ist.

P.S.: Da der Märtplatz in den im dritten Teil dieses Buches enthaltenen Kurzbeschreibungen nicht mehr auftaucht, hier noch die Kontaktadresse:

Stiftung Märtplatz, Weissenhaldenstrasse 1, 8427 Rorbas

Dritter Teil

Ergänzende Informationen, Hinweise und Adressen

1. Übersicht über die alternativen und freien Schulen der Schweiz

Anschriften und Kurzbeschreibungen

Vorbemerkungen:

Die nachstehenden Kurzbeschreibungen beruhen im wesentlichen auf den Ergebnissen einer im Sommer und Herbst 1987 durchgeführten schriftlichen Umfrage bei den einzelnen Schulen. Das Adressmaterial basiert auf persönlichen Recherchen und einer Befragung der kantonalen Erziehungsdepartemente der Schweiz vom Sommer 1986. – Die Auswahl der in dieser Zusammenstellung aufgenommenen Schulen kann sicherlich von verschiedenen Seiten her in Frage gestellt werden. Es ging mir hier, wie in diesem Buch überhaupt, auch nicht um Vollständigkeit und um genaue Definitionen, sondern eher um die Angabe einer allgemeinen Entwicklungstendenz hin zu offeneren Schulstrukturen, in welchen ein individuelleres, selbstbestimmteres Lernen leichter möglich ist als in der sonst üblichen Schulorganisation. In diesem Sinn enthält die nachfolgende Übersicht wohl die heute interessantesten Versuche und Modelle.

Montessori-Schulen

Montessori-Schule, Seestrasse 75, 8875 Nuolen (1)

Nach der Eröffnung eines Montessori-Kinderhauses (für Drei- bis Sechsjährige) im Jahre 1983 wurde in Nuolen im Frühjahr 1987 eine Montessori-Primarschule eröffnet. Sie wird als Tagesschule geführt und gegenwärtig von acht Erstklässlern besucht. Diese werden von einem Primarlehrer mit Montessori-Ausbildung unterrichtet. Es sollen jedes Jahr weitere acht Erstklässler aufgenommen werden, so dass die Schule in absehbarer Zeit zwei Klassen (1. bis 3. und 4. bis 6. Schuljahr) mit je 20 bis 24 Schülern umfassen wird. Ein weiterer Ausbau der Schule (Einrichtung einer Oberstufe) ist denkbar, zur Zeit aber nicht geplant.
Die durchschnittliche Höhe des Schulgeldes beträgt 170 Franken für das Kinderhaus und Fr. 390.– für die Primarschule. Die Möglichkeiten eines gestaffelten Schulgeldes und evtl. Schulgeldreduktionen im Bereich der Primarschule – sie waren in der Aufbauphase der Schule nicht möglich – werden zur Zeit diskutiert.
Die Montessori-Schule Nuolen ist Mitglied der Assoziation Montessori Schweiz. Ihre Arbeit basiert auf der pädagogischen Theorie und Praxis von Maria Montessori. Dementsprechend ist der grössere Teil der Vormittage der «Freiarbeit» in einer dafür vorbereiteten Umgebung, das heisst der weitgehend selbständigen Beschäftigung mit dem besonderen Montessori-Lernmaterial gewidmet. Die allmorgendliche Freiarbeit wird durch eine kürzere Phase gemeinsamer Aktivität (musizieren, sprechen, erzählen) ergänzt. An den Nachmittagen ist Platz für Ausflü-

ge, für Rhythmik, Turnen, gestalterische Arbeit usw. - Die Montessori-Schule Nuolen orientiert sich in ihrer Arbeit an den staatlichen Lehrplänen. Eine detaillierte Zusammenstellung des von jedem einzelnen Kind erarbeiteten Schulstoffes (zweimal pro Jahr), schriftliche Berichte des Lehrers und ausführliche Elterngespräche treten an die Stelle der Notenzeugnisse. Die Eltern nehmen am Leben der Schule teil und gestalten dieses mit (Zubereitung des Mittagessens, Durchführung des Sommerfestes und anderer «Aktionen» usw.). Für das, was in der Schulstube geschieht, sind jedoch ausschliesslich die Lehrer/innen verantwortlich.

Montessori-Schule Luzern, Zinggentorstrasse 4, 6006 Luzern (2)

Die Montessori-Schule Luzern besteht aus einer 1976 gegründeten Vorschule sowie einer 1987 gegründeten Primarschule. Die Vorschule wird als Halbtagsschule geführt und besteht aus einer Vormittags- und einer Nachmittagsklasse (je 27 Kinder von drei bis sieben Jahren und zwei Lehrer/innen pro Klasse). Die als Tagesschule geführte Primarschule besteht zur Zeit, im Sommer 1987, erst aus einer ersten Klasse; es ist vorgesehen, die Schule im Verlauf der nächsten Jahre bis zur 6. Primarklasse auszubauen. Das Schulgeld beträgt zur Zeit Fr. 172.- für die Vorschule und Fr. 490.- für die Primarschule. Eine Schulgeldreduktion soll dank einer entsprechenden Stiftung möglich gemacht werden.
Die Schule ist Mitglied der Montessori-Vereinigung Schweiz. Der Unterricht der Montessori-Schule Luzern basiert auf der Pädagogik Maria Montessoris; dabei sind die Lehrmittel zeitgemäss erweitert. In der Primarschule tritt neben die «Freiarbeit» der geführte Klassenunterricht, dem etwa dieselbe Zeit eingeräumt wird. Inhaltlich orientiert sich die Schule an den Lehrplänen der Luzerner Primarschulen, wobei die Kinder häufig mehr als das dort Vorgeschriebene leisten. Die Schülerbeurteilung erfolgt in Form schriftlicher Berichte; Noten gibt es vor der 5. Klasse keine. Schüler und Eltern werden in die Gestaltung des Schullebens mit einbezogen; eine Verpflichtung zur Mitarbeit besteht jedoch nicht. (Zur Theorie und Praxis der Montessori-Pädagogik vergleiche auch die Darstellung der Montessori-Grundschule Bern in diesem Buch.)

Montessori-Grundschule Bern, Lorrainestrasse 18, 3013 Bern (3)

Die 1985 eröffnete, als Tagesschule geführte Montessori-Grundschule Bern zählt 26 Schüler/innen von der 1. bis zur 4. Klasse. Diese werden von zwei Lehrer/innen und zwei Mitarbeiter/innen für musische und handwerkliche Fächer betreut und unterrichtet. Das durchschnittliche Schulgeld beträgt Fr. 420.- pro Schüler und Monat. Individuelle Schulgeldregelungen sind möglich. Die Schule ist Mitglied der Assoziation Montessori Schweiz. Die pädagogische Theorie und Praxis von Maria Montessori sind für die Arbeit der Schule massgebend. (Mehr über die Montessori-Grundschule Bern und ihre Pädagogik siehe in der ausführlichen Darstellung dieser Schule im vorliegenden Buch.)

Montessori-Schule Zürich, Spyristrasse 7, 8044 Zürich (4)

Die als Tagesschule geführte, 1987 eröffnete Montessori-Schule Zürich wird von 13 Erstklässler/innen besucht. Diese werden von einer Lehrerin, einer Mittagshilfe, einer Nachmittagsbetreuerin und einer Handarbeitslehrerin unterrichtet und betreut. Eine Erhöhung der Schülerzahl auf 20 bis 25 Schüler im Jahre 1988 und eine Erweiterung der Schule bis zur 6. Klasse ab 1989 sind vorgesehen. Das Schulgeld beträgt zur Zeit Fr. 700.- pro Kind und Monat. Dank eines Stipendienfonds sind Schulgeldreduktionen möglich. Die Schule ist Mitglied der Assoziation Montessori Schweiz; eine Mitgliedschaft im Verband Schweizerischer Privatschulen ist geplant.

Aufteilung der Schulen nach Kantonen

Kanton Aargau

5600 Lenzburg (38)
Freie Volksschule
Jurastrasse 16

5503 Schafisheim (27)
Rudolf Steiner-Schule Aargau
Alte Bernstrasse

5047 Schiltwald/Walde (51)
Demokratisch kreative Schule
D. und U. Kägi-Romano

Kanton Baselland

4147 Aesch (19)
Rudolf Steiner-Schule Birseck
Apfelstrasse, Post Aesch

4133 Pratteln (23)
Rudolf Steiner-Schule Mayenfels

Kanton Basel-Stadt

4054 Basel (43)
Anna Göldin-Gymnasium
Therwilerstrasse 7

4057 Basel (34)
Freie Volksschule Basel
Claragraben 123

4051 Basel (5)
Montessori-Schule
Socinstrasse 42

4059 Basel (18)
Rudolf Steiner-Schule
Jakobsberger Holzweg 54

Kanton Bern

3232 Ins (29)
Bildungsstätte Schlössli

6085 Hasliberg-Goldern (45)
Ecole d'Humanité

3235 Erlach (50)
Jolimont (Sommerhalbjahr,
sonst she. Kanton Zürich)

3013 Bern (3)
Montessori-Grundschule
Lorrainestrasse 18

3008 Bern (10)
Rudolf Steiner-Schule
Effingerstrasse 34

3063 Ittigen (10)
Rudolf Steiner-Schule
Ittigenstrasse 31

2502 Biel (28)
Rudolf Steiner-Schule
Rosenheimweg 1

4900 Langenthal (22)
Rudolf Steiner-Schule Oberaargau
Ringstrasse 30

3350 Langnau (14)
Rudolf Steiner-Schule
Oberemmental
Schlossstrasse 6

Kanton Genf

1201 Genf (44)
Collège Autogéré
8, rue de l'Ancien Port

1225 Chêne-Bourg (39)
Ecole Active
16bis, avenue Petit Sen

1208 Genf (36)
Ecole Active Barigoule
39bis, route de Malagnou

1207 Genf (49)
Ecole Moderne
5–7, rue du Clos

1242 Satigny-Genève (6)
Ecole Rudolf Steiner
213, rue d'Aire-la-Ville

Kanton Graubünden

7553 Tarasp (7)
Bergschule Avrona
Rudolf Steiner-Schule

7000 Chur (21)
Rudolf Steiner-Schule
Münzweg 20

Kanton Luzern

6003 Luzern (41)
Freie Volksschule
Unterlachenstrasse 9

6006 Luzern (2)
Montessori-Schule
Zinggentorstrasse 4

Kanton Neuenburg

2300 La Chaux-de-Fonds (37)
Ecole de la Grande Ourse
Terreaux 12

2043 La Jonchère (15)
Ecole Rudolf Steiner
La Coudraine

Kanton Nidwalden

6370 Stans (33)
Freie Volksschule Nidwalden
Büntistrasse 5a

Kanton St. Gallen

9500 Wil (31)
Freie Volksschule
Säntisstrasse 31

9000 St. Gallen (26)
Rudolf Steiner-Schule
Zwinglistrasse 25

Kanton Schaffhausen

8200 Schaffhausen (11)
Rudolf Steiner-Schule
Vordersteig 24

Kanton Schwyz

8875 Nuolen (1)
Montessori-Schule
Seestrasse 75

Kanton Solothurn

4143 Dornach (30)
Goetheanum, Freie Hochschule
für Geisteswissenschaft
Sekretariat

4500 Solothurn (9)
Rudolf Steiner-Schule
Allmendstrasse 75

Kanton Tessin

6934 Bioggio (13)
Scuola Rudolf Steiner
Zona industriale 1

Kanton Thurgau

8280 Kreuzlingen (16)
Rudolf Steiner-Schule
Bahnhofstrasse 15

Kanton Waadt

1110 Morges (12)
Ecole Rudolf Steiner de Lausanne
La Longeraie

Kanton Wallis

3960 Sierre (46)
Ecole des Nouveaux Buissonnets
31, rue St-Georges

Kanton Zug

6340 Baar (20)
Rudolf Steiner-Schule
Asylstrasse 15

6300 Zug (52)
Weiterbildungsschule Zug
Zugerbergstrasse

6300 Zug (48)
Lehrerseminar St. Michael
Zugerbergstrasse 3

Kanton Zürich

8001 Zürich (50)
Jolimont-Schule
Weinplatz 4

8125 Zollikerberg (35)
Freie Volksschule
Trichtenhausenstrasse 235

8910 Zwillikon (32)
Freie Volksschule Affoltern a.A.
Ottenbacherstrasse 15/17

8154 Oberglatt (40)
Freie Volksschule
Bahnhofstrasse 58

8046 Zürich (47)
Freie Primarschule Zürich
Wehntalerstrasse 425

8044 Zürich (4)
Montessori-Schule
Spyristrasse 7

8032 Zürich (8)
Rudolf Steiner-Schule
Plattenstrasse 39

8134 Adliswil (17)
Rudolf Steiner-Schule «Sihlau»
Sihlstrasse 23

8406 Winterthur (24)
Rudolf Steiner-Schule
Maienstrasse

8621 Wetzikon (25)
Rudolf Steiner-Schule
Zürcher Oberland
Usterstrasse 141

8422 Pfungen (42)
Weinlandschule
Konradstrasse 14-16

Alternative und Freie Schulen in der Schweiz

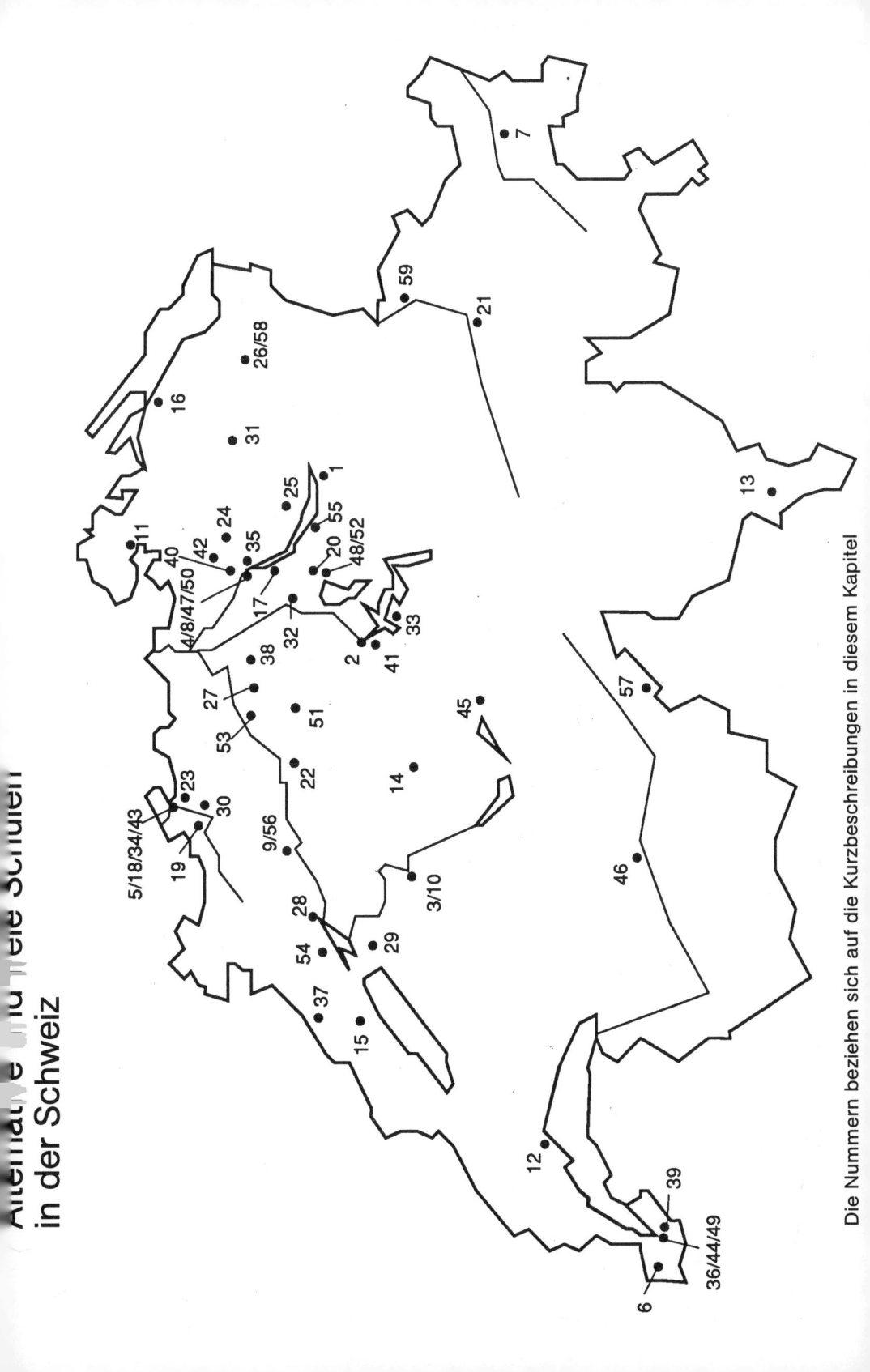

Die Nummern beziehen sich auf die Kurzbeschreibungen in diesem Kapitel

Die Arbeit der Montessori-Schule Zürich basiert, wie ihr Name sagt, auf der pädagogischen Theorie und Praxis Maria Montessoris (siehe dazu auch den Beitrag über die Montessori-Schule Bern in diesem Buch): Die freie, selbständige Einzel- und Gruppenarbeit mit geeigneten, zum Teil von M. Montessori selbst entwickelten Materialien prägt die Vormittage in den jahrgangsübergreifenden Klassen. Die Lehrpläne der Zürcher Primarschule gelten dabei als Orientierungsrahmen für diese «Freiarbeit». Im Rahmen eines entsprechenden Kurs- und Betreuungsangebotes werden am Nachmittag vor allem musische, handwerkliche und künstlerische Aktivitäten gepflegt.

Montessori-Schule Basel, Socinstrasse 42, 4051 Basel (5)

Die 1984 gegründete Montessori-Schule Basel ist noch keine Tagesschule! Die Schule wird von ca. 20 Schülern (1. bis 5. Klasse) besucht. Diese werden von zwei Montessori-Lehrer/innen, einer Heilpädagogin und einer Englischlehrerin betreut und unterrichtet. Mit diesem Lehrkörper könnten ca. 20 weitere Schüler aufgenommen werden. Eine entsprechende Vergrösserung ist zur Zeit wegen Raumproblemen jedoch noch nicht möglich. Die Höhe des Schulgeldes wird je nach individuellen Verhältnissen festgelegt; das durchschnittliche Schulgeld beträgt zur Zeit Fr. 450.- Die Schule ist Mitglied der Assoziation Montessori (Gladbachstrasse 62, 8044 Zürich). In ihrer Arbeit richtet sich die Montessori-Schule Basel nach der Pädagogik Maria Montessoris (mehr dazu siehe in der in diesem Band enthaltenen Darstellung der Montessori-Grundschule Bern). Die gemeinsame Schulung und Erziehung von behinderten und nicht behinderten Kindern ist der Montessori-Schule Basel ein wichtiges Anliegen; sie nimmt deshalb auch behinderte Kinder (bis zu einem Viertel der Gesamtschülerzahl) auf.

Rudolf Steiner-Schulen und verwandte Initiativen

Ecole Rudolf Steiner, 213, rue d'Aire-la-Ville, 1242 Satigny-Genève (6)

Die Ecole Rudolf Steiner von Satigny wurde 1980 eröffnet, nachdem schon seit längerer Zeit ein Kindergarten bestanden hatte. Die Schule wird heute von etwa 250 Kindern und Jugendlichen (Kindergarten und 1. bis 9. Klasse) besucht. Diese werden von ca. 23 Mitarbeitern betreut und unterrichtet. Die Eltern bestimmen die Höhe des Schulgeldes grundsätzlich selbst; als Mindestbeitrag gilt jedoch Fr. 200.- für ein und Fr. 300.- für zwei Kinder.
In ihrer Arbeit orientiert sich die Schule am Menschenbild Rudolf Steiners und an der von ihm entwickelten Pädagogik (mehr dazu u. a. in der ausführlichen Darstellung der Rudolf Steiner-Schule Basel in diesem Band).

Bergschule Avrona, Rudolf Steiner-Schule, 7553 Tarasp (7)

Die Bergschule Avrona wurde 1955 gegründet. Die Schule ist ein Internat für normal förderbare, milieugeschädigte oder verhaltensauffällige Kinder. Die zehn Klassen der Bergschule Avrona werden heute von 36 Internatsschülern (obere Platzgrenze ca. 45) sowie von sieben Mitarbeiterkindern und 5 externen Schülern aus Schuls besucht. Etwa 20 Mitarbeiter/innen betreuen und unterrichten die Kinder und Jugendlichen.
Ein Internatsplatz kostet Fr. 2500.- pro Monat. Die Summe wird häufig ganz oder teilweise durch Gemeinden, Kantone oder durch die IV (Schweizerische Invalidenversicherung) übernommen. Die Höhe des Schulgeldes für externe Schüler wird von deren Eltern selbst festgelegt. Die Bergschule Avrona ist Mitglied des Verbandes Schweizerischer Privatschulen.

In ihrer schulischen Arbeit orientiert sie sich an dem Menschenbild und der Pädagogik Rudolf Steiners. Dabei spielt der praktisch-handwerkliche und künstlerische Unterricht an der Oberstufe der Schule (10. Klasse) eine besondere Rolle: vier volle Nachmittage sind ihm gewidmet. Die Schule betrachtet ihre jetzige Form nicht als endgültig; ihr Konzept befindet sich in ständiger Bewegung und Weiterentwicklung. (Mehr über die Pädagogik Rudolf Steiners u.a. in der ausführlichen Darstellung der Rudolf Steiner-Schule Basel in diesem Band.)

Rudolf Steiner-Schule, Plattenstrasse 39, 8032 Zürich (8)

Die 1927 gegründete Schule zählt heute rund 600 Schüler/innen (von der 1. bis zur 12. Klasse) und ca. 65 Mitarbeiter/innen, nebst vier Kindergärten mit rund 110 Kindern. In Verbindung mit der Schule wird eine an die 12. Klasse anschliessende, organisatorisch jedoch unabhängige Matura-Schule für Steiner-Schüler geführt. Das Schulgeld wird der Situation der Eltern entsprechend jeweils individuell festgelegt. Die Schule arbeitet in der «Arbeitsgemeinschaft der Rudolf Steiner-Schulen in der Schweiz» mit und pflegt (im Rahmen von Tagungen, Kursen und Konferenzen) Arbeitskontakte mit der schweizerischen und der internationalen Steiner-Schulbewegung. In ihrer schulischen Arbeit orientiert sie sich am Menschenbild Rudolf Steiners und an der von ihm entwickelten Pädagogik (mehr dazu in der in diesem Band enthaltenen Darstellung der Rudolf Steiner-Schule Basel).

Rudolf Steiner-Schule Solothurn, Allmendstrasse 75, 4500 Solothurn (9)

Die 1977 gegründete Rudolf Steiner-Schule in Solothurn wird heute von 220 Kindern und Jugendlichen besucht (Kindergarten und 1. bis 10. Klasse). Diese werden von 20 Lehrer/innen und einer weiteren Mitarbeiterin betreut und unterrichtet.
Das Schulgeld beträgt Fr. 200.– bis Fr. 600.– pro Familie. Seine Höhe wird von den Betroffenen selbst bestimmt.
Die Arbeit der Schule basiert auf dem Menschenbild Rudolf Steiners und der von ihm entwickelten Pädagogik (mehr dazu u.a. in der ausführlichen Darstellung der Rudolf Steiner-Schule Basel in diesem Band).

Rudolf Steiner-Schule Bern, Ittigenstrasse 31, 3063 Ittigen, (10)
und Effingerstrasse 34, 3008 Bern

Die als Tagesschule geführte Rudolf Steiner-Schule Bern wurde im Jahre 1946 gegründet. Sie wird heute von 653 Kindern und Jugendlichen (ca. 60 Kindergartenkinder und ca. 590 Schüler von der 1. bis zur 12. Klasse) besucht. Diese werden von 66 Mitarbeitern betreut und unterrichtet. Die Schule an der Effingerstrasse (1. bis 8. Klasse) und diejenige an der Ittingenstrasse (1. bis 8. Klasse sowie gemeinsame Oberstufe) sind verwaltungsmässig nicht voneinander getrennt.
Die Eltern bestimmen die Höhe des Schulgeldes selber. Im Rechnungsjahr 85/86 betrug sie im Durchschnitt Fr. 220.– pro Kind; allerdings ist nicht der Beitrag pro Kind, sondern der Beitrag pro Familie üblich.
Die Arbeit der Schule basiert auf dem Menschenbild Rudolf Steiners (mehr zur anthroposophischen Pädagogik u.a. in der ausführlichen Darstellung der Rudolf Steiner-Schule Basel in diesem Band).

Rudolf Steiner-Schule, Vordersteig 24, 8200 Schaffhausen (11)

Die als Tagesschule geführte Rudolf Steiner-Schule in Schaffhausen wurde im Frühjahr 1979 mit drei Klassen (1. bis 3.) eröffnet. Die Schule wird gegenwärtig von 213 Kindern und Jugendlichen (Kindergarten und 1. bis 10. Klasse) besucht. Sie werden von 23 Lehrern betreut und unterrichtet (nicht alles Vollzeitmitarbeiter). Ein Ausbau der Schule bis zur 12. Klasse ist vorgesehen, doch besteht dafür noch kein fester Termin.

Die Schulgeldbeiträge werden von den Eltern in Absprache und mit Genehmigung des Vereinsvorstandes festgelegt. Ausgegangen wird von einer Selbsteinschätzung durch die Eltern.

In ihrer Arbeit orientiert sich die Schule am Menschenbild Rudolf Steiners und an der von ihm entwickelten Pädagogik (mehr dazu u.a. in der ausführlichen Darstellung der Rudolf Steiner-Schule Basel in diesem Band).

Ecole Rudolf Steiner de Lausanne, La Longeraie, 1110 Morges (12)

Die 1976 gegründete Ecole Rudolf Steiner de Lausanne umfasst 350 Schüler/innen (vom Kindergarten bis zur 12. Klasse) und 35 Mitarbeiter/innen. Die Höhe des Schulgeldes wird grundsätzlich von den Eltern selbst festgelegt. Sie beträgt zur Zeit im Durchschnitt Fr. 500.- pro Familie.

Die Arbeit der Ecole Rudolf Steiner de Lausanne basiert auf der Menschenkunde Rudolf Steiners und auf dem von ihm entworfenen Lehrplan. (Siehe dazu u.a. die in diesem Band enthaltene Darstellung der Rudolf Steiner-Schule Basel.)

Scuola Rudolf Steiner, Zona industriale 1, 6934 Bioggio (13)

Die 1977 gegründete, als Tagesschule geführte Rudolf Steiner-Schule von Bioggio wird heute von 163 Kindern und Jugendlichen besucht (Kindergarten bis 10. Klasse). Die Höhe des Schulgeldes wird von den Eltern selbst bestimmt. Es beträgt im Durchschnitt Fr. 380.- pro Familie. Sie orientiert sich am Menschenbild Rudolf Steiners und an dem von ihm entwickelten Lehrplan (mehr dazu u.a. in der ausführlichen Darstellung der Rudolf Steiner-Schule Basel in diesem Band).

Rudolf Steiner-Schule Oberemmental, Schlossstrasse 6, 3550 Langnau (14)

Die 1984 gegründete Rudolf Steiner-Schule in Langnau befindet sich noch im Aufbau. Zur Zeit wird sie von 52 Kindern (Kindergarten bis und mit 4. Klasse) besucht. Ihre beiden zweistufigen Klassen sowie der Kindergarten werden von drei Lehrer/innen mit Vollpensen geführt. Das Kollegium der Schule wird durch drei weitere Lehrer/innen mit Teilpensen ergänzt. Jedes Jahr soll eine neue erste Klasse eröffnet werden.

Die Höhe des Schulgeldes wird auch hier von den Eltern selbst bestimmt. Die Schule orientiert sich in ihrer Arbeit am Menschenbild Rudolf Steiners und an der von ihm entwickelten Pädagogik (mehr dazu in der ausführlichen Darstellung der Rudolf Steiner-Schule Basel in diesem Band).

La Coudraie, Ecole Rudolf Steiner, 2043 La Jonchère (15)

Die Rudolf Steiner-Schule in La Coudraie wurde 1984 gegründet. Die Schule befindet sich noch in einer Phase intensiven Aufbaus. Durch die jährliche Eröffnung einer neuen ersten Klasse soll die Schule bis in einigen Jahren ihre endgültige Grösse erreichen. Das Schulgeld beträgt durch-

schnittlich Fr. 240.-. Seine Höhe wird von den Eltern in Kenntnis der finanziellen Lage der Schule selbst bestimmt. Das Schulgeld wird pro Familie, nicht pro Kind, bezahlt. Es wird durch Spenden, Patenschaften und Veranstaltungen der Schule ergänzt, betragen die Gesamtkosten pro Schüler doch rund Fr. 380.- pro Monat.
Die Arbeit der Ecole Rudolf Steiner La Coudraie basiert auf dem Menschenbild und der Pädagogik Rudolf Steiners (mehr dazu in der ausführlichen Darstellung der Rudolf Steiner-Schule Basel in diesem Band).

Rudolf Steiner-Schule Kreuzlingen, Bahnhofstrasse 15, 8280 Kreuzlingen (16)

Die 1980 gegründete Rudolf Steiner-Schule Kreuzlingen wird zur Zeit von rund 30 Kindergartenkindern (zwei Gruppen) und rund 180 Schülern und Schülerinnen von der 1. bis zur 10. Klasse besucht. Die Kinder und Jugendlichen werden von 25 Lehrer/innen betreut und unterrichtet. Die Oberstufe der Schule (9. bis 12. Klasse) befindet sich zur Zeit im Aufbau. Die Höhe des als «freie Schulspende» verstandenen Schulgeldes wird von den Eltern der Schüler selbst bestimmt. In ihrer Arbeit orientiert sich die Schule an der Pädagogik und dem Menschenbild Rudolf Steiners (mehr darüber u.a. in der ausführlichen Darstellung der Rudolf Steiner-Schule Basel in diesem Band).

Rudolf Steiner-Schule «Sihlau», Sihlstrasse 23, 8134 Adliswil (17)

Die 1981 gegründete Rudolf Steiner-Schule «Sihlau» wird von 220 Kindern und Jugendlichen (Kindergarten bis 10. Klasse) besucht. Diese werden von ca. 20 Mitarbeiter/innen betreut und unterrichtet. Die Höhe des Schulgeldes wird von den Eltern selbst bestimmt. Die Rudolf Steiner-Schule «Sihlau» versteht sich als Gesamtschule mit ungeteilter Oberstufe. Der Unterricht erfolgt in ca. 3wöchigen Epochen. Er wird so gestaltet, dass nach der 3. und 6. Klasse das Lernziel der staatlichen Schule erreicht wird.
In ihrer Arbeit orientiert sich die Rudolf Steiner-Schule Sihlau am Menschenbild und an der Pädagogik Rudolf Steiners (mehr dazu u.a. in der ausführlichen Darstellung der Rudolf Steiner-Schule Basel in diesem Band).

Rudolf Steiner-Schule, Jakobsberger Holzweg 54, 4059 Basel (18)

In der 1926 gegründeten Rudolf Steiner-Schule in Basel werden etwa 750 Schüler/innen von der 1. bis zur 12. Klasse von ca. 40 Lehrer/innen und 20 weiteren Mitarbeiter/innen betreut und unterrichtet. Die Schüler schliessen, wie in andern Steiner-Schulen auch, ihre Schulzeit durch ein selbständiges Jahresprojekt ab. Der anschliessende Übertritt in ein Gymnasium zur Erlangung der Matura ist möglich.
Die Höhe des Schulgeldes ist unterschiedlich, je nach Vereinbarung. Die Arbeit der Schule basiert auf dem Menschenbild Rudolf Steiners und der von ihm entwickelten Pädagogik (dazu sowie zur Schule selbst siehe die ausführliche Darstellung der Rudolf Steiner-Schule Basel in diesem Band).

Rudolf Steiner-Schule Birseck, Apfelseestrasse, Post Aesch, 4147 Aesch (19)

Die 1978 gegründete Rudolf Steiner-Schule Birseck zählt rund 300 Schüler/innen von der 1. bis zur 10. Klasse und ca. 30 Lehrer/innen und Mitarbeiter/innen. Ein Ausbau der Schule bis zur 12. Klasse ist vorgesehen. Ein freier Schulgeldbeitrag ist üblich, wobei die durchschnittlichen Kosten pro Schüler von Fr. 450.- als Richtwert gelten. Bei mehreren Kindern wird ein «Familienbeitrag» bezahlt. Eine Schuldgeldneuregelung ist im Gespräch. Die Schule orientiert sich an den pädagogischen Ideen Rudolf Steiners und am Lehrplan der Rudolf Steiner-Schulen (mehr dazu in der in diesem Band enthaltenen Darstellung der Rudolf Steiner-Schule Basel).

Rudolf Steiner-Schule, Asylstrasse 15, 6340 Baar (20)

Die als Tagesschule geführte, 1979 gegründete Schule zählt 244 Schüler und Schülerinnen (von der 1. bis zur 10. Klasse) sowie 35 Kindergartenkinder und 28 Lehrer und Lehrerinnen. In zwei Jahren wird der Ausbau der Schule bis zum 12. Schuljahr abgeschlossen sein. Ein nach Einkommen der Eltern und anderen Kriterien gestaffelter Schulgeldbeitrag ist üblich. Das Menschenbild Rudolf Steiners und der Lehrplan der Waldorfschulen bilden den Rahmen für die pädagogische Arbeit der Schule (mehr dazu in der in diesem Band enthaltenen Darstellung der Rudolf Steiner-Schule Basel).

Rudolf Steiner-Schule Chur, Münzweg 20, 7000 Chur (21)

Die 1978 gegründete, als Tagesschule geführte Rudolf Steiner-Schule Chur zählt 91 Schüler/innen (Kindergarten bis 10. Klasse) sowie 15 Mitarbeiter/innen. In ihrer Arbeit geht sie von der Menschenkunde Rudolf Steiners und der von ihm entwickelten Pädagogik aus (mehr dazu in der in diesem Band enthaltenen Darstellung der Rudolf Steiner-Schule Basel).

Rudolf Steiner-Schule Oberaargau, Ringstrasse 30, 4900 Langenthal (22)

Die 1983 gegründete Rudolf Steiner-Schule Oberaargau wird heute von ca. 110 Schüler/innen (von der 1. bis zur 8. Klasse) besucht. Sie werden von sechs Klassenlehrern und fünf weiteren Fachlehrern unterrichtet. Dazu kommen drei Kindergärten mit insgesamt 34 Kindern. Die Weiterführung der Schule bis zum Ende des 10. Schuljahres ist vorgesehen. Die Höhe des Schulgeldes pro Familie wird von diesen nach einem «Finanzgespräch» mit dem Kassier der Schule in freier Verantwortung selbst festgelegt. Sie wird von den Eltern jedes Jahr neu bestimmt. Die Schule übt keinerlei Kontrolle (beispielsweise über die Einkommensverhältnisse der jeweiligen Familie) aus.
In ihrer Arbeit orientiert sich die Schule am Menschenbild Rudolf Steiners und an der von ihm entwickelten Pädagogik (mehr dazu u.a. in dem ausführlichen Beitrag über die Rudolf Steiner-Schule Basel in diesem Band).

Rudolf Steiner-Schule Mayenfels, 4133 Pratteln (23)

Die Rudolf Steiner-Schule Mayenfels wurde 1973 gegründet. Sie wird als Tagesschule geführt. Sie zählt 338 Schüler und Schülerinnen (1. bis 12. Klasse), 34 Kindergärtner sowie 46 Lehrer/innen und Mitarbeiter/innen (mit Voll- und Teilzeitpensen). Der Schulgeldbeitrag wird als Familienbeitrag anhand einkommensbezogener Richtlinien in individuellen Absprachen festgesetzt. Für die pädagogische Arbeit der Schule sind die Gedanken Rudolf Steiners und der Lehrplan der Waldorfschulen massgebend (mehr dazu unter anderem in dem Beitrag über die Rudolf Steiner-Schule Basel in diesem Band).

Rudolf Steiner-Schule, Maienstrasse 15, 8406 Winterthur (24)

Die 1975 gegründete, als Tagesschule geführte Rudolf Steiner-Schule Winterthur zählt 220 Schüler/innen von der 1. bis zur 10. Klasse. Diese werden von 21 Lehrer/innen unterrichtet. Die Elternbeiträge liegen im Durchschnitt bei Fr. 600.– pro Familie, wobei individuelle Regelungen möglich sind. Es soll kein Kind aus finanziellen Gründen ausgeschlossen werden. In ihrer Arbeit orientiert sich die Schule am Menschenbild Rudolf Steiners und an der von ihm entwickelten Pädagogik (mehr dazu in der in diesem Buch enthaltenen Darstellung der Rudolf Steiner-Schule Basel).

Rudolf Steiner-Schule Zürcher Oberland, Usterstrasse 141, 8621 Wetzikon (25)

Die im Jahre 1976 eröffnete Schule wird von ca. 320 Schülern und Schülerinnen von der 1. bis zur 12. Klasse und von ca. 50 Kindergartenkindern besucht. Die Kinder und Jugendlichen werden von ca. 30 Voll- und einigen Teilzeitmitarbeitern betreut und unterrichtet. Die Höhe des Schulgeldes wird von den Eltern selbst bestimmt. In ihrer Arbeit orientiert sich die Schule an der Pädagogik und dem Menschenbild Rudolf Steiners (mehr dazu in der ausführlichen Darstellung der Rudolf Steiner-Schule Basel in diesem Band).

Rudolf Steiner-Schule, Zwinglistrasse 25, 9000 St. Gallen (26)

Die Rudolf Steiner-Schule in St. Gallen wurde 1971 gegründet. Sie zählt zur Zeit ca. 300 Schüler/innen vom Kindergarten bis zur 12. Klasse sowie 22 Lehrer/innen mit ganzem, 10 Lehrer/innen mit Teilpensum und eine Sekretärin. Nach Abschluss der 12. Klasse ist ein Übertritt an die Maturitätsschule Zürich möglich. Dort können sich Steiner-Schüler in weiteren drei Semestern auf die Matura vorbereiten. Die Höhe des Schulgeldes wird aufgrund der Bedürfnisse der Schule und der Möglichkeiten der Eltern im Gespräch festgelegt.
Die Rudolf Steiner-Schule in St. Gallen orientiert sich in ihrer Arbeit am Menschenbild und am Lehrplan Rudolf Steiners (mehr dazu u.a. in der ausführlichen Darstellung der Rudolf Steiner-Schule Basel in diesem Band).

Rudolf Steiner-Schule Aargau, Alte Bernstrasse, 5503 Schafisheim (27)

Die für die älteren Schüler (ab Mittelstufe) als Tagesschule geführte, 1979 gegründete Rudolf Steiner-Schule Aargau wird heute von ca. 320 Kinder und Jugendlichen besucht (1. bis 12. Klasse plus drei Kindergärten). Sie werden von 34 Lehrer/innen (zum Teil Teilpensen) betreut und unterrichtet. Dazu kommen fünf weitere Mitarbeiter/innen sowie eine grosse Zahl freiwilliger Helfer/innen (besonders für die Kantine).
Die Höhe des Schulgeldes wird von den Eltern nach eigenem Ermessen und Verantwortungsgefühl bestimmt. Sie beträgt im Durchschnitt Fr. 400.–.
In ihrer Arbeit geht die Schule vom Menschenbild Rudolf Steiners und dem von ihm entwickelten Lehrplan aus (mehr dazu in der ausführlichen Darstellung der Rudolf Steiner-Schule Basel in diesem Band).

Rudolf Steiner-Schule Biel, Rosenheimweg 1, 2502 Biel (28)

Die 1970 gegründete Rudolf Steiner-Schule Biel zählt 190 Schüler/innen von der 1. bis zur 12. Klasse. Sie werden von 12 voll- und 16 nebenamtlichen Lehrern unterrichtet. Dazu kommt ein zur Schule gehörender Kindergarten. Die Schule wird durch die Jahresarbeit in der 12. Klasse abgeschlossen. Die Höhe des Schulgeldes wird von jeder Familie nach einem Finanzgespräch mit der Schule selbst festgelegt. Das durchschnittliche Schulgeld von Fr. 420.– pro Familie im Monat wird durch den Erlös aus dem von den Eltern organisierten Weihnachtsverkauf und durch freiwillige Spenden ergänzt. Die Schule orientiert sich in ihrer Arbeit an der Menschenkunde Rudolf Steiners. (Mehr dazu in der in diesem Band enthaltenen Darstellung der Rudolf Steiner-Schule Basel).

Bildungsstätte Schlössli Ins, 3232 Ins (29)

Das 1953 gegründete «Schlössli» ist ein Internat mit Externat. Das Schlössli zählt 90 Kinder (Kindergarten bis 9. Klasse), 40 Jugendliche (Diplommittelschule, 10. bis 12. Schuljahr) und 15 Erwachsene (Orientierungsjahr und Heimpädagogische Ausbildung). Dazu kommen rund 80 Mitarbeiter und Mitarbeiterinnen. Die Höhe der Schul- und Kostgeldbeiträge hängt vom Einkommen der Eltern und anderen Faktoren ab und wird jeweils individuell festgelegt. Das Schlössli ist Mitglied des Verbandes Schweizerischer Privatschulen und arbeitet in der «Arbeitsgemeinschaft der Rudolf Steiner-Schulen der Schweiz» mit. Mehr über den inneren Aufbau des Schlösslis, seine Pädagogik usw. findet sich im entsprechenden Beitrag in diesem Band.

Goetheanum, Freie Hochschule für Geisteswissenschaft, Sekretariat, (30)
4143 Dornach

Die Freie Hochschule für Geisteswissenschaften bietet seit Jahrzehnten Aus- und Weiterbildungen in den verschiedensten Berufsfeldern (Naturwissenschaften, Medizin, Pädagogik, Heilpädagogik usw.) an. Dabei reicht das Angebot von gelegentlichen Vortragsreihen, kürzeren Seminarien und Studienwochen zur Einführung in bestimmte Themenkreise bis zu mehrjährigen Vollzeitausbildungen. Vom anthroposophischen Menschen- und Weltbild ausgehend ist das Goetheanum sowohl im Hinblick auf formelle Dinge (Zulassungsbestimmungen, Lehr- und Unterrichtsformen usw.) als auch im Hinblick auf inhaltliche Fragen eine Alternative zu den herkömmlichen Hochschulen und der in diesen gelehrten Wissenschaft. Die Freie Hochschule für Geisteswissenschaft umfasst heute die folgenden Sektionen und Arbeitsgruppen:
– Allgemeine Anthroposophische Sektion
– Pädagogische Sektion
– Naturwissenschaftliche Sektion
– Mathematisch Astronomische Sektion
– Medizinische Sektion
– Sektion für Sozialwissenschaft
– Sektion für Schöne Wissenschaften
– Sektion für Redende und Musizierende Künste
– Sektion für Bildende Künste
– Sektion für das Geistesstreben der Jugend
– Arbeitsgruppe für Philosophie und Psychologie.

Freie Volksschulen und verwandte Initiativen

Freie Volksschule Wil, Säntisstrasse 31, 9500 Wil (31)

Die Freie Volksschule Wil wurde 1979 gegründet. Heute wird die Schule von ca. 55 Kindergarten- und Schulkindern (von der 1. bis zur 6. Klasse) besucht. Sie werden von der Kindergärtnerin, zwei Klassenlehrern und drei Fachlehrern unterrichtet. Die Freie Volksschule Wil orientiert sich in ihrer Arbeit in freier und unabhängiger Weise an der Pädagogik von J.H. Pestalozzi, M. Buber, R. Steiner und anderen. Lehrplan und Methodik der Freien Volksschule Wil gründen auf der anthroposophischen Menschenkunde Rudolf Steiners (mehr dazu in der in diesem Band enthaltenen Darstellung der Rudolf Steiner-Schule Basel).
Die Freie Volksschule Wil steht den Rudolf Steiner-Schulen der Schweiz nahe und pflegt entsprechende Kontakte.

Freie Volksschule Affoltern a.A., Ottenbacherstrasse 15/17, 8910 Zwillikon (32)

Die 1973 gegründete Freie Volksschule Affoltern a.A. (FVA) zählt 15 Schülerinnen, zwei Hauptlehrerinnen und eine Lehrerin für textiles Werken.
Schüler, die am Nachmittag den Unterricht besuchen, essen in der Schule. Das Kochen der Mittagessen und das Putzen der Schulräume wird von den Eltern organisiert und durchgeführt. Elternmitarbeit ist auch an den etwa monatlich stattfindenden Elternabenden erwünscht. Üblicherweise sind die Eltern Mitglieder des Vereins FVA, wo sie auch auf Vereinsebene ihre demokratischen Mitbestimmungsrechte wahrnehmen können. Die Schulgeldbeiträge der Eltern werden im Gespräch nach verbindlichen Grundsätzen ermittelt und festgelegt. Bei 15 Schülern errechnet sich zur Zeit ein durchschnittliches Schulgeld von etwa Fr. 580.– pro Monat.
Im Zentrum der FVA-Pädagogik steht die Absicht, «*vom Kinde auszugehen*». Deshalb wurde von allem Anfang an individualisierend unterrichtet. An den Elternabenden und im Unterricht fliesst immer wieder Gedankengut «verwandter» Pädagogen ein, wie J.H. Pestalozzi, Marcel Müller-Wieland, Freinet, Montessori, Peterson und andere. Die FVA ist dem Lehrplan des Kantons Zürich verpflichtet, ergänzt aber das Soll-Pensum mit Werken, textilem Werken für Jungen, Rhythmik, Schulrunde und Schulhaus-Putzete. Die FVA ist Mitglied des Vereins Zürcher Privatschulen. (Betreffend FVA und deren Pädagogik siehe auch die ausführliche Darstellung in diesem Buch.)

Freie Volksschule Nidwalden, Büntistrasse 5a, 6370 Stans (33)

Die 1981 gegründete Freie Volksschule Nidwalden (FVN) umfasst vier Spielgruppen mit insgesamt 32 Kindern, einen Kindergarten mit ca. acht Kindern sowie drei Schulgruppen mit je 12 Kindern. An der FVN arbeiten zur Zeit sieben Personen, zwei davon mit Teilzeitpensen. Das schulische Angebot reicht bis zur 6. Primarklasse. Eine Sekundarschulgruppe ist in Vorbereitung. Die Höhe des Schulgeldes wird von den Eltern selbst festgelegt; sie beträgt im Minimum Fr. 100.– im Monat. Der Unterricht an der FVN ist von der Pädagogik C. Freinets und C. Rogers beeinflusst; er basiert aber vor allem auf den eigenen Erfahrungen und Überlegungen der Eltern und Lehrer der Schule. Schüler und Eltern nehmen an der Gestaltung des Schullebens teil. Die FVN versucht eine individualisierende Gemeinschaftsschule zu sein. (Mehr zur FVN in der in diesem Buch enthaltenen Darstellung dieser Schule.)

Freie Volksschule Basel, Claragraben 123, 4057 Basel (34)

Die Freie Volksschule Basel nahm ihre Arbeit im Frühjahr 1982 auf. Die Schule umfasst heute eine Spielgruppe und einen Kindergarten (insgesamt 16 Kinder) sowie eine Gruppe von 15 Schüler/innen (1. bis 3. Klasse) und eine Gruppe von 14 Schüler/innen (4. bis 6. Klasse).
Die Freie Volksschule ist eine Gemeinschaftsschule mit Integration auch behinderter Kinder. Sie steht im Aufbau und wird die Schulstufen der obligatorischen Schulzeit umfassen.
Ein Schüler kostet im Monat etwa Fr. 430.–. Das Schulgeld wird im Gespräch mit den Eltern auf Grund ihrer Möglichkeiten festgelegt.
Die Lehrerschaft der FVS Basel orientiert sich in freier Weise an den pädagogischen Impulsen von J.H. Pestalozzi, R. Steiner, P. Geheeb, M. Buber, M. Wagenschein, M. Müller-Wieland und anderen. Es wird in individualisierender und gemeinschaftsbildender Weise an fächerübergreifenden Projekten gearbeitet. Auf eine vergleichende Beurteilung der Schüler wird gänzlich verzichtet. Es finden Gespräche mit den Eltern über die Entwicklung ihrer Kinder statt.
Im Stundenplan der 3- bis 4stufigen Klassen finden sich einzelne feste Stunden wie gemeinsames Singen, Fremdsprachen, Tonen, Malen, gemeinsames Essen und gemeinschaftliche Unternehmungen durchs Jahr wie Wanderungen, Lager, Feiern.
Eltern und Schüler nehmen in vielfältiger Weise an der Gestaltung des Schullebens teil (Eltern im Schulvorstand und, zur Zeit, als Lehrer in der Schule).

Freie Volksschule Zürich-Trichtenhausen, Trichtenhausenstrasse 235, (35)
8125 Zollikerberg

Die 1973 eröffnete Tagesschule *Trichti* wird heute von etwa 35 Kindern (Kindergarten und 1. bis 6. Klasse) besucht. Das Schulgeld beträgt Fr. 670.– pro Monat. Mittwoch nachmittag und Samstag vormittag sind schulfrei (5-Tage-Woche). Vor und nach dem Unterricht werden die Kinder betreut.
Die *Trichti* ist eine Lehrer/innen–Eltern-Schule. Der Vorstand, bestehend aus Eltern- und Lehrervertretung, leitet den Schulverein, der für den Tagesschulbetrieb zuständig ist. Die pädagogische Schulleitung besorgt das Lehrerteam.
Die Kinder werden von einer Kindergärtnerin und drei Lehrer/innen im Kindergarten und in Mehrklassengruppen betreut und unterrichtet. Die *Trichti* orientiert sich in ihrer schulischen Arbeit am Lehrplan des Kantons Zürich. Sie versteht sich als Raum, in dem ein Stück Leben gemeinsam gestaltet wird. Der Alltag wird zum sozialen Lernfeld, worin der Unterricht nur einen Teil ausmacht. Soziales, intellektuelles und emotionales Lernen verbindet sich zu einem Ganzen. Der Unterricht ist durch vorwiegend individuelles Lernen geprägt, das durch gemeinsame Projekte in der Gruppe oder der ganzen Schule aufgelockert wird. Mindestens einmal wöchentlich trifft sich die Schule zur Besprechung aktueller Themen und zu gemeinsamem Spielen und Singen. Diese Zusammenkünfte werden häufig von älteren Schülern vorbereitet und geleitet.
Die Schüler werden nicht mit Noten beurteilt. Als Standortbestimmung schreiben die Lehrer/innen Berichte und führen mit Schülern und Eltern Gespräche.
Die Eltern einer Lerngruppe treffen sich regelmässig, um zusammen mit der Lehrerin oder dem Lehrer über das Geschehen in der Schule, die Entwicklung der Kinder und andere Fragen zu sprechen. Sie beteiligen sich auch sonst am Schulleben: Nach einem bestimmten Plan kümmern sie sich um das Mittagessen, die Betreuung der Kinder nach Schulschluss und das Putzen des Schulhauses.

Ecole Active Barigoule, 39 bis, route de Malagnou, 1208 Genf (36)

Die 1973 eröffnete, als Tagesschule geführte Ecole Active Barigoule wird zur Zeit von 80 Kindern und Jugendlichen im Alter von 4 bis 15 Jahren besucht (Kindergarten, Primarschule und Sekundarstufe I). Sie werden von acht Lehrer/innen und einer Anzahl Assistenten/Assistentinnen betreut und unterrichtet.
Das durchschnittliche Schulgeld beträgt Fr. 7000.– pro Schüler und Jahr (auf zehn Monate verteilt). Eine Staffelung des Schulgeldes nach dem Einkommen der Eltern ist üblich.
Die Ecole Active Barigoule ist Mitglied des Verbands Schweizerischer Privatschulen, der Association Genevoise des Ecoles Privées und der Association Genevoise pour une Education Nouvelle (AGEN). Die Schule knüpft in ihrer Arbeit an die von A. Ferrière und anderen vertretene Pédagogie Active an. Individualisierende, eigene Arbeit fordernde Methoden prägen den Unterricht in den jeweils zwei Jahrgänge umfassenden Klassen der Ecole Active Barigoule. Noten gibt es an der Schule keine. Die aktive Teilnahme von Eltern und Schüler/innen am Schulleben ist sehr wichtig und erwünscht.

Ecole de la Grande Ourse, Terreaux 12, 2300 La Chaux-de-Fonds (37)

Die 1983 gegründete Ecole de la Grande Ourse wird heute von 20 Schüler/innen von der 1. bis zur 9. Klasse besucht. Sie werden von sieben Lehrer/innen mit ganzem oder Teilzeitpensum und zwei weiteren Mitarbeiter/innen betreut und unterrichtet. In der Ecole de la Grande Ourse ist die Vorbereitung auf ein Gymnasium, auf eine Berufsschule oder Berufslehre möglich. Die Ecole de la Grande Ourse ist keine Tagesschule; Kinder, die zu weit von der Schule weg wohnen, können allerdings über Mittag dort essen.
Das Schulgeld beträgt im Durchschnitt Fr. 400.– pro Kind. Bei der Bestimmung seiner tatsächlichen Höhe spielen das Einkommen der Eltern und andere Faktoren eine Rolle; grundsätzlich soll der Besuch der Schule allen Kindern möglich sein.
Die Ecole de la Grande Ourse steht in loser Verbindung mit einer Freinet-Gruppe. Die pädagogische Theorie und Praxis Freinets hat denn auch, neben dem Werk von Carl Rogers, einen relativ grossen Einfluss auf den Unterricht und das Gemeinschaftsleben der Ecole de la Grande Ourse. Grundsätzlich ist man aber keinem bestimmten Pädagogen und keiner bestimmten pädagogischen Theorie verpflichtet. In der schulischen Arbeit orientiert sich die Ecole de la Grande Ourse in freier Weise an den Lehrplänen des Kantons Neuenburg. Persönliche Ziele und Projekte sowie umfassende Projekte der ganzen Schule spielen im Alltag der Ecole de la Grande Ourse eine grosse Rolle. Für einzelne Fächer (zum Beispiel Sprachen) bestehen feste Lerngruppen.
Die Schule lebt von der aktiven und verantwortlichen Teilnahme ihrer Schüler/innen und der Schülereltern (mehr zur Ecole de la Grande Ourse in der ausführlichen Darstellung dieser Schule im vorliegenden Band).

Freie Volksschule, Jurastrasse 16, 5600 Lenzburg (38)

Die 1973 eröffnete, als Tagesschule geführte Freie Volksschule in Lenzburg wird zur Zeit von 12 Primar- und Realschülern und -schülerinnen besucht. Diese werden von einem Hauptlehrer und zwei Lehrer/innen mit Teilzeitpensen betreut und unterrichtet.
Das Schulgeld beträgt einheitlich Fr. 550.– pro Monat und Kind.

Die Freie Volksschule in Lenzburg ist Mitglied des Vereins «Netzwerk für Selbstverwaltung» in Zürich. In ihrer Arbeit orientiert sich die Schule an den Lehrplänen den Kantons Aargau. Dabei wechseln sich Phasen intensiver individueller Arbeit mit Phasen ab, während welchen alle Schüler und Schülerinnen an einem gemeinsamen Projekt arbeiten. Musizieren, Zeichnen, Theaterspielen und andere musische und künstlerische Aktivitäten sind ein ständiger Teil des Schulalltags. Noten gibt es in der Freien Volksschule in Lenzburg keine.

Während die Lehrer/innen für das, was im Bereich des Unterrichts geschieht, zuständig sind und über pädagogische Dinge allein entscheiden, sind die Eltern für den «technischen Betrieb» der Schule verantwortlich: Sie kochen für die Schüler, pflegen den Schulgarten, putzen das Schulhaus, machen Öffentlichkeitsarbeit usw.

Ecole Active, 16 bis, avenue Petit Sen, 1225 Chêne-Bourg (39)

Die 1980 eröffnete, als Tagesschule geführte Ecole Active in Chêne-Bourg wird zur Zeit von 50 Kindern von vier bis zwölf Jahren (Kindergarten bis 6. Klasse) besucht. Sie werden von sieben Lehrkräften (inklusive Musik- und Englischlehrer) mit Teil- und Vollzeitpensen betreut und unterrichtet. Das Lehrerteam wird durch eine Sekretärin und durch einen Psychologen (14tägige Supervisionen) ergänzt. Das monatliche Schulgeld beträgt Fr. 580.- für das erste, Fr. 290.- für das zweite und Fr. 145.- für das dritte Kind. Die früher übliche Regelung eines je nach Einkommen der Eltern verschieden hohen Schulgeldes hatte sich nicht bewährt.

Die Ecole Active Chêne-Bourg ist Mitglied der Association Genevoise des Ecoles Privées. In ihrer schulischen Arbeit orientiert sie sich an den Prinzipien einer «Pédagogie Active»: Sie geht davon aus, dass jedes Kind von sich aus lernen will und lernen kann. Die Arbeit des Lehrers besteht dementsprechend im wesentlichen darin, dem einzelnen Kind auf seinem Lernweg beizustehen, indem er es berät, ihm geeignetes Material zur Verfügung stellt, Ereignisse in der Gruppe zu organisieren hilft usw. Das stark individualisierte Lernen der Kinder wird durch den in allen 4 Lerngruppen der Schule üblichen, 45 bis 60 Minuten dauernden gemeinsamen Tagesbeginn (Gespräche über alle interessierenden Themen, Austausch von Neuigkeiten, Zeigen von mitgebrachten Sachen, Besprechen des weiteren Tagesablaufs) und durch gemeinsame, manchmal mehrere Wochen lang dauernde Projekte der Schule oder Klasse ergänzt und «ausbalanciert». In den einmal pro Woche stattfindenden «Atéliers» beschäftigt sich die ganze Schule in altersgemischten, nach Neigung zusammengesetzten Gruppen mit künstlerischen und handwerklichen Dingen.

An Hand einer genauen Zusammenstellung der in den verschiedenen Fachgebieten verlangten Kenntnisse und Fertigkeiten stellt der Lehrer zusammen mit jedem einzelnen Schüler alle vier bis sechs Wochen fest, was dieser inzwischen gelernt hat und was es noch zu lernen gibt. Diese Standortbestimmungen dienen als Grundlage für den «Wochenplan» jedes Schülers, der zusammen mit dem Lehrer angefertigt und mit diesem auch an jedem Freitag ausgewertet wird.

An den regelmässig stattfindenden Vollversammlungen diskutieren und entscheiden die Eltern zusammen mit den Lehrern und Lehrerinnen alle wichtigen pädagogischen und organisatorischen Fragen. Im Rahmen des täglichen Schulbetriebes übernehmen sie zudem viele praktische Aufgaben.

Durch die Institution der auf Wunsch eines einzelnen Kindes oder einer Klasse zusammenkommenden «Kinderversammlung» haben auch die Schüler der Ecole Active die Möglichkeit, auf das Geschehen jenseits der eigenen Klasse Einfluss zu nehmen, indem sie einen Wunsch vorbringen, ein Problem zur Diskussion stellen oder ein gemeinsames Unternehmen anregen.

Freie Volksschule Oberglatt, Bahnhofstrasse 58, 8154 Oberglatt (40)

Die 1973 gegründete Freie Volksschule Oberglatt wird zur Zeit von zehn Kindern und Jugendlichen besucht (Primar-, Ober- und Realschüler/innen). Diese werden von zwei Lehrern, einer Legastheniethérapeutin (Teilzeitpensum) und einer Köchin betreut und unterrichtet. Die FVS Oberglatt ist eine Tagesschule. Das monatliche Schulgeld beträgt Fr. 600.–. Es wird in gewissen Fällen durch Beiträge von öffentlichen Stellen (in derselben Höhe) ergänzt.
Die FVS Oberglatt ist Mitglied des Verbandes Zürcherischer Privatschulen. Durch ihre Konzeption als Tagesschule, durch intensive Elternkontakte, durch die Arbeit in kleinen Gruppen, durch den Verzicht auf Noten und durch eine enge Zusammenarbeit der Lehrer im Hinblick auf pädagogische Fragen will die FVS Oberglatt vor allem Kindern mit speziellen Problemen und Schwierigkeiten gerecht werden.

Freie Volksschule Luzern, Unterlachenstrasse 9, 6003 Luzern (41)

Die Freie Volksschule Luzern wurde im August 1987 mit 21 Schülern (von der 1. bis zur 4. Klasse) und zwei Lehrer/innen eröffnet. Ein Ausbau bis zur 6. Primarklasse und eine spätere Weiterführung bis zum 9. Schuljahr (Ende der Schulpflicht) werden angestrebt. Die Höhe des Schulgeldes wird nach einem beratenden Finanzgespräch von den Eltern der FVS Luzern selbst bestimmt. Lernen geschieht an der FVS Luzern in projektorientiertem, fächerübergreifendem Unterricht. Jedes Kind soll nach seinem eigenen Rhythmus lernen können, wobei die Bildungs- und Stoffziele der öffentlichen Schule des Kantons Luzern in angemessener Weise berücksichtigt werden. Der Schulalltag wird von den Lehrer/innen, den Eltern und den Schüler/innen gemeinsam gestaltet.

Verschiedene, weniger leicht zu definierende Schulen

Weinlandschule, Konradstrasse 14–16, 8422 Pfungen (42)

Die 1982 gegründete, als Tagesschule geführte Weinlandschule wird heute von neun Schüler/innen (1. bis 6. Klasse) besucht. Diese werden von einem Hauptlehrer und mehreren Teilzeitmitarbeitern (darunter auch Schülereltern) betreut und unterrichtet. Die Weinlandschule befindet sich noch im Aufbau: Gegenwärtig wird die Einrichtung einer Oberstufe erwogen. Ein weiteres Wachstum der Schule bis hin zu einer Gruppe von ca. 24. Schülern sowie zwei bis drei Lehrer/innen und zwei bis drei weiteren Mitarbeiter/innen ist möglich und wird angestrebt.
Die Höhe des Schulgeldes wird, je nach Schulstufe, von den Eltern selbst bestimmt oder in Absprache mit der Schule festgelegt.
Die Weinlandschule will ihren Schülern ein angstfreies Lernen in familiärer Atmosphäre ermöglichen. Dabei wird in den Promotionsfächern ähnlich wie in der Regelschule gearbeitet, während die restlichen zehn bis zwölf Stunden als fächerübergreifende Projekte gestaltet sind (Musik, Photolabor, Zirkus usw.).
Im Fall von Aus- oder Übertritten werden Notenzeugnisse erteilt. Im übrigen erfolgt die Schülerbeurteilung durch halbjährliche, schriftliche Lehrerberichte und entsprechende Gespräche mit den Eltern. Diese spielen im Leben der Schule eine grosse Rolle; sie engagieren sich zum Teil auch im Bereich des Unterrichts.

Anna Göldin-Gymnasium, Therwilerstrasse 7, 4054 Basel (43)

Das Anna Göldin-Gymnasium nahm seine Arbeit im Frühjahr 1987 auf. Es wird als Tagesschule geführt und zählt 19 Schüler/innen und 13 Lehrer/innen (mit Teilzeitpensen). Voraussetzung für den Besuch des Anna Göldin-Gymnasiums ist eine abgeschlossene obligatorische Schulzeit. Als Schulabschluss ist die eidgenössische Matur (Typ B, C und D) oder eine selbstgewählte Arbeit möglich. Das durchschnittliche Schulgeld beträgt ca. Fr. 350.–. Individuelle Schulgeldabsprachen sind möglich. Eigentliche Lehrpläne gibt es im Anna Göldin-Gymnasium nicht. Die Lerninhalte richten sich nach den Interessen der Schülerinnen und Schüler und den Anforderungen der eidgenössischen Matur. Das Lernen in fächerübergreifenden Projekten und Blockveranstaltungen ist wichtig. Daneben gibt es jedoch auch einzelne konventionelle Fachstunden. Die Leistungsbeurteilung findet in periodischen Gesprächen oder (geplant) in schriftlichen Berichten statt (Selbstbeurteilung und gegenseitige Beurteilung der Schüler/innen und Lehrer/innen). Noten gibt es am Anna Göldin-Gymnasium keine.
Lehrer/innen und Schüler/innen beteiligen sich in gleicher Weise an der Schulverwaltung; oberstes Organ der Schule ist die wöchentliche Schulversammlung.

Collège Autogéré, Mutuelle d'Etudes Secondaires, 8, rue de l'Ancien Port, (44)
1201 Genf

Die 1976 eröffnete Mutuelle d'Etudes Secondaires (MES) in Genf zählt heute rund 40 Schüler/innen und 13 Teilzeitlehrer/innen. Die MES ist eine gymnasiale Oberstufe. In ihr können sich Jugendliche und junge Erwachsene, die ihre Schulpflicht hinter sich haben, im Lauf von drei bis vier Jahren auf das Baccalaureat International vorbereiten. Bei Belegung des vollen Programms beträgt das Schulgeld 10 Prozent des elterlichen Einkommens oder, im Minimum, Fr. 550.– pro Monat für zehn Monate pro Jahr.
Die Schule ist keinem grossen Pädagogen und keiner besonderen Pädagogik verpflichtet. Sie ist auch nicht Mitglied irgendeiner Vereinigung. Die MES versteht sich als Collège Autogéré (selbstverwaltetes Gymnasium). Sie wird von Schüler/innen und Lehrer/innen gemeinsam geführt; die organisatorischen Belange liegen weitgehend in den Händen der Schüler/innen.
Die Eltern oder ihre Stellvertreter sind zu ein bis zwei Diskussionsabenden pro Jahr eingeladen; im übrigen ist ihre Beteiligung am Schulleben gering.
Die schulische Arbeit der MES orientiert sich an den Anforderungen und den Lehrplänen des Baccalaureat International; dabei wird von Lehrer/innen und Schüler/innen jeweils gemeinsam entschieden, wie man den vorgeschriebenen Stoff erarbeiten will. Im Rahmen regelmässiger Gespräche innerhalb der Klasse bewerten Schüler und Lehrer ihr Verhalten und ihre Leistungen jeweils gegenseitig. Im letzten Schuljahr kommen Notenzeugnisse und vorbereitende Tests als Mittel der Leistungsbeurteilung und -kontrolle hinzu. Der Stundenplan der MES erlaubt es, dass Schüler bestimmte Fächer in einer höheren Klasse besuchen und diese ein Jahr vor den übrigen Fächern abschliessen.

Ecole d'Humanité, 6085 Goldern, Hasliberg (45)

Die Ecole d'Humanité wurde 1910 in Deutschland gegründet. Nach ihrer Übersiedlung in die (welsche) Schweiz im Jahre 1934 gab sich die bis anhin als «Odenwaldschule» bekannt gewordene Schule ihren heutigen Namen. Die Ecole d'Humanité zählt rund 150 Schüler/innen (davon der grösste Teil Internatsschüler/innen) sowie 32 Lehrer/innen und ca. 20 weitere Mitarbeiter/innen. Auf Grund ihrer besonderen Unterrichtsorganisation kann die Ecole d'Humanité verschiedensten Bildungsbedürfnissen gerecht werden. Das schulische Angebot umfasst

Primar- und Sekundarschule sowie Vorbereitung auf die eidgenössische Matur (Typus A, B, C oder D) und andere Abschluss-, Aufnahme- oder Übertrittsprüfungen. Im amerikanischen Schulsystem kann ein Highschool-Abschluss erworben werden.
Das Schul- und Kostgeld beträgt Fr. 17900.- pro Jahr; eine Schulgeldreduktion ist in bestimmten Fällen möglich, oft wird es zumindest teilweise durch öffentliche Stellen übernommen. Die Ecole d'Humanité ist Mitglied des Verbandes Schweizerischer Privatschulen, der Swiss Group of International Schools und der Vereinigung Deutscher Landerziehungsheime (assoziiert).
Die vom Gründerehepaar E. und P. Geheeb entwickelten besonderen Strukturen der Ecole d'Humanité (Kurssystem, Schulgemeinde usw.) sind noch immer das Fundament der Schule. Im Bereich des Unterrichts spielen die pädagogischen Anregungen M. Wagenscheins und R.C. Cohns heute eine grosse Rolle. Die Ecole d'Humanité orientiert sich in vorsichtiger Weise an Lehrplänen öffentlicher Schulen. Der Unterricht findet in der Regel in relativ kleinen Gruppen statt. Die Noten sind durch schriftliche Berichte der Lehrer und Schüler ersetzt. Die Schüler/innen nehmen in vielfältiger Weise an der Gestaltung des Schullebens teil; ein Einbezug der Eltern ist aus geographischen Gründen kaum möglich (nur ca. 50 Prozent der Schüler/innen stammen aus der Schweiz).
Für weitere Angaben siehe u.a. auch die ausführliche Darstellung der Ecole d'Humanité in diesem Buch.

Ecole des Nouveaux Buissonnets, 31, rue St-Georges, 3960 Sierre (46)

Die Ecole des Nouveaux Buissonnets umfasst eine Primarschule (4. bis 6. Klasse), eine Orientierungsschule und eine Oberstufe mit einjährigem Handelsdiplom und Maturitätsabteilung (Typ A, B, C, D, E und Bac A2). Die Höhe des durchschnittlichen Schulgeldes reicht von Fr. 465.- für die Primarschule bis zu Fr. 745.- für die Maturitätsabteilung. Individuelle Schulgeldregelungen sind möglich. Die Schule ist Mitglied des Verbands Schweizerischer Privatschulen. Sie ist in ihrer Arbeit durch die Pädagogik Maria Montessoris beeinflusst und versucht Elemente davon in ihrem Alltag umzusetzen. Im Stundenplan der Schüler sind bestimmte Zeiten für das selbständige individuelle Arbeiten vorgesehen. Noten gibt es an der Schule keine.

Freie Primarschule Zürich, Wehntalerstrasse 425, 8046 Zürich (47)

Die Freie Primarschule wurde im Jahre 1981 gegründet und ist als Mehrklassen-Tagesschule (4. bis 6. Schuljahr) konzipiert. Die 15 Schüler der Freien Primarschule Zürich werden von zwei Lehrern, einer Handarbeitslehrerin, einer Musikpädagogin, einer Gesangslehrerin, einem Schreiner und einem Setzmaschinisten (Teilzeitpensen) betreut und unterrichtet. Das Schulgeld beträgt Fr. 950.- pro Schüler und Monat (alles inklusive, keine Nebenkosten). In Einzelfällen wird das Schulgeld von öffentlichen Stellen (IV, Schulgemeinde u. a.) übernommen.
Die Freie Primarschule Zürich ist Mitglied des Vebandes Zürcher Privatschulen. Die schulische Arbeit an der Freien Primarschule ist wie folgt strukturiert: Der Vormittag ist den Hauptfächern Rechnen und Sprache gewidmet. Jedes Kind arbeitet an einem individuellen Programm. Der Nachmittag ist für sportliche, musische und handwerkliche Tätigkeiten reserviert. Über die ganze Woche verteilt sind die sogenannten Projektstunden. Hier werden Natur- und Heimatkunde, Geographie und Geschichte in engem Zusammenhang mit der Sprache nicht in Einzelstunden erteilt, sondern bestimmen als grössere Themen während mehrerer Wochen den Schwerpunkt der Arbeit. Die herkömmlichen Zeugnisse werden an der FPZ durch Beurteilungsgespräche ersetzt. Diese finden einmal pro Semester zwischen Eltern, Kind und Lehrer statt.

Lehrerseminar St. Michael, Zugerbergstrasse 3, 6300 Zug (48)

Das Lehrerseminar St. Michael wurde 1880 gegründet. Nach seiner vorübergehenden Schliessung während des Zweiten Weltkrieges wurde es im Jahre 1958 wieder eröffnet. Heute wird das als Internat mit Externat geführte Lehrerseminar von 110 Schülern besucht. Diese werden von 18 Lehrpersonen unterrichtet. Das Schul- und Kostgeld beträgt Fr. 1100.- pro Monat bzw. Fr. 540.- pro Monat für die internen Zuger Schüler, deren Schulgeld vom Kanton übernommen wird. In seiner Arbeit orientiert sich das Lehrerseminar St. Michael an der katholischen Erziehungstradition. Durch die Verbindung von Kurs-, Block- und Epochenunterricht soll eine gründliche Auseinandersetzung mit ausgewählten Themen und Fragen im Sinne des exemplarischen Lehrens und Lernens (Wagenschein) ermöglicht werden. Die herkömmlichen Notenzeugnisse wurden im Lehrerseminar St. Michael im Frühjahr 1980 durch Lernberichte ersetzt. Durch verschiedene Einrichtungen wird versucht, eine möglichst weitgehende Schülermitbestimmung und -mitverantwortung zu verwirklichen. (Siehe zur pädagogischen Konzeption und zum Alltag des Lehrerseminars St. Michael im übrigen die Darstellung in diesem Band.)

Ecole Moderne (Pédagogie Freinet), 5-7, rue du Clos, 1207 Genf (49)

Die 1975 gegründete, als Tagesschule geführte Ecole Moderne wird zur Zeit von 80 Kindern besucht (Kindergarten und 1. bis 6. Klasse). Diese werden von vier Lehrer/innen und vier Assistenten/Assistentinnen unterrichtet. Eine Staffelung des Schulgeldes auf Grund des Einkommens der Eltern oder anderer Kriterien ist nicht üblich. Das Schulgeld beträgt Fr. 600.- pro Kind. Die Ecole Moderne ist Mitglied des Verbandes der Schweizerischen Privatschulen, der Association Genevoise des Ecoles Privées (AGEP) und der Groupe Romand Ecole Moderne. Die Arbeit der Schule basiert auf der pädagogischen Theorie und Praxis von C. Freinet (selbständiges Arbeiten an eigenen Projekten, Bewegungs- und Ausdrucksfreiheit des Schülers, individuelle Arbeitspläne und Verträge, geeignetes Material, keine standardisierten Unterrichtsmethoden usw.). In der Ecole Moderne arbeiten die Kinder nicht in getrennten Klassenzimmern. Die Interaktion zwischen den verschiedenen Altersgruppen ist für die Entwicklung und das Lernen der Kinder wichtig. Ein grosser, nur leicht unterteilter Raum von 300 m^2 bildet deshalb das Zentrum der Schule. In regelmässig stattfindenden Versammlungen der ganzen Schule zeigen die Kinder einander einiges von dem, was sie gerade lernen und erarbeiten. Durch häufige Gespräche mit den Eltern werden diese über die Entwicklung ihrer Kinder und deren Leistungen informiert. Es gibt in der Ecole Moderne weder Notenzeugnisse noch schriftliche Berichte.

Jolimont-Schule, Weinplatz 4, 8000 Zürich,
während des Sommerhalbjahres:
Jolimont, 3235 Erlach

Die 1964 eröffnete Jolimont-Schule wird im Sommer als Zweiwocheninternat auf dem Jolimont ob Erlach (Bielersee) und im Winter als Tagesschule mitten in der Zürcher Altstadt geführt. Die ca. 12 Schüler und Schülerinnen der Jolimont-Schule werden von einem Hauptlehrer, dem Gründer der Schule, und einer Anzahl Fach- und Zusatzlehrern und -lehrerinnen mit Teilpensen betreut und unterrichtet. Die Zusammensetzung des Lehrerteams hängt nicht zuletzt von der sich stets wandelnden Zusammensetzung und den Bedürfnissen der Schülergruppe ab. Nachdem die Schule lange Zeit vor allem Kinder im 5. und 6. Primarschuljahr aufgenommen hat, hat sie in letzter Zeit damit begonnen, auch jüngere und ältere Kinder, Sekundar- und Realschüler, aufzunehmen.

Die Finanzierung des Schulgeldes wird von Fall zu Fall im Gespräch erörtert; eine zumindest teilweise Übernahme des Schulgeldes durch Dritte, insbesondere durch öffentliche Stellen, ist in besonderen Fällen möglich.

Die Jolimont-Schule versteht sich nicht als Vertreterin irgendeiner besonderen pädagogischen Richtung. Ihre eigenwillige Organisationsform und der in ihr herrschende Geist sind eng mit der Person des Schulgründers und -leiters und dessen Familie, zu der auch die Schülergruppe – wenigstens während des Sommers – gehört, verbunden. Das tägliche Zusammenleben auf dem Jolimont während der Sommermonate, wo die schulische Arbeit durch «Berufstage», durch gemeinsame Ausflüge, durch den musikalischen Tagesbeginn und das Vorlesen vor dem Zubettgehen und durch viel freie Zeit für eigene Unternehmungen bereichert wird, bildet immer wieder eine gute Basis für die eher traditionelle Lernarbeit während des Winterhalbjahres.

Eine Schülerbeurteilung in Form von Notenzeugnissen gibt es, doch wird die Selbstbeurteilung des Schülers beigezogen.

Demokratisch kreative Schule, D. und U. Kägi-Romano, (51)
5047 Schiltwald/Walde

Die 1974 gegründete, Demokratisch kreative Schule ist ein Wocheninternat für 25 Kinder vom 1. bis zum 6. Schuljahr. Die Kinder werden von zwei Lehrern, drei Erziehern, drei Praktikanten und Hauspersonal betreut. Das Schulgeld wird in den meisten Fällen von der öffentlichen Hand übernommen; die Eltern bezahlen in der Regel nur einen Kostgeldanteil von Fr. 150.– bis Fr. 250.– (zum pädagogischen Konzept der Schule und seiner Umsetzung im Alltag usw. siehe den Aufsatz in diesem Buch).

Weiterbildungsschule Zug (Kantonale Diplom-Mittelschule), (52)
Zugerbergstrasse, 6300 Zug

Die 1972 gegründete Weiterbildungsschule Zug wird von ca. 60 Schüler/innen besucht. Diese werden von 16 Lehrer/innen unterrichtet (fast alle im Teilpensum). Die Schule ist für Zuger/innen kostenlos. Das Schulgeld für ausserkantonale Schüler/innen beträgt Fr. 3000.– pro Jahr. Ein nach dem Einkommen der Eltern oder anderen Kriterien gestaffeltes Schulgeld ist nicht üblich. Die Weiterbildungsschule Zug ist Mitglied der Konferenz der Rektoren der Diplom-Mittelschulen der Schweiz.

Der Unterricht an der Weiterbildungsschule und ihre allgemeine Gestaltung orientieren sich an den Leitideen und dem Curriculum, das in den Jahren 1972 bis 1975 von der Freiburger Arbeitsgruppe für Lernplanforschung (FAL) zusammen mit Lehrern, Behörden, Abnehmern und Schülern entwickelt worden ist. Insbesondere die «Leitideen» sind stark von den Gedanken des deutschen Pädagogen Hartmuth von Hentig beeinflusst. Im Lehrplan der Weiterbildungsschule finden sich zum Teil ungewöhnliche Fächer wie Persönlichkeitsbildung, Gesellschaftskunde, Massenmedien, Gesundheitslehre und integrierte Naturwissenschaften.

Den Schülern und Lehrern wird ein ausgeprägtes Mitsprache- und Mitbestimmungsrecht eingeräumt, sowohl auf Unterrichts- als auch auf Schulbetriebsebene. Besondere Einrichtungen wie Schulentwicklung, Team-Teaching, Schüler-Lehrer-Konferenz, Leitungsteam u.a. helfen die anspruchsvollen Ziele stets im Auge zu behalten und die Schule permanent weiter zu entwickeln.

Dazu gehört nicht zuletzt auch das lernzielorientierte Beurteilungsverfahren, das auf Noten verzichtet.

Die Eltern sind nur am Rande in das Schulleben und die Schulgestaltung mit einbezogen (Gelegenheit für Elternkurse).
(Für weitere Einzelheiten siehe die ausführliche Darstellung der Weiterbildungsschule Zug in diesem Band.)

Geplante Schulen – Kontaktadressen

Verein Freie Volksschule Aarau
c/o Urs Häusermann
Dorfstrasse 193
5727 Oberkulm (53)

Schulprojekt Nods und Umgebung
c/o Ursula Häring
2518 Nods (54)

Schulprojekt Wädenswil
c/o Maja Bänziger
Glärnischstrasse 33
8820 Wädenswil (55)

Projekt Freie Volksschule Solothurn (Eröffnung April 1988)
Postfach 828
4502 Solothurn (56)

Projekt Freie Volksschule Oberwallis
c/o Gabriela Aron
3981 Imfeld VS (57)

Schulprojekt St. Gallen
c/o Hildegard Baumgärtner
Röschstrasse 5
9000 St. Gallen (58)

Schulprojekt Malans
c/o Gerda Kuby
Rothus
7208 Malans (59)

2. Einige wichtige Verbände, Arbeitsgruppen und Vereinigungen

In der Schweiz:

Verband Schweizerischer Privatschulen
Postfach 1498, 3001 Bern

Der um 1910 gegründete, pädagogisch und konfessionell neutrale Verband Schweizerischer Privatschulen ist mit ca. 220 Mitgliedschulen zur Zeit die grösste Vereinigung von Privatschulen in unserem Land. Eine Mitgliedschaft im VSP ist nur möglich, wenn eine Schule gewisse Mindestbedingungen in bezug auf Werbung, Abschlusszeugnisse und Diplome, Vertragsbedingungen (Preise, Kündigungsmöglichkeiten für Schüler usw.) und ähnliches erfüllt. Der VSP versucht auf diese Weise, eine gewisse Mindestqualität im Schweizer Privatschulwesen zu gewährleisten. Der Verband besteht aus der Sektion der Deutschen und Italienischen Schweiz und der Sektion der französischsprachigen Schweiz. – Innerhalb des Verbandes bestehen Fachgruppen für
– Unter- und Mittelstufe,
– Maturitätsschulen,
– Handelsschulen,
– Sprachschulen und -kurse und
– Arztgehilfinnenschulen.
Der VSP führt Weiterbildungsveranstaltungen für seine Mitglieder durch und sorgt für einen ständigen Informationsaustausch zwischen den verschiedenen, ihm angeschlossenen Schulen und ihren Leitern. Der Weiterbildung und dem Informationsaustausch dient auch die zwei- bis dreitägige Jahresversammlung des Verbandes. Organ des VSP ist die «Schweizer Erziehungsrundschau». Der VSP gibt darüber hinaus zusammen mit der Schweizerischen Verkehrszentrale jedes Jahr ein Verzeichnis der Schweizerischen Privatschulen heraus.
Der VSP hat sich vor einigen Jahren mit der ca. 80 Mitgliedschulen zählenden Konferenz Katholischer Schulen und Erziehungsinstitutionen der Schweiz (KKSE) in Luzern, dem Verband Freier Evangelischer Schulen in Bern und der Arbeitsgemeinschaft der Rudolf Steiner-Schulen der Schweiz zur Arbeitsgemeinschaft Schweizerischer Privatschulen zusammengeschlossen, um die Stellung der Privatschulen im schweizerischen Schulwesen zu stärken und ihre Anliegen besser gegen aussen vertreten zu können.

Arbeitsgemeinschaft der Rudolf Steiner-Schulen der Schweiz

In der Arbeitsgemeinschaft werden Probleme und Fragen erörtert, welche die gesamte, seit Beginn der 70er Jahre sehr schnell gewachsene Schweizer Steiner-Schulbewegung oder einzelne Schulen betreffen. Sie ist ein Forum für Informationsaustausch und Meinungsbildung, aber

kein den einzelnen Schulen übergeordnetes Gremium. Jede Schule entscheidet in jeder Angelegenheit grundsätzlich selbst und geht ihren Weg letztlich so, wie sie es für gut hält.
Über die Entstehung und das Wesen der Arbeitsgemeinschaft schreibt W. Spalinger: «Eine vermehrte Zusammenarbeit unter den Schulen nahm ihren Ausgangspunkt Ende der 60er Jahre bei Treffen der Oberstufenlehrer von Basel, Zürich und Bern. Daraus erwuchsen die jährlich zweimal stattfindenden Gesamtkonferenzen. Die Fülle der anstehenden Fragen rief nach Zusammenkünften auch in den Zwischenzeiten, und so entstand die Arbeitsgemeinschaft der Schweizer Rudolf Steiner-Schulen, ein kleineres Gremium, das häufiger tagt.»... «Charakteristisch ist eine ausgesprochene Zurückhaltung, sogleich feste organisatorische Formen einzurichten, bevor sich ein inneres Leben und innere Substanz entwickelt haben.»
In der Regel nehmen ein bis zwei Vertreter von jeder Schule an der Arbeitsgemeinschaft teil. Als Kontaktstelle mit der Gesamtbewegung der Steiner-Schulen in der Schweiz ist die Arbeitsgemeinschaft über das Sekretariat jeder Steiner-Schule erreichbar. Die entsprechenden Adressen finden sich im vorhergehenden Kapitel.

Freie Pädagogische Vereinigung des Kantons Bern (FPV),
Meienriedweg 4, 2504 Biel

Die 1941 gegründete Freie Pädagogische Vereinigung des Kantons Bern zählte 1983 rund 400 Mitglieder. Es handelt sich bei ihnen um Lehrerinnen und Lehrer, welche versuchen, im Rahmen der staatlichen Schule, so weit dies möglich ist, nach den Grundsätzen der anthroposophischen Pädagogik zu unterrichten. Die FPV formulierte 1942: «Wir legen Gewicht darauf, dass die Gründung nicht als eine oppositionelle Angelegenheit, sondern als Wille zu loyaler Mitarbeit im Dienste der bernischen Volksschule aufgefasst werde.»
Im Rahmen der FPV bestehen regionale Arbeitsgruppen, die sich vor allem mit dem anthroposophischen Menschenbild Rudolf Steiners befassen sowie fachspezifische Sektionen zur Vertiefung der Unterrichtsstoffe und ihrer Behandlung auf den verschiedenen Schulstufen im Rahmen des staatlichen Lehrplanes; es besteht:
– eine biologisch naturwissenschaftliche,
– eine geographisch-mathematische,
– eine sprachliche,
– eine künstlerische und
– eine heilpädagogische Sektion.
«Besondere Schwerpunkte setzt die FPV durch die seit 1945 jährlich durchgeführten ‹Studien- und Übungswochen für anthroposophische Pädagogik› , die seit 1951 in Trubschachen stattfinden.» Schliesslich betreut die FPV heute auch die «Jahreskurse zur Einführung in die anthroposophische Pädagogik» in Bern (30 Samstagnachmittage plus zwei Intensivwochen).
Für weitere Auskünfte steht die Freie Pädagogische Vereinigung gerne zur Verfügung. (Alle Angaben und Zitate aus Pro Juventute: Zeitschrift für Jugend, Familie und Gesellschaft Nr. 4/1983.)

Freier Pädagogischer Arbeitskreis (FPA)
Geschäftsstelle, Postfach 57, 8614 Bertschikon

Vor einigen Jahren schrieb der FPA über seine Tätigkeit und seine Ziele: «Wandlung der Schule durch innere Reform, ausgehend von jedem einzelnen Lehrer, bildet die Zielsetzung aller Bemühungen des Arbeitskreises. All unsere Kurse und Publikationen wollen den einzelnen Lehrer und Erzieher in seinem Bestreben unterstützen, wollen ihm als Orientierungshilfe auf dem Weg zur Menschenschule hilfreich zur Seite stehen. Neben Wochenend- und Abendkursen veranstalten wir auch Exkursionen. Im Selbstverlag publizieren wir hilfreiche Schriften für Erzieher und Lehrer. Hauptbestandteil unserer Arbeit bilden alljährlich die pädagogischen Arbeits- und Besinnungswochen mit Anregungen aus der anthroposophischen Pädagogik Rudolf Steiners während der Frühlings- und Herbstferien.» (in Pro Juventute: Zeitschrift für Jugend, Familie und Gesellschaft Nr. 4/1983).

1983 unterstützten ca. 250 Mitglieder in der ganzen Schweiz die Tätigkeit des Mitte der 70er Jahre gegründeten Freien Pädagogischen Arbeitskreises aktiv.

Die Geschäftsstelle des FPA steht für weitere Auskünfte jederzeit gerne zur Verfügung.

Arbeitsgruppe Freinet-Pädagogik
Postfach 3017, 8031 Zürich

Die auf den französischen Lehrer C. Freinet zurückgehende Bewegung der Ecole Moderne entwickelte sich in den 20er und 30er Jahren. Sie zählt heute in Frankreich über 25 000 Mitarbeiter. Dazu kommen zahlreiche Anhänger in andern Ländern.

Die von der UNESCO anerkannte Fédération Internationale des Mouvements Ecole Moderne (FIMEM) versucht, die verschiedenen Bestrebungen zu erfassen und miteinander zu verbinden. In der Schweiz kam es 1950 zur Gründung der Groupe Romand d'Ecole Moderne (GREM), 1971 zur Gründung der Groupe Genevois d'Ecole Moderne und 1977 zur Gründung der Arbeitsgruppe Freinet-Pädagogik Zürich.

Die grosse Stärke der Freinet-Pädagogik «liegt vor allem in ihrem konsequenten Ausgehen von der Situation des einfachen Lehrers an der Basis des Erziehungssystems, in ihrem starken Praxisbezug und in der Betonung der Kooperation der mitarbeitenden Lehrer... Freinet-Pädagogik war niemals ein Modell, das unter besonderen Arbeitsbedingungen, in Versuchs- oder Laborschulen durchgeführt wurde. Freinet-Pädagogik ist vielmehr die konkrete Antwort von Lehrern auf ihre unbefriedigende Arbeitssituation, Teil des Kampfes um die Veränderung der Schule und letzten Endes die Veränderung einer Gesellschaft, die eine repressive Schule hervorbringt.» (Aus einem Informationsblatt der Arbeitsgruppe Freinet-Pädagogik in Zürich.)

Die Freinet-Pädagogik ist im deutschen Sprachraum zwar bekannt, doch hat sie (nicht zuletzt wegen des noch zu schaffenden Arbeitsmaterials) in den Schulen der entsprechenden Länder erst zaghaft Fuss fassen können. In der deutschen und welschen Schweiz bestehen seit einigen Jahren verschiedene Regionalgruppen, in welchen Lehrer versuchen, die Ansätze der Freinet-Pädagogik für ihren Unterricht fruchtbar zu machen. Der Aufbau einer Materialzentrale für die deutsche Schweiz ist vorgesehen.

Für weitere Auskünfte und die Vermittlung von Kontakten mit Freinet-Lehrern in einzelnen Regionen der Schweiz steht die Freinet-Gruppe Zürich gern zur Verfügung.

Assoziation Montessori Schweiz
(Sektion der deutschen Schweiz), Gladbachstrasse 62, 8044 Zürich, und:
Association Montessori Suisse (Section Romande), Quai Wilson 14, 1201 Genève

Die Montessori-Pädagogik hat in den letzten 10 bis 15 Jahren eine Renaissance erlebt, nachdem sie bereits vor dem Zweiten Weltkrieg eine Phase relativer Popularität genossen hat (vor allem im Kanton Tessin und in der welschen Schweiz). Die Gründung verschiedener Montessori-Kinderhäuser und -Primarschulen im Laufe der letzten Jahre ist ein deutliches Anzeichen des wiedererwachenden Interesses an diesem besonderen pädagogischen Ansatz.

Als Nachfolgerin der 1932 gegründeten Schweizerischen Montessori-Gesellschaft wurde in den 70er Jahren die Assoziation Montessori Schweiz gegründet. Sie will durch Vorträge, Publikationen usw. zur Verbreitung der Montessori-Pädagogik in der Schweiz beitragen. Durch die Prüfung und Anerkennung von Montessori-Schulen und -Ausbildungsstätten versucht sie den Namen Montessori-Pädagogik vor Missbrauch zu schützen. Sie bietet seit kurzem auch eine Ausbildung zum Montessori-Lehrer an. Die Ausbildung ist, so wie die beiden Sektionen der Assoziation Montessori Schweiz auch, von der «Assoziation Montessori International» (AMI) in Holland anerkannt. Der von der deutschen Montessori-Vereinigung herausgegebene «Werkbrief» mit aktuellen Informationen und ausführlichen Beiträgen über theoretische und praktische Fragen der Montessori-Pädagogik dient der Deutschschweizer Sektion der Assoziation als Vereinsorgan.

Für weitere Auskünfte steht Ihnen die Assoziation jederzeit gerne zur Verfügung.

Alternativschul-Info Schweiz

Redaktion und Versand bis auf weiteres:
Martin Näf, Landskronstrasse 36, 4056 Basel

Das Alternativschul-Info Schweiz ist keiner bestimmten pädagogischen Richtung verpflichtet. Durch die Herausgabe des Infos möchte ich
- zur Auseinandersetzung mit den verschiedensten alternativen Schulformen anregen,
- das Gespräch zwischen diesen Schulen fördern,
- über Veranstaltungen und Ereignisse, die für die Schweizer «Alternativschulszene» wichtig sein könnten, informieren.

Indem es entsprechende Ansätze und Initiativen unterstützt und miteinander ins Gespräch bringt, möchte das Info letztlich die Entfaltung eines freien, von den Grundsätzen der Basisdemokratie ausgehenden Bildungswesens in unserem Land fördern.

Das Info erscheint unregelmässig, je nach Menge und Aktualität des an mich gesandten Materials. Als Mitteilungsblatt und schwarzes Brett der alternativen und freien Schulen der Schweiz wird es vor allem an diese verschickt; es kann jedoch auch von interessierten Einzelpersonen bezogen werden.

Das Info ist in gewissem Sinn ein «Nebenprodukt» des vorliegenden Buches.

Freie Pädagogische Akademie

Geschäftsstelle, Postfach 151, 8910 Affoltern am Albis

Im März 1977 wurde in Zürich der Verein der Freien Pädagogischen Akademie gegründet. Zweck des Vereins ist laut Statuten:
- «die Förderung einer inneren und strukturellen Wandlung im Schul- und Bildungswesen aller Stufen im Sinne einer Erneuerung und Vertiefung der Menschenbildung;
- die Förderung einer freien Pädagogischen Akademie in der Schweiz.»

Seit ihrer Gründung ist die eng mit dem Namen von Prof. Marcel Müller-Wieland verbundene Freie Pädagogische Akademie durch
- Tagungen und Seminare,
- Abendkurse für Eltern und Lehrer,
- individuelle Elternberatung bei Schülern von Lehrerpersönlichkeiten, die in der FPA mitarbeiten, und durch
- Vortragstätigkeit

im Sinne des Vereinszwecks tätig.

Schweizerische Gesellschaft für Bildungs- und Erziehungsfragen
Höflistrasse 12, 8135 Langnau ZH

In einer Orientierungsschrift über die 1970 gegründete Schweizerische Gesellschaft für Bildungs- und Erziehungsfragen heisst es: «Unsere Gesellschaft versteht sich im Sinne der Gesellschaften, welche seit dem 18. Jahrhundert immer wieder an der Gesundung der eidgenössischen Verhältnisse gearbeitet haben. Durch den Zusammenschluss selbst sollen sich diejenigen kennenlernen, welche zerstreut in der ganzen Schweiz im Sinne eines freiheitlichen Bildungswesens arbeiten. Der gegenseitige Austausch soll unsere Bestrebungen stärken und alle allfällige Resignation überwinden helfen.»

Der Gesellschaft geht es um die «freiheitliche Entwicklung des Schulwesens». In der bereits erwähnten Orientierungsschrift heisst es dazu u.a.: «Freiheitsfähigkeit und Freiheit der Erziehertätigkeit bedingen sich gegenseitig. Nur auf dem Boden der Freiheit kann sich eine fruchtbare Pädagogik entwickeln und entfalten. Diese innere Freiheit als Voraussetzung einer zeitgemässen Menschenbildung hat das Erziehungswesen in der Auseinandersetzung mit administrativen Reformbestrebungen zu wahren und soweit dies erforderlich ist auszubauen.»

Über die bisherigen Tätigkeiten der Gesellschaft heisst es:
- Teilnahme an zahlreichen Vernehmlassungen zu bildungspolitischen Fragen (Bildungsartikel, Mittelschule von morgen, Lehrerbildung von morgen, u.ä.),
- Herausgabe einiger Schriften zu Fragen der Erziehung und Bildungspolitik,
- Erarbeitung eines Leitbildes für ein zeitgemässes Erziehungswesen,
- Durchführung von Tagungen (meist im Gottlieb Duttweiler-Institut),
- Herausgabe einer monatlichen Presserundschau mit den wichtigsten Presseäusserungen zu Fragen der Erziehung und Bildungspolitik.

Das Sekretariat der Gesellschaft steht für weitere Auskünfte gerne zur Verfügung.

Stiftung Schule für das Kind
Steinenstrasse 2, 6048 Horw

Die Stiftung Schule für das Kind (SFK) ist eine noch ziemlich junge, international tätige Stiftung mit dem Zweck, Bestrebungen zu unterstützen, die zum Ziel haben, in staatlichen Schulen und in freien Bildungs- und Erziehungsstätten wahre Menschenbildung im Sinne des Handelns in Harmonie des Denkens, Wollens und Fühlens zu fördern. Dabei versucht die SFK, wie es in ihrem Leitbild heisst, «in einer ganzheitlichen Betrachtungsweise die Belange der Kinder, der Eltern, der Lehrerinnen und Lehrer, der Schulbehörden und der Gesellschaft in ihre Tätigkeit einzubeziehen». Durch die Aktivitäten verschiedener Regional- und Projektgruppen (Öffentlichkeitsarbeit, überregionaler Erfahrungs- und Informationsaustausch, Mitarbeit in politischen Gremien usw.) will die SFK mit dazu beitragen, dass unsere Gesellschaft ihre Schulen so gestaltet, dass die Forderungen aus der «Deklaration der Rechte des Kindes» (UNO 1959) für jeden einzelnen Schüler für seine ganze Schulzeit konsequent beachtet werden. Die SFK geht in ihrer Arbeit insbesondere vom Bewusstsein der Einzigartigkeit jedes Menschen und jedes Kindes aus.

Für weitere Auskünfte steht Ihnen die SFK jederzeit gerne zur Verfügung.

Netzwerk für Selbstverwaltung
Infostelle, Baslerstrasse 106, 8048 Zürich

In den Statuten des 1981 gegründeten Vereins Netzwerk für Selbstverwaltung heisst es u.a.:
«Der Verein bezweckt den losen Zusammenschluss, die Förderung und Unterstützung selbstverwalteter Betriebe und Kollektive, die folgenden Anforderungen genügen oder diese anstreben:
- Schaffung modellhafter selbstverwalteter Arbeits- und Lebensformen sowie von Ausbildungsplätzen,
- demokratische Betriebsführung und Entscheidungsfindung,
- Bereitschaft, mit gleichgesinnten Projekten zu kooperieren,
- Wahrscheinlichkeit der personellen Kontinuität, der organisatorischen und ökonomischen Funktionsfähigkeit,
- kein individuelles Eigentum an investiertem und akkumuliertem Kapital und Produktionsmitteln muss angestrebt werden,
- keine Lohnunterschiede wegen qualitativ verschiedener Arbeit müssen angestrebt werden.»

Eine ansehnliche Zahl der ca. 400 selbstverwalteten Betriebe der Schweiz hat sich im Netzwerk für Selbstverwaltung organisiert. Das Netzwerk bietet, wie es in einem Informationsblatt des Vereins heisst:
- eine Informationsstelle, die beim Aufbau von Betrieben beratet und Kontakte vermittelt,
- Erfahrungsaustausch und Initiativen in Seminaren, Tagungen und Arbeitsgruppen,
- eine Infozeitung, die auch politische Denkanstösse vermittelt,
- eine umfangreiche Dokumentation zu juristischen und wirtschaftlichen Problemen der Selbstverwaltung,
- eine Stiftung für die Personalvorsorge (Pensionskasse und Risikoversicherung), die das Geld sinnvoll anlegen wird,
- Beratung in Versicherungsfragen,
- eine Finanzkommission, die Gelder in ihrem Förderfond sammelt und Darlehen vermittelt.

Für weitere Auskünfte steht Ihnen das Informationsbüro des Netzwerks jederzeit gerne zur Verfügung.

Im Ausland:

Freie Alternativschulen der BRD
Informationsbüro, c/o Klaus-Peter Thiele, Gretchenstrasse 32, D-3000 Hannover 1

Das Büro will zum Informationsaustausch unter den einzelnen «freien Alternativschulen» der BRD (den freien Volksschulen in der Schweiz entsprechend) beitragen, Kontakte vermitteln usw. Diesem Zweck dient auch das vom Informationsbüro herausgegebene Mitteilungsblatt «Alternative Schule».

Agence Information Enfance
29, rue Davy, F-75 017 Paris

Die AIE versucht durch Pressearbeit, durch die Organisation von nationalen und internationalen Tagungen die Zusammenarbeit zwischen den alternativen Schulen auf nationaler und internationaler Ebene zu fördern und deren Anliegen in der Öffentlichkeit bekannter zu machen. Zu diesem Zweck gibt die AIE u.a. den in regelmässigen Abständen neu aufgelegten «Annuaire des Ecoles Différentes» heraus. Das in Kap. 3.3 dieses Anhangs näher beschriebene Jahrbuch kann bei obiger Adresse bestellt werden.

Dansk Friskole Forening
Kontor, Prices Havevej 11, DK-5600 Faaborg

Der Verein, dem zur Zeit rund 170 freie Schulen angeschlossen sind, gibt u.a. das «Friskole Bladet» heraus. Es erscheint alle zwei Wochen in dänischer Sprache.

3. Schulgeschichte, Schulreform und Alternativschulen
Ein Blick in weiterführende Literatur

Vorbemerkung

In den kurzen Texten dieser Bibliographie kommen einige Themen und Fragen zur Sprache, die in den vorhergegangenen Abschnitten dieses Buches gar nicht diskutiert oder nur am Rande gestreift wurden. Damit können sie, wie ich glaube, zur Klärung bestimmter Fragen beitragen und zum vertieften Nachdenken über einzelne Aspekte des Themas Schule-Schulreform-Alternativschulen anregen.
Hinweise auf Bücher zur Montessori-Pädagogik und zur Pädagogik Rudolf Steiners fehlen in der nachfolgenden Zusammenstellung, da sich entsprechende Angaben am Ende der jeweiligen Schulbeschreibungen im zweiten Teil dieses Buches finden.

Die Entwicklung des pädagogischen Denkens und die Geschichte der Schule von der Antike bis heute

Reble, Albert: Geschichte der Pädagogik. Stuttgart. 1980.
Diese seit längerem als Standardwerk anerkannte Geschichte der Pädagogik ist als Einstiegslektüre in diese Thematik durchaus geeignet. Die informative, aber wenig kritische Darstellung Rebles entspricht weitgehend der heute üblichen pädagogischen Geschichtsschreibung. Dass diese auch sehr anders aussehen kann, wird erst im Vergleich mit anderen Texten sichtbar.

Flitner, Wilhelm (Hrsg.): Die Erziehung. Pädagogen und Philosophen über die Erziehung und ihre Probleme. Bremen. 1970.
Durch kurze Textauszüge führt Flitner in das erzieherische Denken einzelner Persönlichkeiten der abendländischen Kultur der letzten dreitausend Jahre ein. Die zwischen zwei und zwanzig Seiten langen, durch kurze Einleitungen Flitners ergänzten Kapitel beginnen mit Auszügen aus dem Alten und Neuen Testament und führen dann über die griechisch-römische Antike bis hin zu den Reformpädagogen zu Beginn unseres Jahrhunderts. Der Gang durch die Jahrhunderte macht deutlich, wie sehr man sich in jeder Zeit über die jeweils herrschende «Scheinbildung» beklagt und eine gründliche Erneuerung der Kultur durch eine endlich richtig verstandene Bildung gewünscht hat.

Dietrich, Theo: Geschichte der Pädagogik. 18. bis 20. Jahrhundert. 2. überarbeitete und erweiterte Auflage. Bad Heilbrunn. 1975.
Das Buch ist eine gute Einführung in die Entwicklung der Schule seit dem 18. Jahrhundert. Dabei geht es, vor allem in der Darstellung des 19. und 20. Jahrhunderts, hauptsächlich um die Verhältnisse in Deutschland.

Schmitz, Klaus: Geschichte der Schule. Ein Grundriss ihrer historischen Entwicklung und ihrer künftigen Perspektiven. Stuttgart. 1980.
Schmitz beschreibt auf nicht ganz hundert Seiten die Geschichte der Schule von der griechisch-römischen Antike bis in unsere Zeit. Er stellt dabei die (interessante) These auf, dass die Schule, welche im Mittelalter und der frühen Neuzeit (bis ca. 1800) eine Institution der Kirche gewesen und danach zur Institution des Staates geworden sei, sich heute von diesem zu lösen beginne (und lösen müsse), um zu einer «Schule der Bürger» zu werden.

Schöneberg, Hans: Schule. Geschichte des Unterrichts von der Antike bis zur neuesten Zeit. Frankfurt a.M. 1981.
Schöneberg versucht hier eine alle Kulturkreise umfassende Geschichte des Unterrichtes zu geben. Neben der Entwicklung des westeuropäischen Typus der Schule geht er auch auf aussereuropäische Unterrichtstraditionen (China, arabische Länder, Indien usw.) ein.

Kost, Franz: Volksschule und Disziplin. Die Disziplinierung des inner- und ausserschulischen Lebens durch die Volksschule, am Beispiel der Zürcher Schulgeschichte zwischen 1850 und 1930. Limmatverlag. Zürich. 1985.
Am Beispiel der Zürcher Schulgeschichte geht Kost der Frage nach, welche Rolle das Motiv der Disziplinierung in der Entwicklung unserer (Volks-)Schule gespielt hat. Nach einem einleitenden ersten Teil stellt er im zweiten Teil die Schulhygienebewegung und die Schulbankdebatte

zwischen 1860 und 1930 dar. Dabei zeigt er u.a., wie sehr die Entwicklung einer optimalen Schulbank vom Wunsch nach vermehrter Kontrolle über die Schüler geprägt war. Im dritten Teil der Arbeit mit dem Untertitel «Von der Absenzenbusse zum Elternabend» beschreibt Kost die Art und Weise, in welcher die Schule mit ihren Vorstellungen von Disziplin immer mehr in den ausserschulischen Raum vorzudringen und insbesondere die Familie für sich zu gewinnen versuchte. – Das Buch, eine Dissertation, ist mit vielen interessanten Quellennachweisen und Literaturangaben versehen.

Flueler, Elisabeth: Die Geschichte der Mädchenbildung in der Stadt Basel. 162. Neujahrsblatt, herausgegeben von der Gesellschaft für das Gute und Gemeinnützige. Basel. 1984.

E. Fluelers Darstellung, welche im späten Mittelalter einsetzt, zeigt anschaulich, wie sich die Vorrangstellung des Mannes auf das Bildungswesen und die Bildungschancen für die Frauen ausgewirkt hat. Die leicht lesbare und angenehm gestaltete, ca. hundert Seiten umfassende Arbeit muss sich dabei, vor allem was die Zeit vor 1800 betrifft, häufig auf relativ zufällige und oberflächliche Beobachtungen stützen, Beobachtungen, deren Gültigkeit für die gesamte Schweiz auch deshalb eingeschränkt ist, weil sich Flueler in dieser Monographie auf die Schulverhältnisse in der Stadt Basel beschränkt und die Verhältnisse auf dem Land, aber auch die Situation der armen Stadtbevölkerung nicht oder nur am Rande berücksichtigt. Der leichten Lesbarkeit und der zahlreichen Quellenhinweise wegen eignet sich das Buch dennoch als Einstieg in diesen Bereich unserer Schulgeschichte.

Moser, Heinz, Kost, Franz und Holdener, Walter: Zur Geschichte der politischen Bildung in der Schweiz. Stuttgart 1978.

Das vorliegende Buch ist in drei Hauptkapitel gegliedert. Im ersten Kapitel geht Heinz Moser auf ca. dreissig Seiten auf die Geschichte der politischen Bildung vom ausgehenden 18. Jahrhundert bis zum Jahr 1848 ein. Das zweite Kapitel von Franz Kost befasst sich, auf ca. sechzig Seiten, mit der Zeit von 1848 bis 1918. Im letzten, ebenfalls ca. sechzig Seiten umfassenden Kapitel setzt sich Walter Holdener mit der Entwicklung des Begriffs der politischen Bildung von 1918 bis heute auseinander. In den drei Abschnitten des Buches wird deutlich, wie sehr die von der Schule offiziell vermittelte politische Bildung (staatsbürgerlicher Unterricht, Verfassungskunde) und die der Schule zugeschriebenen allgemeinen Erziehungsziele von den gesellschaftlichen und politischen Rahmenbedingungen der jeweiligen Zeit abhängen. Dementsprechend ist dieses Buch sowohl ein Überblick über die politische Geschichte der Schweiz während der letzten zweihundert Jahre als auch ein Beitrag zur Schweizer Schulgeschichte des selben Zeitraumes. Als solcher ist er in diesem noch kaum systematisch bearbeiteten Feld besonders wertvoll.

Schulreformbestrebungen und Schulkritik vom 18. Jahrhundert bis ca. 1960

a) Im allgemeinen

Fertig, Ludwig (Hrsg.): Die Volksschule des Obrigkeitsstaates und ihre Kritiker. Texte zur politischen Funktion der Volksbildung im 18. und 19. Jahrhundert. Darmstadt. 1979.

An Hand von acht ausgewählten, zwischen 1777 und dem Ende des 19. Jahrhunderts entstandenen Texten veranschaulicht Fertig den politischen Kampf um die damals entstehende Volksschule, eine Schule, die den einen immer wieder zu liberal und aufrührerisch, den andern zu konservativ und repressiv war. Die Texte von A. Zedlitz, F. Stiehl, J.H. Campe, J. Stuve, F.W. Wander, A.W. Diesterweg, F. Harkort und W. Liebknecht werden durch eine ausgezeichnete, mit vielen interessanten Literaturhinweisen und Anmerkungen versehene Einleitung über «Staatsraison und Arme-Leute-Bildung» (von L. Fertig) ergänzt und miteinander verbunden. – Auch wenn Fertig in dieser Einleitung eindeutig gegen eine zum blossen Instrument der Macht- und Staatserhaltung degenerierte Schule Stellung bezieht, ist seine Argumentation ebenso wie auch die von ihm getroffene Textauswahl durchaus differenziert und geht weit über den in diesem Bereich sonst so häufigen Schlagabtausch zwischen Linken und Rechten hinaus.

Grunder, Hans-Ulrich: Theorie und Praxis anarchistischer Erziehung. Trotzdem Verlag. Grafenau. 1986.

Grunder beschreibt in diesem Buch das Leben und Werk von Paul Robin, Sebastian Faure und Jean Wintsch, dreier Persönlichkeiten der zweiten Hälfte des 19. und beginnenden 20. Jahrhunderts, welche sich aktiv für eine Veränderung in Schule und Erziehung eingesetzt haben. Von diesen drei, von Grunder zu den anarchistischen Pädagogen gezählten Gestalten ist für die schweizerische Schulgeschichte vor allem Jean Wintsch interessant, war er doch an der Gründung der heute fast vergessenen Ecole Ferrer (in der Nähe von Lausanne) im Jahre 1909 beteiligt. Grunder beschreibt denn auch die pädagogische Konzeption und den Alltag dieser kleinen, dem spanischen Anarchisten und Pädagogen F. Ferrer verpflichteten, von Gewerkschaften unterstützten und von (Arbeiter-)Eltern betriebenen Schule bis hin zu ihrer Schliessung im Jahre 1919. In ihrer politischen Orientierung und ihrer internen Organisation scheint die Ecole Ferrer den freien Volksschulen unserer Zeit viel näher verwandt zu sein als den meisten Reformschulen jener Jahre.

Baumann, Heribert, Klemm, Ulrich, Rosenthal, Thomas (Hrsg): Werkstattbericht Pädagogik. Geschichte und Perspektiven anarchistischer Pädagogik. Trotzdem Verlag. Grafenau. 1985.

Neben längeren Einzelbeiträgen zu bestimmten Aspekten der anarchistischen Pädagogik zu ihrer Geschichte enthält der Band eine Auswahlbibliographie zum Thema Anarchismus und Pädagogik sowie einige in diesen Zusammenhang gehörende Buchrezensionen. Die Reichhaltigkeit des in ihm präsentierten Materiales und die Tatsache, dass die in ihm enthaltenen Positionen von der offiziellen Pädagogik weitgehend verdrängt wurden und werden, macht diesen Band zu einem wertvollen pädagogischen Buch.

Nohl, Hermann: Die pädagogische Bewegung und ihre Theorie. Frankfurt a.M. 1949.

Im ersten Teil dieses Buches beschreibt Nohl die Entwicklung verschiedener, sich ab 1900 mehr und mehr zu einer umfassenden (reform-) pädagogischen Bewegung vereinenden Bestrebungen (Jugendbewegung, Kunsterziehungsbewegung, Landerziehungsheim- und Arbeitsschulbewegung u.a.m.) Im zweiten, umfangreicheren Teil entwickelt Nohl eine pädagogische Theorie, auf deren Hintergrund all diese Bemühungen verstanden werden können. – Nohls ausgezeichnet geschriebenes, gedanken- und faktenreiches Buch wurde bald zur klassischen Darstellung der reformpädagogischen Bewegung zwischen 1900 und 1933. Durch andere, diesen Jahren gewidmete Veröffentlichungen wurden die Einseitigkeiten von Nohls Darstellung (starke Konzentration auf Deutschland, einseitig idealistische Geschichtsschreibung u.ä.) in letzter Zeit klarer anerkannt und korrigiert.

Röhrs, Hermann: Die Reformpädagogik als internationale Bewegung. Ursprung und Verlauf in Europa. Hannover. 1983.

In dieser ausführlichen, detailsreichen und gut dokumentierten Beschreibung der reformpädagogischen Bewegung ab ca. 1890 geht es Hermann Röhrs, über die Darstellung der einzelnen Teilbereiche der Bewegung hinaus, darum, zu zeigen, dass die Reformpädagogik ein durchwegs internationales Phänomen war. Als deutlichster Ausdruck ihrer Internationalität kann die nach dem 1. Weltkrieg gegründete «New Education Fellowship» (Weltbund für Erneuerung der Erziehung), welche bis in die 30er Jahre hinein auf ihren internationalen Kongressen jeweils hunderte, ja tausende von Lehrern, Erziehern, Psychologen etc. aus der ganzen Welt versammelte, angesehen werden. Mit der «New Education Fellowship» und mit der «Progressiven Erziehungsbewegung» in den USA hat sich Röhrs in anderen, das hier erwähnte Buch ergänzenden Veröffentlichungen befasst.

Key, Ellen: Das Jahrhundert des Kindes. Königstein. 1978 (deutsche Erstausgabe 1902).

Durch dieses (im Jahre 1900 in schwedischer Sprache erstmals erschienene) Buch wurde Ellen Key bald zu einer der prominentesten Vertreterinnen der «Reformpädagogischen Bewegung», einer Bewegung, welche seit Beginn unseres Jahrhunderts immer entschiedener eine «Erziehung vom Kinde aus» und die Überwindung der alten «Buchschule» forderte. In den in diesem Band enthaltenen acht «Studien» befasst sich E. Key, wie in ihren zahlreichen andern Schriften, allerdings nicht nur mit pädagogischen Fragen in engerem Sinne; sie setzt sich auch mit Themen wie Kinderarbeit, Frauenbewegung, echter Religiosität und ähnlichem mehr auseinander. Dabei ist ihre mutige Stellungnahme gegen die Scheinchristlichkeit ihrer Zeit (Studie sieben) oder ihre Vision einer «Schule der Zukunft» (Studie sechs) auch heute noch beeindruckend und anregend. Wenn Key aber beispielsweise (in der ersten Studie des Buches) zu (freiwilliger) Eugenik aufruft und sich Gedanken macht über ein Geschlecht von Übermenschen, so wird hier auch die häufig nicht gewollte, aber dennoch so sehr bestehende unheimliche Verwandtschaft zwischen dem radikalen Idealismus der kulturkritischen und reformerischen Bestrebungen jener Zeit und der Blut-und-Boden-Mentalität der Nationalsozialisten deutlich; auch in dieser Hinsicht ist Keys Buch noch immer lesenswert!

Hilker, Franz (Hrsg.): Deutsche Schulversuche. Berlin. 1924.

Hilker wollte mit diesem Buch zeigen, in welcher Weise die Ideen der damals von vielen angestrebten «neuen Erziehung», die er in einer Einleitung darzustellen versucht, in die Tat umgesetzt wurden. In relativ ausführlichen Selbstdarstellungen kommen in dem Band (Teil eins) freie Schulen (u.a. die Berthold/Otto-Schule in Berlin, die Deutschen Landerziehungsheime von Hermann Lietz, die Odenwaldschule von Paul Geheeb, die Freie Schul- und Werkgemeinschaft Letzlingen, die Freie Waldorfschule in Stuttgart) sowie (Teil zwei) Versuche aus dem Bereich der Staatsschule und (Teil drei) dem Bereich der Berufs- und Volkshochschulbildung zu Wort. In einem Schlusswort geht Franz Hilker schliesslich dem Verhältnis von Versuchsschulen und allgemeiner Schulreform nach. Das Buch vermittelt einen ziemlich umfassenden Überblick über die Schulreformbestrebungen im Deutschland der 1920er-Jahre.

Borgius, Walter: Die Schule – ein Frevel an der Jugend. Reprint der Erstausgabe von 1930. Mackay -Gesellschaft. Freiburg i.Br. 1981.

Dieses ursprünglich als Teil eines umfassenderen Werkes konzipierte Buch ist eine engagierte Stellungnahme gegen die vom Staat eingerichtete und betriebene (Zwangs-)Schule. Im ersten, geschichtlichen Teil des Buches schildert Borgius auf ca. 120 Seiten die Entstehung dieser

Institution, wobei er die ausführliche Darstellung der deutschen Verhältnisse durch einen Blick auf das Schulwesen anderer Länder (China, Vereinigte Staaten, Australien, Italien, Russland) ergänzt. – Im zweiten, etwas kürzeren Teil geht es um «Grundsätzliches»: Borgius diskutiert zuerst den Bildungswert verschiedener Unterrichtsgebiete (Geschichte, Geographie, Deutsche Sprache u.a.m). Er kommt dabei zum Schluss, dass der Wert der meisten Schulfächer im wesentlichen nur darin besteht, die Schüler und Schülerinnen an die Existenz des Staates und das Still-Sitzen und Gehorchen zu gewöhnen. In einem Kapitel über die «Künftigen Formen des Aufwachsens der Kinder» skizziert er dann die gegenseitige Erziehung der Kinder in unabhängigen Gemeinschaften, wie sie ihm als Alternative zur heutigen Schul- und Familienerziehung vorschwebt. Zur Überwindung der heutigen Schule wird es allerdings nur kommen, meint Borgius, wenn sich die Schüler selbst gegen sie zu verbünden und zur Wehr zu setzen beginnen. – Das Buch schliesst mit einem kurzen Nachwort, in welchem sich Borgius mit dem Wesen des Staates und der Frage nach seiner Legitimität befasst. Das 1930 erstmals erschienene Buch scheint mir trotz einiger Anachronismen nach wie vor sehr lesenswert.

b) In der Schweiz

Grunder, Hans-Ulrich: Das schweizerische Landerziehungsheim zu Beginn des 20. Jahrhunderts. Frankfurt a.M. 1987.

In engem Zusammenhang mit deutschen und französischen Vorbildern wurden zu Beginn des 20. Jahrhunderts auch in der Schweiz zahlreiche Landerziehungsheime gegründet. Grunder beschreibt in diesem Buch einige der damaligen Gründungen näher und vergleicht sie miteinander. Dabei interessieren ihn Fragen wie die folgenden:

– Handelte es sich bei den damaligen Schweizer Landerziehungsheimen um im Grunde traditionell orientierte, in schöner Landschaft angesiedelte Erziehungsinstitute für das gehobene Bürgertum oder um radikale, allen Volksschichten verpflichtete Versuche einer neuen Erziehung?

– Welche Beziehungen bestanden damals zwischen den Schweizer Landerziehungsheimen und den Landerziehungsheimen in Deutschland, Frankreich und England?

– Waren die Schweizer Landerziehungsheime Teil einer grösseren, auch in unserem Lande vertretenen reformpädagogischen Bewegung, oder waren sie ein isoliertes Phänomen in der pädagogischen Landschaft der damaligen Schweiz?

Grunder versteht sein Buch als Beitrag zu der noch weitgehend ungeschriebenen Geschichte der Reformpädagogik in der Schweiz. Da die Schweizer Landerziehungsheimbewegung ihren revolutionären Schwung nach 1910 ziemlich schnell verloren habe, beschränkt sich Grunder in seiner Darstellung auf die Zeit von 1898, dem Gründungsjahr des ersten deutschen Landerziehungsheimes durch H. Lietz, bis 1910. Spätere Heimgründungen werden nur am Rande erwähnt.

Schohaus, Willi: Schatten über der Schule: eine kritische Betrachtung. Verlag Schweizer Spiegel. Zürich. 1930.

«Schatten über der Schule», dieses ungewöhnliche Buch des ehemaligen Kreuzlinger Seminardirektors Schohaus, enthält zwei Hauptteile: Im ersten Teil versucht Schohaus, wie er selbst im Vorwort schreibt, «die wesentlichen Unzulänglichkeiten unserer Schule in gedrängter Fassung einigermassen systematisch darzustellen und, wenn auch nur skizzenhaft, die geistige Struktur einer Schule, wie sie uns als Zukunftshoffnung vorschwebt, zu kennzeichnen». Im zweiten, umfangreicheren Teil des Buches veröffentlicht er 82 «Schulbekenntnisse» (schlimme Schulerinnerungen), die ihm auf Grund einer entsprechenden Aufforderung im Schweizer

Spiegel zugesandt worden waren. Diese Schulbekenntnisse (es handelt sich nur um einen Teil des ihm zugesandten Materials) sind sowohl Ausgangspunkt als auch Illustration der im ersten Teil des Buches beschriebenen Krankheiten der Schule. Diese Erinnerungen geben Einblick in eine Schule, von der die offizielle Pädagogik meist nichts wissen will: Wenn sich diese Schule im Laufe der letzten 60 bis 80 Jahre auch in vielem gewandelt hat, so klingen doch viele der von Schohaus veröffentlichten Dokumente durchaus nicht veraltet, und auch seine Beobachtungen und Überlegungen zu Stichworten wie «Verschulung», «Recht der Persönlichkeit», «Provisorisches Leben» u.a.m. scheinen heute noch ebenso aktuell wie damals.

Salzmann, Friedrich: Bürger für die Gesetze. Darstellung des erziehenden Staates. Bern. 1949.

«Bürger für die Gesetze» ist ein eigenwilliges und provozierendes Buch. Es setzt sich in erster Linie mit der Erziehung zum Nationalismus und mit der Rolle, welche die staatliche Schule in dieser Erziehung spielt, auseinander. Salzmann geht dabei, wie er im Vorwort schreibt, davon aus, «dass der bewaffnete Nationalstaat kein Endzustand der Menschheitsentwicklung» sei und sein dürfe. Er veranschaulicht seine Überlegungen durch eine Anzahl historischer Skizzen, in denen er die Erziehung zum Untertanen, wie sie in verschiedenen Ländern vorgenommen wird, darstellt. Die Untersuchung der schweizerischen Verhältnisse nimmt dabei einen besonders breiten Raum ein. Die Abkoppelung der Schule vom Staat, die Einführung der Wahlfreiheit in bezug auf Lehr- und Unterrichtspläne, ja vielleicht sogar die Umwandlung der obligatorischen in eine fakultative Schulerziehung sind für Salzmann wesentliche Voraussetzungen für die Weiterentwicklung eines übernationalen, das heisst freieren und letztlich menschlicheren Denkens. Das in der Schweiz noch heute de facto bestehende staatliche Schulmonopol ist für ihn ein Überbleibsel absolutistischer Traditionen. – Salzmanns Buch ist eine Mischung von sehr modern und aktuell anmutenden Gedanken und einer naiven Wirtschafts- und Technikgläubigkeit, die ganz deutlich aus einer wohl für immer vergangenen Zeit stammen.

Alternativschulen und Schulkritik heute

a) Im allgemeinen

Dennison, George: Lernen und Freiheit. Aus der Praxis der First Street School. Frankfurt a.M. 1971.

An Hand seiner Tagebuchaufzeichnungen gibt uns Dennison, von 1964 bis 1965 Lehrer an der «First Street School», einen sehr lebendigen Einblick in den Alltag dieser kleinen, in einem armen Stadtteil New Yorks gelegenen Schule. – Ausgehend von den Erfahrungen dieser «Free School», einer der ersten ihrer Art in den USA, entwirft Dennison dann das Bild eines gänzlich umgestalteten, auf selbstverantwortlich geführten und locker untereinander verbundenen Schulen beruhenden Bildungswesens. Mit seiner im Jahre 1969 unter dem Titel «The Lives of Children» zum ersten Mal erschienenen Darstellung der First Street School und seinen theoretischen Gedanken hat Dennison die US-amerikanische Free-School-Bewegung der späten 60er und der 70er Jahre stark beeinflusst. Das Buch, inzwischen eine Art Klassiker der Alternativschulbewegung unserer Zeit geworden, ist eine gute Einführung in deren Theorie und Praxis.

Neill, Alexander S.: Theorie und Praxis der antiautoritären Erziehung. Das Beispiel Summerhill. Reinbek bei Hamburg. 1969.

A.S. Neill beschreibt in diesem Buch den Alltag in der von ihm Ende der 1920er-Jahre gegründeten Internatsschule «Summerhill» und geht dann auf verschiedene Aspekte seiner pädagogischen Theorie ein. Als Theoretiker und Praktiker einer antiautoritären Erziehung hat Neill in den 60er und anfangs 70er Jahren einen grossen Einfluss auf die fortschrittlichere

Pädagogik in den USA und in Europa gehabt. Die Auseinandersetzung mit seinen Gedanken lohnt sich, so finde ich, trotz, ja gerade wegen ihrer scheinbaren Naivität noch heute.

Holt, John: Freiheit ist mehr. Ravensburg 1974. (Freedom and Beyond). New York. 1972.

Holt, der sich in früheren Büchern mit der Realität von Schülern in traditionellen Schulen befasst und versucht hat, diese zu beschreiben, hat sich im Verlauf der 70er Jahre immer mehr der US-amerikanischen Free-School-Bewegung angeschlossen. In seinem Buch «Freiheit ist mehr» geht er nach einigen eher pädagogischen Kapiteln auf den Zusammenhang zwischen Schule und Gesellschaft, insbesondere der Arbeitswelt der Erwachsenen ein: Leitfrage ist für ihn dabei, inwiefern die öffentliche Schule, wie sie es zu tun vorgibt, dem Wohl des einzelnen Kindes dient oder inwiefern sie, nur scheinbar eine pädagogische Einrichtung, im Grunde eine politische Funktion im Dienste der Mächtigen erfüllt. Nach einigen Überlegungen zum Zusammenhang von Schulkarriere und Armut und zu dem Mythos, dass man nur in der Schule lesen lernen könne, beschreibt Holt seine Vorstellungen eines als Teil einer neuen Gesellschaft zu verstehenden neuen Bildungswesens. Dabei sind auch für ihn (wie etwa für Dennison) Dezentralisierung, Autonomie kleiner Einheiten, Überschaubarkeit sowie Demokratisierung der Schul- und Arbeitswelt u.a.m. wichtige Begriffe.

Dick, Lutz van: Alternativschulen. Information, Probleme, Erfahrungen. Reinbek bei Hamburg. 1979.

Lutz van Dick stellt in diesem Buch zahlreiche Alternativschulen der BRD und des Auslandes vor (Hinweise auf die Schweiz finden sich keine). Er diskutiert die Geschichte dieser Schulen, ihre Anliegen und Probleme. Van Dick geht dabei von einem relativ präzisen, politisch begründeten Begriff von Alternativschule aus: Nicht jede Reformschule ist in diesem Sinn alternativ. Die in diesem Buch enthaltene Materialfülle und die offene, engagierte Weise, in der van Dick für eine alternative Pädagogik eintritt, machen das Buch zu einer lohnenden Lektüre. Einige in dem Buch enthaltene Angaben sind inzwischen natürlich überholt (vor allem Anschriften u.ä.).

Hentig, Hartmut von: Cuernavaca oder: Alternativen zur Schule? Stuttgart und München. 1972.

Hentig setzt sich in diesem Buch mit den Schulreformbemühungen der späten 50er und 60er Jahre und mit ihrem Scheitern auseinander und prüft dann die von Illich, Freire und anderen gemachten Vorschläge im Hinblick auf eine mögliche Alternative zur scheinbar ausser Kontrolle geratenen Institution Schule. Nach der Darstellung der entsprechenden Positionen und einem Blick auf die Kibbuzerziehung, die Free-School-Bewegung und andere praktische Versuche einer alternativen Pädagogik entwickelt Hentig im vierten und fünften Abschnitt des Buches seine eigene Vorstellung einer allmählichen Entschulung der Schule und einer gleichzeitigen Rückgewinnung der Gesellschaft als einem Lebens- und Lernort für alle – auch für Kinder und Jugendliche: Erst wenn die Gesellschaft wieder lebens- und lernfreundlicher geworden ist, wird, so meint Hentig, eine Entschulung der Gesellschaft im Sinne Illichs möglich. – «Cuernavaca oder: Alternativen zur Schule» ist ein sehr informatives und gedankenreiches Buch. Es ist kurz und gut geschrieben.

Röhrs, Herman n(Hrsg.): Die Schulen der Reformpädagogik heute. Handbuch reformpädagogischer Schulideen und Schulwirklichkeit. Düsseldorf. 1986.

Das Buch enthält, neben einer von H. Röhrs geschriebenen, guten Einführung in Wesen, Verlauf und Ende der reformpädagogischen Bewegung im ersten Drittel unseres Jahrhunderts, in

Teil I eine Anzahl ausführlicher Darstellungen von auf jene Zeit zurückgehenden Reform-Schulen (Steinerschulen, Montessorischulen, Peter-Petersen-Schulen, Deutsche Landerziehungsheime, Ecole d´humanité) sowie, in seinem zweiten Hauptteil, Beschreibungen einiger erst nach dem zweiten Weltkrieg gegründeten alternativen Schulen. Die Einzeldarstellungen werden ergänzt durch einige weiter gefasste Aufsätze –, so etwa durch den Aufsatz über «Schule im Exil: Bewahrung und Bewährung der Reformpädagogik» von H. Feidel-Mertz (in Teil eins) oder die Aufsätze über «Die humane Schule» von Peter Paulig und «Die Wiederherstellung von Nachbarschaft: Community Schools – Erfahrungen in England und Ansätze in der Bundesrepublik» von Jürgen Zimmer (in Teil zwei). – Als Übersicht über die theoretischen und praktischen Bestrebungen fortschrittlicher oder «alternativer» Pädagogen im Deutschland der letzten hundert Jahre ist das Buch ausgesprochen empfehlenswert; die meisten in ihm enthaltenen Aufsätze sind sehr kompetent geschrieben und mit nützlichen Hinweisen auf weiterführende Literatur ausgestattet. Die starke Beschränkung auf Schulen und Pädagogen der BRD ist ein gewisser, vielleicht unvermeidlicher Mangel des Buches, ein Mangel, der durch die Qualität der einzelnen Beiträge allerdings mehr als wettgemacht wird.

Behr, Michael (Hrsg.): Schulen ohne Zwang. Wenn Eltern in Deutschland Schulen gründen. München. 1984.

«Schulen ohne Zwang» ist eine gute Übersicht über die in den 70er und 80er Jahren entstandenen freien Alternativschulen der BRD. Neben Beschreibungen der Freien Schule Bochum, der Kinderschule Bremen, der Schule für Erwachsenenbildung in Berlin, der Schule für Gestaltung Friedrichshof (als einzige nicht in der BRD) und einiger anderer «Eltern-Lehrer-Schüler-Schulen» enthält das Buch eine Anzahl kurzer, theoretischer Beiträge über Themen wie: «Biologisch sinnvolles Lernen», «Die öffentliche Schule als System von Ausgrenzungen», «Die Geschichte der Freien Schulen». Das Bändchen wird durch eine ausführliche Adressliste (Stand 1984) ergänzt.

Behr, Michael und Jeske, Werner (Hrsg.): Schulalternativen. Modelle anderer Schulwirklichkeit. Düsseldorf. 1982.

Neben einer Einleitung von F.J. Wehnes («Zur historischen Dimension von Alternativschulen») enthält das Buch sieben grosse Kapitel. Von diesen fand ich besonders die ersten drei interessant: «Kritik an der Regelschule», «Modelle in reformpädagogischer Tradition» (Montessori-, Steiner-, Peter-Petersen-Schulen) und «Anglo- und Lateinamerikanische Modelle». – Das Buch ist ein guter Überblick über die Theorie und Praxis einer alternativen Pädagogik; es ist wegen des hie und da auftauchenden Fachjargons allerdings nicht immer einfach zu lesen.

Agence Informations, Enfance (Hrsg.): Des Ecoles différentes... et autres lieux (guide – annuaire 87/88). Paris. 1987.

Das Jahrbuch, das in regelmässigen Abständen neu aufgelegt werden soll, vermittelt einen Überblick über die alternativen und freien Schulen Frankreichs. Es enthält neben allgemeinen Informationen und Überlegungen zur Verwirklichung einer alternativen Pädagogik in Frankreich zur Hauptsache kurze Beschreibungen von einzelnen «Ecoles différentes». Dabei werden sowohl Eltern-Lehrer-Schüler-Initiativen im Sinne der schweizerischen «freien Volksschulen» als auch Freinet-, Steiner- und Montessori-Schulen sowie «reisende Schulen», Experimentalschulen im Bereich der Staatsschule und andere, weniger leicht einzuordnende Initiativen alternativer Bildungsarbeit dargestellt.

Zinnecker, Jürgen (Hrsg.): Der heimliche Lehrplan. Untersuchungen zum Schulunterricht. Weinheim. Basel. 1975.

In diesem Buch geht es um den in den USA entwickelten Begriff des «hidden curriculum», des «heimlichen Lehrplans», der die Diskussion um die Schule im deutschsprachigen Raum im Verlauf der 70er Jahre stark zu beeinflussen begann. Diverse Autoren setzen sich im Rahmen von Fallstudien oder von theoretischen Analysen mit den Inhalten des heimlichen Lehrplans der Schule auseinander: Einübung in eine bürokratische Gesellschaft, Gewöhnung an entfremdete (nicht unmittelbar befriedigende) Arbeit, Gewöhnung an Konkurrenz und Selektion, Gewöhnung an Fremdbestimmung etc. Die Texte dieses Bandes zeigen, durch welche Rituale und Strukturen die Schule (oft ohne sich dessen bewusst zu sein) diese «Bürgertugenden» vermittelt.

Holt, John: Teach your own. Delacorte Press. Lawrence. 1981.

«Teach your own» ist ein Buch für und über «Home Schoolers», das heisst ein Buch für und über Väter und Mütter und andere Erwachsene, die beschlossen haben, ihr Kind ausserhalb der Schule aufwachsen zu lassen. Im eigenen Haus, zusammen mit Freunden, in der Nachbarschaft, auf den Spielplätzen oder in den Bibliotheken, den Werkstätten oder Begegnungszentren der Umgebung, am Strand oder in den Bergen, überall wo das Kind von sich aus hin möchte, gibt es, davon gehen Home Schoolers aus, viel zu lernen. Auch eine «Alternativschule» ist, gemessen an der wirklichen Welt, eine künstliche Einrichtung, die die freie Entfaltung eines Kindes mehr als nötig behindert. Für die in einigen Gegenden der USA zur Zeit relativ populäre Home-School-Bewegung ist die Schule nur ein Lernort unter anderen: sie sollte dem Kind, welches sie (etwa für die Teilnahme an einem Mathematikkurs oder für die Benützung des Töpferateliers) benutzen möchte, ebenso offen stehen, wie sie den regulären Schülern offen steht. – Durch die Besonderheiten des US-amerikanischen Schulsystems und durch die ganz anderen gesetzlichen Rahmenbedingungen lässt sich das, was John Holt beschreibt, nicht einfach auf Europa oder die Schweiz übertragen. Die Idee des Home-Schooling scheint mir jedoch faszinierend angesichts der hohen Verschulung unseres Lebens und unserer Kindheit. John Holt betont dabei selbst, dass Home-Schooling bis auf weiteres eine Alternative für eine relativ kleine Minderheit sei. In ihrem Vertrauen auf die Lernfähigkeit ihrer Kinder und in ihrer Entschlossenheit, die Verantwortung für deren Erziehung wieder mehr in ihre eigenen Hände zu nehmen, gehen die Home-Schooler vielleicht noch einen Schritt weiter als ihre «Vorgänger» in der Free-School-Bewegung der 1970er Jahre.

b) In der Schweiz

Jegge, Jürg: Dummheit ist lernbar. Erfahrungen mit «Schulversagern». Zytglogge Verlag. Bern. 1977.

An Hand von Beispielen aus seiner eigenen Praxis als Hilfsschullehrer geht Jegge in diesem seinem ersten Buch den Zusammenhängen zwischen Schichtzugehörigkeit und Schulerfolg nach, um anschliessend zu zeigen, auf welche Weise ein Lehrer der «Ungerechtigkeit der Schule» (Chancenzuteilung, Selektion) in der Praxis zumindest ein Stück weit begegnen kann. Jegge veranschaulicht seine Überlegungen und Thesen stets mit Beispielen aus seiner eigenen Praxis als Hilfsschullehrer.

Saner, Hans: Zwischen Politik und Ghetto. Über das Verhältnis des Lehrers zur Gesellschaft. Lenos Presse. Basel. 1977.

Saner thematisiert in diesem Büchlein das Verhältnis von Schule und Gesellschaft. Er befasst sich insbesondere mit der politischen Schlüsselstellung des Lehrers, aber auch mit seiner

Tendenz, sich in ein (scheinbar) unpolitisches Ghetto zurückzuziehen bzw. in ein solches abgeschoben zu werden. In den verschiedenen Aufsätzen des Büchleins («Vom Ghetto der Lehrer und der Möglichkeit es zu verlassen», «Der Lehrer und die Politik», «Schule und Gesellschaft», «Erziehung zum Patriotismus ist ein Verbrechen», «Von der Verantwortung der Wissenschaftler») verbindet Saner seine grundsätzlichen Erwägungen immer wieder mit Hinweisen auf damals (in den 70er Jahren) aktuelle Probleme und Vorfälle im Konfliktfeld Schule–Politik–Gesellschaft.

Jenzer, Carlo: Gesamtschule Dulliken 1970–1980. Idee, Realisierung, Resultate, Ausblick. Paul Haupt Verlag. Bern. 1983.

Jenzers Darstellung des Gesamtschulversuchs Dulliken enthält neben Angaben zum Schulkonzept und zu den besonderen Realisierungsbedingungen in Dulliken vor allem eine gründliche Evaluation des Schulversuches und der von ihm angestrebten Ziele (Individualisierung des Unterrichts; Gemeinschaftserziehung; Verbesserung der Schulerfolge; Verzahnung nach oben und unten). Leider geht Jenzer in dieser Abhandlung so gut wie überhaupt nicht auf die politischen und pädagogischen Kontroversen ein, die dieses wohl mutigste und radikalste Experiment der jüngeren Schweizer Staatsschulgeschichte begleitet haben. So wurde mir beispielsweise nicht klar, weshalb der an sich als Erfolg bezeichnete Schulversuch im Jahre 1980 abgebrochen wurde.

Jost, Leonhard (Hrsg.): Alternative Schulen: Beispiele aus Dänemark und der Schweiz. Sonderausgabe der Schweizerischen Lehrerzeitung. Zürich. 1980.

«Alternative Schulen» ist ein anregendes Büchlein. Es enthält in seinem ersten Teil vier Beiträge über alternative Schulen der Schweiz: Einen Beitrag über die Rudolf Steiner-Schulen, einen Beitrag über die Ecole d'humanité sowie je einen Beitrag über die Freie Volksschule Zürich-Trichtenhausen und die (1984 wegen finanziellen Schwierigkeiten geschlossene) Freie Volksschule Bern. Ebenfalls im ersten Teil findet sich ein interessanter Beitrag über die nach wie vor aktuelle Frage des «Bildungsgutscheins», durch welche die heute übliche Vorzugsbehandlung der staatlichen Schulen gegenüber den Schulen mit privater Trägerschaft überwunden werden könnte, indem jedem Kind eine bestimmte Summe Geldes zur Verfügung stehen würde, die es im Laufe seiner Ausbildungszeit in die Schule seiner Wahl bzw. die von den Eltern bevorzugte Schule investieren könnte, gleichgültig, ob es sich dabei um eine private oder eine staatliche Schule handelt. Im zweiten Teil geht es dann um die pädagogische Tradition Dänemarks und um die Situation des heutigen freien und staatlichen Schulwesens dieses Landes, wo Schulen mit privater Trägerschaft beispielsweise zu 85 Prozent durch öffentliche Mittel getragen werden und wo es seit einigen Jahren bis zur siebten Klasse keine Noten mehr gibt.

Grundsätzliche pädagogische Gedanken

Freire, Paolo: Pädagogik der Unterdrückten. Bildung als Praxis der Freiheit. Reinbek bei Hamburg. 1973.

Der Brasilianer Paolo Freire hat seine pädagogischen Gedanken hauptsächlich während zahlreicher Alphabetisierungskampagnen in Lateinamerika und Afrika entwickelt. Im Laufe dieser praktischen Tätigkeit ist Freire zu der Überzeugung gelangt, dass es keine unparteiische Pädagogik gibt. Der Lehrer steht immer entweder auf der Seite der Unterdrücker oder der Unterdrückten. Um nicht unterdrückend zu sein, muss Bildung stets (so formuliert Freire es auch im Untertitel seines Buches) «Praxis der Freiheit» sein, d.h. sie muss den Einzelnen ermutigen und befähigen, sich aktiv und nach seinen eigenen Vorstellungen in die Geschehnisse rund um ihn einzumischen, um damit mehr und mehr vom blossen Untertan zum gleichberechtigten Mitgestalter und Mitbewohner dieser Erde zu werden. Unterricht muss daher immer von der konkreten Lebenssituation der Betroffenen, von ihren Sorgen und Wünschen ausgehen und in direktem Zusammenhang mit ihrer Lebensführung und -bewältigung stehen. – Freire betont verschiedentlich, dass er bei seinen Überlegungen und Forderungen nicht nur an die Länder der Dritten Welt denke. Die grosse Beachtung, die seine Bücher seit den 70er Jahren in Europa und den USA gefunden haben, scheinen dies zu bestätigen.

Rogers, Carl R.: Lernen in Freiheit. Zur Bildungsreform in Schule und Universität. München. 1984. (Deutsche Erstausgabe 1969).

Im Rahmen von fünfzehn zum Teil in anderen Zusammenhängen geschriebenen Aufsätzen entwickelt Rogers in diesem, seinem einzigen im engeren Sinne pädagogischen Buch seine Auffassung von (schulischem) Lernen. Lernen ist für den Psychotherapeuten Rogers immer Entwicklung. Lernen kann deshalb nicht erzwungen werden; es ist auch nur sehr begrenzt planbar. Wirklich bedeutsames (signifikantes) Lernen ereignet sich nur in Freiheit, und es ereignet sich vor allem da, wo der Lernende in seiner Umgebung bejahende Anteilnahme, einfühlendes Verständnis und gelegentliche Unterstützung und Anregung erlebt. Diese Art der neugierigen, liebevoll interessierten Begleitung ist nach Rogers die einzige Haltung, womit ein Lehrer seine «Schüler» wirklich zu fördern vermag. Jeder Versuch, aktiv zu belehren, erweist sich bei genauerem Hinsehen als destruktiv oder als illusionär und wirkungslos. – Rogers' Eintreten für ein «Lernen in Freiheit» gehört für mich zu den radikalsten pädagogischen Büchern unserer Zeit. Es ist im Grunde ein Plädoyer für eine ganz andere, vertrauensvollere Kultur.

Illich, Ivan: Entschulung der Gesellschaft. Entwurf eines demokratischen Bildungssystems. Reinbek bei Hamburg. 1973.

Illich engagiert sich in diesem Buch für eine Gesellschaft, in der ein freies, von der Institution Schule unabhängiges Lernen nicht nur möglich, sondern auch anerkannt ist. Nach einer kritischen Betrachtung der Institution Schule und ihrer Mängel beschreibt Illich andere Formen des individuellen und kollektiven Lernens, durch welche das heute so sehr dominierende Lernen in Schulen nach und nach abgelöst oder ergänzt werden könnte. Die Schule muss, so meint Illich, ihre Monopolstellung auf dem Markt des Lernens verlieren, ist sie doch heute, im Gegensatz zu ihren Anfängen, keine emanzipatorische Institution mehr. – Illichs «Entwurf eines demokratischen Bildungssystems» gehört zu den meistdiskutierten, aber auch zu den umstrittensten pädagogischen Büchern der 1970er Jahre. Eher praktisch orientierten Pädagogen wie Dennison und Holt nahe stehend, ist Illichs Vorstellung einer entschulten Gesellschaft Teil einer umfassenderen gesellschaftlichen Utopie, die oft als «dritter Weg» bezeichnet wird. Dezentralisierung, Basisdemokratie, menschliches Mass und Überschaubarkeit sind zentrale Begriffe dieser Gesellschaftsvorstellung.

Wagenschein, Martin: Verstehen lehren. Exemplarisch – sokratisch – genetisch. Weinheim und Basel. 1982.

Wagenschein geht in den vier in diesem Band zusammengefassten Aufsätzen der Frage nach, welche Art des Lehrens und Unterrichtens zu wirklichem Verstehen führen kann, und welche Art der Schulorganisation einer solchen Lehr- und Lernweise am besten entspricht. Er zeigt anhand konkreter Beispiele, wie wenig wir von dem, was wir gemeinhin zu wissen glauben, wirklich wissen und verstehen. Er plädiert für eine Schule, in der eine Konzentration auf einzelne, besonders bedeutsame Fragestellungen möglich ist (Stichworte wie «Stoffbeschränkung» und «Mut zur Lücke» sind eng mit seinem Namen verbunden). Unterricht ist für Wagenschein stets der Versuch eines im Ursprung des Phänomens ansetzenden (genetischen) und von dort sich entwickelnden, gemeinsamen Verstehens. Die heutige Schule mit ihrem «Fetzenstundenplan» und ihrem «Notenunwesen» erschwert, so glaubt Wagenschein, ein solches Lernen, ja oft scheint sie es geradezu zu verunmöglichen.

Freinet, Célestin: Die moderne französische Schule. Paderborn. 1979 (Deutsche Erstausgabe 1965).

Mit dem herkömmlichen Schulbetrieb unzufrieden, begann Célestin Freinet 1923/24 seine «Pédagogie Populaire» zu entwickeln. Bald gründete er zusammen mit einigen andern Lehrern die Bewegung der «Ecole Moderne», die bald Tausende von Lehrern in ganz Frankreich umfassen sollte. Durch ihr Ausgehen vom «gewöhnlichen Lehrer» und seiner Arbeitssituation in der öffentlichen (Staats-)Schule, durch ihre Betonung der Zusammenarbeit zwischen den einzelnen Lehrern, aber auch durch die von Freinet und seinen Mitarbeitern entwickelten neuen Unterrichtsmaterialien und -techniken (Arbeitsblätter und Arbeitsbibliothek zum selbständigen Bearbeiten bestimmter Themen, Schuldruckerei und Schulzeitung, Korrespondenz mit andern Schulklassen, Arbeiten nach individuellen Arbeitsplänen etc.) gehört die Freinet-Pädagogik nach wie vor zu den wirksamsten Schulreformbestrebungen, wobei ihre Bedeutung in der BRD oder der Schweiz bis heute ungleich kleiner ist als in Frankreich. – Die von Hans Jörg besorgte deutschsprachige Ausgabe der «Modernen französischen Schule» enthält zwei Teile: Im ersten, in Frankreich im Jahre 1946 erstmals unter dem Titel «L'école moderne française» veröffentlichten Teil, stellt Freinet seine pädagogischen Gedanken vor und beschreibt, wie die französische Schule umgestaltet werden kann oder könnte, um diesen gerecht zu werden. Im zweiten, von H. Jörg verfassten und der deutschen Ausgabe des Freinet-Textes beigegebenen Teil stellt dieser das Leben und Werk C. Freinets dar und diskutiert dessen Bedeutung im französischen Schulwesen von heute.

Ferrière, Adolphe: Der Primat des Geistes als Grundlage einer aufbauenden Erziehung. Langensalza. Berlin. Leipzig. o.J.

Dieses, Ende der 1920er Jahre erschienene, heute kaum mehr bekannte Buch des Genfer Reformpädagogen Adolphe Ferrière setzt sich in einer für unsere Zeit ziemlich ungewöhnlichen Weise mit Erziehung auseinander. Ungewöhnlich scheint mir das Buch vor allem wegen des in ihm enthaltenen Begriffes des Geistes als einer realen, unmittelbar erlebbaren und von unserer eigenen Existenz in gewissem Sinn unabhängigen Kraft, welche unser Wachstum ganz wesentlich mitbestimmt und mitgestaltet. Das Buch enthält zahlreiche Hinweise auf philosophisch-psychologische Strömungen und andere Anregungen, die sich in der jüngeren pädagogischen Literatur kaum mehr finden. In diesem Sinne ist seine Lektüre, wie die Lektüre vieler anderer Bücher aus jener Zeit, nicht nur eine Erinnerung daran, dass wir nicht die ersten sind, die sich mit Fragen der richtigen Erziehung befassen; sie ergänzt und bereichert unser pädagogisches Denken vielmehr in ganz wesentlicher Weise.

Danner, Helmut (Hrsg.): Zum Menschen erziehen: Pestalozzi, Steiner, Buber. Frankfurt a.M. 1985.

Im Mittelpunkt dieses Buches stehen drei Persönlichkeiten, die unser pädagogisches Denken im Laufe der letzten zweihundert Jahre wesentlich geprägt haben: J.H. Pestalozzi, R. Steiner und

M. Buber. Die Darstellung Johann Heinrich Pestalozzis (durch O. Müller) und die relativ kritische Auseinandersetzung mit Rudolf Steiner und der heutigen Waldorfpädagogik (durch G. Wehr) scheinen mir dabei besonders gelungen und auch für Nichtfachleute empfehlenswert. Interessant, wenn auch weniger leicht lesbar, sind auch die das Buch abschliessenden Gedanken über «Wege zur Menschenbildung» von M. Müller-Wieland.

Das staatliche Schulwesen der Schweiz – gegenwärtige Situation und Reformbestrebungen

Köppel, Marius (Hrsg.): Schulsituation Schweiz. Ringier AG. Zofingen. 1982.

In neun von verschiedenen Fachleuten verfassten, kurzen Aufsätzen werden die Struktur der Schweizer Staatsschule, ihre Geschichte und einige ihrer gegenwärtigen Probleme beschrieben und diskutiert. Die ursprünglich im «Gelben Heft» als Artikelserie erschienenen Beiträge wurden nachträglich durch Adressen von Kontaktstellen für rat- und hilfesuchende Schüler, Eltern und Lehrer sowie durch einige Literaturhinweise ergänzt. Das Büchlein eignet sich als Einstieg in die von ihm behandelte Thematik; eine umfassende Studie oder Analyse ist es nicht und will es nicht sein.

Berger, Walter: Schulentwicklung in vergleichender Sicht. USA – England – Frankreich – BRD – Schweiz – Österreich. (Pädagogik der Gegenwart 125) Wien. 1978.

Berger zeichnet in diesem Buch in detaillierter Weise Entwicklungstendenzen in den Schulsystemen der sechs oben genannten Länder nach. Er will – und dies gelingt ihm auch – mit dieser Studie die Schulentwicklung in den einzelnen Ländern als Teil übernationaler Entwicklungstendenzen verstehbar und leichter einschätzbar machen. Durch die klare Gliederung des Buches ist eine gezielte Auseinandersetzung mit einzelnen, von ihm behandelten Aspekten oder Fragestellungen möglich (Entwicklungen im Bereich der Vorschule, der Grundschule etc). – Interessant ist Bergers Einschätzung der Schweizer Schulen in ihrem Verhältnis zum Staat: diese stehen allgemein gesprochen, zwischen den relativ autonomen, staatsunabhängigen US-amerikanischen und britischen Schulen und den stark staats- und verwaltungsabhängigen Schulen der BRD und Österreichs.

Heller, Werner (Hrsg.): Primarschule Schweiz. 22 Thesen zur Entwicklung der Primarschulen. Studien und Berichte. 1. Projekt SIPRI. EDK. Bern. 1986.

Dieser zusammenfassende Bericht über das von der eidgenössischen Erziehungsdirektorenkonferenz (EDK) angeregte und unterstützte Projekt SIPRI (Situation der Primarschulen) gibt einen Einblick in das, was im Hinblick auf eine Verbesserung der schweizerischen Primarschulen heute gedacht, gewünscht und erprobt wird. Die 22 Thesen weisen auf einige Problemfelder hin, in denen Veränderungen notwendig scheinen und angestrebt werden (Beziehung Schule-Elternhaus, neue Formen der Schülerbeurteilung, Ganzheitlichkeit der Bildung etc). Die Thesen zeigen allerdings auch die Grenzen der offiziellen Schuldiskussion unserer Zeit auf.

Hedinger, Urs K. und Wittenbach, Silvia: Zur Entwicklung der Schulstrukturen: Strukturreformen und Schulversuche in der Schweiz. Informationsbulletin Nr. 45a. Juni 1984. Schweizerische Konferenz der kantonalen Erziehungsdirektoren.

Nach einem allgemeinen Blick auf die Situation und Entwicklung in der Schweiz und im Ausland (Kapitel 1 und 2) stellen Hedinger und Wittenbach im dritten Kapitel ihres Buches verwirklichte und geplante Strukturreformen im Schulwesen verschiedener Schweizer Kantone vor: Vom Cycle d'Orientation im Kanton Genf und der Orientierungsschule im Kanton Wallis bis hin zur Schuola Media im Kanton Tessin und zur Oberstufenreform in der Zentralschweiz geht es dabei vor allem um die Frage, wie die für das schweizerische Schulwesen charakteristische und heute von vielen als problematisch empfundene frühe Trennung in verschiedene Leistungsniveaus (Gymnasium, Sekundarschule, Realschule) gemildert und eine grössere Durchlässigkeit zwischen den verschiedenen Schultypen der Sekundarstufe I (ca. 5. bis 9. Schuljahr) ermöglicht werden könnte. – Diese Thematik spielt auch in den meisten im letzten Hauptkapitel des Buches beschriebenen Schulversuchen, etwa im Schulversuch Manuel in Bern (heute Regelschule) oder in den Schulversuchen in Twann, Ligerz, Glattfelden etc., eine wesentliche Rolle.

Egger, Eugen: Das Schulwesen in der Schweiz. Bern. 1984.

Auf etwas mehr als dreissig Seiten stellt Egger den Aufbau des schweizerischen Schulsystems, die einzelnen Schulstufen von der Vorschule bis zur Universität, die Schulverwaltung, die Lehrerorganisationen, die Schulsozialen Dienste u.a.m. dar. In einigen einleitenden Abschnitten geht er zudem auf politische, kulturelle und wirtschaftliche Rahmenbedingungen, auf schulgeschichtliche und juristische Voraussetzungen des Schweizer Schulwesens, auf interkantonale Zusammenarbeit und das Verhältnis von Staats- und Privatschule ein. Die Darstellung Eggers ist informativ, wenn sie an vielen Stellen (und das mag mit ihrer Kürze zu tun haben) auch sehr oberflächlich bleibt und auf jede kritische Äusserung unserer Schule gegenüber verzichtet. – Das Büchlein wird durch einen Anhang mit verschiedenen schematischen Darstellungen und Statistiken zum schweizerischen Schulwesen ergänzt.

Canziani, Willi und Mugglin, Gustav (Hrsg.): Leistung und Lernfreude. Schule der Zukunft. Verlag Pro Juventute. Zürich. 1983.

Das Buch enthält verschiedene, im Rahmen einer internationalen Tagung am Gottlieb Duttweiler-Institut gehaltene Referate. Besonders erwähnenswert erscheinen mir die von Marcel Müller-Wieland vorgetragenen Gedanken über die «Schule von morgen» und den «Inneren Weg», und die Ausführungen zur Winterthurer Studie («Schule und Selektion aus medizinischer Sicht») von Werner Schmid sowie die Berichte über einen «alternativen» Schulalltag in der Regelschule, die zeigen, wie viel gute pädagogische Arbeit auch in einer ganz gewöhnlichen Schule Platz hat. – Das Buch ist in einem gewissen Sinn auch eine Einführung in die Arbeit der Freien Pädagogischen Akademie, einer um die Reform der Schweizer Schulen bemühten Vereinigung mit Sitz in Hedingen (Nähe Affoltern a.A.).

Rothweiler, Hans: Warum ist der Himmel blau? Zytglogge Verlag. Bern. 1983.

«Warum ist der Himmel blau» berichtet über die Erfahrungen, welche Zürcher Schüler, Versuchslehrer und Projektbegleiter in einem zweijährigen Schulversuch mit individualisierendem Unterricht machten. Neben einem kurzen Einleitungskapitel mit einigen Informationen zum Schulversuch und einigen Gedanken zum Stichwort «individualisieren» sowie einem ebenfalls kurzen, zusammenfassenden Schlusskapitel enthält das Buch vor allem Beispiele aus dem Unterricht der Versuchsklassen, Beispiele, die zeigen, wie individualisierender Unterricht unter verschiedenen Rahmenbedingungen aussehen kann oder könnte. Für alle, die sich in ihrem Unterricht mit Möglichkeiten und Wegen befassen, dem einzelnen Kind, seinen Fragen und Interessen mehr Raum zu geben und diese mehr und mehr zum «Lehrplan» zu machen, enthält dieses Buche eine Fülle von Anregungen.